曽我部真裕・田近 肇 編

憲法裁判所の比較研究

フランス・イタリア・スペイン・ベルギーの憲法裁判

信 山 社

は し が き

　憲法裁判所は，20世紀前半に誕生した統治機関である。憲法裁判所は，1920年のオーストリア憲法で初めて設置されたが，第二次世界大戦後，ヨーロッパ大陸諸国の憲法で広く採用され，さらにアジア諸国等にも広がっている。こうして，今日，憲法裁判所に違憲審査権を付与する統治制度は，比較憲法的にも，司法裁判所に違憲審査権を行使させるアメリカ型と対比される，違憲審査制のヨーロッパ型として，憲法モデルの一翼を形成するに至っている。

　憲法裁判所の役割が広く認知されたのは，おそらくドイツでの成功が大きい。ドイツ連邦憲法裁判所は，1949年の基本法で創設されて以降，実務的にも学理的にも重要な判決を次々と打ち出しており，いまや憲法裁判所のモデルとして不動の地位を獲得している。このため，ドイツの憲法裁判所制度については，ヨーロッパにおいてのみならず，日本においてもこれまで数多くの研究が生み出されてきた。

　しかし，前記の通り，憲法裁判所を擁する国はドイツだけではない。現在では，ヨーロッパの多くの国で憲法裁判所が設置されている。その際，具体的な制度設計には国によって多かれ少なかれ違いがあり，また，そもそも背景となる政治文化も異なる以上，憲法裁判所の役割やその統治機構における位置づけは一様ではありえない。さらに，それぞれの国内においても，憲法裁判所の様相が常に一定であったわけでもない。近年に限っても，ベルギーやフランスで大胆な憲法裁判所改革が行われており，それに伴って憲法裁判所に期待される役割には大きな変化が見られる。それでは，それぞれの国の憲法裁判所には，その歴史や制度についてどのような特徴が認められるのか。

　本書は，このような観点から，フランス，イタリア，スペイン，ベルギーの4つの国の制度を取り上げている。法律中心主義の伝統のもと，憲法裁判に消極的な政治文化の中で生まれたフランス憲法院，ファシズム期の法律の統制という課題を背負って創設されたイタリア憲法裁判所，アンパーロという独自の訴訟との両立を図るスペイン憲法裁判所，連邦制のもとでの仲裁裁判所からの変貌を遂げたベルギー憲法裁判所と，それぞれには独自の歩みや特徴が認めら

i

れる。このうち，フランスを除く3つの国の憲法裁判所制度については，これまで断片的な紹介がなされてきたものの，憲法裁判制度の全貌やその運用までを視野に入れた総合的な検討が加えられたことは，ほとんどなかったように思われる。また，フランスについては一定の研究蓄積があるが，2010年の事後審査制の施行後の憲法裁判の動態については，いまだ十分な研究がなされているとは言えないであろう。そこで，本書では，これまで上記各国の憲法を研究対象としてきた執筆者が，それぞれの国の憲法裁判の制度上および運用上の特徴を明らかにし，そのことによって，憲法裁判所のドイツモデルにとどまらない，多様な憲法裁判所像を示すことができればと考えている。

　本書の第Ⅰ部では，フランス，イタリア，スペイン，ベルギーの憲法裁判所の歴史・制度・理論を概説する。続く第Ⅱ部は，上記各国の憲法裁判所をめぐる諸問題について，各々の執筆者の問題関心にしたがって検討した論考を収めている。最後の第Ⅲ部では，上記各国の憲法裁判所に関係する法令を訳出している。これらは，これまで邦語で参照できなかったものがほとんどであり，大きな資料的価値があると考えている。

　本書で取り上げた諸国の憲法裁判制度についての研究は，緒についたばかりである。今後それらの国々の憲法裁判制度の研究が進められる際の礎石として，本書が活用されることを期待したい。

　本書は，独立行政法人日本学術振興会平成24~26年度科学研究費補助金・基盤研究（C）「ヨーロッパ型憲法裁判所の制度的基盤とその現代的変容」（研究代表者：曽我部真裕，課題番号24530023）の助成を受けて行った共同研究の成果である。さらに，本書の出版に際しても，同会平成27年度科学研究費補助金・研究成果公開促進費（課題番号15HP5123）の助成を受けた。

　最後に，本書の刊行にあたっては，信山社の鳥本裕子氏にたいへんお世話になった。ここに記してお礼を申し上げたい。

　　2015年11月

　　　　　　　　　　　　　　　　　　　　　　　　　編　者

目　次

第Ⅰ部　各国の憲法裁判制度

第1章　フランス憲法院 ……………………………………… 井上武史　（3）

第2章　イタリア憲法裁判所………………………………… 田近　肇（23）

第3章　スペイン憲法裁判所………………………… ペドリサ・ルイス（47）

第4章　ベルギー憲法裁判所………………………………… 奥村公輔（77）

第Ⅱ部　各国の憲法裁判の諸相

第5章　憲法院による違憲審査の機能条件について

…………………………………………… 曽我部真裕（113）

第6章　フランス憲法院への事後審査制導入の影響

――通常裁判所の法解釈に対する違憲審査 ……… 井上武史（133）

第7章　イタリアにおける憲法裁判所と国会 ………… 田近　肇（153）

第8章　イタリア憲法裁判所と地域国家

――憲法裁判所の役割と影響 ………………………… 芦田　淳（175）

第9章　ベルギーにおけるコンセイユ・デタ立法部による

事前統制と憲法裁判所による事後統制 ……… 奥村公輔（193）

第Ⅲ部　〔資料〕憲法裁判関係法令

◆1　フランス ………………………………… 〔井上武史　訳〕（219）

◆2　イタリア ………………………………… 〔田近　肇　訳〕（232）

◆3　スペイン ……………………………… 〔ペドリサ・ルイス　訳〕（256）

◆4　ベルギー ………………………………… 〔奥村公輔　訳〕（283）

細 目 次

はしがき

第Ⅰ部　各国の憲法裁判制度

第1章　フランス憲法院 ………………………………………………… 3

1　はじめに（3）

2　憲法院の歩み（3）

　　1　第1期（1958～1971年）：議会を統制する「政治機関」と
　　　　しての役割（3）

　　2　第2期（1971～2010年）：「人権保障機関」への転換（5）

　　3　第3期（2010年～）：「憲法裁判所」への変貌（6）

3　憲法院の構成・組織（7）

　　1　憲法院の構成（7）

　　　　㋑　任命による裁判官（7）／㋺　当然就任する裁判官（8）／㋩　任
　　　　命の特徴（9）

　　2　憲法院をめぐる人事（10）

　　　　㋑　裁判官人事（10）／㋺　院長人事（13）／㋩　事務総長人事
　　　　（14）

　　3　憲法院裁判官の地位と身分（15）

　　　　㋑　任期（15）／㋺　宣誓義務（15）／㋩　兼職禁止（16）／
　　　　㊁　その他の義務（16）

　　4　憲法院の内部組織（16）

4　憲法院の任務（16）

　　1　憲法裁判所としての権限（17）

　　　　㋑　事前審査（17）／㋺　事後審査（QPC：合憲性優先問題）（18）
　　　　／㋩　権限審査（20）／㊁　憲法院の運営など（21）

　　2　選挙裁判所としての権限およびその他の権限（21）

第2章　イタリア憲法裁判所 ………………………………………… 23

1　はじめに（23）

2　憲法裁判所前史（24）

3　憲法裁判所の組織（25）

細目次

　　1　裁判官（25）

　　　　㈠　裁判官の地位・身分（25）／㈡　裁判官の資格（26）／㈢　裁判
　　　　官選任の方法（27）

　　2　合議体及び内部機関（29）

　　　　㈠　合議性原理（29）／㈡　長官（29）／㈢　その他の内部機関
　　　　（30）／㈣　調査官（30）

　4　憲法裁判所の権限（31）

　　1　総　説（31）

　　2　前提問題型の合憲性の裁判（31）

　　　　㈠　基本的な構造（31）／㈡　裁判の対象と基準（33）／㈢　違憲性
　　　　の申立と憲法裁判所への移送（35）／㈣　当事者の役割（37）

　　3　主要問題型の合憲性の裁判（38）

　　　　㈠　基本的な構造（38）／㈡　訴えの提起（39）

　　4　権限争議の裁判（39）

　　　　㈠　異なる主体間の権限争議（39）／㈡　国の機関間の権限争議
　　　　（40）

　5　憲法裁判所の審理と判決（42）

　　1　審理（42）

　　2　憲法裁判所の判決とその効力（44）

　6　おわりに（45）

第3章　スペイン憲法裁判所……………………………………………47

　1　はじめに（47）

　2　憲法裁判所の前身（48）

　　1　憲法保障裁判所の構成および権限（49）

　　2　憲法保障裁判所の評価（49）

　3　現行憲法と憲法裁判所（50）

　　1　憲法裁判所の憲法上の位置付け（51）

　　2　憲法裁判所の判事（52）

　4　憲法裁判所の構造（53）

　　1　憲法裁判所の裁判事務に携わる組織（53）

　　2　憲法裁判所の行政・管理事務に携わる組織（55）

　5　憲法裁判所の裁判権限（55）

　　1　違憲異議と違憲質疑（56）

　　　　㈠　違憲異議（57）／㈡　違憲質疑（57）／㈢　違憲判決の効力（58）

v

2 憲法訴願（59）

⑷ 憲法訴願の構成（59）／㋺ 憲法訴願の審理手続（60）／㈨ 憲法訴願の判決（61）

3 権限争議（61）

⑷ 積極的権限争議（62）／㋺ 消極的権限争議（62）

4 国際条約の違憲審査（63）

6 TC 組織法の 2007 年大改正──憲法訴願の客観化（63）

1 憲法訴願の改善に関する諸提案（64）

⑷ 憲法裁判所の改造（65）／㋺ 司法手続における権利・自由救済の強化（65）／㈨ 憲法訴願の対象となる権利・自由の限定（66）／㈤ 英米法における *certiorari* 制度の導入（67）／㋭ 憲法訴願の提起数を減少させる措置（68）

2 2007 年の TC 組織法の改正（70）

⑷ 憲法訴願の受理の実質的厳格化（70）／㋺ 憲法訴願の受理の形式的厳格化（71）／㈨ 基本権救済における司法の役割の強化（72）

3 2007 年の TC 組織法改正の評価（72）

7 おわりに（73）

1 憲法裁判所の過度な政治化（73）

2 憲法裁判所の過度な中央集権化（74）

3 民主主義と違憲審査制の衝突（74）

第4章 ベルギー憲法裁判所 ……………………………………… 77

1 はじめに（77）

2 仲裁裁判所から憲法裁判所へ（78）

1 仲裁裁判所創設前史（78）

⑷ 1970 年憲法改正とそれに伴う制度改革（78）／㋺ 1980 年憲法改正とそれに伴う制度改正（80）

2 仲裁裁判所の始動とその変遷，そして，憲法裁判所へ（82）

⑷ 創設当初の権限と提訴権者（83）／㋺ 市民への提訴権の拡大と一部の基本権侵害に関する訴えの容認（84）／㈨ 連邦制の導入と憲法典の再編（85）／㈤ 仲裁裁判所の判例による照会規範の拡大（85）／㋭ 2003 年 3 月 9 日特別法改正（86）／㋬ 仲裁裁判所から憲法裁判所への名称変更（86）／㋣ 2014 年憲法改正による権限拡大（86）

細　目　次

3　憲法裁判所の構成と組織（*87*）
　　1　裁判官（*87*）
　　　（イ）言語的同数性（*87*）／（ロ）裁判官の任命（*87*）／（ハ）裁判官の資格・要件（*87*）／（ニ）長官と憲法裁判所の運営（*88*）／（ホ）裁判官の兼職禁止及び懲戒（*89*）
　　2　調査官，書記官及び行政職員（*90*）
　　　（イ）調査官（*90*）／（ロ）書記官（*90*）／（ハ）行政職員（*90*）

4　憲法裁判所の権限（*91*）
　　1　被統制規範（*91*）
　　　（イ）法律，デクレ及びオルドナンス（*91*）／（ロ）特別法律及び特別デクレ（*92*）／（ハ）特別権力王令（*93*）／（ニ）「有効化された」命令（*94*）／（ホ）アレテ・ロワ（*94*）／（ヘ）被統制規範とはならない事項（*95*）
　　2　照会規範（*96*）
　　　（イ）権限分配準則（*96*）／（ロ）基本権規定（*98*）／（ハ）非照会規範（*103*）
　　3　無効の訴えの審査（*104*）
　　　（イ）提訴権者（*104*）／（ロ）提訴可能期間（*105*）／（ハ）判決（*105*）
　　4　先決問題の審査（*106*）
　　　（イ）提訴権者（*107*）／（ロ）提訴可能期間（*107*）／（ハ）先決問題への返答の意義（*107*）／（ニ）判決（*108*）

5　おわりに（*109*）

第Ⅱ部　各国の憲法裁判の諸相

第5章　憲法院による違憲審査の機能条件について …………………… *113*

1　はじめに（*113*）
2　事前審査制の下における憲法院（*115*）
　　1　分析の枠組み（*115*）
　　2　憲法院による違憲審査の機能条件（*117*）
　　　（イ）規範的資源（*117*）／（ロ）政治的資源（*120*）／（ハ）実務的資源（*122*）／（ニ）裁判官等の価値観（*123*）／（ホ）小括（*124*）
3　QPC 手続の運用状況，評価
　　　──憲法院の憲法裁判所化とその限界（*125*）
　　1　下院の報告書から（*125*）
　　2　2013 年の改革案（*126*）

細 目 次

　　　3　機能条件の観点から（*128*）
　　　　　㈠　QPC 手続導入による改善点（*128*）／㈡　課題（*128*）
　　4　おわりに（*130*）

第6章　フランス憲法院への事後審査制導入の影響
——通常裁判所の法解釈に対する違憲審査 …………………… *133*

　　1　はじめに（*133*）
　　2　2つの憲法院判決（*136*）
　　　1　先例としての憲法院 2010 年 10 月 6 日判決（*136*）
　　　　　㈠　事実の概要（*136*）／㈡　判決の内容（*138*）／㈢　本判決の意
　　　　　義（*140*）
　　　2　憲法院 2010 年 10 月 14 日判決（*140*）
　　　　　㈠　事実の概要（*140*）／㈡　判決の内容（*141*）／㈢　本判決の意
　　　　　義（*142*）
　　　3　2つの判決の意義（*143*）
　　3　検　討（*143*）
　　　1　事後審査の対象（*143*）
　　　　　㈠　「議会が制定した法律」なのか，「裁判官が解釈した法律」なのか
　　　　　（*143*）／㈡　憲法院の役割の変化（*144*）／㈢　審査対象拡大の根拠
　　　　　（*145*）
　　　2　「生ける法」理論の導入（*146*）
　　　3　「生ける法」をめぐる諸問題（*147*）
　　　　　㈠　「生ける法」の認定問題（*147*）／㈡　「生ける法」理論の適用問
　　　　　題（*149*）
　　4　おわりに（*151*）

第7章　イタリアにおける憲法裁判所と国会 …………………… *153*

　　1　はじめに（*153*）
　　2　憲法裁判所の審査と国会の裁量権（*155*）
　　　1　国会の政策判断の審査の禁止（*155*）
　　　2　憲法裁判所の審査の拡大（*158*）
　　3　操作的判決と立法権（*161*）
　　　1　操作的判決（*161*）
　　　2　国会の立法権との関係（*165*）
　　　3　操作的判決の限界（*167*）

viii

細目次

　　(イ)　一般的限界（*167*）／(ロ)　憲法 25 条 2 項（*169*）／(ハ)　憲法 81
　　条 3 項（*169*）

　4　おわりに（*171*）

第 8 章　イタリア憲法裁判所と地域国家
　　　　——憲法裁判所の役割と影響 ……………………………………… *175*

　1　はじめに（*175*）
　2　憲法裁判決と補完性原理（*176*）
　　　1　憲法上の補完性原理（*176*）
　　　2　2003 年判決第 303 号（*178*）
　　　　(イ)　提訴の対象（*178*）／(ロ)　提訴の理由（*179*）／(ハ)　国事弁護院
　　　　の主張（*180*）／(ニ)　憲法裁判所の判断（*181*）
　　　3　小括（*183*）
　3　憲法裁判決と主権論（*183*）
　　　1　2002 年判決第 106 号による解釈（*183*）
　　　2　2007 年判決第 365 号による解釈（*186*）
　　　　(イ)　「主権」と「自治」（*186*）／(ロ)　従来の判決の継承と見直し
　　　　（*188*）／(ハ)　結論（*189*）
　　　3　小括（*190*）
　4　おわりに（*190*）

第 9 章　ベルギーにおけるコンセイユ・デタ立法部による
　　　　事前統制と憲法裁判所による事後統制 ……………………… *193*

　1　はじめに（*193*）
　2　コンセイユ・デタ立法部の概要（*194*）
　　　1　コンセイユ・デタの歴史（*194*）
　　　2　コンセイユ・デタ立法部の構成と組織（*196*）
　　　　(イ)　コンセイユ・デタの構成と組織（*196*）／(ロ)　コンセイユ・デタ
　　　　立法部の構成（*196*）／(ハ)　コンセイユ・デタ立法部の組織（*197*）
　　　3　コンセイユ・デタ立法部の権限（*199*）
　　　　(イ)　立法規範案への理由付意見の付与（*199*）／(ロ)　命令規範案への
　　　　理由付意見の付与（*204*）／(ハ)　立法部意見の性質（*204*）／(ニ)　審
　　　　査の観点及び期限（*206*）／(ホ)　義務的諮問に関する手続的瑕疵
　　　　（*206*）

ix

細目次

3 憲法適合性統制におけるコンセイユ・デタ立法部と憲法裁判
所の役割（*207*）

 1 立法部による事前統制と憲法裁判所による事後統制の相違点（*208*）

  (イ) 付託（権）者の相違（*208*）／(ロ) 統制される対象の相違（*208*）
／(ハ) 照会規範の相違（*209*）

 2 立法部意見と憲法裁判所判決の相互間の影響（*209*）

  (イ) 憲法裁判所判決の立法部意見への影響（*209*）／(ロ) 立法部意見
の憲法裁判所判決への影響（*210*）／(ハ) 立法部意見による違憲の警
告と憲法裁判所による違憲判決（*211*）

 3 立法部による事前統制の性質と憲法裁判所による事前統制の性
質（*212*）

  (イ) 立法部意見と憲法裁判所判決のそれぞれの効果の観点から（*212*）
／(ロ) 立法部意見と憲法裁判所判決における理由の違いの観点から
（*212*）／(ハ) 立法部意見の予防的性質と憲法裁判所判決の治療的性質
（*213*）

4 おわりに（*214*）

第Ⅲ部 〔資料〕憲法裁判関係法令

◆1 フランス ·· *219*

 1 フランス共和国憲法（1958 年 10 月 4 日）（抄）（*219*）

 2 憲法院に関する組織法律についての 1958 年 11 月 7 日オルド
ナンス第 1067 号（*220*）

 3 憲法院裁判官の義務についての 1959 年 11 月 13 日デクレ
第 1292 号（*227*）

 4 憲法院事務総局の組織に関する 1959 年 11 月 13 日デクレ
第 1293 号（*228*）

 5 合憲性の優先問題のために憲法院で取られる手続に関する内部規
則（憲法院 2010 年 2 月 4 日決定）（*228*）

◆2 イタリア ·· *232*

 1 イタリア共和国憲法（1947 年 12 月 27 日）（抄）（*232*）

 2 憲法裁判所の合憲性の裁判及び独立性の保障に関する諸規範
（1948 年 2 月 9 日憲法的法律第 1 号）（*233*）

 3 憲法裁判所に関する憲法の補充規範（1953 年 3 月 11 日憲法的
法律第 1 号）（抄）（*234*）

 4 憲法第 135 条の改正及び憲法裁判所に関する諸規定（1967 年 11 月

細　目　次

　　　　22 日憲法的法律第 2 号）（抄）（*235*）
　　5　憲法裁判所の構成及び運営に関する諸規範（1953 年 3 月 11 日法律
　　　　第 87 号）（抄）（*236*）
　　6　憲法裁判所一般規則（1966 年 1 月 20 日憲法裁判所決定）（*243*）
　　7　憲法裁判所における裁判に関する補充規範（2008 年 10 月 7 日
　　　　憲法裁判所決定）（*248*）

◆ **3　スペイン** ……………………………………………………………… *256*
　　1　スペイン憲法（1978 年 12 月 6 日）（抄）（*256*）
　　2　憲法裁判所組織法（1979 年 10 月 3 日組織法第 2 号）（*257*）

◆ **4　ベルギー** ……………………………………………………………… *283*
　　1　ベルギー憲法（1831 年 2 月 7 日）（抄）（*283*）
　　2　憲法裁判所に関する 1989 年 1 月 6 日特別法（*284*）

xi

執筆者紹介

曽我部真裕（そがべ・まさひろ）**（編者）** ························· 第 5 章
　京都大学大学院法学研究科教授

田近　　肇（たぢか・はじめ）**（編者）** ··· 第 2 章，第 7 章，第Ⅲ部 2
　岡山大学大学院法務研究科教授

芦 田　　淳（あしだ・じゅん） ······························· 第 8 章
　国立国会図書館調査及び立法考査局主査

井 上 武 史（いのうえ・たけし） ·········· 第 1 章，第 6 章，第Ⅲ部 1
　九州大学大学院法学研究院准教授

奥 村 公 輔（おくむら・こうすけ） ······· 第 4 章，第 9 章，第Ⅲ部 4
　駒澤大学法学部准教授

ペドリサ・ルイス（Luis, Pedriza） ················· 第 3 章，第Ⅲ部 3
　大阪大学大学院法学研究科准教授

第Ⅰ部
各国の憲法裁判制度

第1章

フランス憲法院

井 上 武 史

1　はじめに

　フランスで憲法裁判を行うのは，1958 年の第 5 共和制憲法で創設された憲法院（Conseil constitutionnel）である。1789 年の人権宣言 6 条が「法律は一般意思を表明する」と規定して以来，フランスでは伝統的に法律中心主義（légicentrisme）および議会中心主義に基づく統治構造が採用されてきた。それゆえ，議会が制定した法律を違憲・無効にできる違憲審査制（contrôle de constitutionnalité des lois）の導入は，フランス憲法史の画期をなす出来事であった。

　本章では，まず，憲法院の歩みを振り返ったうえで（→2），次いで，その構成・組織（→3）と任務（→4）について概観する。

2　憲法院の歩み

　憲法院は，その当初の設立目的やその後の展開を見てみると，他のヨーロッパ諸国の憲法裁判所とは，大きく様相を異にしている。ここでは，3 つの時期に区分して，憲法院の歩みを素描することにしたい。

1　第 1 期(1958〜1971 年)：議会を統制する「政治機関」としての役割—

　憲法院は現行の 1958 年憲法で設立された。憲法院に当初期待された役割は，諸外国の憲法裁判所が行っているような国民の権利・自由の保護ではなく，議会が政府の権限を侵害していないかを監視すること，つまり制憲者が意図した「執行権優位」の憲法体制を守ることにあった。その意味で，憲法院は，純粋な裁判機関ではなく「政治機関」としての意味合いが強かった。名称の上でも，

憲法院には，「評議会」を意味する「Conseil」の語があてられており，破毀院（Cour de cassation）や控訴院（Cour d'appel）などの「上級裁判所」を意味する「Cour」の語は用いられていない。

憲法院が政治機関としての性格をもつことは，次の3つの制度的な特徴からうかがうことができる。第1に，憲法院には，事前審査制しか認められていなかった（憲法61条）。すなわち，憲法院は，議会での法律可決後，大統領の認証（署名）までの間にしか，法律に対する違憲審査を行うことができなかった。これには，一方で，法律中心主義の伝統や裁判官統治への不信から，一度有効に成立した法律を裁判官が無効にできる事後審査制は否定されるべきであるという考え方があり，他方で，議会を封じ込めるためには事前審査は有用であるという考え方に基づいている。実際，憲法院に与えられた任務は，議会が憲法の列挙する法律事項（同34条）を超えた立法を行っていないか，すなわち，法律事項以外について立法権限を有する執行権の権限を侵害していないかを監視することであった。このため，憲法院は，「執行権の番犬」あるいは「議会の逸脱行動に対する武器」（1958年憲法の起草者の一人であるドゥブレ〔Michel Debré〕による）であると考えられていた。

第2に，大統領経験者が，その退任後，自動的に憲法院裁判官に就任することである（同56条）。この種類の裁判官は，任命行為を経ることなく，法上当然に就任することから当然裁判官（membre de droit）と呼ばれる。この制度はもともと，第4共和制下で大統領を務めたコティ（René Coty）とオリオール（Vincent Auriol）に対して，新たな第5共和制で公職を提供するために導入されたといわれる。また，このように必ずしも法的素養を問わない裁判官の存在を認めていることは，当初，憲法院が裁判機関としては構想されていなかったことを示すであろう。

第3に，議院規則に対する違憲審査が義務づけられていることである（同61条1項）。これは，議院規則の制定を通じた議会の権限拡大を抑制するためであるという[1]。しかし，議院規則の制定は，本来，議院の自律権に属する権限である。そうすると憲法の起草者は，議院自律権に介入してまでも，議会権限の抑止を企図していたことになる。

もっとも，憲法院の設立から違憲審査が活性化する1970年代までの間は，

---

(1) Francis Hamon et Michel Troper, *Droit constitutionnel*, 32e éd., 2011, p. 816.

組織法律，財政法律，議院規則を除き，憲法院が通常の法律について判断した判決は数件しかない。それゆえ，憲法院はその発足当初，国政上重要な役割を担う機関として認知されていたわけではなかった。

2 第2期（1971〜2010年）：「人権保障機関」への転換

　その後，憲法院は人権保障機関へと変貌を遂げていく。憲法院は，1971年の結社の自由判決において，人権侵害を理由として初めて議会制定法（法律）を違憲と判断し，人権保障の役割を引き受けることを自ら宣言した[2]。その際，憲法院は，現行の第5共和制憲法だけでなく，1789年人権宣言，1946年憲法前文，そして1946年憲法前文が言及する「共和国の法律が承認する基本原理」にも憲法規範性が認められるとした。これらは，講学上，「bloc de constitutionnalité（合憲性のブロック）」と呼ばれている。現在では，2005年の環境憲章もこれに含まれる。

　さらに，1974年の憲法改正によって，従来，大統領，首相，上下両院議長の4つの機関に限定されていた付託権が，上下各院60名以上の国会議員にまで拡大された。これにより，議会少数派である野党議員が法律を憲法院に付託することが可能になった。実際，憲法院への付託件数は増加し，そのうちいくつかの法律が違憲と判断されるなどして，憲法裁判は活性化した。

　しかし，憲法院が政治過程で重要な役割を果たすことに伴い，その権限行使の正統性が問われることになる。すなわち，選挙で選ばれた国会議員の判断を，選挙を経ていない憲法院裁判官が覆すことのできるのはなぜか，という問題である。前記のように，フランスでは裁判官統治に対する危惧があるため，立法者を押さえて（憲法院）裁判官に最後の言葉（dernier mot）を発する権限を持たせるには相応の理由が求められる。

　この問題について，学説では，憲法院の役割は政策実現の手段を示すことにあるという見解，すなわち，提案された政策を法律によって実現すべきか，あるいは憲法改正によって実現すべきかの手段を指示するだけであって，法律の内容自体を非難するわけではない，という考え方が有力に唱えられた。これは，憲法院の役割を鉄道の転轍機（ポイント）に見立てるものであるため，「転轍機の理論（théorie de l'aiguilleur）」と呼ばれる（ファヴォルー〔Louis Favoreu〕）。

---

(2)　同判決については，山元一「憲法院への人権保障機関へのメタモルフォーゼ」フランス憲法判例研究会（編）『フランスの憲法判例Ⅱ』（信山社，2013年）132頁を参照。

第Ⅰ部　各国の憲法裁判制度

これに対して，憲法院は，1985 年 8 月 23 日判決において，人権宣言 6 条の「法律は，一般意思を表明する」という定式を修正し，「法律は，憲法を尊重している限りにおいてのみ，一般意思を表明する」（傍点筆者）という新たな原理を提示することで，自らの権限を正当化した。すなわち，この判示は，実体面において，法律が憲法に適合すべきことを示すとともに，手続面において，憲法院による合憲性審査の必要を認めるものであった[3]。

3　第 3 期（2010 年〜）：「憲法裁判所」への変貌

2008 年 7 月の憲法改正によって憲法院には新たに事後審査制が認められ，同制度は 2010 年 3 月 1 日に施行された。これは合憲性の優先問題（question prioritaire de constitutionnalité：QPC）と呼ばれている。この QPC 制度（事後審査制）では，具体的な訴訟における当事者の違憲の抗弁によって手続が開始し，その後，当該憲法問題が裁判所を通じて憲法院に移送される。このため，比較憲法上は，ドイツの「具体的規範統制」に該当するものである。この QPC 制度の導入によって，憲法院は，他のヨーロッパ諸国のような「憲法裁判所」へと変貌を遂げることになった。

制度施行当初の数字を見てみると，2010 年 3 月 1 日の施行から 2013 年 3 月 1 日までの 3 年間で 255 件の判決が下されている。このうち，全部違憲 43 件と一部違憲 23 件をあわせた違憲判決は 66 件にのぼり，それらはすべての QPC 判決の 25.9％を占めている。この数字からは，憲法院が積極的に違憲判断を下していること，QPC 制度の導入時に期待されていたような人権保障機関としての役割を果たしていることがうかがえる。また，事後審査制の下での最初の判決が違憲判決であったことも特筆すべきであろう。

もっとも，事後審査制の導入後も，従来の事前審査制は存続した。もともと法律施行前に行われる事前審査制はフランスの憲法裁判の特徴であったが，事前審査制と事後審査制とが併存する制度も他の国の憲法裁判所には見られないフランス特有の制度である。そこでは，事前審査と事後審査との関係，とりわけ事前審査で合憲と判断された法律が事後審査の対象になりうるかなどが問題となり，フランスの憲法裁判制度は今後も独自の展開を遂げていくであろう。

---

[3]　詳しくは，井上武史「憲法裁判の正当性と民主主義の観念——フランス憲法理論を手がかりに」曽我部真裕・赤坂幸一（編）『憲法改革の理念と展開（下巻）〔大石眞先生還暦記念〕』（信山社，2012 年）135 頁以下。

6

第1章　フランス憲法院

3　憲法院の構成・組織

1　憲法院の構成

(イ)　任命による裁判官

　憲法院は，任命による裁判官（membre nommé，任期9年，再任は原則不可）と，大統領が退任後自動的に就任する当然の裁判官（membre de droit, 終身）で構成される（憲法56条1項，2項）[4]。任命裁判官の定員は9名であるが，当然裁判官に定員はない。このため，憲法院裁判官の総定員は決まっていない。現在，9名の任命裁判官のほかに，当然裁判官としてジスカールデスタン元大統領が在籍しているため[5]，2015年10月時点で，憲法院は10名の裁判官で構成されている。9名の任命裁判官のうち，3名は大統領が，3名は下院議長が，3名は上院議長が任命する。憲法院は3年ごとに3分の1ずつ交替するため，各々の任命権者は，3年に1度，1名の裁判官を任命する。

　1958年憲法制定から2008年憲法改正前までは，憲法院裁判官の任命手続は定められていなかった。大統領による任命は統治行為（acte de gouvernement）であるとされており（コンセイユ・デタ1999年4月9日，Dame Ba事件），また両院議長による任命についても何らの規律も存在していなかった。

　しかし，選任過程が不透明であるとの批判を受けて，2008年7月憲法改正では，憲法院裁判官の任命手続が定められた。まず，大統領の任命については，上級公務員等に関する一般的な統制手続に服することが明らかにされた（同56条1項，13条5項）。すなわち，大統領による指名後，各院の常任委員会[6]での

---

(4)　憲法上，憲法院で裁判作用を行う者は，「構成員（membre）」と表記されているが，その実質は裁判官であるため，本章では「裁判官」と呼んでいる。

(5)　大統領経験者であるシラク氏とサルコジ氏は，退任後，憲法院裁判官に当然に就任したが，シラク氏は2011年3月以降，サルコジ氏は2013年1月以降審理に加わっていない。シラク氏については，パリ市長時代の汚職疑惑で起訴されたことが，また，サルコジ氏については2012年大統領選挙での不正資金疑惑と政治活動の継続（2014年11月にはUMP（現在のLes Républicains〔LR〕の党首に選出）がその理由とされている。なお，大統領経験者は，終身，憲法院裁判官の地位にあることが憲法で規定されているため，任意の辞職は認められていない（休職扱い）。なお，ジスカールデスタン裁判官は，本人の希望により，事前審査の審理のみに参加し，事後審査（QPC）の審理には加わらない。

(6)　各院の常任委員会とは，具体的には「憲法的法律委員会（commission chargée des

反対票の合計が両議院の2つの委員会の投票数の5分の3以上に達すれば，大統領は指名候補を任命することができない。もっとも，これでは国会両院の委員会において5分の3以上で（可決されることではなく）否決されないことが要求されるに過ぎず，任命に対する実質的な統制にはなっていない。また，上下両院議長による任命について，各院の委員会は意見を付すことができる。憲法13条に基づく最初の任命は，2010年2月25日に，シャラス（Michel Charasse），アネル（Hubert Haenel），バロ（Jacques Barrot）の3名について行われた（もっとも　組織法律の施行前であることに注意が必要である）。

なお，憲法院裁判官には年齢・資格・経歴に関して何らの条件も要求されない。このため，法的素養や法実務経験のない者でも就任することができる。このように，憲法院裁判官の資格要件が存在しないこと，および議会の関与が弱いことは，他国の憲法裁判制度と比べた場合のフランスの特徴である。そこで，学説では，制度面において，議会の関与の強化および後述する当然裁判官制度の廃止を求めるだけでなく，運用面でも，事後審査制の導入により憲法裁判所としての性格を備えるに至った現在では，法律家の任命を求める声が強まっている。実際，2013年には3名の法律家が任命されたことで（3名とも女性），状況改善の兆しが見られた。ところが，2015年のバロ裁判官の死去に伴う後任として，大物政治家であるジョスパン元首相（Lionel Jospin）が任命されており，政治家任用の慣行はなお改まっていない。

(ロ)　**当然就任する裁判官**

任命裁判官のほか，元共和国大統領は法上当然に，かつ，終身の憲法院裁判官となる（同56条2項）。しかし，2004年まで，元共和国大統領の資格で憲法院裁判官を務めたのは，第4共和政期の大統領であるオリオールとコティだけであった。何れも憲法院発足後最初の任期である1959年から1962年までの在職である（コティは，憲法院裁判官在職中に死去）。第5共和政期では，大統領在任中に死去したポンピドゥー（Georges Pompidou）大統領は別として，ミッテラン（François Mitterrand）は1995年の大統領退任後も憲法院裁判官に就任しなかった（1996年死去）。また，ジスカールデスタン（Valéry Giscard d'Estaing）元大統領は，自身の発言の自由を確保するため，1981年の退任以降，長らく憲法院裁判官に就任していなかったが，2004年になりようやく就任し

---

lois constitutionnelles)」である（2010年7月23日組織法律3条）。

第1章　フランス憲法院

た。その後，2007 年にはシラク（Jacques Chirac）が，2012 年にはサルコジ（Nicolas Sarkozy）が退任後直ちに憲法院裁判官に就任したが，現在では在籍していない（注(5)参照）。

　当然裁判官は，終身任期である点（同 56 条 2 項），また，就任時に宣誓を要求されない（1958 年 11 月 7 日オルドナンス 3 条）点で，任命裁判官と異なっている。

　しかし，今日，当然裁判官の存在は疑問視されている。高度に政治的な存在である大統領経験者によって憲法院に党派性が持ち込まれ，このことが裁判機関としての憲法院の性格を曖昧にするからである。実際，2008 年 7 月憲法改正を準備したバラデュール委員会では，当然裁判官制度の廃止が提案されていたが，政府原案の段階で削除された。

(ハ)　**任命の特徴**

　憲法院裁判官の任命については，2 つの特徴がある。第 1 に，裁判官には年齢・資格・経歴に関して何らの条件も要求されない。このため，法律家としての資格や経歴のない（または浅い）者を裁判官に任命することも可能である。現実にも，法学と縁のない薬剤師（ファブル〔Robert Fabre〕）[7]や高名な社会学者（シュナペール〔Dominique Schnapper〕[8]）が任命されたことがある。第 2 に，任命行為に対する議会の統制が極めて弱い。このため，政治家である上記の各任命権者は，政友や自らの政治的選好に近い者を自由に任命できる[9]。実際，歴代裁判官の顔ぶれを見ると，大臣経験者や元国会議員など政治家としてのキャリアを評価されて任命された者が圧倒的に多い。しかし，現在では，憲法裁判機関としての正統性を確保するために，法的素養や法実務経験を任命の条件とすること，並びに議会承認手続の実効性を高めるべきとする意見が強まっている[10]。

---

(7)　薬剤師出身の同僚について，同時期に憲法院裁判官を務めたロベール氏（パリ第 2 大学教授）は，「法律についてではなく，政治における良識について，私たちに非常に多くのことを教えてくれた」と振り返っている。ジャック・ロベール（山元一訳）「少し距離をおいて見た憲法院の九年間」日仏法学 22 号（2000 年）107 頁。

(8)　同氏は退任後，憲法院での経験を綴った「憲法院の中の社会学者」という書物を著している。Dominique Schnapper, *Une sociologue au Conseil constitutionnel*, Gallimard, 2010.

(9)　歴代の任命権者が行った任命の傾向については，Dominique Rousseau, *Droit du contentieux constitutionnel*, 10e éd., LGDJ, 2013, p. 62 に詳しい。

9

第Ⅰ部　各国の憲法裁判制度

　とくに，2010年に事後審査制（QPC）が施行されてからは，一度有効に成立した法律を事後的に違憲・無効とすることのできる憲法院の権限行使の正統性が，以前にも増して問われるようになっている。こうした意識が働いたかどうかは定かでないが，2013年の任命では，政治家の任命はなく3人の法律専門家が任命された。

　次頁〈表〉によると，現職のほとんどの憲法院裁判官は法学の学位（学士，修士）を有しているが，その後，パリ政治学院（IEP Paris）や国立行政学校（ENA）などのグランド・ゼコールに進み，政治家としてのキャリアを経験している者が多い。憲法院裁判官の現員は，政治経験者が5名（当然裁判官たる元大統領を含む）と，裁判官（破毀院，国務院，会計院など）および大学教授が5名である。事後審査制が導入されて憲法院の裁判機関化が進む中，政治家に偏重している現在の構成には批判も多く，法実務経験者を多数登用することが求められているようである。

　また，憲法院裁判官の構成に関して，いわゆる「学者枠」は存在しない。とはいえ，これまで，多くの法学者が憲法院裁判官を務めてきた[11]。また，前記のように，法学以外の学者が憲法院裁判官になった例もある（社会学者のシュナペール）。

2　憲法院をめぐる人事

⑴　裁判官人事

　憲法院裁判官の任命は憲法で3年に1度と決まっており，また欠員が出た場合も，後任者の任期は前任者の残り任期に限られる[12]。したがって，任命権者が特定の政治目的を達成するために憲法院の人事を左右するという事態は考えられない。ただし，各任命権者は自らの政治的選好に従った任命を行うため，

---

(10)　Dominique Rousseau, «Article 56, Une procédure de nomination toujours discutable», Jean-Pierre Camby et al. (dir.), *La révision de 2008: une nouvelle Constitution?*, LGDJ, 2011, p. 315 et suiv.

(11)　例として，ルネ・カサン（René Cassin），フランソワ・リュシェール（François Luchaire），マルセル・ワリーヌ（Marcel Waline），ロベール・ルクール（Robert Lecourt），ジョルジュ・ヴデル（Georges Vedel），ロベール・バダンテール（Robert Badinter），ジャック・ロベール（Jacques Robert）を挙げることができる。

(12)　引き継いだ残り任期が3年に満たない場合に限り，再任されることができる（1958年11月7日オルドナンス12条）。

第 1 章　フランス憲法院

〈表〉　現職の憲法院裁判官（2015 年 10 月 1 日現在）

名前	性別	任命者(任命者の政治傾向)	生年	任命年(就任年)	任命時年齢	学歴・主な職歴
ドゥブレ (J.-L. Debré)（院長）	男性	大統領 (シラク)	1944 年	2007 年	63 歳	法学博士・裁判官，下院議長
ジスカールデスタン (V. Giscard d'Estaing)（当然裁判官）	男性	当然就任	1926 年	2004 年*	－	大統領
ドゥノワ・ドゥ・サンマルク (R. Denoix de Saint Marc)	男性	上院議長 (右)	1938 年	2007 年	69 歳	法学士，パリ政治学院，国立行政学院・内閣事務総長，コンセイユ・デタ副長官
カニヴェ (G. Canivet)	男性	下院議長 (右)	1943 年	2007 年	64 歳	法学士・破毀院長
シャラス (M. Charasse)	男性	大統領 (サルコジ)	1941 年	2010 年	68 歳	法学士，パリ政治学院・上院議員
バズィ＝マロリー (C. Bazy Malaurie)	女性	下院議長 (右・左)**	1949 年	2010・2013 年	61 歳	パリ政治学院，国立行政学院・会計院
マエストラクシ (N. Maestracci)	女性	大統領 (オランド)	1951 年	2013 年	62 歳	法学士・裁判官
ベルベ (N. Belloubet)	女性	上院議長 (左)	1955 年	2013 年	58 歳	法学博士・大学教授
ジョスパン (L. Jospin)***	男性	下院議長 (左)	1937 年	2014 年	77 歳	パリ政治学院，国立行政学院・下院議員，首相
イェスト J.-J. Hyest ****	男性	上院議長 (右)	1943 年	2015 年	72 歳	下院議員，上院議員

＊同氏は，1981 年に大統領を退任したが，その後，下院議員（1984〜1989 年，1993〜2002 年），欧州議員（1989〜1993 年）の職を務めたため，実際に審理に加わるようになったのは 2004 年である。なお，同氏は，個人的な信念から，事前審査の審理にのみ出席し，事後審査（QPC）の審理には加わらない。

＊＊2010 年から 2013 年までは前任裁判官の残り任期を務めたが，2013 年に再任された。任期満了前に辞職した裁判官に代わって指名された裁判官の任期は，前任裁判官の任期の到来で終了するが，交代後の任期が 3 年に満たない場合，後任裁判官は，当該任期の満了後，再び任命されることができる（憲法院に関する組織法律についての 1958 年 11 月 7 日オルドナンス 12 条）。

＊＊＊バロ裁判官の在任中の死去（2014 年 12 月 3 日）に伴い，2014 年 12 月 18 日に任命された（2015 年 1 月 6 日就任）。任期は，バロ裁判官の残り任期である 2019 年まで。

＊＊＊＊アネル裁判官の在任中の死去（2015 年 8 月 10 日）に伴い，2015 年 10 月 1 日に任命された（2015 年 10 月 12 日就任）。任期は，アネル裁判官の残り任期である 2019 年まで。

第Ⅰ部　各国の憲法裁判制度

全体の構成には自ずと政治色が反映されることになる。この点，1981 年のミッテラン政権（社会党）の誕生による政権交代以前は 9 人中 8 人が右派によって支配されていたのが，同政権 2 期目の 1989 年になってようやく左派が多数派（9 人中 5 人）を形成したことが知られている[13]。また，2010 年には，2001 年のコアビタシオン（保革同居政権）期に社会党政権が任命した裁判官の退任によって，すべて右派が任命した裁判官で占められることになった。その後，2011 年から 12 年にかけての左派への完全政権交代（大統領，下院，上院）によって，2013 年の任命では，左派系裁判官が新たに 2 名任命されている。

このように，憲法院裁判官の選任における政治任用の伝統は，現在においても見られる。とくに，2010 年の 2 月の任命では，3 月から QPC 制度が施行されるにもかかわらず，シャラス（元大臣，元上院議員），バロ（元下院議員），アネル（元上院議員）の 3 名の政治家が任命された。3 年後の 2013 年では，前記の通り，公法学教授（ベルベ），裁判官（マエストラクシ），会計院裁判官（バズィ＝マロリー。但し，再任）の 3 名の女性法律家が任命されて，憲法院が法律専門家からなる裁判機関へと変貌するのではないかとの期待が高まった。ところが，2015 年 1 月，バロの死去に伴う後任に元首相のジョスパンが任命されたことで，そのような期待は直ちに裏切られることになる。もちろん，憲法学界は，法律家としての経歴をまったく有しない者の任命に，大いに失望した[14]。

もっとも，裁判官人事が個々の判決にどのような影響を及ぼしたかを実証するのは難しい。それでも，著名な憲法学者で 1980 年から憲法院裁判官を務めたヴデル（Georges Vedel: 1980-89）が評議で影響力を発揮したことや，1982 年の国有化法違憲判決で顕著な役割を果たしたことが伝えられている[15]。さらに，ミッテラン大統領が任命したバダンテール（Robert Badinter：1986-1995）院長の時代に，人権保障が大きく進展したと評する論者もいる[16]。

一方で，裁判官人事が政権の政治的アピールの機会として利用されることがある。2010 年の任命では，右派であるサルコジ大統領が，かつてミッテラン

---

[13]　Rousseau, *op. cit.* (n. 9), p. 63.

[14]　たとえば，Olivier Beaud, «Jospin au Conseil constitutionnel : une affaire entendue ou un malentendu?», *Recueil Dalloz*, 2015, p. 1.

[15]　Bertrand Mathieu et al., *Les grandes délibérations du Conseil constitutionnel 1958-1986*, 2ᵉ éd., Dalloz, 2014, p. 328.

[16]　Dominique Rousseau, *Sur le Conseil constitutionnel: La doctrine Badinter et la démocratie*, Descartes & Cie, 1997, p. 15.

12

大統領に忠誠を誓った元社会党員（シャラス）を任命して話題になったが，これには，左右を問わない開かれた政治姿勢を印象づける狙いがあったようである。また，左派が大統領，下院議長，上院議長を占めていた 2013 年の任命は 3 名すべてが女性であったが，これは，オランド政権の男女同数参画（パリテ）を重視する姿勢を反映するものである。

㈠　院長人事

　人事について特筆すべきは，院長人事である。院長は，可否同数の場合の決裁権をもつほか（憲法 56 条 3 項），憲法院の内部人事や訴訟運営について大きな権限を有している。そこで，1970 年代以降の違憲審査の活性化の中で，憲法院が政治過程の重要なファクターとして位置づけられるようになったことに伴い，その内部を掌握することは政権の関心事となっている。

　ところが，憲法は院長の任命権者が大統領であることを示すのみで（同上），任期については何も定めていない。これまでの例を見ると，新任裁判官が院長として任命され，その後 9 年間の任期満了まで院長職を務めることが多い。そうすると，院長人事は原則として 9 年に 1 度しか行われないため，院長の任命は時の大統領にとって重要な意味をもつ。これまででも，政権末期や政権交代が予想される場面で，大統領が自らの側近を院長として任命する例が見られた。ミッテラン大統領は，1995 年の政権末期に腹心のデュマ（Roland Dumas[17]）を任命し，また，シラク大統領は，自らの三選を断念した直後の 2007 年 2 月，30 年来の側近であるドゥブレ（Jean-Louis Debré）下院議長（当時）を，憲法院長に抜擢した。

　もっとも，過去に院長の任期が問題となったことがある。1983 年にミッテラン大統領によって憲法院長に任命されたマイエ（Daniel Mayer）は，1986 年に院長職を辞任し（裁判官としては在職），後任には新任裁判官のバダンテールが院長に任命された。院長の突然の辞任は，表向きは高齢（77 歳）が理由とされていたが，実際は，ミッテラン大統領が，新院長の任命によって，院長職を 3 年間長く確保することを狙ったとの見方も囁かれていた（結局，バダンテールは 1995 年までの 9 年間院長職を務めた）。この任命を契機に憲法学では院長の任期や任命方法について論争が繰り広げられたが[18]，いまだルール化には至って

⒄　しかし，同氏は政治家時代の汚職疑惑（エルフ事件）により，2000 年に憲法院裁判官を辞任した。

⒅　そこでは，新院長の任期は前任者の残り任期に限定すべきだとする立場（M. Duver-

第Ⅰ部　各国の憲法裁判制度

いない。

㈛　事務総長人事

　前記のように，必ずしも法律の専門家でない政治家が多数任命される憲法院において，実質的に重要な役割を担っているのは事務総長（secrétaire général）である。事務総長は憲法院長の提案に基づいて大統領が任命する政治任用職であるが，実際は，1959年以降，1人の破毀院出身者を除き，すべてコンセイユ・デタからの出向者で占められている。事務総長は，単に憲法院の事務方の責任者というだけでなく，法律実務の専門家としてすべての評議に参加し，担当裁判官の原案作成に協力するなど，判決の形成にも深くかかわっている。このため，事務総長は「10人目の裁判官 dixième membre」，さらには「真の中心人物 véritable cheville ouvrière」と言われるように[19]，憲法院の運営に極めて重要な役割を果たしている。

　歴代の事務総長の任期は，5～20年と比較的長期にわたっている。最近の例を見ても，ショトゥル（Jean-Eric Schoettl）は1997年から2007年までの10年間，前事務総長のギヨーム（Marc Guillaume. 現在は，内閣事務総長）は2007年から2015年までの8年間務めており，それぞれ任期中に政権交代（コアビタシオンを含む）を経験している。このため，事務総長人事に対する政治介入はほとんどないものと考えられる。

　その一方で，事務総長にコンセイユ・デタ出向者が任命されることは，憲法院とコンセイユ・デタとの関係に，さらには，法の形成のあり方にも一定の影響を及ぼしていると考えられる[20]。実際，2010年の事後的違憲審査制（QPC）の施行当初，破毀院が憲法問題を付託しないなど憲法院に敵対的な態度を示したのに対して[21]，コンセイユ・デタは憲法院の判断に従順な姿勢を示すことが

---

ger）や，新院長は9年任期とすべきとする立場（F. Luchaire）が示されていた（voir, Rousseau, *op. cit.* (n. 16), p. 25 et suiv.）。現在では，憲法院の独立を確保するべく，他国の憲法裁判所に倣って，院長を憲法院裁判官の中からの互選すべきこと，さらに，任期も9年ではなく，3年にすべきだとの意見もある。Voir, Henry Roussillon et Pierre Esplugas-Labatut, *Le Conseil constitutionnel*, 8e éd., Dalloz, 2015, p. 15.

[19]　それぞれ，Guillaume Drago, *Contentieux constitutionnel français*, 3e éd., 2011, p. 191, Roussillon et Esplugas-Labatut, *op. cit.* (n. 18), p. 28.

[20]　この点を指摘するものとして，参照，植野妙実子「コンセイユ・デタの特異性と先進性」日本比較法研究所編『Future of Comparative Study in Law』（中央大学出版会，2011年）572頁。

[21]　Nicolas Molfessis, «La résistance immédiate de la Cour de cassation à la QPC»,

第1章 フランス憲法院

多かった[22]。他方，ブルカ禁止法判決（憲法院2010年10月7日）のように，憲法院がコンセイユ・デタの意見に配慮する場面も見られる。これらの要因としては，両者が同じ建物（パレ・ロワイヤル）に同居していることの物理的・心理的な近さはもちろん，事務総長を通じた人的な繋がりも無視できないであろう[23]。

3　憲法院裁判官の地位と身分

㈦　任　期

前記のように，任命裁判官の任期は9年で，3年ごとに3分の1が交代する。任期後再任されないが，任期中に罷免されることもない。これにより，憲法院裁判官の独立性が確保される。もっとも，憲法院裁判官は自らの意思で辞職することができる（1958年11月7日オルドナンス9条）。他方，憲法院裁判官の資格と相容れない活動を行った場合や，身体の故障の場合には，職権で辞職が決定される（同10，11条）。当然裁判官の任期は，終身である。

憲法院裁判官の俸給は，特別職公務員第2カテゴリーに該当し（国務院の部長と同等である），月額約12,000ユーロである。また，憲法院長の儀典上の序列は第8位である。これは，非政治機関としては最高位である。

㈡　宣誓義務

任命裁判官は，就任前に共和国大統領の面前で宣誓を行う（同3条）。その際，職務の適切かつ誠実な執行，憲法の尊重，評議と投票の秘密の保持，憲法院の権限に関する公的立場の不表明を制約する。なお，当然裁判官には，この宣誓義務は課されない。

Pouvoirs, n° 137, 2010, p. 83.

[22]　Sophie-Justine Liéber et Damien Botteghi, «Le juge administratif, juge constitutionnel de droit commun? », *AJDA*, 2010, p. 1335.　事後審査制に対する破毀院とコンセイユ・デタとの対応の違いについては，参照，井上武史「憲法院への事後審査制の導入とその統治機構への影響──憲法院と破毀院との解釈権論争を例として」日仏法学28号（2015年）1頁以下。

[23]　コンセイユ・デタ副長官が，その後憲法院裁判官に任命された例もある（Renaud. Denoix de Saint Marc）。

15

第Ⅰ部　各国の憲法裁判制度

(ハ)　兼職禁止

憲法院裁判官は，大臣および国会議員の職を兼ねることができない（憲法57条）。さらに，憲法院裁判官は，政府および経済社会環境評議会の構成員になることができず，また，あらゆる公選職を兼ねることもできない（1958年11月7日オルドナンス4条）。上記の職にあった者が憲法院裁判官に任命された場合には，8日以内に異なる意思表示をしない限り，憲法院の職を選択したと看做される（同条2項）。もっとも，憲法院裁判官が公選職への立候補を行うことは可能である。その代わり，選挙期間中は休職しなければならない。この休職は，当然に認められる（1959年11月13日デクレ1292号4条）。

(ニ)　その他の義務

職務の独立と尊厳を保障するために課される憲法院裁判官の義務は，デクレで定めされる（1958年11月7日オルドナンス7条）。憲法院裁判官の義務に関するデクレ（1959年11月13日デクレ1292号）によると，憲法院裁判官は，職務の独立と尊厳を侵害しうるすべてのことを差し控える一般的な義務を有するとともに（同1条），憲法院裁判官は任期中，次の特別の義務が課される（同2条）。すなわち，第1に，憲法院裁判官は，憲法院の対象になった問題について公的な立場を表明し，意見を求めること，第2に，政党又は政治団体で指導的役割を果たすこと，第3に，私的又は公的を問わず，公開文書で憲法院裁判官の資格を記載することが禁止される。義務違反の認定は，一人の裁判官の提案に基づき，すべての裁判官による秘密投票での多数決で決定する（同5，6条）。

もっとも，これまでも，憲法院裁判官が政治活動を行った例がある。ヴェイユ（Simone Veil）裁判官は，2005年の欧州憲法条約の国民投票に賛成するため，休職している。さらに，ジスカールデスタン裁判官は，2007年と2012年の大統領選挙において，サルコジ候補の支持を表明した。

4　憲法院の内部組織

憲法院の内部組織には，1人の事務総長とそれを補佐する4部局がある。

事務総長は，大統領によって任命される（1959年11月13日デクレ1293号1条）。事務総長は，憲法院の運営諸部局を指揮するほか（同2条），憲法院の職務の準備および組織に必要な措置を講じる（同3条）。実際，事務総長は判例

16

に通暁し，報告担当裁判官および他の裁判官とともに判決文の準備を行うなど，憲法院の要としての役割を果たしている。このため，「10 番目の裁判官（dix-ième membre)」[24]と言われることがある。なお，これまでのすべての事務総長は法律家であり，しかも 1 人を除いてコンセイユ・デタ（国務院）出身である。

事務総長を補佐する部局としては，法務部（service juridique)，行政・財務部（service administratif et financier)，資料・図書・インターネット部（service documentation-bibliothèque-Internet)，渉外部（service des relations extérieures)の 4 つがある[25]。2011 年現在，全部局の人員は約 60 人である。このうち約 10人は，QPC 導入後に採用されたようである。

4 憲法院の任務

憲法院の主な任務には，憲法裁判所として，法律や条約の違憲審査を行うことと，選挙裁判所として，国政選挙（国会議員選挙，大統領選挙）および国民投票の適法性審査を行うことのほか，諮問機関として意見を述べる任務がある。

1 憲法裁判所としての権限

このうち，違憲審査は，法律などの公布前に行われる事前審査（憲法 61 条）と，法律公布後の裁判の過程で行われる事後審査（同 61 条の 1）の 2 つに分けられる。

(イ) 事前審査

まず，議院規則と組織法律については成立後・施行前に，また国民投票に付される議員提出法律案については国民投票前に，憲法院の違憲審査を経なければならない（同 61 条 1 項）。これらについて，憲法院への付託は自動的に行われ，憲法院はすべての条文について審査を行う。これらの法令の違憲審査が義務づけられるのは，議会の権限拡大を抑制するためである。

他方，通常の法律は，付託をまって憲法院で審査される（同条 2 項）。付託権者は，大統領，首相，上下両院議長，60 名以上の上院議員または下院議員である。憲法院への付託は，議会での法律の可決・成立後，大統領の認証の前

---

[24] Roussillon et Esplugas-Labatut, *op. cit.* (n. 18), p. 20.

[25] 詳しくは，山元一「フランス憲法院における補佐機構」北大法学論集 66 巻 2 号（2015 年）142 頁以下参照。

17

に行われる。付託を受けた憲法院は，1か月以内に判決を下さなければならない。判決は，合憲，留保付合憲，違憲，一部違憲の方法で下される。違憲と判断された規定は，施行することができない。また，憲法院が示した留保条件は，法律の適用の際に考慮されなければならない。憲法院の判断は最終的なもので，その判決はすべての公権力を拘束する（同62条）。

　憲法院は，大統領，首相，両院議長，各議院60名以上の国会議員のいずれかの付託に基づいて，批准前の条約について違憲審査を行うことができる。違憲と判断された条約は，憲法を改正した後にしか批准することができない（同54条）。実際，1992年のマーストリヒト条約の批准は，憲法院での違憲判決後，憲法改正を経て行われた。

㈣　事後審査（QPC：合憲性優先問題）

　2008年改正で，憲法院には新たに事後審査制が認められた。その第1の理由は，違憲の法律を法秩序から放逐するためである。事前審査制ではすべての法律が憲法院の違憲審査を経るわけではないため，違憲の疑いのある法律が公布される可能性がある。例えば，2004年のイスラム・スカーフ禁止法は，信仰の自由を侵害するおそれがあるにもかかわらず，与野党の対決法案でなかったため，憲法院に付託されなかった。通常裁判所は違憲審査権を行使できないため，合憲的な法秩序を確保するには，憲法院に事後的な違憲審査を認める必要がある。第2の理由は，施行された法律の条約適合性審査は認められるのに対して，憲法適合性審査が認められていないことのアンバランスあるいは不都合である。破毀院およびコンセイユ・デタは，自らの判例法理に基づいて，法律の条約適合性審査を行うことができるが，しかし，本来は憲法適合性審査が先に行われるべきであろう。さらに，当事者が国内裁判所での審理の後，欧州人権裁判所に提訴できることを考えれば，憲法適合性審査によって国内手続を先に尽くすのが望ましい。このため，通常裁判所の条約適合性審査の前に，国内の憲法裁判機関たる憲法院で法律の憲法適合性審査を行える仕組みが必要であった。

　事後審査制では，訴訟の当事者は，自らに適用される法律規定が憲法の保障する権利・自由を侵害していると主張することができる。提起された憲法問題は，各系列の最高裁判所である破毀院またはコンセイユ・デタを通じて，憲法院で審査される（同61条の1）。訴訟当事者は，裁判の種類や審級の段階にかかわらず，いつでも違憲の抗弁を提起することができる。

第1章　フランス憲法院

〈図〉事後審査制の概要

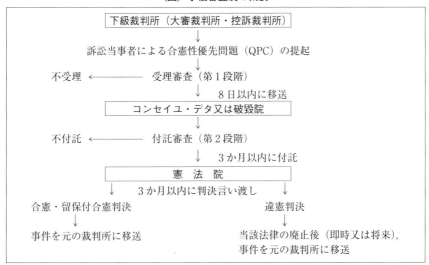

　提起された憲法問題が憲法院に付託されるには，まず，同問題が提起された裁判所による受理審査（第1段階），次いで，破毀院またはコンセイユ・デタによる付託審査（第2段階）の2つの審査を経なければならない。これらの審査では，当該規定を審査することが不可欠であるか（必要性），提起された憲法問題が重大なものであるか（重大性），当該規定が以前に憲法院で合憲と判断されていないか（新規性）が審査される。以前に合憲と判断された規定については，事実的または法的な点で事情の変更が認められない限り，憲法院で再度の判断を受けることはできない。付託を受けた憲法院は，3か月以内に判決を下さなければならない。事前審査の場合とは異なり，憲法院での審理は，対審・公開で行われる。なお，憲法院に付託されれば，元になる訴訟が消滅した場合であっても，憲法問題の審理に影響を及ぼさない。

　憲法院が合憲判決を下した場合　事件は憲法問題を提起した元の裁判所に移送される。違憲判決の場合，当該法律は判決の公示の日または判決が指定する日以降に廃止される（同62条2項）。さらに，憲法院は，法的安定性を確保するために，違憲とされた規定によって既に生じた効果を再検討するに際しての条件や限界を定めることができる。

　2010年3月1日にQPC制度は施行された。注目すべきことに，最初のQPC判決は違憲判決であった（憲法院2010年5月28日）。憲法院は違憲判決の

19

効力発生時期を指示するにあたり，「立法府が違憲性を治癒することができるように，本件法律の廃止の効果は 2011 年 1 月 1 日に発生する。本判決が現下裁判所に係属している諸審理の解決にとって有用な効果を保持できるように，一方で，違憲法律の適用が争点となっている審理を 2011 年 1 月 1 日まで延期することを裁判所の任務とし，他方で，本判決の時点で裁判所に係属している諸審理に適用する新たな法律の制定を立法府の任務とする」と述べており，QPC 制度における自らの役割意識を述べた。

2010 年 3 月から 2015 年 3 月までに憲法院に係属した事件は 465 件である。そのうちコンセイユ・デタからの付託は 207 件（審理件数は 856 件）で，破毀院からの付託は 258 件（同 1504 件）であり，この中から憲法院は 395 の判決を下している。その内訳は，合憲判決が 56.2%，違憲判決が 14.6%，留保付合憲判決が 14.1%，一部違憲が 9.3%，その他が 5.8% である。

また，違憲と判断された条文は 145 を数えるが，その内訳を分野ごとに見ると，刑事法関係 42，租税法関係 16，手続法関係 16，環境関係 10，公衆衛生関係 10 となっており，刑事法に関して違憲判断が多いようである[26]。

（ハ）　**権限審査**

憲法裁判所としての権限には，一般に，上記(イ)(ロ)の法令審査権のほかに，国家機関の権限争議を裁定する権限がある。そして，憲法院にも，国家機関どうしの権限争議および国と地方との権限争議を裁定する権限が認められている。

第 1 に，国家機関レベルの問題として，立法権と行政権との権限争議の裁定がある。これは，憲法が設定した法律事項と命令事項の区別（同 34 条，37 条）に関する裁定で，具体的には命令事項を法律による侵害から守ることに主眼が置かれている。2 でみた憲法院の歩みからみれば，これが本来の憲法院に期待された任務である。また，立法過程において，議員提出の法律案または修正案が法律事項に属さないと疑われる場合で，政府と議院の議長の意見が一致しない場合，憲法院はいずれか一方の求めに応じて，審査することができる（同 41条 2 項）。さらに，憲法以前に制定された法律であっても，法律の所管に属し

---

[26]　数字は憲法院ＨＰ（下記）を参照。

　　http://www. conseil-constitutionnel. fr/conseil-constitutionnel/francais/a-la-une/avril-2015-les-5-ans-de-la-qpc-au-conseil-constitutionnel-quelques-chiffres.143503.html

ないものであれば，憲法院はその旨宣言して，当該法律が定めている事項を命令事項とすることができる（同 37 条 2 項）。このように，憲法院には，現行憲法が設定した立法権（法律事項）と執行権（命令事項）との権限分配を監視することが期待されている。

第 2 に，国と地方との関係について，国の法律が特定の地方の権限に介入したか否かを判断することができる（同 74 条，74 条の 1）。

㈡　憲法院の運営など

憲法院の審理の定足数は 7 名である。意思決定は多数決で行われ，可否同数の場合は院長が裁定する（憲法 56 条 3 項）。判決に個別意見は付されない。判決はその公式解説（commentaire）とともに，憲法院の HP で公開される。

なお，事前審査の場合とは異なり，事後審査においては，訴訟当事者による弁論が公開で行われる。

2　選挙裁判所としての権限およびその他の権限

憲法院には，上記の憲法裁判所としての権限の他に，①選挙裁判所および②諮問機関としての権限が認められている。

まず，選挙裁判所としての権限として，憲法院は，大統領選挙，上下両院の国会議員選挙，そして国民投票の適法性を審査する（憲法 58〜60 条）。また，憲法院には法律上の権限として，国会議員の被選挙資格や兼職禁止違反の裁定を行う（選挙法典 136 条，151 条）。

ついで，諮問機関としての権限として，憲法院は，非常事態措置に関する諮問を受けるほか（憲法 16 条），憲法問題について公的な意見表明を行うことができる（憲法院 1961 年 9 月 14 日）。

参考文献

植野妙実子『フランスにおける憲法裁判』（中央大学出版部，2015 年）

植野妙実子「憲法院」同編著『フランス憲法と統治構造』（中央大学出版部，2011年）第 8 章

辻村みよ子・糠塚康江『フランス憲法入門』（三省堂，2012 年）

ベルトラン・マチュー（植野妙実子・兼頭ゆみ子〔訳〕）『フランスの事後的違憲審査制』（日本評論社，2015 年）

第Ⅰ部　各国の憲法裁判制度

L. Favoreu et W. Mastor, *Les cours constitutionnelles*, Dalloz, 2011.

H. Roussillon et P. Esplugas-Labatut, *Le Conseil constitutionnel*, 8e éd., Dalloz, 2015.

D. Rousseau, *Droit du contentieux constitutionnel*, 10e éd., LGDJ, 2013.

M. Verpeaux, *Le Conseil constitutionnel*, 2e éd., La documentation française, 2015.

第2章

イタリア憲法裁判所

田近　肇

1　はじめに

　ローマの7つの丘の1つ，クイリナーレの丘の上に，大統領官邸と並んで，イタリア憲法裁判所はある。イタリア憲法裁判所は，その活動の開始こそドイツに遅れをとったものの，これが構想されたのは実はドイツよりも早く，世界で2番目に構想された憲法裁判所である[1]。

　それだけでなく，イタリア憲法裁判所は，その活動開始の直後には，ファシズム期の立法の合憲性の統制を通じて「ファシズムの法律を憲法に適合させ」，その後も「市民的（あるいは公的）自由の領域を拡大することにしばしば決定的な仕方で貢献」してきた[2]。事実，今日でも，憲法裁判所は1年間に平均して約385件の判決及び決定を言い渡しており（直近の10年間〔2005年から2014年まで〕の平均件数）[3]，例えば2014年に前提問題型の合憲性の裁判及び主要問題型の合憲性の裁判で憲法裁判所が言い渡した262件の判決・決定のうち83件（約32％）において違憲が宣言されている[4]。このようにイタリアの憲法裁判所は，法律の合憲性の統制の問題に積極的に取り組んできたのである。

　しかしながら，わが国では，そもそもイタリアの憲法裁判制度がどのような

---

(1)　永田秀樹「イタリアの憲法裁判」阿部照哉・高田敏（編）覚道豊治先生古稀記念論集『現代違憲審査論』（法律文化社，1996年）214頁（214頁）。

(2)　L. ファヴォルー（山元一〔訳〕）『憲法裁判所』（敬文堂，1999年）93頁以下。

(3)　なお，憲法裁判所が活動を開始した1956年から2014年までの全期間についてみると，1年間に平均して約328件の判決・決定が言い渡されている。

(4)　以上の統計データに関しては，2002年までについては，Alfonso Celotto, *La Corte costituzionale*, il Mulino, 2004, p. 51を参照し，2003年以後については，憲法裁判所の年次報告書（憲法裁判所HP〈http://www.cortecostituzionale.it/〉に掲載）を参照した。

23

第Ⅰ部　各国の憲法裁判制度

ものであるか自体が知られていないというのが実情であろう。そこで，ここでは，イタリア憲法裁判所の基本的な仕組みを確認することを目的として，そもそもこれがどのような制度であり，どのように運用されているのかを概観することとしたい。

2　憲法裁判所前史

　イタリアにおいて，憲法裁判所は，1948 年施行の現行憲法によって初めて創設された制度である。したがって，その歴史は，現行憲法の制定から始まることになるが，今ここでその制定過程の全体を詳細に紹介する余裕はない[5]。ここでは，次の点を確認するにとどめる。

　法律の合憲性を裁判的に統制するという制度を新憲法で設けることについては，1946 年の制憲議会選挙で第一党の地位を占めたキリスト教民主党の議員を中心に広汎な合意が存在しており，それゆえ，制憲議会の審議で問題となったのは，どのような型の制度を採り入れるかであった。この点，憲法委員会（「75 人委員会」とも呼ばれる）の中で統治機構の問題を扱った第二小委員会の審議では，アメリカ型の制度，オーストリア型の制度のほか，両者を混合した制度など，多様な制度の提案がなされている[6]。

　結局，アメリカ型の違憲審査制の主張は斥けられ，第二小委員会の言葉を遣えば，「憲法の最高の番人として，特別な高次の機関」を設置することが本会議に提案された[7]。本会議における審議では，憲法裁判所の設置並びにその基本的な権限（現行憲法 134 条）及び構成（135 条）については合意が得られたものの，憲法裁判所に訴えを提起する方法及び裁判官の選任方法については合意に至らなかったようである[8]。その結果，それらについては，その後の憲法的

---

(5)　現行憲法の制定過程全体については，井口文男『イタリア憲法史』（有信堂，1998年）189 頁以下を参照。憲法裁判所に関する制憲議会の議論については，永田・前掲注(1)216 頁以下を参照。

(6)　Alessandro Pizzorusso, Artt. 134-136, in Giuseppe Branca (a cura di), *Commentario della Costituzione, Garanzie costituzionali*, Art. 134-139, Zanichelli, 1981, p. 67; Francesco Teresi, *I guidizi della Corte costituzionale*, Cacucci, 2010, p. 50; Elena Malfatti, Saulle Panizza & Roberto Romboli, *Giustizia costituzionale*, 3ª ed., G.Giappichelli, 2011, p. 30.

(7)　Teresi, *op.cit.*, p. 52.

法律及び通常法律にその決定を委ねるという形で，問題が先送りされた（137条）[9]。

新憲法は1948年1月1日に施行されたが，それと同時に憲法裁判所が活動を始めたわけではない。というのは，上記の憲法的法律と通常法律がいまだ制定されていなかったからである。ただ，前者については，1948年1月中に，1948年2月9日憲法的法律第1号が可決されている。これによって，憲法裁判所に訴えを提起する方法には，前提問題型の合憲性の裁判と主要問題型の合憲性の裁判とがありうることが定められた。

裁判官の具体的な選任方法を定める通常法律の制定は，政治的対立の中でさらに遅れた。結局，国会による裁判官の任命は特別多数の賛成によって議決するということで決着がついたのは，1953年になってからである。この法律が制定された後も，今度は，裁判官の具体的な人選をめぐる対立が続いた。

ともあれ，1955年12月には，大統領及び最高裁判機関が選任する裁判官を含め最終的にすべての憲法裁判所裁判官が任命され，憲法裁判所は1956年1月1日から活動を開始した。そして，4月23日には初めての口頭弁論が行われ，6月14日に最初の判決が下されている。

3　憲法裁判所の組織

1　裁判官

(イ)　裁判官の地位・身分

憲法裁判所は，15人の裁判官で構成される。そのうち5人を共和国大統領が，5人を国会が合同会議で，5人を最高通常裁判機関及び最高行政裁判機関が任命する（憲法135条1項）。任命された者は，「国会の両議院の議長の列席の下，共和国大統領の面前で」宣誓することで憲法裁判所の裁判官となる（1953年3月11日法律第87号5条）。任期は，宣誓の日から9年であり（ただし，1967年11月22日憲法的法律第2号による改正以前は，任期は12年とされていた），再任は認められない（憲法135条3項）。

憲法裁判所の裁判官は，身分保障が与えられ，職権行使の独立性が保障され

---

(8)　Celotto, *op. cit.*, pp. 30 e 37.

(9)　Celotto, *op. cit.*, p. 30; Malfatti *et al.*, *op. cit.*, p. 32.

る。すなわち，裁判官は，「その職務の遂行中に表明した意見及び行った表決について責任を問われず，訴追されない」ものとされ（1953年3月11日憲法的法律第1号5条），「突然の身体の故障若しくは民事上の無能力又はその職務の遂行における重大な懈怠を理由とする憲法裁判所の決定によらなければ，その職を免ぜられ又は停止され」ない（1948年憲法的法律第1号3条2項）。さらに，刑事上の免責特権も付与されている（同条3項）。

　裁判官の職務以外の活動に関しては，憲法自身，国会議員及び州議会議員，弁護士との兼職を禁止しており（135条6項），法律上も一定の兼職禁止が定められている（1953年法律第87号7条）。また，憲法裁判所の裁判官は，絶対的な公平性が求められるがゆえに，「政治的結社又は政党にかかわる活動をしてはならない」ものとされる（同法8条）。

(ロ)　裁判官の資格

　憲法裁判所の裁判官に任命されうるのは，「退職した者も含めて上級通常裁判機関及び上級行政裁判機関の司法官，大学の法律学の正教授並びに20年の職歴を有する弁護士」である（憲法135条2項）。裁判官の具体的な人選に関しては，次のような傾向を指摘することができる。

　第一に，裁判官の職業的な背景について，「法学教授の占める比率が非常に高く，『教授裁判所』と呼ばれる」という紹介がなされている[10]。事実，裁判官の職業的背景は，大学教授が49%，司法官（破毀院，国務院，会計院の司法官）が39%，弁護士が12%と，大学教授の割合が高くなっており，これは大統領が大学教授の中から任命することが多いからだと言われる[11]。ただ，「大学の法律学の正教授」と言っても，憲法学者ばかりが選ばれるわけではなく，民事法，刑事法など他の分野の実定法学者のほか，ローマ法やイタリア法制史を専門とする者も選ばれている点は興味深い。

　第二に，裁判官の年齢に関しては，わが国の最高裁判所裁判官の場合とは異なり，任命資格としても定年についても，実定法上の定めはない。ただ，ある統計によれば，就任宣誓時点での裁判官の平均年齢は62歳であり[12]，60歳から69歳の裁判官が全体の51%，50歳から59歳の裁判官を合わせると全体の8割近くを占めており，他の諸国との比較では，「ヨーロッパの中では比較的

---

[10]　永田・前掲注(1)221頁。

[11]　Malfatti *et al.*, *op. cit.*, p. 52.

[12]　Malfatti *et al.*, *op. cit.*, p. 53.

第 2 章　イタリア憲法裁判所

高い」と評される[13]。

　最後に，性別については，憲法裁判所は発足以来 40 年にわたって女性裁判官をもたなかったが，1996 年以降，5 人の女性裁判官が任命されている。なお，2014 年末の時点で，女性が憲法裁判所長官になった例はない。

(ハ)　裁判官選任の方法

　さて，すでに触れたように，憲法裁判所の 15 人の裁判官のうち，「その 3 分の 1 は共和国大統領が，3 分の 1 は国会が……，残りの 3 分の 1 は最高通常裁判機関及び最高行政裁判機関が任命する」（憲法 135 条 1 項及び 1953 年法律第 87 号 1 条）。

　国会が任命する裁判官は，国会が両議院の合同会議において秘密投票で選任する。この選任の議決には特別多数が要求され，3 回目までの投票においては議員の 3 分の 2 の多数が，4 回目以降の投票においては 5 分の 3 の多数が必要とされる（1967 年憲法的法律第 2 号 3 条）。このように特別多数が要求されるのは，憲法裁判所裁判官の選任に関し国会内少数派の意見が反映されるようにするためだと説明されるが[14]，反面で，このことは国会による選任が遅れる原因にもなると言われる[15]。

　いずれにせよ，国会が裁判官を選任するためには政党間の広汎な合意を形成する必要があり，その結果，国会任命の裁判官ポストを政党に割り当てて候補者を指名させる慣行が採られてきた[16]。事実，国会における各政党の勢力が比較的安定していた第一共和制の下では，国会任命の 5 人の裁判官は，キリスト教民主党に 2 人，イタリア共産党に 1 人，イタリア社会党に 1 人，その他の中道政党に 1 人が割り当てられていた[17]。

　しかし，この政党比例ルールは，第二共和制の時期に入ると，政党の離合集散が続く中で機能しなくなり，合意の形成が難航するようになった。その結果，1995 年から 2000 年にかけて，国会任命の裁判官の退官後，後任の裁判官が選任されるまで約 11 か月ないし 1 年 8 か月の間，空席が生じるという事態が生

---

[13]　永田・前掲注(1) 221 頁。

[14]　Teresi, *op. cit.*, p. 24.

[15]　Patrizia Pederzoli, *La Corte costituzionale*, il Mulino, 2008, p. 22.

[16]　Gustavo Zagrebelsky & Valeria Marcenò, *Giustizia costituzionale*, il Mulino, 2012, p. 128; Pederzoli, *op. cit.*, p. 110.

[17]　Pederzoli, *op. cit.*, p. 116.

27

第Ⅰ部　各国の憲法裁判制度

じたこともある。そうした混乱を経て，現在では，与党に3人，野党に2人を割り当てるという新たな政党比例ルールが形成されているようである[18]。

「共和国大統領が任命権を有する憲法裁判所裁判官は，大統領令で任命する」（1953年法律第87号4条1項）。大統領による任命も政党政治と無縁ではない。ただ，大統領による任命と政党との関係については，国会による任命の場合ほど明確なルールを見いだすことはできない。かつて，レオーネ大統領（1971-1978年）及びペルティーニ大統領（1978-1985年）の時期には，大統領による任命は中立的で，政党間で得られた合意を実施することに限られていたと言われるが[19]，スカルファーロ大統領（1992-1999年）は，当時の中道左派政権の政治的指向に合った裁判官を専ら任命し，チャンピ大統領（1999-2006年）は反対に，多数決主義的な政治部門との均衡を保つために，中道右派政権の政治的指向とは異なる裁判官を専ら任命したと評される[20]。

最高裁判機関による憲法裁判所裁判官の選任は，3つの異なる選出母体によって行われる。すなわち，最高裁判機関が選任する5人の裁判官は，破毀院（破毀院第一部長が主宰し，破毀院付検事長，破毀院部長，破毀院付上席検事，破毀院評定官及び破毀院付検事より成る合議体）が3人を選任し，国務院（国務院長が主宰し，国務院部長及び国務院評定官より成る合議体）が1人を選任し，会計院（Corte dei conti）（会計院長が主宰し，会計院部長，会計院評定官，会計院付検事長及び会計院付検事より成る合議体）が残る1人を選任する（1953年法律第87号2条）。最高裁判機関による選任は，各合議体の構成員の絶対多数の賛成によって行われる（1967年憲法的法律第2号4条1項）。

最高裁判機関による選任の対象者は，法令上は「上級通常裁判機関及び上級行政裁判機関の司法官」に限られず，最高裁判機関が大学教授や弁護士を選任することもできる。しかし，各合議体は常に，それぞれの裁判権に所属する司法官の中から選任している[21]。その結果，憲法裁判所は15人の裁判官の中に，常に5人以上の司法官経験者を有することになる[22]。また，憲法裁判所裁判官の資格である「上級通常裁判機関及び上級行政裁判機関の司法官」の範囲につ

---

[18]　Pederzoli, *op. cit.*, p. 123.

[19]　Pederzoli, *op. cit.*, p. 131.

[20]　Pederzoli, *op. cit.*, p. 131.

[21]　Malfatti *et al*, *op. cit.*, p. 50.

[22]　Pederzoli, *op. cit.*, p. 132.

いて，いずれの合議体もこれを合議体構成員の範囲と一致させる解釈をとっており，その結果，憲法裁判所裁判官に選任されるのは，1953 年法律第 87 号 2 条に合議体構成員として列挙された職の経験者に限られている。

2 合議体及び内部機関

(イ) 合議性原理

イタリアの憲法裁判所では，その意思決定は全裁判官から成る合議体によってなされなければならないとする合議性原理(principio di collegialità)がとられ，その結果，わが国の最高裁判所における小法廷のようなものは存在しないし，個別意見制度も存在しない。

この合議性原理は，実定法上正面からこれを定める規定があるわけではない。しかし，口頭弁論にすべての裁判官が参加することを前提に評議がなされるべきことを 1953 年法律第 87 号 16 条が定めているのは，この合議性原理の表れであると言われる[23]。また，「憲法裁判所における裁判に関する補充規範」(2008 年 10 月 7 日憲法裁判所決定。以下，単に「補充規範」と略す) 17 条 6 項は，「決定及び判決は，合議体が評議によってその裁判書を承認」すべきことを定めている。

この合議性原理は，裁判の場面だけでなく，憲法裁判所の内部運営の場面にも及ぶ。憲法裁判所は，憲法機関として当然に自律権を有し，具体的には，規則の制定，予算の承認及び職員の掌理などの権限を有するが (1953 年法律第 87 号 14 条)，この自律権は「合議体としての憲法裁判所」が行使するものとされる (憲法裁判所一般規則〔1966 年 1 月 20 日憲法裁判所決定。以下，単に「一般規則」と略す〕5 条の 2 第 1 項)。

ただし，このことは，憲法裁判所の内部に特定の任務を委ねられた内部機関があってはならないということまでを意味するものではなく[24]，現に，次にみるような内部機関が設けられている。

(ロ) 長 官

憲法裁判所長官は，「憲法裁判所を代表し，これを招集し，その会議を主宰し，委員会の活動を統轄し，法律及び規則が長官に付与するその他の権限を行使する」(一般規則 22 条)。

[23] Malfatti *et al, op. cit.,* p. 61.
[24] Malfatti *et al, op. cit.,* p. 61.

第Ⅰ部　各国の憲法裁判制度

　長官は，憲法裁判所の自律権の表れとして，その構成員の中から，構成員の秘密投票によって過半数の賛成で選出される（憲法135条5項，1953年法律第87号6条1項及び一般規則7条）。その任期は，3年であり（1967年憲法的法律第2号による改正までは4年であった），再選が認められる。ただ，長官の選挙では憲法裁判所裁判官としての先任順が最も重視されるといわれ，すでに在職期間の長い者が長官に選出される結果，長官としての任期が満了する前に裁判官としての任期の満了を迎える場合がほとんどで，長官の平均在職日数は567日にとどまる[25]。

　とはいえ，長官は，憲法裁判所の裁判及び内部運営に関して非常に広汎な権限を有している。それらのうち，最も重要な権限が予審及び報告担当裁判官の任命権（補充規範7条）である。長官は，この権限を通じて裁判の進行と結末とに大きな影響を与えることができる[26]。

　また，長官は，「憲法裁判所を代表」する権限に由来する対外的説明権(potere di esternazione)を有する[27]。これは要するに，年末の記者会見のほか，時としてなされる宣言やインタビューを通じて憲法裁判所の方針を提示し，憲法判例の各側面について解説する権限であり，次第に重要性を増しているといわれる。

(ハ)　その他の内部機関

　憲法裁判所の内部機関として，理事部(Ufficio di presidenza)が存在する。理事部は，長官（又は副長官）と抽選で選出された2人の裁判官で組織され（一般規則25条），憲法裁判所の行政的な事務（例えば，予算の提案や職員の任命など）を行う（26条参照）。

(ニ)　調 査 官

　各裁判官に属する形で，調査官(assistente di studio)が存在する。調査官について定める憲法裁判所規則はないわけではないが，現実には，慣習等によるところが大きいようである。現実のありようとしては，調査官は，各裁判官に3人ずつ（ただし，長官には4人が付けられるため，合計では46人が存在する）が，若手の大学教員や司法官から憲法裁判所裁判官の個人的な人脈で採用されてい

---

[25]　Malfatti *et al, op. cit.*, p. 63.

[26]　Antonio Ruggeri & Antonino Spadaro, *Lineamenti di giustizia costituzionale*, 5ª ed., G. Giappichelli, 2014, p. 71.

[27]　Malfatti *et al, op. cit.*, p. 66; Ruggeri & Spadaro, *op. cit.*, p. 54.

30

るようである。また，その具体的な職務内容も，どの裁判官に属するかによって異なるとのことである。

4 憲法裁判所の権限

1 総 説

　イタリアの憲法裁判所が有する権限は，大きく，①通常裁判所又は行政裁判所の裁判の中で法律等の合憲性の問題が提起された場合に，移送を受けてこれを裁判する権限（前提問題型の合憲性の裁判権），②国又は州の法律等に関する合憲性の問題が国又は州によって憲法裁判所に直接提起された場合にこれを裁判する権限（主要問題型の合憲性の裁判権），③権限争議を裁判する権限，④国の法律に関する廃止的国民投票の請求の適法性を審査する権限，⑤大統領の弾劾裁判権に分けられる。

　これらのうち最大の割合を占めるのが，①の前提問題型の合憲性の裁判が求められる事案であり，1956年から2014年までに憲法裁判所の裁判が求められた事案の8割近くがこれである[28]。ただし，2001年の地方分権改革（2001年10月18日憲法的法律第3号）以後，②の主要問題型の合憲性の裁判が求められる事案が増加しており，例えば，2010年には，主要問題型の合憲性の裁判が37.8％を占めるに至っている（その結果，前提問題型の合憲性の裁判の割合は56.1％まで低下した。次頁の図を参照）。さらに，2012年及び2013年には，主要問題型の合憲性の裁判の割合が前提問題型の合憲性の裁判が占める割合を上回った。

　それゆえ，ここでは，前提問題型の合憲性の裁判権，主要問題型の合憲性の裁判権及び権限争議の裁判権に限って概観することとする。

2 前提問題型の合憲性の裁判

(イ) 基本的な構造

前提問題型の合憲性の裁判とは，「国及び州の法律及び法律の効力を有する行為の合憲性に関する争い」（憲法134条）のうち，「裁判の進行中に職権によ

---

[28] Malfatti *et al*, *op. cit.*, p. 69.

第Ⅰ部　各国の憲法裁判制度

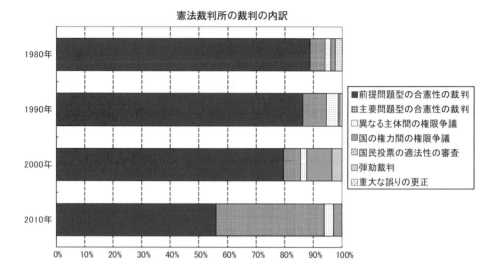

り指摘され又は当事者の一方により提起され……憲法裁判所に移送」されたもの（1948年憲法的法律第1号1条）の裁判をいう。国や州ではなく私人が法律の違憲性を主張しうるという意味で、日本人の「違憲立法審査」のイメージに最も近いのは、この前提問題型の合憲性の裁判であろう。ただし、訴訟当事者が法律の合憲性の問題を申し立てた裁判所ではなく、憲法裁判所に移送されて合憲性の裁判が行われるという点で、ドイツでいう「具体的規範統制」の制度に近いものということができる。

　前提問題型の合憲性の裁判では、憲法問題の提起は、通常裁判所又は行政裁判所に係属した具体的事件の裁判における当事者の違憲性の抗弁から生じる。そして、当事者による問題提起は、これに「決着を付けることなしには当該事件を解決することができない」ものでなければならず（1953年法律第87号23条2項）、この関連性（rilevanza）の要件によって、具体的事件と憲法裁判とが結び付けられている[29]。

　前提問題型という仕組みには、2つの機能があるということができよう。一方では、この仕組みは、法律の違憲性を主張しうる者及び裁判の対象の範囲を拡大するという機能を有する。イタリアには、ドイツにおける憲法異議のよう

---

[29] Teresi, *op. cit.*, p. 61.

な仕組みが存在せず，後にみる主要問題型の合憲性の裁判では，提訴権者や裁判の対象は限定されている。これに対して，前提問題型という仕組みは，原裁判 (giudizio *a quo*) の当事者である限りすべての者が法律の違憲性を申し立てることを可能にし，具体的事件と関連性を有する限りであらゆる法律の合憲性の問題を憲法裁判所の裁判の俎上に乗せることを可能にしているのである。

　他方で，前提問題型という仕組みは，同時にそれと反対の機能も有している。つまり，原裁判の当事者が法律の違憲性を申し立てたからといって，その合憲性の問題が直ちに憲法裁判所に移送されるわけではない。移送の可否を決定する権限は，原裁判の裁判官 (giudice *a quo*) に留保されており，原裁判の裁判官は，例えばその抗弁には明らかに理由がないと判断した場合には，憲法裁判所に移送しないということもできる。このように，前提問題型という仕組みは，憲法裁判所の負担を軽減するための「フィルター」を設ける仕組みでもあるのである[30]。

　さて，前提問題型の合憲性の裁判は，その誕生の瞬間こそは原裁判と結び付けられているとしても，ひとたび憲法裁判所に移送された後は，原裁判から切り離されて，客観的裁判としての自律性を獲得する[31]。それゆえ，「主たる訴訟の停止，中断及び消滅は，憲法裁判所における裁判に対して効力を生じない」（補充規範 18 条）し，先に触れた関連性の要件も，「合憲性の疑いが提起された瞬間にのみかかわり，憲法裁判所への移送後の期間にはかかわらない」とされる[32]。

　㈣　**裁判の対象と基準**

　憲法裁判所の合憲性の裁判の対象となるのは，国及び州の「法律」及び「法律の効力を有する行為」に限られる（憲法 134 条）。したがって，行政規則や処分は，憲法裁判所の合憲性の裁判の対象にはならない。

　ここでいう「法律」には，通常法律のほか，憲法改正法律及び憲法的法律並びに州憲章といった，形式的効力の点で通常法律に優位する法令も含まれ[33]，さらに，現行憲法制定以前に旧憲法の下で制定された法律も含まれる[34]。「法

---

[30]　Vedi Francesco Saverio Marini, *Appunti di giustizia costituzionale*, G.Giappichelli, 2005, p. 74.

[31]　Teresi, *op. cit.*, p. 60.

[32]　Ordinanza Corte cost. 13 aprile 2000 n.110, in *Giur. cost.*, 2000, II, p. 1000.

[33]　Sentenza Corte cost. 15 dicembre 1988 n.1146, *Giur. cost.*, 1988, parte prima, p. 5565.

律の効力を有する行為」とは，具体的には，委任命令(decreto legislativo)及び緊急命令(decreto-legge)などを意味する[35]。

両議院その他の憲法機関が定める規則も「法律の効力を有する行為」に含まれるかに関し，憲法裁判所の判例は，両議院規則については両議院に保障された独立性を理由として[36]，憲法裁判所規則については「法律の効力を有する行為」ではないことを理由として[37]，それぞれ裁判の対象にはならないと判示している。また，EUの規則(regolamento UE)が「法律の効力を有する行為」に含まれるかも問題となるが，憲法裁判所は，国際法と国内法との関係についての二元説の立場を前提に，規則それ自体ではなく，規則を国内法に変型する国内法律が合憲性の裁判の対象となるという見解をとっている[38]。

ところで，憲法裁判所は法律等の合憲性を判断するに際し，何に照らして判断するのかという問題がある。少なくとも「憲法又は憲法的法律の規定」(1953年法律第87号23条1項b号)が合憲性の裁判の基準(parametro)となることは言うまでもない。これに加え，イタリアでは，憲法と通常法律との中位にある規範(norma interposta)が存在し，それらは憲法によって参照(rinvio)されているがゆえに合憲性の裁判における基準となりうると理解されている[39]。別の言い方をすれば，ある通常法律が「中位の規範」に違反する場合，それは同時に，通常法律がその「中位の規範」に従うべきことを定めた憲法の規定に対する違反にもなるため，通常法律がその「中位の規範」に適合しているか否かを審査する権限も憲法裁判所に属するとされるのである。具体的な例を挙げると，立法の委任がなされている場合，委任命令——イタリアでは，委任命令は法律の効力を有する——との関係では授権法律は「中位の規範」として位置づ

---

(34) Sentenza Corte cost 14 giugno 1956 n .1, in *Giur. cost.*, 1956, p. 1. ただし，旧憲法の下で制定された法律であって現憲法に明らかに反するものは，憲法裁判所が違憲を宣言するまでもなく，失効したものと取り扱うべきという学説もあり，憲法裁判所もその可能性を排除していないと言われる。Vedi Ruggeri & Spadaro, *op. cit.*, p. 86; Malfatti *et al*, *op. cit.*, p. 97.

(35) Marini, *op. cit.*, p. 34; Teresi, *op. cit.*, p. 78; Malfatti *et al*, *op. cit.*, p. 102.

(36) Sentenza Corte cost. 6 maggio 1985 n. 154, in *Giur. cost.*, 1985, parte prima, p. 1078.

(37) Ordinanza Corte cost. 12 dicembre 1990 n. 572, in *Giur. cost.*, 1990, XI-XII, p. 3219.

(38) Per es. sentenze Corte cost. 16 dicembre 1965 n. 98 in *Giur. cost.*, 1965, p. 1322 e Corte cost. 18 dicembre 1973 n. 183, in *Giur. cost.*, 1973, II, p.2401. Vedi anche Malfatti *et al*, *op. cit.*, p.100.

(39) Marini, *op. cit.*, p. 28; Teresi, *op. cit.*, p. 62.

けられることになり，委任命令は授権法律の規範に照らしてその適合性が審査されることになる[40]。

ところで，憲法改正法律及び憲法的法律や上記の「中位の規範」それ自体の合憲性の裁判においては何を基準とするのかが問題となるが，憲法改正法律及び憲法的法律については共和政体の改正禁止を定める憲法 139 条及び「憲法秩序の最高原理」に照らして合憲性の裁判がなされ[41]，「中位の規範」のうち例えばラテラノ諸協定（憲法 7 条 2 項参照）についても，「憲法秩序の最高原理」が基準となるものとされている[42]。

(ハ)　違憲性の申立と憲法裁判所への移送

法律等の合憲性の問題は，原裁判の当事者（検察官を含む）が申し立て又は裁判官が職権で提起する。この場合，その合憲性の問題を憲法裁判所に移送するか否かは，原裁判の裁判官が決定する。原裁判の裁判官が移送を決定するためには，①合憲性の問題と原裁判との間に関連性があり (rilevante)，②合憲性の問題に明白に理由がないとはいえず (non manifestamente infondato)，③法律の合憲解釈 (interpretazione conforme) ができないことという，3 つの要件がみたされることが必要である（以上につき，1948 年憲法的法律第 1 号 1 条及び 1953年法律第 87 号 23 条参照）。すでに触れたように，前提問題型の合憲性の裁判の中では，原裁判の裁判官による移送決定は「フィルター」としての役割を有しているから，これらの要件をいかに巧く解釈し運用するかが，前提問題型の合憲性の裁判という仕組みを上手く機能させるための鍵となる。

このうち，①の「合憲性の問題に決着を付けることなしに当該事件を解決することができない」ことが必要であるとする要件は，前提問題型という制度の性質上求められる要件であって，憲法裁判所による合憲性の問題の判断が原裁判の解決の論理的な前提となることを確保しようとするものである[43]。この「関連性」というのは，判例及び通説によれば，憲法裁判所が法律等の規範を

---

(40)　Teresi, *op. cit.*, p. 63; Marini, *op. cit.*, p.28.

(41)　Sentenza Corte cost. 15 dicembre 1988 n. 1146, in *Giur. cost.*, 1988, parte prima, p. 5565. Vedi anche Costantino Mortati, *Istituzioni di diritto pubblico*, tomo I, 10ª ed, CEDAM, 1991, pp. 391 ss.

(42)　Sentenze Corte cost. 24 febbraio 1971 n. 30, in *Giur. cost.*, 1971, I, p. 150, Corte cost. 24 febbraio 1971 n. 31, in *Giur. cost.*, 1971, I, p. 154 e Corte cost. 24 febbraio 1971 n. 32, in *Giur. cost.*, 1971, I, p. 156.

(43)　Marini, *op. cit.*, p. 79.

第 I 部　各国の憲法裁判制度

違憲と宣言した場合にその違憲判決が原裁判の解決に際して当該規範の不適用を当然にもたらすという意味で，必然的に影響を与える（necessariamente influente）という関係にあることを意味するものと理解されている[44]。

②の「明白に理由がないとはいえない」という要件は，言うまでもなく，およそ根拠のない合憲性の問題の提起を排除することを目的とする。とはいえ，この要件は，原裁判の裁判官が法律等の規定が違憲であると確信していることまでを求めるものではなく，むしろ，原裁判の裁判官は，法律等の合憲性に疑いがあれば，まさしく「明白に理由がないとはいえない」として憲法裁判所に移送する義務があると説かれている[45]。ただ，現実には，移送決定の中でしばしば法律等と憲法との「明白な」矛盾又は「解消しがたい」矛盾といった表現が用いられており，実務上はこの要件は違憲の「単なる疑い」以上のものを意味すると考えられているという指摘がある[46]。

①及び②の要件が法令で定められた要件なのに対し，③の要件は，法令で定められた要件ではない。しかし，憲法裁判所は，「法律が違憲であると宣言されるのは，違憲的な解釈をすることができるからではなく，合憲的な解釈をすることができないからである」と説き[47]，①及び②の要件に密接に関連する要件として，この要件を付加している[48]。それゆえ，原裁判の裁判官は，法律等について通常裁判所又は行政裁判所の確立した合憲解釈がある場合には，これに従うべきであるし，これがない場合であっても，合憲性の問題を憲法裁判所に移送する前に合憲解釈を試みなければならない[49]。

さて，原裁判の裁判官がこれらの要件の充足を認めたときは，移送決定（ordinanza di rimessione）によって，当事者が合憲性の問題を申し立てた「申立ての事実及び理由を記載して，一件文書を直ちに憲法裁判所に移送し，進行中の裁判を停止する」（1953 年法律第 87 号 23 条 2 項）。この移送決定は，原裁判の当事者のほか，内閣総理大臣又は州知事に送達され，国会両議院の議長又は関係する州議会議長にも通知される（23 条 4 項）。

---

(44)　Malfatti *et al*, *op. cit.*, p. 107.

(45)　Ruggeri & Spadaro, *op. cit.*, p. 230.

(46)　Malfatti *et al*, *op. cit.*, p. 109.

(47)　Sentenza Corte cost. 14 ottobre 1996 n. 356, in *Giur. cost.*, 1996, II, p. 3096.

(48)　Malfatti *et al*, *op. cit.*, p. 105; Ruggeri & Spadaro, op.cit., p. 207.

(49)　Ruggeri & Spadaro, *op. cit.*, p. 208.

第2章　イタリア憲法裁判所

　憲法裁判所は，原裁判の裁判官から移送を受けた場合には必ず合憲性の問題について本案判断をしなければならないというわけではない。憲法裁判所は，移送された合憲性の問題が法令の定める要件を充たしていないと判断するときは，「不適法却下判決(sentenza di inammissibilità)」，又は，過去に示したことを繰り返すにすぎない場合には「明白な不適法却下決定(ordinanza di manifesta inammissibilità)」によって，本案判断に入ることなく合憲性の問題を斥けることができる[50]。また，過去の判例で理由がないとして棄却された合憲性の問題が再度提起されたときに，その判例を単に確認するにすぎない場合にも，「明白に理由なしとの却下決定(ordinanza di manifesta infondatezza)」によって，合憲性の問題は，新たな本案判断に入ることなく斥けられる[51]。

　なお，合憲性の問題が所定の要件を充たしていない場合でも，憲法裁判所は，その合憲性の問題を「差戻決定(ordinanza di restituzione degli atti)」によって原裁判の裁判官に差し戻し，裁判自体は継続させることができる。そのような場合としては，例えば，移送決定に記載漏れがある場合など，その瑕疵が治癒可能な場合のほか，合憲性の問題が憲法裁判所に移送された後に法改正がなされ，関連性の有無を原裁判の裁判官が再検討する必要が生じた場合がありうる[52]。いずれにせよ，差戻しがなされた場合，原裁判の裁判官は，例えば瑕疵を治癒したうえで，再度その合憲性の問題を憲法裁判所に移送しなければならない[53]。

　㈡　当事者の役割

　前提問題型の合憲性の裁判は本来客観的裁判であり，当事者の存在は不可欠なものではない。しかし，この合憲性の裁判においても当事者構造が採られており，主として原裁判の当事者は，移送決定の公示から 20 日以内に準備書面等を提出することによって，憲法裁判所における合憲性の裁判の当事者となることができる（1953 年法律第 87 号 25 条及び補充規範 3 条）[54]。また，当事者には，当該裁判を口頭弁論で審理するよう求める覚書を提出することも認められている（補充規範 9 条 3 項及び 10 条）。

　客観的裁判である前提問題型の合憲性の裁判においてなぜ当事者構造が採ら

---

[50]　Marini, *op. cit.*, p. 54; Ruggeri & Spadaro, *op. cit.*, p. 146.

[51]　Marini, *op. cit.*, p. 55; Ruggeri & Spadaro, *op. cit.*, p. 149.

[52]　Ruggeri & Spadaro, *op. cit.*, p.146; Malfatti *et al*, *op. cit.*, p. 126.

[53]　Marini, *op. cit.*, p. 55.

[54]　Ruggeri & Spadaro, *op. cit.*, p. 236.

れ，当事者に一定の役割が認められるのかについては，一致した説明があるわけではない。原裁判の当事者が合憲性の裁判においても当事者となりうることを，その主観的利益の保護と結び付けて説明する見解がある一方で，合憲性の憲法裁判で当事者が主張するのは客観的利益であることを重視して，当事者をいわゆる「裁判所の友(amicus curiae)」として説明する見解もあり，さらには，合憲性の裁判で当事者が主張すべきなのは多くの類似の事案を代表する典型的な状況における利益であると構成することで，憲法裁判所における当事者の存在を正当化する主張もなされている[55]。

　なお，前提問題型の合憲性の裁判には，内閣総理大臣及び州知事もまた，当事者と同様に参加することができ，自らの準備書面を提出することができる(1953年法律第87号25条3項及び補充規範4条)。

3　主要問題型の合憲性の裁判

(イ)　基本的な構造

　主要問題型の合憲性の裁判(giudizio di costituzionalità in via principale)とは，憲法の規定上，憲法裁判所に直接合憲性の問題を提起すべきものとされる裁判をいう。この点では，この型の合憲性の裁判は，ドイツでいう「抽象的規範統制」に類似した制度であるということができるが，国と州との間の立法権限をめぐる争いを解決することを主要な機能としている点で，ドイツの制度とは大きく異なる。

　主要問題型の合憲性の裁判には，特別州に関するものを除くと，①州憲章の合憲性に関する争いであって国が提起するもの（憲法123条2項），②州の法律等の合憲性に関する争いであって国が提起するもの（127条1項），③国の法律等の合憲性に関する争いであって州が提起するもの及び④州の法律等の合憲性に関する争いであって他の州が提起するもの（同条2項）がある。

　この型の合憲性の裁判は，憲法制定の時点では，主として州の立法から国の利益を保護するための制度として構想され[56]，その結果，かつては州が国の法律等を争おうとする場合と国が州の法律等を争おうとする場合とで異なる制度が採られていた。しかし，地方分権改革の結果，国又は州の法律等の合憲性に関する争いについては，現在では，国が訴えを提起する場合であれ，州が訴え

---

[55]　Malfatti *et al, op.cit.,* p. 114; Ruggeri & Spadaro, *op. cit.,* p. 238.

[56]　Vedi Teresi, *op. cit.,* p. 108.

を提起する場合であれ，いずれも，事後的に憲法裁判所に合憲性の訴えが提起され，裁判が行われるという仕組みに改められている。ただし，国が州憲章の合憲性を争う訴えを提起する裁判に限っては，憲法裁判所は，州憲章の施行前に訴えが提起される事前統制の制度であると解している[57]。

ところで，主要問題型の合憲性の裁判は，国及び州それぞれの固有の利益を保護するための当事者裁判（giudizio di parti）であると理解されている[58]。それゆえ，そもそも訴えを提起するか否かは国及び州の選択に委ねられるし[59]，当事者が訴えを取り下げれば，訴訟は消滅することになる（補充規範 23 条）。

(ロ) 訴えの提起

主要問題型の合憲性の裁判において訴えを提起することができるのは，国又は州である。国が州憲章の合憲性を争うときはその公示から 30 日以内に，州法律等の合憲性を争うときはその公布から 60 日以内に，事前の閣議決定と国・市及び地方自治体間協議会（Conferenza Stato-Città e autonomie locali）の提案に基づいて，内閣総理大臣が訴えを提起する（1953 年法律第 87 号 31 条）。州が国の法律等又は他の州の法律等の合憲性を争うときは，その公布から 60 日以内に，州議会の議決によって訴えを提起する（1953 年法律第 87 号 32 条及び 33 条）。

4　権限争議の裁判

(イ) 異なる主体間の権限争議

憲法 134 条は，権限争議を裁判する権限を憲法裁判所に付与している。権限争議は，異なる主体の間の権限争議（conflitto tra enti o conflitto intersoggettivo）——すなわち，国と州との間の権限争議及び州と州との間の権限争議——と，国の機関の間の権限争議（conflitto tra i poteri dello Stato o conflitto interorganico）とに分けられる。

前者について，1953 年法律第 87 号は，次のように定めている。「州がその行為によって憲法が国又は他の州に付与した権限領域を侵害したときは，国又はそれぞれ関係する州は，権限の規正を求める訴えを憲法裁判所に提起するこ

---

(57)　Sentenza Corte cost. 20 giugno 2002 n. 304, in *Giur. cost.*, 2002, IV, p. 2345. Vedi anche Malfatti *et al, op.cit.*, p. 156.

(58)　Marini, *op. cit.*, p. 99.

(59)　Malfatti *et al, op.cit.*, p. 171; Ruggeri & Spadaro, *op. cit.*, p. 256.

第Ⅰ部　各国の憲法裁判制度

とができる。国の行為によって憲法上の権限領域を侵害された州は，同様に訴えを起こすことができる」，と（39条）。

この異なる主体間の権限争議の裁判もまた，国及び州の憲法上の権限領域の侵害にかかわる紛争を憲法規範に照らして解決するものであり，裁判を通じて国と州との間の憲法上の権限配分を確保しようとするものだという点では，主要問題型の合憲性の裁判と類似した機能を果たしている[60]。しかし，主要問題型の合憲性の裁判が国又は州の立法行為の合憲性を統制しようとするものであるのに対し，異なる主体間の権限争議は立法以外の行為による権限領域の侵害の問題を取り扱うものであるという点に，両者の違いが存する[61]。

権限争議の裁判の対象となるのは，国又は州への権限の帰属である[62]。積極的な権限争議に限らず，消極的な権限争議もまた，この裁判の対象となりうる[63]。また，権限の帰属それ自体には争いがない場合であっても，ある主体による権限の違法な行使によって他の主体の権限領域の侵害が生じているときは，そのような紛争もまた，権限争議の裁判の対象となりうる[64]。

異なる主体間の権限争議は，国による訴えの場合は，閣議に基づいて内閣総理大臣が，州による訴えの場合は，州議会の議決に基づいて州知事が提起する（1953年法律第87号39条3項及び4項）。権限争議の訴えもまた，主要問題型の合憲性の裁判と同様に，当事者裁判であると理解されており[65]，したがって，当事者が訴えを取り下げれば，訴訟は消滅する（補充規範25条5項）。

㈹　国の機関間の権限争議

憲法134条は，「国の諸権力の間の権限争議」の裁判も，憲法裁判所の権限に属せしめている。これが憲法裁判所の権限とされたことに対しては，学説は当初，懐疑的だったといわれる[66]。しかし，1990年代以降この型の権限争議が憲法裁判所に持ち込まれる件数は増加しており，2000年以後の統計でみると，憲法裁判所は，この型の権限争議につき，平均して1年に約33件の判決・決定を下している。

---

[60]　Malfatti *et al, op.cit.,* p. 212.

[61]　Ruggeri & Spadaro, *op. cit.,* p. 311.

[62]　Teresi, *op. cit.,* p. 188.

[63]　Marini, *op. cit.,* p. 126; Teresi, *op. cit.,* p. 192.

[64]　Sentenza Corte cost. 20 giugno 1988 n. 731, in *Giur. cost.,* 1988, parte prima, p. 3325.

[65]　Malfatti *et al, op.cit.,* p. 198.

[66]　Marini, *op. cit.,* p. 111.

第 2 章　イタリア憲法裁判所

　国の機関間の権限争議に関して最も詳細に論じられているのは，いずれの機関が訴えを提起しうるかという問題である。ただ，憲法は権限争議を提起しうる主体を特定しておらず，どの範囲の機関に主体となることを認めるかは立法裁量に属する。この点，1953 年法律第 87 号 37 条は，「国の諸権力の間の争議は，自らが帰属する権力の意思を終局的に宣言する権限を有する機関の間で，かつ，憲法規範が諸権力について定める権限領域を画定するために生じたときは，憲法裁判所がこれを解決する」と定めており，それゆえ，主体となりうるのは，「国の諸権力」であって「自らが帰属する権力の意思を終局的に宣言する権限を有する機関」ということになる。

　憲法裁判所の判例を分析した学説によれば，この権限争議の主体となりうるためには，判例上，①少なくとも憲法典に明記された機関であること，②部分的なものであっても，憲法上の権限領域（憲法慣習によるものも含む）を享有する機関であること，③自律的・独立的な立場で行為をすることができる機関であること，④国に帰することのできる行為を行う機関であることという 4 つの要件を充たすことが求められる[67]。具体例を挙げれば，まず，共和国大統領がこの権限争議の主体となりうることに争いはなく[68]，そのほか，立法権に関しては，各議院及び国会の合同会議[69]，憲法 82 条にいう調査委員会[70]などが主体となりうる。行政権に関しては，内閣及び内閣総理大臣のほか[71]，憲法 107 条 2 項及び 110 条にいう司法大臣その他各大臣もまた主体となりうると解されている[72]。裁判権に関しては，最高司法会議，破毀院，会計院及び憲法裁判所自身が挙げられる[73]。

---

[67]　Ruggeri & Spadaro, *op. cit.*, p. 278.

[68]　Marini, *op. cit.*, p. 113; Teresi, *op. cit.*, p. 173; Ruggeri & Spadaro, *op. cit.*, p. 288.

[69]　Marini, *op. cit.*, pp. 115 e 119; Teresi, *op. cit.*, p. 167; Ruggeri & Spadaro, *op. cit.*, pp. 293 e 295.

[70]　Marini, *op. cit.*, p. 119; Teresi, *op. cit.*, p. 167; Ruggeri & Spadaro, *op. cit.*, p. 293.

[71]　Marini, *op. cit.*, pp. 117 e 118; Teresi, *op. cit.*, p. 169.

[72]　Marini, *op. cit.*, p. 118; Teresi, *op. cit.*, p. 169.

[73]　Marini, *op. cit.*, pp. 115-116 e 120; Teresi, *op. cit.*, p. 171.

第Ⅰ部　各国の憲法裁判制度

5　憲法裁判所の審理と判決

1　審　理

　憲法裁判所に合憲性の問題が提起され又は権限争議の訴えが提起されて事案が適法に憲法裁判所に係属した場合，その後の審理の流れは，前提問題型の合憲性の裁判であるか，主要問題型の合憲性の裁判であるか，権限争議の裁判であるかによって大きく異なるわけではない。

　前提問題型の合憲性の裁判の場合，原裁判の裁判官からの移送決定が認証され公示されてから 20 日が経過すると，憲法裁判所の長官は，予審及び報告担当裁判官 (giudice per l'istruzione e per la relazione. 略して「報告担当裁判官 (giudice relatore)」と呼ばれる) を任命する (1953 年法律第 87 号 26 条及び補充規範 7 条 1 項。また，1953 年法律第 87 号 34 条 2 項，37 条 5 項及び 41 条並びに補充規範 23 条，24 条 4 項及び 25 条 4 項も参照)。わが国の最高裁における主任事件の割当てとは異なり，イタリアの憲法裁判所では，報告担当裁判官は，長官の広汎な裁量の下で選任される。それぞれの裁判において長官がどのようにして報告担当裁判官を選んでいるのかは，明らかではない。ただ，事案の割り当てに際し，長官は，裁判官の間で負担の不均衡が生ずるのを避けつつも，おそらく各裁判官の専門的な能力を考慮に入れるであろうと言われている[74]。もっとも，その結果，ある特定分野に属する問題や同じ種類の問題が常に同じ裁判官に委ねられるという，裁判官の「専門化」が生じているという指摘がある[75]。

　なお，主要問題型の合憲性の裁判及び権限争議の裁判に関しては，合憲性が争われている法律等や権限争議を生ぜしめた行為の執行停止の制度が設けられている。執行停止が請求された場合，長官は，「報告担当裁判官の意見を聴取して，憲法裁判所の評議を招集」し (補充規範 21 条及び 26 条)，憲法裁判所は，当該法律の執行等によって「公の利益若しくは共和国の法秩序に対し回復できない損害を与える危険又は市民の権利に対し重大で回復できない損害を与える

---

[74]　Ruggeri & Spadaro, *op. cit.*, p. 55.

[75]　Ruggeri & Spadaro, *op. cit.*, p. 71. 例えば，2002 年から 2004 年までの 3 年間に言い渡された判決・決定であって刑法及び刑事訴訟法に関連するものの 4 分の 3 以上が，刑事法学者出身の 2 人の裁判官によって起案されたと言われる。Ruggeri & Spadaro, *op. cit.*, p. 55, n.56.

危険」がもたらされると認めるときは，理由を付した決定により，裁判の継続中その執行を停止することができる（1953年法律第87号35条及び40条）。

さて，再び前提問題型の合憲性の裁判を例にとると，当事者が構成されたときは，口頭弁論(udienza pubblica)が開かれる。当事者が構成されなかった場合のほか，合憲性の問題の提起に明白に理由がない場合や明白に不適法な場合などには，審理は評議(camera di consiglio)のみで行うことができる（1953年法律第87号26条2項及び補充規範9条）。

口頭弁論は，クイリナーレ広場に面した「黄色の間(Salone giallo)」で行われる。細長い部屋の奥に，15人の裁判官が長官を中心に馬蹄形に並び，裁判官に向かい合う形で当事者の弁護士の席があり，その後ろにマスコミ席と一般傍聴席が設けられている。口頭弁論では，報告担当裁判官が事件の問題点を簡潔に述べた後，当事者の弁護士が自己の結論の理由を簡潔に述べる（補充規範16条）。

審理が終結すると，評議における投票によって評決が行われる。評議は，「黄色の間」の隣にある評議室で行われる。評議室は，壁にポンペイ風の絵が描かれていることから「ポンペイの間(Salone pompeiano)」と呼ばれ，裁判官は中央に置かれた楕円形のテーブルを取り囲むように着席する。

評決では，報告担当裁判官が最初に投票し，次に他の裁判官が新任の者から投票し，最後に長官が投票する。投票が同数の場合，長官の決するところによる。評決によって結論が決まると，原則として報告担当裁判官が起案担当裁判官(giudice redattore)となって判決及び決定の起案を行う（1953年法律第87号16条3項並びに補充規範17条3項及び4項）。判決は，「事実及び法に関する理由」と主文とを含まなければならず，決定には「簡潔な理由」を付さなければならない（1953年法律第87号18条3項及び4項）。

起案担当裁判官が起案した決定及び判決は，合議体によって承認されなければならない（補充規範17条6項）。ただ，憲法裁判所の裁判のすべてについて合議性原理を厳格に適用することは効率的でないことから，判決の形式で裁判がなされる場合は別にして，決定の形式による裁判については，裁判官から修正の要求がなされない場合には合議体によって黙示的に承認がなされたものとする慣行がとられている[76]。

---

[76] Marini, *op. cit.*, p. 25; Ruggeri & Spadaro, *op. cit.*, p. 70.

第Ⅰ部　各国の憲法裁判制度

2　憲法裁判所の判決とその効力

　前提問題型の合憲性の裁判においては，憲法裁判所の本案判決は，大きく認容判決（sentenza di accoglimento. つまり，違憲判決）と，棄却判決（sentenza di rigetto. つまり，合憲判決）とに分けられる。

　認容判決とは，提起された法律等の合憲性の問題に根拠があると憲法裁判所が認め，当該法律等の規範を違憲と宣言する判決をいい，この認容判決によって当該法律等は効力を失う。認容判決は，原裁判の当事者に対して効力を有するだけでなく，対世効（effcacia erga omnes）を有する[77]。

　認容判決がいつの時点から効力を有するかについて，憲法 136 条 1 項は，「憲法裁判所が法律又は法律の効力を有する行為の規範の違憲性を宣言したときは，その規範は，判決の公布の翌日から効力を失う」と定めている。この点に関連して，認容判決が遡及効を有するかどうかが論じられるが，前提問題型という制度の性質上，原裁判との関係では遡及効（当事者遡及効）を有するのは当然であろう。また，「違憲と宣言された規範は，裁判の公布の翌日から適用することができない」（1953 年法律第 87 号 30 条 3 項）以上，認容判決の時点で通常裁判所・行政裁判所に係属していた事件との関係でも，認容判決は遡及効を有する[78]。他方，すでに確定した事件との関係では認容判決は遡及効を有しない[79]。しかし，これには例外があり，「違憲と宣言された規範を適用して有罪の確定判決が言い渡されていたときは，その執行を中止し，すべての刑事上の効力は消滅する」（同条 4 項）ものとされている。

　棄却判決とは，提起された法律等の合憲性の問題には理由がないとする判決をいう。ただし，この判決は，当該法律等が合憲であるということを積極的に裏書きするものではなく，憲法裁判所に提起された合憲性の問題には理由がないと判断するものにすぎない。それゆえ，棄却判決は，原裁判の当事者の間でのみ効力を有し，具体的には，原訴訟の同一の審級において同一の問題を再び憲法裁判所に申し立てることを遮断する効果しか有しない（憲法 137 条 3 項参照）。

　主要問題型の合憲性の裁判においても，認容判決と棄却判決がありうること

---

[77]　Marini, *op. cit.*, p. 56; Teresi, *op. cit.*, p. 103; Ruggeri & Spadaro, *op. cit.*, p. 152.

[78]　Marini, *op. cit.*, p. 57.

[79]　Marini, *op. cit.*, p. 58; Malfatti *et al,* op.cit., p. 137; Ruggeri & Spadaro, *op. cit.*, p. 153.

は，前提問題型の合憲性の裁判の場合と同じである。主要問題型の合憲性の裁判における認容判決は，すべての州及び特別州に適用される憲法規範にかかわるものであるときには，その効力はすべての州に及ぶが，特別州の憲章に含まれる規範にかかわるものであるときには，その効力が及ぶのは，当該特別州に限られる[80]。

権限争議の裁判では，憲法裁判所は，判決によって，「問題となっている権限がいずれの権力に属するかを宣言して，その審査に委ねられている争議を解決し，権限のない者によって瑕疵のある行為がなされているときは，これを取り消す」（1953 年法律第 87 号 38 条及び 41 条）。この判決は，本来は当事者効（effcacia inter partes）しか有しない。しかしながら，権限争議の原因となった行為を憲法裁判所が取り消した場合，判決は，少なくともその部分に関しては，対世効をもちうる[81]。

6　おわりに

以上，きわめて簡単にではあるが，イタリアの憲法裁判所がどのような組織で，どのような権限を有しており，その権限をどのように行使しているのかを概観してきた。

イタリアの憲法裁判所に特徴的で興味深いのが，その判決手法である。イタリアの憲法裁判では，解釈的判決のほか，操作的判決と呼ばれる手法が用いられることがあり，操作的判決に関しては，国会の立法権との関係が問題となるが，その問題は，第Ⅱ部第 7 章で取り扱うことにする。

また，第一共和制の終焉と地方分権改革の後，主要問題型の合憲性の裁判や権限争議の裁判が増加しており，それによって憲法裁判所の役割には変化もみられる。この問題についても，第Ⅱ部第 8 章で取り扱うこととしたい。

参考文献

芦田淳「イタリア憲法裁判所の特質と近年における変化」比較法研究 75 号（2013年）309 頁。

---

[80]　Teresi, *op. cit.*, p. 130; Malfatti *et al*, op.cit., p. 183.

[81]　Marini, *op. cit.*, p. 124; Teresi, *op. cit.*, p. 182; Malfatti *et al*, *op.cit.*, p. 209.

田近肇「イタリア憲法裁判所の制度と運用」岡山大学法学会雑誌 62 巻 4 号（2013
　　年）268 頁（http://ousar.lib.okayama-u.ac.jp/metadata/49400 にも掲載）。

Antonio Ruggeri & Antonino Spadaro, *Lineamenti di giustizia costituzionale*, 5ª ed., G.
　　Giappichelli, 2014.

Gustavo Zagrebelsky & Valeria Marcenò, *Giustizia costituzionale*, il Mulino, 2012.

第3章

スペイン憲法裁判所

ペドリサ・ルイス

1 はじめに

　1978年に制定されたスペイン憲法は，1936年から1975年まで続いた軍事独裁政権の残骸を処理し，スペインの民主化を実現した。そして，制定37周年を迎えたスペイン憲法の抜本的な改正を求める声が，左派・右派を問わず，近年増えたものの，その下でスペインがEU加盟国となったこともあり，政治的に安定した国になったと言える。

　現行憲法は，EUの他の国にも多く見られるように，公権力の行使の合憲性を統制する権限を特別機関である憲法裁判所に付与している。つまり，スペインはドイツやイタリアのように，いわゆる集中型違憲審査制（Modelo de Control Centralizado）を導入している[1]。周知の通り，集中型違憲審査制のモデルは，ケルゼンに由来する。ケルゼンが提案したモデル下では，立法者として機能する国会が法律を制定する。そして，法律が最高法規たる憲法に適合するかどうかの判断は，消極的立法者（Negativ Gesetzgeber）として機能する憲法裁判所によって行われる。確かに，憲法裁判所は，「裁判所」という名称がつくけれども，司法権を行使する機関ではない。権力分立上の観点からすれば，憲法裁判所の機能は，あくまで憲法解釈を行った上で，違憲と判断した法律を法秩序から排除することである。従って，憲法裁判所は，いわば否定的な形で立法活動に参加している[2]。

---

(1)　ヨーロッパの違憲審査制の展開におけるスペインの位置づけを考察する研究として，Cruz Villallón, P. *La formación del Sistema europeo del control de la constitucionalidad*. Centro de Estudios Constitucionales（1987）を参照。

(2)　Kelsen, H. "La garantie juridictionelle de la Constitution", in *Revue de Droit Public*

第Ⅰ部　各国の憲法裁判制度

　本章において，スペイン憲法裁判所の概要を説明する。憲法裁判所の構成および権限を描写し，法治国家（Estado de Derecho）および権力分立の構造におけるその中心的な位置づけを明らかにしたい。というのは，憲法裁判所自ら述べたように，この機関は「憲法制定権力の委託者」（comisario del poder constituyente）として，その憲法判断を通じて憲法規定の意味を明らかにしているのみならず，絶えず変化する諸状況に憲法解釈を順応させていくことにより，憲法秩序の安定性を担保しているからである[3]。

2　憲法裁判所の前身

　スペイン史上初めて，集中的に違憲審査を行う機関を導入した憲法典は1931年に制定された第二共和制憲法である。1931年憲法は，「憲法の保障および改正」と題する第9編（121条〜125条）を設け，そこに司法権に属しない機関として（司法裁判所に関する規定は第6編に置かれていた）憲法保障裁判所（Tribunal de Garantías Constitucionales）を設置した。現行憲法裁判所の前身である憲法保障裁判所は，1920年のオーストリア憲法裁判所を模範としたものである。しかし，憲法が保障した諸権利を守るために，1917年メキシコ憲法の第107条をモデルとしたアンパーロ訴訟（Recurso de Amparo）が同時に導入されていた[4]。こうして，いわゆる権利救済機能を果たすために，逆輸入するような形で旧スペイン植民地であったメキシコ憲法学が参考にされていたことが極めて興味深い[5]。尤も，この権利救済手続に実際に認められるメキシコ憲

　　　（1928），pp.198 *et seq.*

(3)　STC31/2010 を参照。この判決は，2006年に改正されたカタルーニャ自治州憲章の一部を違憲無効と宣言したものである。この判決の評釈として，Diaz Revorio, F. J. "La tipología de los pronunciamientos en la STC31/2010 y sus efectos sobre el estatuto catalán y otras normas del ordenamiento vigente", in *Revista Catalana de Dret Public* n. 43(2011) pp.53-86 を参照。

(4)　スペイン第二共和制下におけるアンパーロ訴訟に関する研究として，Oliver Araujo, J. "El Recurso de Amparo en la Segunda República Española（1931-1936）y la posterior Guerra Civil（1936-1939）", en *Anuario Iberoamericano de Justica Constitucional* n.14 （2012）pp.323-346 を参照。

(5)　アンパーロ訴訟の導入に当たり，スペインに亡命したメキシコの憲法学者であったアドルフォ・レーイェス氏が多大な影響を憲法制定者に及ぼしたことが良く知られている。Garcia Ruiz, J. L, *El recurso de amparo en el Derecho español,* Editora Nacional, 1980, p.40

第3章　スペイン憲法裁判所

法の影響は，単に名称にとどまる程度でしかなく，アンパーロ訴訟の構成は結局オーストリア憲法第144条が定めた「憲法異議」(Beschwerde) の制度に従っていた，との有力意見も見られる[6]。

1　憲法保障裁判所の構成および権限

　憲法保障裁判所は，きわめて複雑な構成をしていた。判事として任命された者は，①議会が任命した1名の長官，②高等諮問機関の長，③共和国会計検査院の長，④スペインの各地方から任命する1名ずつ，⑤2名の国会議員，⑥全国の弁護士会が選挙する2名の弁護士，および⑦全国の国立大学法学部が選挙する4名の教授である。こうして，憲法保障裁判所の判事になった者のうち，純粋な「法律家」のみならず「政治家」が多かったことに注目すべきである。

　一方，憲法保障裁判所の管轄権はスペイン全土に及ぶものであり，付与された権限が実に多岐にわたるものであった。先ず，憲法保障裁判所の主たる任務は，違憲審査権の行使およびアンパーロ訴訟を通じて行われる権利救済であった。なお，憲法保障裁判所に中央と地方の間における権限争いの審理権限も与えられた。最後に，憲法保障裁判所は，選挙に関する訴訟を処理し，大統領，国務大臣，最高裁判所の判事など，共和国の高級官の刑事責任を追及する権限も有した。

　憲法保障裁判所による違憲審査を求める権限が認められたいわゆる提訴権者は，例えば検察官，通常裁判所の裁判官，中央政府，地方自治体など，原則として限定されていたが，特別の場合において私人にも，その権利・利益が侵害されていなくとも，憲法保障裁判所に訴える道も開かれていたことが大変興味深い。もちろん，具体的な権利侵害のあるときにすべての私人がアンパーロ訴訟を提起することも可能であった。

2　憲法保障裁判所の評価

　憲法保障裁判所は，スペイン内戦 (1936 - 1939年) の終焉とともに姿を消し

　を参照。特に，同氏の力作である *Ante el momento constituyente español. Ejemplos y experiencias americanos*, Reus, 1931 がよく読まれていた。

[6]　Pérez Tremps, P. "El sistema español de protección de derechos fundamentales y la práctica del Tribunal Constitucional" en *Anuario de Derechos Humanos 1981* (1982) p. 430.

た[7]。当然，憲法保障裁判所は活動していた9年足らずのみでは，その能力を十分に発揮することができなかった。のみならず，それまでのスペインにとって違憲審査制はきわめて画期的な制度であり，憲法保障裁判所が薄命に終わった共和制の統治構造にその土台を固めることができなかった。具体的には，憲法保障裁判所の経験が，ある意味で失敗に終わった原因として3点を挙げることができる[8]。第一に，第二共和制の革命的な性格である。1931年憲法は，社会主義や人民主義など，イデオロギーの濃いドキュメントとして制定された結果，非民選的であった憲法保障裁判所に対する警戒心が駆り立てられた。第二に，憲法保障裁判所の複雑な構成である。前述の通り，法律家のみならず，政治家も判事として任命されたため，憲法保障裁判所が過度な政治色に染まってしまった。そして最後に，国会が一院制であったため，憲法保障裁判所がいわば「もう一つの院」として利用されがちとなった。その結果，憲法裁判所は政局の渦中に位置づけられ，審判機関としての性格が後退し，純粋に政治的機関になってしまった。

3　現行憲法と憲法裁判所

　現行憲法は，第二共和制が開始した違憲審査制の伝統を受け継ぎ，新たな機関として憲法裁判所（Tribunal Constitucional）を設置している[9]。憲法は，第9編（159条〜165条）および経過規定第9条において憲法裁判所について規定するが，憲法規定を具体化するものとして1979年に「憲法裁判所に関する組織法」（以下は，TC組織法）が制定された。TC組織法は，いわば憲法付属法としての性格を有する。なお，憲法裁判所は1990年に「憲法裁判所の組織および人員に関する規則」（以下，TC規則）を制定した。後述するように，憲法制定者は，憲法裁判所のモデルとしてドイツ法およびイタリア法を大いに参考に

---

(7)　戦争中，憲法保障裁判所は共和国軍側の支配下に置かれた領域において1939年に活動し続けた。当時の資料はほとんど現存していないが，Bassols Coma, M. *La juris-prudencia del Tribunal de Garantías Constitucionales de la II República española,* CECP (1981) は，憲法保障裁判所が下した複数の判決を収録している文献として学問的な価値が極めて高い。

(8)　Cruz Villalón, P., *op. cit.* p.25ss.

(9)　TC組織法は，1984年，1985年，1988年，1999年，2000年，2007年，2010年，2015年など，現在に至るまで数回にわたって改正されている

した。

1 憲法裁判所の憲法上の位置付け

憲法上の機関として，憲法裁判所は独立している機関であると言える。憲法は，第6編において司法権を規定し，憲法裁判所について第9編において定めている。つまり憲法上，司法裁判所と憲法裁判所が明確に区別されている。その旨を受けて，TC組織法1条は，憲法裁判所を「憲法上，他の国家機関から独立した機関である」と述べている。

比較憲法学の観点からすると，ドイツ連邦基本法は連邦憲法裁判所を第9章において司法裁判所と共に規定している。それに対して，イタリア憲法は，第2部4章において司法権について定めた後，「憲法保障」と題する第2部6章において憲法裁判所を設置している。その意味では，スペインの憲法裁判所は，憲法上の位置づけとして，基本的にイタリアに倣ったものであると言える。とはいえ，司法裁判所と憲法保障裁判所を異なった章に設けていた1931年憲法も大いに参考にされたことが否めない。

TC組織法1条は，憲法裁判所に「憲法解釈および保障において最高機関」としての性格を与えている。また，憲法裁判所は「国」（Estado Central）と「自治州」（Comunidad Autónoma）の間の権限分配を明確にする仲裁者としての重要な役割を果している[10]。憲法自体は，国と自治州が有する権限およびその相互関係について直接定めていない点を数多く残している。また，カタルーニャやバスクのように広範な自治権（場合により完全な独立も）を主張する自治

---

[10] 周知のとおり，スペインは不可分な統一国家であると同時に，諸民族および諸地域の自治権をも承認している「自治州国家」（Estado Autonómico）とも呼ばれる特殊の国家形態となっている。ただし，憲法は自ら自治州の制度を完成させているのではなく，単に歴史的，文化的および経済的なつながりを有する隣接県が自治を獲得するために，自治州になる手続を定めているに過ぎない。具体的には，憲法は自治州を設立するためのメカニズムとして「迅速な手続」および「通常の手続」を設けた。前者は，憲法自体が制定される前に，すでに自治州の基本法に当たる自治憲章を住民投票により承認した，歴史的な自治州（ガリシア，バスクおよびカタルーニャ）に適用された。そして，後者の手続に従い自治州となったものは，歴史的自治州に認められた特異の制度（固有用語の存在，自治州警察など）を除いて，同一の自治水準を獲得している。現在までに，17の自治州および2の自治都市（セウタおよびメリージャ，アフリカ大陸に位置している）が設立されている。自治州国家について，Ferreres Comella, V. *The Constitution of Spain*, Hart Publishing（2013）pp.161-199を参照。

51

第Ⅰ部　各国の憲法裁判制度

州が存在する。従って，スペインでは国家機関の権限争いが起こりやすい。

2　憲法裁判所の判事

　憲法裁判所は，議員の5分の3の多数決により下院（Congreso de los Diputados）が推薦する4名，同様の多数決により上院（Senado）が推薦する4名，内閣（Gobierno）が推薦する2名，および司法総評議会（Consejo General del Poder Judicial）が推薦する2名の判事（magistrados）により構成される[11]。判事は，国王によって任命される。判事の任期は9年であり，3年ごとにその3分の1が改選される[12]。判事の任期満了の4ヵ月前になると，憲法裁判所長官が新たな判事の推薦手続を開始するよう要請するが，前任の判事は後任の判事が就任するまでの間，任務を遂行し続けなければならないため，任務遂行には空白期間が起こらない。

　この通り，憲法裁判所判事の選任手続は，構成に立法部，行政部および司法部の参加を予定していると同時に，国会が8名の判事を推薦するので，立法中心なものとも評価できよう。しかも現行憲法は，議院内閣制を採用しているから，ある程度，与党の意向に添う人物が内閣の推薦する判事として選任されがちであろう。しかし，憲法裁判所判事をつとめるためには法律家として教養が高いことが求められる。こうして，裁判官，検察官，大学教授，公務員および弁護士として15年以上の経験を有する者にのみ憲法裁判所判事になる資格が認められる。

　判事の独立性および常勤性を確保するために，兼職は厳格に禁止されている[13]。また憲法裁判所の判事は，裁判官および検察官と同様に，在任中，政治

---

[11]　司法総評議会は司法行政の管理機関である。評議会は，20名の評議員および1名の議長（最高裁判所長官）で組織される。評議員のうち，12名は，現職裁判官の中から，残り8名は，15年以上の職歴を有する有能な法律家の中から，国会が指名し，国王が任命する。司法総評議会の構成員の任期は5年である。

[12]　憲法裁判所が活動し始めた1980年に12名の判事が同時に選任され，その後，以下の手続に従い判事の改選が行われた。まず，1983年に職を辞し改選される同一の選出母体（その際，内閣推薦2名および司法総評議会推薦2名は同一の選出母体とみなされた）の4名の判事を抽選により選び，下院推薦組が当たった。1986年に，前回の抽選に当たらなかった2つの選出母体の間で抽選が行われた。その時，内閣・司法総評議会推薦組が当たった。最後に，1989年に残りの選出母体である上院推薦組の改選が行われた。1992年以降，判事の改選は，下院推薦組，内閣・司法総評議会推薦組，上院推薦組の順に改選が行われるようになった。

52

第3章　スペイン憲法裁判所

政党に入党し労働組合に加入することも禁止されている。一方，憲法裁判所判
事の身分を保障するために，罷免されることなく任務中に表明した意見につい
て訴追されることはない[14]。

4　憲法裁判所の構造

1　憲法裁判所の裁判事務に携わる組織

　憲法裁判所は，大法廷，2つの小法廷および4つの部において裁判事務を遂
行する。憲法裁判所長官は，判事のうちから，大法廷において秘密投票により，
3年の任期で任命される（1回限りの再選も認められる）[15]。長官は，憲法裁判
所を代表し，大法廷・小法廷を招集し，憲法裁判所の人事管理も行う。更に，
長官の場合と同様の選任手続により，3年の任期で，副長官も選任されるが，
副長官の主たる任務は空位，病気などの場合，長官を代理することである。
　大法廷は，判事全員で構成され，長官が主宰する。そして小法廷は，それぞ
れ6名の判事で構成される。第一小法廷は，長官が，第二小法廷は，副長官が
議長を務める。部の主たる機能は，訴訟の受理・不受理を決定することである
が，各部が3名の判事で構成される[16]。

---

(13)　具体的に，憲法裁判所判事に次の兼職を禁止している，①すべての公選職，②政治的，
　　行政的官職，③政党，労働組合の指導的職務，およびそれらと類似業務を行う機関にお
　　ける被雇用者，④司法裁判所および検察庁の職務および裁判所の被雇用者，⑤財団，協
　　会，専門的・商業的同業組合における指導的職務，および⑥護民官。憲法裁判所のある
　　判事は兼職禁止事項に該当する場合，その判事は，就任する前に兼職となる職務を辞任
　　しなければならない。

(14)　ただし，判事が次の事由に該当する場合，辞任の対象となる。①長官が辞表を受理し
　　たとき，②任期満了となったとき，③無能力状態に陥ったとき，④兼職禁止違反状態が
　　生じたとき，⑤故意に任務の遂行を止めたとき，⑥任務に固有の慎重さを損なったとき，
　　および⑦詐欺により民事責任あるいは刑事責任が問われたとき。憲法裁判所の判事の刑
　　事責任は，最高裁判所に対してのみ追及される。

(15)　長官の決定投票には絶対多数が求められるが，これに達しないとき2回目の投票を行
　　い，得票数の多い判事が選任される。また，同数のため3回目の投票が行われる必要が
　　ある場合，在任期間が最長の判事が，在任期間が同じであるときは，年長の判事が選任
　　される。

(16)　各部の議長は，それぞれ長官，副長官，在任期間が最長の判事，2番目に在任期間が
　　長い判事となっている。

53

第Ⅰ部　各国の憲法裁判制度

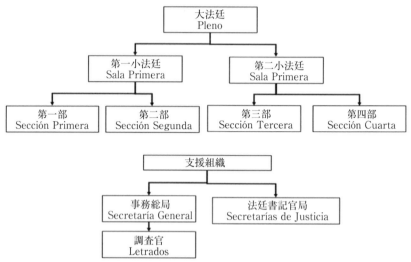

　大法廷は原則として長官の意思により招集される。しかし、3名以上の判事の要請があった場合、大法廷を招集することがある。招集は、緊急事態を除き、その3日前に判事に通知され、通知書に議事日程を明らかにし、審理に必要な判例法などの記録は添付される。事前の招集手続によらない場合でも、全員の判事が集合し全員一致で合意すれば、大法廷を開くことができる。有効な議決を行うために、少なくとも3分の2以上の判事が出席することが必要であり、採択は審理に参加した判事の単純多数決で行われる。賛否同数の場合、長官が決定することになっている。

　小法廷も長官により招集されており、議決には、3分の2の判事の出席を要する。部の場合、議決には少なくとも2名の出席が求められるが、意見の不一致の場合、3名の出席が必要となる。

　さらに、憲法裁判所の支援組織として、複数の法廷書記官局が設置され、大法廷および小法廷で行われる手続事務を担当する。また、専ら各判事に個人的なサポートを提供するために、法律家として経験豊かな複数の調査官が任命され、後述する事務総局の下に置かれる。

54

第3章　スペイン憲法裁判所

憲法裁判所の行政・管理事務に携わる組織

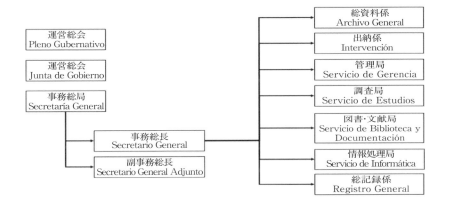

2　憲法裁判所の行政・管理事務に携わる組織

　憲法裁判所の行政・管理事務を行う組織として運営総会，運営会議および事務総局が置かれる。構成上，運営総会は大法廷と同じ組織である。つまり，大法廷は裁判事務以外の職務を遂行するとき，この名称で呼ばれる。運営総会に託される職務のうち，毎年，国の予算の一部に組み込むものとして憲法裁判所の予算計画を作成することが特に重要である。運営会議は，憲法裁判所長官・副長官，第一小法廷と第二小法廷から1名ずつ，ならびに事務総長により構成される。運営会議の主たる職務は憲法裁判所の人事を管理することである。最後に，事務総局は憲法裁判所の日常的な行政・管理事務を担当する組織である。事務総局は，事務総長および副事務総長により構成されており，その指揮監督の下，文書管理，研究支援，会計，文献調査，情報処理，調達管理など多岐にわたる事務を執り行う複数の部局が設置される。

5　憲法裁判所の裁判権限

　憲法第161条が述べているように，憲法裁判所の役割は，憲法の優位性を守ること，基本的権利・自由を保障すること，国と自治州との間，または自治州間の権限分配を決定すること，およびその他に，法律により付与される権限を遂行することである。つまり，憲法裁判所は憲法秩序の統一性，一貫性および

55

第 I 部　各国の憲法裁判制度

安定性を維持することを託された最高かつ独立機関であり，その役割を果たすため，いわゆる憲法裁判（Justicia Constitucional）という領域において排他的管轄権が与えられている。憲法の趣旨を受けて TC 組織法は，具体的に憲法裁判所に以下の訴訟を審理する権限が付与している。つまり，①法律および法律の効力を有する法規範（以下，法律等）に対する違憲審査を行うこと，②公権力の活動により個人が被る，憲法上の権利・自由の侵害を救済すること，③国および自治州の間，または複数の自治州の間に起こる権限争いを審判すること，④憲法機関相互の権限争いを審判すること⑤地方自治体の権限を擁護すること，⑥国際条約の合憲性を審査すること，⑦自治州が採択した規定・決議に対する内閣の異議申立てを審理することおよび⑧憲法裁判所判事の任命・解任・停職などに関する訴訟を審理することである[17]。一方，スペイン憲法裁判所は他国の憲法裁判所と異なり，いわゆる選挙裁判所として機能しない[18]。

　憲法裁判所は，後述する憲法訴願を除いて，訴訟を大法廷で審理する。また原則として，憲法裁判所の前に行われる諸手続は書面で行われ，口頭審理が開かれることが極めてまれである。

1　違憲異議と違憲質疑

　憲法裁判所は，「違憲異議」（recurso de inconstitucionalidad）および「違憲質疑」（cuestión de inconstitucionalidad）を通じて法律等の合憲性を審査し，いわゆる規範統制を行う。違憲異議または違憲質疑によりある法律等が違憲であるとの判決が下された場合，その効力を失う。従って，違憲判決は法律等を廃止する効果を有するので，違憲異議および違憲質疑を審理することにより，憲法裁判所は消極的立法者として活動すると言える。

　一方，ある法律等の違憲性に関する違憲異議が却下される場合でも，事後に同法律等の違憲性を争う違憲質疑を提起することが可能であることは興味深い。

---

(17)　憲法 161 条 2 項により規制されるいわゆる内閣による異議申立て（⑦の手続）は，自治州が採択した規定・決議の効力について 5 ヵ月の停止を伴うことが特徴であり，近年，カタルーニャ政府に対して，中央政府により多用されている。効力が停止されている間に，当該規定・決議の合憲性について憲法裁判所が判断を下さない場合，5 ヵ月が経過した後，憲法裁判所は効力停止を継続させるか終了させるかを決定しなければならない。

(18)　もっとも，「選挙制度に関する組織法」（Ley Orgánica de Régimen Electoral General）は，立候補者（49 条 3 項）或いは当選者（114 条 2 項）に関する諸選挙委員会（juntas electorales）の決定に対する憲法訴願を審理する権限を憲法裁判所に付与している。

しかし，違憲異議が受理されると，問題となった法律等の適用が5ヵ月間停止されるのに対して，違憲質疑の受理はその効果を伴わない。

　違憲異議および違憲質疑の対象となる法律等には，次の法規範が含まれる。①自治州の憲章（estatutos de autonomía）および組織法（leyes orgánicas），②国または自治州が制定する法律および法律の効力を有する規範または行為，③国際条約および④国会両院の規則および自治州の議会の規則である。

㈣　違憲異議

　違憲異議は法律等が公示されたときから3ヵ月以内に，憲法裁判所に対して提起することができる。TC組織法は，①内閣総理大臣，②護民官，③50名の下院議員または50名の上院議員，④自治州の執行機関，および⑤自治州の立法機関に提訴資格を付与している。違憲異議を提起する際，提訴者は違憲の疑いがある法律等の全部または一部を特定し，憲法のどの規定に抵触するかを明記しなければならない。ただし，憲法裁判所は違憲審査を行うに当たり，提訴者により引用されたか否かに関係なく，自ら適切と判断する憲法規定を根拠に判決を下すことができる。

　憲法裁判所は違憲異議を受理すると，利害関係者としてその旨を国会，内閣そして場合により自治州の立法・執行機関に対して通告し，出廷し適切な主張をする機会を与える。TC組織法によると，利害関係者の出廷後，憲法裁判所は10日以内に，場合により30日以内に判決を下すべき旨を定めているが，実践上，判決を下すのに数年以上がかかることは珍しくない[19]。違憲判決が下された場合，判決文は官報に公示され，憲法裁判所判事の少数意見があるときはこれも付される。

㈥　違憲質疑

　違憲質疑は，具体的事件に適用すべき法律等が憲法に反する疑いが生じた際，司法裁判所が，憲法裁判所に対して提起する訴訟である[20]。原則として事件を取り扱う裁判官は職権で違憲質疑を提起するが，当事者双方は司法裁判官に違憲質疑の提起を請求することができる。違憲質疑を提起することが可能なのは，

---

[19]　例えば，同性婚を認める民法の改正は2005年に可決されたが，直ちに当時の野党による違憲異議の対象となった。ところが，憲法裁判所は合憲判決を下したのは2012年だった。STC198/2012を参照。

[20]　違憲質疑に関する研究として，López Ulla, J. *La cuestión de inconstitucionalidad en el Derecho español*, Marcial Pons（2000）を参照。

第Ⅰ部　各国の憲法裁判制度

公判手続，裁判手続などが終了し，司法裁判所が判決または決定を言い渡すまでの間である。違憲質疑を提起する際，裁判官が違憲と疑う法律等を特定し，憲法のどの規定に抵触するか，法律等の適用は裁判にどのような影響を与えるかを示さなければならない[21]。

司法裁判所は違憲質疑を提起するか否かを決定する前に，事件の当事者および検察官から10日の期間内に意見を徴収しなければならない。一方，裁判所による違憲質疑を提起するか否かの決定に対して，異議申立ては認められない。ただし，判決が確定しない限り，次の審級においても違憲質疑の提起は可能である。

憲法裁判所は違憲質疑を受理すると，国会，国家検事総長（Fiscal General del Estado），内閣，そして場合により自治州の立法・執行機関にその旨を通告し，違憲質疑に対して主張をする機会を与える[22]。TC組織法の定めるところによると，出廷後，15日以内に，或いは場合により30日以内に，憲法裁判所は判決を下さなければならないが，違憲異議の場合と同様，この期間はまず守られることはなく，通常，判決が下されるまで数年がかかる。

最後に，ある法律等に対する違憲判決が下された場合，少数意見も含めて，判決文は官報に公示される。

㈤　違憲判決の効力

違憲異議および違憲質疑の判決は，既判力を有し，これに対していかなる異議申立ては一切認められない。判決は，いわゆる「何人に対しても」（*erga omnes*）の効力を有し，すべての公権力を拘束する。違憲異議について合憲判決が下された場合，違憲審査の対象となった法律等は同一の憲法規定に違反することを理由として再び違憲異議の対象とはならない。違憲質疑の場合，判決が下されたら直ちに違憲質疑を提起した裁判所に通告され，裁判官は事件を解決する際，憲法裁判所の判決により拘束される。

憲法裁判所がある法律等の違憲性を宣言したとき，既に当該法律等の適用による以前の確定判例が存在する場合，その確定判例は既判力を失わない。ただし今後の裁判において，違憲判決により従来の判例法が修正されたと解されな

---

(21)　ただし，違憲異議と同様に憲法裁判所は，司法裁判所が指摘した憲法規定とは異なるものを根拠に違憲判決を下すことができる。

(22)　TC組織法の2007年改正以降，事件の当事者双方にも違憲質疑に参加することが認められている。

58

けなければならない。また，違憲判決により無効となった法律等の適用により，ある個人が既に刑事・行政事件の責任を追及された場合，刑罰や懲戒などは軽減され，場合により免除される。

2　憲法訴願

　憲法53条2項は，「いかなる市民も，優先および略式の原則に基づく手続により，通常裁判所に対して，また，場合により，アンパーロを通じて，憲法裁判所に対して，第14条および第2章第1節で定める自由および権利の保護を求めることができる。訴願は，第30条で定める良心的兵役拒否にも，これを適用することができる」と規定している。こうして憲法は，憲法上保障されている権利および自由の一部をアンパーロ（amparo）という特別手続を通じて擁護している――スペイン語ではamparoとは「擁護」を意味している[23]。憲法53条2項が述べるように，スペイン法では2種類のアンパーロ手続が予定される。第一に，通常裁判所の前で行われる司法上アンパーロ（amparo jurisdiccional），および第二に，憲法裁判所の前で審理される憲法上アンパーロ（amparo constitucional　以下では憲法訴願と呼ぶ）である。

(イ)　憲法訴願の構成

　そもそも憲法訴願は，国および自治州の機関が行う処分もしくは法律行為または事実行為（以下，行為）により生じる個人の権利・自由の侵害を救済することを目的とする手続である。従って，憲法訴願においては，侵害された権利・自由の回復または保全以外の救済措置は認められない。換言すると，憲法訴願はいわば法律等の合憲性を統制する違憲審査の範疇に該当するものではない。また，憲法裁判所は司法裁判所の下した判決等に対する特別な上訴審として機能しない。いずれにせよ，憲法訴願はスペイン法において核心的な制度を占めている[24]。憲法訴願のモデルは，ドイツ法の憲法異議（Verfassungsbesch-

---

[23]　アンパーロにより救済を受ける基本権は，法の下の平等（14条），生命権・拷問禁止・死刑の廃止（15条），思想・宗教の自由（16条），法定手続の保障（17条），プライバシー権・肖像権（18条），居住・移転・出入国の自由（19条），表現の自由（20条），集会の自由（21条），結社の自由（22条），参政権（23条），実効的な裁判を受ける権利（24条），遡及処罰の禁止（25条），名誉裁判所の禁止（26条），教育に関する諸権利（27条），労組結成権・ストライキ権（28条），請願権（29条），良心的兵役拒否（30条）である。

[24]　Carmona Cuenca, E. *La crisis del recurso de amparo. La protección de los derechos*

werde）であるが，前述のように現行制度に相当するものが既に1931年憲法
により導入されていた。

憲法訴願の憲法訴願の要件および提起期間は，権利・自由の侵害者により異
なる。

第一に，国会または自治州議会が行う法律の効果を有しない決定または処分
（decisiones y actos sin valor de ley）により個人の権利・自由が侵害された場合，
決定・処分が確定してから3ヵ月以内に，国会等の規則の定めるところに従い，
憲法訴願を提起することができる。これを立法府起因訴願とよぶ。

第二に，国または自治州の行政機関の行為により，個人の権利・自由の侵害
があった場合，事前に通常裁判所にその救済を求めたことを要件に，憲法訴願
を提起することができる。この場合，憲法訴願を提起する提起期間は，通常裁
判所の判決が公示されてから20日以内となる。これを行政府起因訴願とよぶ。

第三に，通常裁判所の作為または不作為により，直接に個人の権利・自由が
侵害された場合，憲法訴願を提起することができるが，次の要件が満たされな
ければならない。①司法上の可能な手続をすべて尽くしていること，②基本権
の侵害について司法裁判所に帰責事由があること，③基本権が侵害された事実
が，司法手続において明らかにされたこと。憲法訴願の提起期間は，司法裁判
所の判決が公示されてから30日以内となる。これを司法府起因訴願とよぶ。

最後に，「選挙制度に関する組織法」（Ley Orgánica de Régimen Electoral
General）の第49条において，選挙手続における立候補者名簿および当選者に
関する諸選挙委員会の決定に対する憲法訴願も認められている。

一方，憲法訴願を提訴する資格を有する者は，①正当な利益を有するすべて
の自然人または法人，②護民官および③検察官である。憲法訴願は護民官また
は検察官によって提起された場合，憲法裁判所の小法廷は，権利・自由が侵害
されたと考えられる個人にその旨を通知し，他の利害関係者に出廷する機会を
与える。そのために，憲法訴願が提起された旨が官報に掲載される。

㈥　憲法訴願の審理手続

憲法訴願の審理は，その内容と関係なく，憲法裁判所の2つの小法廷の間で
振り分けられる。憲法訴願の開始に当たり，請求者（demandante de amparo）
は擁護の給付を求める訴状を憲法裁判所宛てに提出しなければならない。訴状

---

fundamentales entre el Poder Judicial y el Tribunal Constitucional, Universidad de
Alcala（2005）p.23.

において請求者が①憲法訴願の原因と行為，②侵害された憲法上の権利・自由，③権利・自由の回復または保全の具体的措置，および④憲法訴願の憲法上の利益を明記しなければならない。

憲法訴願の受理・不受理は，部が決定する。部の決定に対して検察官にのみ，3日以内に異議申立てをする権限が与えられる（この場合，小法廷が決定する）。憲法訴願が受理される場合，小法廷は憲法訴願の相手方となる公的機関に対して，関係書類等を送付するよう要求する。更に，憲法訴願が事前の司法手続を前提とする場合，当該手続において当事者となった者は憲法訴願の関係者として召喚されることができる。小法廷は，関係書類を受理し，憲法訴願の関係者に陳述を行わせた後，判決をする。

(ハ)　憲法訴願の判決

小法廷による判決は，容認判決（sentencias estimatorias）または否認判決（sentencias desestimatorias）のどちらかになる。容認判決は，個人の権利・自由を侵害した公権力の行為の無効を宣言し，その権利・自由の救済を行う。つまり，判決の範囲は，請求者に保護を与えるか否かに止まるものとして，「当事者に限って」（*inter partes*）の効果を有する。そのために，憲法訴願の審理中に，公権力による侵害は，憲法に反する疑いのある法律等の適用によるものであると判断された場合，小法廷はその問題を大法廷に移送し，大法廷は，憲法異議・憲法質疑に準ずる手続を通じて当該法律等の違憲性を審査することになる。

3　権限争議

憲法裁判所の大法廷は，憲法，自治憲章，組織法および通常法律により国と自治州のそれぞれの機関に付与された権限をめぐる争いを審理する権限を有する。TC組織法は，権限争議の形態として，次のようなものを予定している。①国と自治州又は複数の自治州との間の権限争議，②二つ以上の自治州間の権限争議，③内閣，国会，司法総評議会との間の権限争議，および④国または自治州と地方自治体（県または市町村）間の権限争議である。このうち最も件数が多いのは，①と②である[25]。権限争議を提起する資格は，国の機関として内閣（Gobierno）に，そして自治州政府（gobierno de la comunidad autonoma）に付

(25)　Ferreres Comella, V. *op. cit.* p.225.

与されている。権限争議の対象となるものは，国または機関による処分，決定，行為，および不作為（以下，処分等）であるが，憲法争議の内，TC 組織法は積極的権限争議（conflictos positivos）と消極的権限争議（conflictos negativos）を区別している。

(イ)　積極的権限争議

積極的権限争議は，憲法裁判所が，国の機関あるいは自治州の機関が下した処分等が，憲法，自治憲章，組織法等の定める権限枠組を逸脱しているか否かを判断する手続である。提訴期間は権限争議を提起する機関により異なる。内閣の場合は，自治州が処分等を下してから 2ヵ月以内に直接憲法裁判所に対して権限争議を提起することができる。一方，ある自治州の政府は，国または他の自治州の処分等がその権限枠組を逸脱しており，且つ自己の権限に影響を及ぼしていると判断するときは，先ず，国または他の自治州に対して，2ヵ月以内に当該処分等の撤回を要求しなければならない。要求が拒否されたとき，あるいは要求してから何の回答もなく 1ヵ月が経過したときは，はじめて自治州の政府は憲法裁判所に権限争議を提起することができる。

いずれの場合であっても，憲法裁判所は当該権限の正当な帰属先を宣言し，場合により争いの原因となった処分等の無効を宣言することができる。

(ロ)　消極的権限争議

消極的権限争議は，ある権限の帰属について，国または自治州がそれは自己のものではないと主張し，他の機関にその責任を転嫁しようとする場合に提起される。この場合，利害関係を有する私人（自然・法人）にも提訴資格が認められる。例えば，利害関係者が国または自治州のある行政機関に対して特定権限の行使を要求した後，当該行政機関はその権限を有しないし，かつその権限は他の自治州に属すると通告したとしよう。その時，利害関係者は，国または自治州に対するしかるべき行政審査手続を尽くした上で，権限を有すると推定される他の機関に対して同様の要求を，行うことができる。そして，その要求を受けた当該機関は 1ヵ月以内にその権限を容認するか否定するかを決定し，利害関係者に通告しなければならない。行政機関が権限を否定し，または意思表示しないまま期間が経過した場合，利害関係者は 1ヵ月以内に憲法裁判所に権限争議を提起することができる。憲法裁判所は利害関係者の主張を認める場合，判決において争いとなった権限の帰属先を明らかにした上で，権限の責任を有する機関に対して当該権限を実行するための期間を決めなければならない。

第3章　スペイン憲法裁判所

4　国際条約の違憲審査

　憲法 95 条 1 項の明記するところによると，憲法に違反する条項を含む国際条約の締結を行う前に憲法の改正が必要である。そこで，ある国際条約の締結に先立って，内閣または国会は憲法裁判所に対し，当該国際条約の合憲性について判断するよう要求することができる。憲法裁判所は，その要求を受理すると，1ヵ月以内に違憲性について判断を下さなければならない。つまり，憲法裁判所は，国際条約について事前的な違憲審査を行っている。

　現在までに憲法裁判所がこの手続に従いある国際条約に対して違憲審査を行ったのは 2 回である。1 回目は 1992 年にマーストリヒト条約批准の際である[26]。そのとき憲法裁判所は，すべての EU 市民に地方選挙において被選挙権を保障する同条約第 8 条 B 項 1 号が憲法第 13 条 2 項に反することを宣言した。その後，マーストリヒト条約を批准するために憲法の改正が行われ，県・市町村レベルの選挙において外国人に被選挙権を付与することが国際条約への加盟により可能である旨が憲法の第 13 条 2 項に追加された。2 回目は 2004 年に欧州憲法条約についてである[27]。そのとき憲法裁判所は，条約の合憲性を宣言した。結局，欧州憲法条約はフランスとオランダの国民投票において否決されたため廃案となった。

　一方で，国際条約が締結され批准された後にも，理論上，違憲異議・違憲質疑の手続に従い，当該条約の事後的違憲審査が可能であるが，現在までに，その事態は一度も生じたことがない。

6　TC 組織法の 2007 年大改正
——憲法訴願の客観化——

　憲法典とともに憲法裁判所の基本的規範となる TC 組織法は現在まで数回改正されてきた。そのうち，2007 年の改正は，憲法訴願に関わるものとして，その重要性は特に高かった。前述のように，憲法訴願は，憲法裁判所に直接提起される，特定の権利・自由を公権力による侵害から救済するために設けられ

---

[26]　TC, Declaración 001/1992 sobre el *Tratado de Maastrich*, de 1 de julio de 1992.

[27]　TC, Declaración 001/2004 sobre el *Tratado por el que se establece una Constitución para Europa*, de 13 de diciembre de 2004.

第Ⅰ部　各国の憲法裁判制度

た，いわば例外的かつ補完的（extraordinario y subsidiario）な性格を有する手続である[28]。とはいえ，憲法訴願を取り扱うことにより，憲法裁判所は憲法上（一部の）権利・自由救済の機関としていわば「最後の砦」になるために，憲法裁判所が取り扱う諸手続きのうち，憲法訴願は中心的な位置付けを占めるようになった。2006 年の数字を見れば，憲法裁判所に提起された憲法訴願の件数は 11,471 件まで上っており，憲法裁判所が取り扱う全訴訟の 97.7％を占めていた[29]。

　結局は，提起された憲法訴願の内，4％しか受理されなかったが，この数字が示すように，ある司法手続において何かしらの形で憲法訴願の対象となる権利・自由が何かしらの形で取り沙汰されていれば，敗訴した側は憲法裁判所に訴えて運を試すという望ましくない実務が定着していたことがわかる[30]。その結果，憲法裁判所はある種の四審裁判所として利用されがちとなり，その他の手続の取扱いに大きな支障を来していた[31]。のみならず，司法裁判所の判決を破棄する憲法訴願の容認判決は，司法権と憲法裁判所の相互関係に亀裂を生じされることが多々あった。これを背景に，憲法訴願の制度がもたらした膠着状態を少しでも緩和することは，2007 年 TC 組織法改正の最大の目標であった[32]。

1　憲法訴願の改善に関する諸提案

　憲法訴願をどのように改善すればよいのかについて，スペイン憲法学界において様々な提案が出されたが，それらは概して 5 つのグループに分けることができよう[33]。つまり，①憲法裁判所を改造しようとする提案，②司法手続における権利救済を強化しようとする提案，③憲法訴願の対象となる権利・自由を限定しようとする提案，④アメリカ法における *certiorari*（裁量上訴）制度を導

---

[28]　Espinosa Díaz, A. "El recurso de amparo: problemas antes, y después, de la reforma" in *InDret* n.2（2010）p.1-2. http://www.indret.com/pdf/722_es.pdf

[29]　憲法裁判所の報告書による。http://www.tribunalconstitucional.es/es/tribunal-/memorias/Paginas/memoria2006_5.aspx

[30]　ただし，事前に憲法裁判所に憲法訴願を提起したことは，人権救済を欧州人権裁判所に求めるに当たり，原告適格が認められる要件になっていることに留意しなければならない。

[31]　Espinosa Díaz, A. *op. cit.* p.2.

[32]　Aragón Reyes, M. "La reforma de la Ley Orgánica del Tribunal Constitucional", *Revista Española de Derecho Constitucional*, núm. 85（2009）p.11.

[33]　Espinosa Díaz, A. *op. cit.* p.4.

第3章　スペイン憲法裁判所

入しようとする提案，および⑤憲法訴願の提起数の減少につながる措置を講じる提案である。

(イ)　憲法裁判所の改造

この提案を支持した論者の多くは，主として憲法裁判所の判事数を 12 名から 18 名に増やすことを主張した[34]。憲法裁判所の改造が行われる結果，憲法訴願の審理をつとめる小法廷を 2 つから 3 つに，そして憲法訴願の受理を決定する部を 4 つから 6 つに拡大することになる。しかしこの提案に対して 2 つの問題点が指摘された。第一に，憲法裁判所の構造を改めるためには，憲法改正が必要である。第二に，判事数が増えると憲法裁判所の判決等において異なる意見が出されることが増え，憲法裁判所の判例法が不安定になる恐れがある。

(ロ)　司法手続における権利・自由救済の強化

前述のように憲法 53 条 2 項が定めるところによると，権利・自由の救済は憲法訴願の他，優先および略式の原則（principio de preferencia y sumariedad）に基づく司法手続により行われる。実は，この旨を受けて 1978 年 12 月 26 日に「人の基本的権利の司法保護に関する法」（Ley de Protección Jurisdiccional de los Derechos Fundamentales de la Persona，以下 PJDF 法）が制定された。PJDF 法は，基本権の救済を実現するために，民事，刑事，行政のそれぞれ領域において異なる手続を制定した。その後 2003 年に，PJDF 法の全面的な改正が行われ，実質的に廃止された。以降，基本権の司法的救済に関する諸手続は，それぞれ，刑事訴訟関連法，民事訴訟関連法および行政訴訟関連法の諸規定の中に組み込まれるようになった。

そこで，基本権救済の制度を改善するものとして，刑事事件，民事事件，行政事件を問わず，基本権救済手続を一本化することが提案された[35]。そうすると，現行制度下で基本権を救済する権限は憲法裁判所にのみ独占されるという，いわば誤った常識が改められることが期待され，結果的に憲法訴願の例外性を強調することができよう[36]。

---

(34)　Espinosa Díaz, A. *op. cit.* p.4.

(35)　Espinosa Díaz, A. *op. cit.* p.4.

(36)　実は，司法権による基本権救済の強化を目指すものとして 1997 年に「訴訟無効の異議申立て」（incidente de nulidad de actuaciones）という特別な手続が，いわば裁判所法に当たる「司法権に関する組織法」（Ley Orgánica del Poder Judicial）に導入された。この手続は，司法手続において憲法第 24 条（実効的な裁判を受ける権利）が当事者に保障する権利の侵害があったことを理由に，当事者の請求により，判決が確定した後に，

65

第Ⅰ部　各国の憲法裁判制度

　一方，基本権救済の役割における司法裁判所の強化という文脈においても，最高裁判所に，基本権に関わる事件を専門的に取り扱う部門（第六小法廷）を設置することが提案された[37]。しかし，この提案を実現するために，第六小法廷とその他の小法廷と相互関係のありかたについて検討する必要があるのみならず，基本権に関する事件を専属的に取り扱う第六小法廷と憲法裁判所自体との上下関係をめぐって，両機関間の軋轢が起こる恐れが高いとの批判もなされた[38]。

(ハ)　憲法訴願の対象となる権利・自由の限定

　憲法裁判所が毎年公表している報告書が示すように，提訴される憲法訴願のほとんどは，「実効的な裁判を受ける権利」を保障する憲法第24条の侵害に関するものである[39]。また，「法の前の平等」を保障する憲法第14条が憲法訴願を提起する要因となることはしばしばある。そこで，憲法訴願の対象から憲法第14条および第24条を除外すれば，提起数が減るであろう，との提案も出された[40]。

　そもそも，憲法第53条2項は，「すべて市民は，第14条および第2章第1節で定められた自由および権利の保護のため……優先および略式の原則に基づ

　　異議申立てをすることができるとするものである。しかし，異議申立ては，憲法訴願の
　　道を閉ざす効果を有しないので，結局，憲法裁判所に訴える件数があまり減っていない。

[37]　Soriano García, J. "La guerra de los dos tribunales: una propuesta de paz" in *Revista española de Derecho Administrativo*, n. 61（2004）p.467.

[38]　74名の判事からなる最高裁判所は，5つの小法廷（部門）から構成されている。つまり，民事事件を取り扱う第一小法廷，刑事事件を取り扱う第二小法廷，行政事件を取り扱う第三小法廷，労働事件を取り扱う第四小法廷，および軍事事件を取り扱う第五小法廷である。

[39]　例えば，2006年に憲法第24条侵害を主張する事件数は89.22%を占めた。http://www.tribunalconstitucional.es/es/tribunal/estadisticas/Paginas/Estadistica2006.aspx

[40]　実効的な裁判を受ける権利として2つの条項からなる憲法第24条は複数の権利を保障している。「1．何人も，自己の正当な権利および利益を主張する際，裁判官および裁判所の実効的保護を受ける権利を有し，いかなる場合も弁護権を奪われてはならない。2．同様に，すべての人は，法律であらかじめ定めた普通裁判官の裁判を受ける権利，弁護士の弁護および立会いを求める権利，告訴されたことを告げられる権利，不当に遅滞することのない，完全に保護された公開の裁判を求める権利，弁護のため適切な証拠を用いる権利，自己に不利益を供述しない権利，有罪であることを自白させられない権利，および無罪の推定を受ける権利を有する。血族関係または職業上の秘密を理由に，犯罪の疑いのある事実につき供述を義務づけられない場合については，法律でこれを定める」。

く手続により，通常裁判所に訴えることができる。また，場合により，憲法訴願の方法により，憲法裁判所に訴えることができる……」と述べているため，「場合により」という語句に着目して，TC 組織法の改正のみで憲法訴願の具体的範囲を画定することができると主張する論者がいた[41]。つまり，憲法訴願の対象から憲法第 14 条および第 24 条を除外するために憲法の改正は不要である，と。しかし，「場合により」に着目して，憲法訴願の射程から権利・自由の一部を外すことは，憲法解釈論として牽強付会である。というのは，憲法訴願による憲法第 24 条に対する侵害の救済を否定することは，憲法裁判所による司法権の統制権を空洞化させる懸念が強い[42]。

㈡　**英米法における *certiorari* 制度の導入**

周知のとおり，「移送命令」や「裁量上訴」とも和訳される *certiorari* は，英米法の伝統に属する制度であり，スペイン法においてそれほど馴染みがあるわけではない。そこで，*certiorari* 制度を憲法訴願の仕組みに導入することにより，憲法訴願の客観化を期待することができる，との提案も出された[43]。

この提案が導入されると，憲法訴願の制度には権利保障という，専ら主観的利益に向けられた本来の機能にさらに憲法解釈の統一という客観的利益の機能も加わることになる。しかし，英米法における *certiorari* 制度をそっくりそのまま導入することには無理があると指摘された。なぜなら，*certiorari* 制度は，基本権保障という役割において，かつ上訴に対する裁量について比較的力強い司法権を大前提とする[44]。のみならず，スペイン法では，*stare decisis*（判例拘束力）の原則は，形式的に採用されていない[45]。そこで，スペイン憲法学界はドイツ憲法学に目を向けたのである。

ドイツ連邦憲法裁判所は，憲法異議（Verfassungsbeschwerde）のいわば飽和状態に悩まされていた。そこで，その状態を少しでも緩和するために，*cer-*

---

[41]　Jiménez Conde, F. "Tema para el debate" in *Anuario de Derecho Constitucional y Parlamentario*, n.2 (1990) p.187 ss.

[42]　例えば，Garro Vargas, A. "El debate sobre la reforma del recurso de amparo en España. Análisis de algunas propuestas a la luz de la Constitución" in *Revista Española de Derecho Constitucional*, n.76 (2006) pp.95 ss.

[43]　Espinosa Díaz Z, A. *op. cit.* p.6.

[44]　Figueruelo Burrieza, A. *El recurso de amparo: estado de la cuestión*, Biblioteca Nueva (2001) pp.84-85.

[45]　Espinosa Díaz, A. *op. cit.* p.7.

第Ⅰ部　各国の憲法裁判制度

tiorari 制度に類似する改正が行われた[46]。スペインではドイツ型 *certiorari* としても知られるこの制度の特徴は，憲法異議を受理するために請求者は憲法上の重要な利益（＝客観的要素）を証明するか，憲法異議が受理されなければ深刻な侵害を被る虞があるか（＝主観的要素）を証明しなければならない。そこで多くの論者は，ドイツ型 *certiorari* 制度が新たな憲法訴願の模範に相応しいと主張した[47]。ただし，ある点に留意する必要がある。そもそも，*certiorari* 制度は，司法手続を前提とするものであるが，前述の通り憲法訴願のうち立法府起因訴願のように司法手続を通じないで直接憲法裁判所に提訴するものもある。そこで，学説は，立法府起因訴願を「必要的訴願」（recursos necesarios）と，そして行政府起因訴願および司法府起因訴願を「裁量的訴願」（recursos potestativos）と呼び，結局 *certiorari* 制度を後者にのみ適用する[48]。

　一方，*certiorari* 制度に類似する「裁量的訴願」の導入に当たり，憲法上の重要な利益の証明は，憲法第 24 条の侵害が契機となった憲法訴願にのみ求めるという提案もなされた[49]。つまり，この考え方の狙いは憲法訴願の膠着状態を来したと考えられた第 24 条を主張する憲法訴願を受理するハードルを高く設定することころにある。

㈡　憲法訴願の提起数を減少させる措置

　これらの提案は，いわば悪の根源を絶やそうとした。つまり，憲法訴願のとてつもない提起数をどうにかして減らすことである。これを実現するために，様々な措置が考えられてきた。

　第一に，憲法訴願の提起資格を限定することが提案された。しかし，憲法裁判所に対して憲法訴願を提起することができるのは，公権力により正当な利益が侵害されたと主張する私人，護民官および検察官の三者に限られる。憲法裁判所の前で行われる他の手続と比較すれば，憲法訴願の提起資格は，すでに最小限度に限られているのではないか，との批判があった[50]。

　第二に，憲法訴願の射程を狭めることも提案された。つまり，総提起数のう

---

[46]　Figueruelo Burrieza, A. *op. cit.* p.84-85.

[47]　Garronera Morales, A. y otros　"Encuesta sobre la reforma de la Ley Orgánica del Tribunal Constitucional" in *Teoría y realidad constitucional*, n.18（2006）p.46.

[48]　Aragón Reyes, M. "Problemas del recurso de amparo" in Pérez Tremps, P.（Coordinador）*la reforma del recurso de amparo*, Tirant lo Blanch（2004）p.171.

[49]　Carmona Cuenca, E. *op. cit.* p.133.

[50]　Espinosa Díaz, A. *op. cit.* p.8.

第3章 スペイン憲法裁判所

ち，圧倒的な割合を占める司法府起因訴願を廃止することである[51]。そもそも，憲法訴願の具体的な構成について定めているのは TC 組織法であるので，このような提案を実現するために憲法の改正は不要であると考えられた[52]。しかし同時に，この措置を実現することは司法権の行為を憲法裁判所の統制から外すことに相当するので，憲法解釈論としてその妥当性が疑われる。そこで，最高裁判所および自治州の上級裁判所の行為のみを憲法訴願の対象とし，それ以外の下級裁判所を外すとの提案が出された[53]。そうすれば，司法権に対する統制を完全に否定することなく，憲法裁判所の活動を重大事件に集中させることができよう[54]。

　第三に，むやみに憲法訴願を提起することを防止する措置も提案された。前述のとおり実務を見ると，多くの弁護士にとって憲法訴願は，憲法裁判所に受理される見込みのない事件でも，負けた裁判を取り返すための常套手段として考えられがちであった。その結果，憲法裁判所は，いわば憲法訴願の津波に対応しなければならなかった。そこで，無謀な提起を思い止らせるために，無茶な憲法訴願を請求した当事者に金銭的な制裁を課することが提案された。実際には，TC 組織法第95条3項はすでに，憲法訴願を無謀に（con temeridad）提起した者に罰金を科することを規定していたものの，「無謀に」とは曖昧な表現であるので，結局この規定はほとんど適用されてこなかった。そこで，新たな措置を講じるまでもなく，とりあえず TC 組織法第95条3項が言う「無謀に」の意味を客観化しようと提案する意見もあった[55]。いずれにせよ，憲法訴願の提起そのものの防止を目的とする措置の導入に当たり，裁判を受ける権利の保障との兼ね合いを熟考する必要があった。

⑸1　2006年にこのような憲法訴願は，総提起数の99.95%を占めた。http://www.tribu-nalconstitucional.es/es/tribunal/estadisticas/Paginas/Estadistica2006.aspx

⑸2　Diez-Picazo, I. "El artículo 53.2 de la Constitución: interpretación y alternativas de desarrollo", in De la Oliva Santos y Díez-Picazo, I. *Tribunal Constitucional, jurisdicción ordinaria y derechos fundamentales. Dos ensayos,* McGraw-Hill（1996）p.198.

⑸3　各自治州には「上級裁判所」（Tribunales Superiores de Justicia）が存在する。上級裁判所の具体的な管轄権は，各自治州憲章により規定され，原則として自治州が制定した法規範に関わる事件の控訴審として機能している。全国管区裁判所と同様に，その上訴裁判所は，最高裁判所である。

⑸4　Espinosa Díaz, A. *op. cit.* p.10.

⑸5　Espinosa Díaz, A. *op. cit.* p.10-11.

69

2　2007年のTC組織法の改正

　以上に見た提案を踏まえて，2007年5月24日に国会がTC組織法を改正し，新たな憲法訴願を導入した。TC組織法の前文が述べるように，「憲法裁判所が直面している困難を克服するために，憲法訴願の手続を改正する必要があった」。そこで立法者は，①憲法訴願の受理を実質的に厳格化すること，②憲法訴願の受理を形式的に厳格化すること，および③基本権救済における司法権の役割を強化すること，以上3つの基本方針からなる改正を行った。

㈠　憲法訴願の受理の実質的厳格化

　この点はまぎれもなく，2007年改正の核心をなした。TC組織法49条1項は，憲法訴願の受理を決定するために訴願の「憲法上の特別重要性」(especial transcendencia constitucional) が存在することを要件としている。つまり憲法訴願は，「憲法の解釈および適用，憲法の一般的効力，および基本的権利の内容決定」(TC組織法50条1項) の観点からして，重要性を有するものでなければならない。この通り，2007年改正は，ある種の *certiorari* 制度を導入したと評価できよう。しかし，ドイツ型 *certiorari* と違って，憲法上の重要な利益という客観的要件の他，請求者が深刻な侵害を被る虞が認められるという主観的な要件が設置されていない。従って，2007年改正が導入した *certiorari* は，どちらかというと米国型に近いのではないかと一般に考えられる[56]。従って，2007年の改正以降，スペインでは憲法訴願は，いわば憲法訴訟として客観化されたと言える。

　一部の論者にとって，いわゆる主観的な要素が憲法訴願から除外されたことは，憲法に抵触する[57]。なぜなら，憲法訴願の憲法上の根拠となる53条2項が「いかなる市民は」と述べている以上，この制度の目的は，憲法解釈の統制ではなく，あくまでも憲法上の権利・自由の救済にあるからである。これに対して，そもそも憲法53条2項は憲法訴願のあり方を規定していないこと，および主観的な利益はむしろ司法権の活動により保障されるべきであること，と

---

[56]　Espín Templado, E. "Comentarios al anteproyecto de reforma de la LOTC" in Espín Templado, E. y otros, *La reforma de la justicia constitucional*, Thomson Aranzadi (2006) p.29.

[57]　Fernández Farreres, G. "La reforma de la Ley Orgánica del Tribunal Constitucional" in *Revista Española de Derecho Constitucional*, n.81 (2007) p.22.

の反論も見られる[58]。なお,「憲法上の重要性」を判断するために,憲法の適用およびその一般的効力が考慮されるので,TC組織法50条を広範に解釈すれば,「憲法上の重要性」を有しながら,主観的な利益の保護に向けられた憲法訴願の受理が可能であるとの有力学説も見られる[59]。

　いずれにせよ,「憲法上の重要性」の存在は,憲法訴願の請求者により証明される必要がある。そこで,どのようにして「憲法上の重要性」を証明することができるのだろうか。そもそも,「憲法上の重要性」とは憲法上の概念として抽象的であるが,2009年5月25日の判決において憲法裁判所は,以下のような場合に「憲法上の重要性」が認められると述べた[60]。つまり,①新規性のある事件,②憲法裁判所の判例の変更をもたらしうる事件,③権利・自由の侵害が法律の適用によって生じた事件,④権利・自由の侵害が憲法の誤った解釈によって生じた事件,⑤従来の憲法裁判所の判例法が無視された事件,⑥判例法の統一が望まれる事件,および⑦憲法訴願の範囲を超える事件である。憲法裁判所が自ら述べたように,以上のような列挙はあくまで例示的なものである。

㈑　憲法訴願の受理の形式的厳格化

　2007年改正は,3点において憲法訴願の受理手続を形式的に厳格化したと言える。先ず,受理・不受理の判断基準が転換された。つまり改正前は,部は憲法訴願の不受理を決定する事由の有無を確認する作業を行っていたので,憲法訴願の受理が前提となっていた。ところが,改正後には部は受理の要件が満たされるか否か(特に,憲法上の重要性の存在が証明されたか否か)を判断しなければならない。つまり,憲法訴願の不受理が前提となった。第二に,受理を決定するために部を構成する判事の多数決で十分であったのに対して,改正後には,全員一致が求められるようになった。しかし,全員一致に至らず,過半数の判事が受理を適当と考えるとき,部は小法廷に憲法訴願を移送し,小法廷は多数決で受理・不受理を決定することになる。最後に,各部は(場合により小法廷),「理由づけなしの決定」(providencia)で不受理を決定することができる

---

[58]　Carrillo M. "La objetivación del recurso de amparo: una necesidad ineludible" in *Revista Vasca de Administración Pública*, n. 81 (2008) p.103.

[59]　Hernández Ramos, M. "Propuesta de desarrollo del nuevo trámite de admisión del recurso de amparo: aspecto materiales y procedimentales" in *Revista de las Cortes Generales*, n.73 (2008) p.5.

[60]　STC 155/2009.

第Ⅰ部　各国の憲法裁判制度

ようになった。ただし，不受理に対して検察官が異議申立てをした場合，「理由づけあり決定」（auto）が必要である。

(ハ)　基本権救済における司法の役割の強化

1997 年に司法権に関する組織法第 241 条が改正されて「訴訟無効の異議申立て」の制度が導入された（注 36 を参照）。この制度は，ある司法手続において，例えば当事者の一方に十分な弁護の機会が与えられなかったことなどを理由に（これはつまり適正手続に対する権利を保障する憲法第 24 条の侵害となる），確定した判決を攻めるための手続である。そこで 2007 年改正により，司法権に関する組織法第 241 条も改正され，「訴訟無効の異議申立て」は原則として憲法 24 条違反だけではなく，憲法 53 条 2 項が言及するすべての権利・自由の侵害に対しても利用することができるようになった。ただし，以前もそうであったが，「訴訟無効の異議申立て」の決定に対して憲法訴願を提起することができるので，この改正は憲法訴願の濫用を防止する効果を期待することができるか疑問の余地がある[61]。

3　2007 年の TC 組織法改正の評価

以下，2 点において 2007 年の TC 組織法改正を評価することができよう。

第一に，改正の効果においてである。確かに，数字が示しているように，TC 組織法の改正後，憲法訴願の件数が減少しつつある[62]。しかし，依然として憲法訴願は憲法裁判所が取り扱う事件の圧倒的大多数を占めている。たしかに，憲法訴願の不受理決定が簡潔になったが，決定に至るまで憲法裁判所は多くの時間的かつ人的資源を充当しなければならない。事実上，改正前にすでに，提訴される件数のほとんどが受理されなかった。従って，無謀に提起される憲法訴願を事前に止めるため，もう少し思い切った措置が望ましかったのではないかと考えられる[63]。

第二に，改正の不備点についてである。前述のとおり，「憲法上の重要性」

---

[61]　Suau Morey, J. "Reforma de la Ley Orgánica del Tribunal Constituconal" in *Jueces para la democracia*, n.61（2008）p.129.

[62]　2013 年の報告書によると 2013 年に提起された全件数（7,573 件）のうち，憲法訴願の件数は 9 割以上を占めていた（7,376 件）。http://www.tribunalconstitucional.es/es/tribunal/memorias/Documents/2013_Anexo_III.pdf

[63]　Espinosa Díaz, A. *op. cit.* p.18.

の証明は，すべての憲法訴願の請求者に求められる。しかし，憲法訴願のうち，立法府起因訴願は司法手続を前提としないものもある。そしてこのような憲法訴願においては，「憲法上の重要性」という，いわば客観的な利益が欠如しているか，あるいは極めて証明しにくい。立法府の行為による権利・自由の侵害をどのように救済すべきか。この点において，2007年のTC組織法改正には不備点があった，と言わざるを得ない。

7　おわりに

スペイン憲法の制定から37年間が既に経過した。その存続期間からすれば，現行憲法は，憲法史上，2番目に長いものとなる[64]。長期にわたった独裁体制が崩壊した後，大きな社会的紛争を起こすことなく新たな憲法秩序が安定していく過程において憲法裁判所が大いに貢献したことは想像に難くない。その中で，憲法上の機関として，憲法裁判所の果たすべき役割が議論され，現在に至る。結びにかえて，スペイン憲法裁判所をめぐって最も熱い議論の対象となっている課題を紹介する。

1　憲法裁判所の過度な政治化

憲法裁判所の判事が政治部門により直接に選任される制度は他国にも見られる。しかし，スペインでは根強い二大政党制が定着したことにより，憲法裁判所を構成する大多数の判事（つまり，国会および内閣が推薦する判事）の選任は，与党・野党の政治的交渉に基づくのが慣習となった[65]。その結果，憲法裁判所の内部にイデオロギー上のブロック（つまり，保守派判事と進歩派判事）が構成され，特に社会において物議を醸している法律に対する違憲審査の場合，判決が下される前に，各判事が出す表決について予測がつくほどである。

一方，判事の選任が政治的交渉によるからこそ，改選が遅れがちである（例えば，2011年に就任した判事は，3年遅れていた）。これを防ぐために，2010年

---

[64]　スペイン憲法史上，その存続期間が最も長かったのは1876年憲法であり，47年である。

[65]　スペインの二大政党制 Partido Popular（民衆党 PP）と Partido Socialista Obrero Español（スペイン社会労働党 PSOE）であり，前者は現在の与党となっている。しかし，2015年中，総選挙が行われる予定であるので，政権交代の可能性は極めて高い。

73

にTC組織法改正が行われ，遅れて就任する判事の任期期間から，遅れの分が差し引かれることになった。しかし思うに，このルールは憲法上の原則，つまり，憲法裁判所判事の任期を9年とする規定に違反しているのではないか。

2　憲法裁判所の過度な中央集権化

スペインは，連邦制に近い自治州国家を構成している。憲法制定者がこの国家形態を選んだのは，フランコ独裁政権が採用した強い中央集権への反動として評価することができる。しかし，憲法は地方分権を標榜しつつ，最終的な憲法保障機能を集中的に唯一の機関に与えており，結局，スペインは中央集権の時代から十分に脱皮しきれていないとの批判もある。そもそも，地方主義が濃厚なスペインではこのような指摘は敏感に受け止められていることは言うまでもない。

そこで，憲法裁判所判事の選任手続に自治州の参加を可能にするため，2007年のTC組織法改正には次のルールが追加された[66]。改正後，「地方代表の院」（Cámara de representación territorial）たる上院が4名の判事を推薦するに際して，出来る限り全自治州が作成した名簿の中から適任者を選ぶように求められている[67]。いずれにせよ，上院が4名を推薦することは憲法上の要請であるので名簿が拘束力を有しない，と憲法裁判所が自ら判断している[68]。

3　民主主義と違憲審査制の衝突

憲法学説は長い間，民主主義と違憲審査制との相互関係をほとんど検討の対象にしなかった。憲法保障における憲法裁判所の核心的地位が広く一般に認められており，ここに疑問をさしはさむ者はまずいなかった[69]。ところが近年になり，統治構造における憲法裁判所の位置づけとその権限に対して厳しい批判を行う論者が多くなった。その契機となったのは，2006年に改正されたカタ

---

[66]　Castellá Andreu, J. M., "La diferente posición del Estado y las Comunidades Autónomas ante el Tribunal Constitucional", in García Herrera, M.A. (ed.), *Democracia y Constitución*, 2° vol., UPV-CEPC (2005) p. 521 ss.

[67]　各自治州が2名を指名することができるので，最大34名の名簿になる。

[68]　STC49/2008判決を参照。

[69]　この点について，憲法裁判所著名な公法学者であるガルシーア・デ・エンテリーア氏の García de Enterría, E. *La Constitución como norma y el Tribunal Constitucional*, Civitas (1985)は名著となっている。

ルーニャ自治憲章に対する STC31/2010 判決である[70]。彼らによると，そもそもカタルーニャ自治憲章の改正は，国会と自治州の立法機関の交渉によるものであり，なおかつ住民投票を通じて可決されたため，憲法裁判所は，違憲審査の際，「極めて自制的な態度」（posición extraordinariamente deferente）を示すべきであった[71]。

　確かに自治憲章のように，直接民主制の要素を加味する法規範には，より強い正統性が推定されうることを否定することができないが，それは直ちに自治憲章は違憲審査の対象にならないこと，あるいは憲法裁判所の判決は立法者の判断により拘束されなければならないことを意味しない。スペインにおける民主主義は，他でもなく立憲的なものである。となると，多数者の暴走から法治国家を守るという，憲法裁判所の役割が期待されてしかるべきであろう。今後はしかし，権力分立論における憲法裁判所の位置づけをめぐって，より白熱した議論が繰り広げられることが考えられる[72]。

参考文献

初宿正典編『レクチャー比較憲法』（法律文化社，2014 年）152-175 頁。

日本スペイン研究会編『現代スペイン法入門』（嵯峨野書院，2010 年）34-69 頁。

亀野邁夫「スペイン憲法裁判所」レファレンス平成 15 年 8 月号（2003 年）9-30 頁。

Ferrer Cornella, V. *The Constitution of Spain*, Hart Publishing(2013).

池田実「スペイン憲法裁判所の構成と権限」山梨大学教育学部紀要 7 号（1993）1-16 頁。

---

[70]　判決は，自治憲章の一部違憲無効を宣言し，一部について合憲限定解釈を行っている。

[71]　Aparicio, M., "Posición y funciones de los Estatutos de Autonomía en la STC 31/2010", *Revista d'Estudis Autonòmics i Federals*, n. 12（2011）pp.37 ss.

[72]　違憲審査と民主政との問題について Ferreres Comella, V. "El Tribunal Constitucional ante la objeción democrática: tres problemas", en *Jurisdicción constitucional y democracia, Actas de las XVI Jornadas de la Asociación de Letrados del Tribunal Constitucional*, CEPC（2011），pp.13 ss. を参照。

第4章

ベルギー憲法裁判所

奥 村 公 輔

1　はじめに

　ベルギーにおいて 1980 年 5 月 7 日憲法改正によって創設された仲裁裁判所
（Cour d'arbtrage，仲裁院とも訳される）は，2007 年 5 月 7 日憲法改正により，
その名称が憲法裁判所（Cour constitutionnelle）へと変わった。仲裁裁判所の創
設から憲法裁判所への名称変更までには，2 で見るように，①国，共同体及び
地域圏のそれぞれの立法規範間の権限抵触の審査の導入，②市民提訴制度の導
入と一部の基本権侵害の訴えの容認，③すべての基本権侵害の訴えの容認，④
憲法裁判所への名称変更，という一連の流れがある。すなわち，ベルギー仲裁
裁判所が，当初は国，共同体及び地域圏間の仲裁機関としての役割を担ってい
たものの，その後，一部の人権に関する保障機関としての役割を付与されるよ
うになり，現在においては，憲法が定めるすべての人権の保障機関となったの
である。しかしながら，これまでの先行研究[1]は①及び②までのものに限られ，
仲裁裁判所が真の人権保障機関へと変貌を遂げ，名称も憲法裁判所へと変わっ
てから以降の研究は，現在のところ，我が国においては見られない。したがっ
て，本章では，現在のベルギー憲法裁判所を概観することを目的として，まず
2 で仲裁裁判所の創設から憲法裁判所への名称変更に至るまでの流れについて

---

[1]　わが国において，ベルギー仲裁裁判所に関する研究は，主に，武居一正教授によって
　　行われてきた。その貴重な論稿として，以下の文献がある。武居一正「ベルギーの国家
　　改革と仲裁院の創設」法と政治 37 巻 3 号（1986 年）37 頁，同「ベルギー仲裁院」法と
　　政治 38 巻 1 号（1987 年）23 頁，同「ベルギー仲裁院に関する諸法令」法と政治第 38
　　第 1 号（1987 年）199 頁，同「ベルギー仲裁院の権限拡大──個人提訴制度はなぜ導入
　　されたか？」福岡大学法学論叢 44 巻 1 号（1999 年）77 頁。

77

第Ⅰ部　各国の憲法裁判制度

次に3で憲法裁判所の構成と組織について，最後に4で憲法裁判所の権限について概観することにしたい。

2　仲裁裁判所から憲法裁判所へ

まず，仲裁裁判所が創設されるまでの流れと，そこから憲法裁判所への名称変更に至るまでの流れを見ていく。

1　仲裁裁判所創設前史

仲裁裁判所は1980年の憲法改正によって創設され，連邦制は1983年の憲法改正において採用されたが，仲裁裁判所の創設はベルギーにおける単一国家から連邦国家へと移行する動きと関係している。ここでは，仲裁裁判所が創設されるまでの流れについて概観しよう。

(イ)　1970年憲法改正とそれに伴う制度改革

(a)　文化共同体及び地域圏の創設

1970年の憲法改正において，憲法旧[2]3条の3にフランス，オランダ，ドイツという3つの文化共同体（communauté culturelle）の存在が規定され，また，旧第59条の2にフランス文化共同体及びオランダ文化共同体の議会たる文化会議（conseil culturel）の存在が規定され，一定の事項について法律と同等の効力を有する立法規範であるデクレを制定する権限が付与された。ただし，旧59条の3において，ドイツ文化共同体については，文化会議の存在が規定されたが，その権限は法律で定めるものとされ，フランス文化共同体及びオランダ文化共同体の文化会議とは扱いが異なっていた。また，旧107条の4に，ワロン，フラマン，ブリュッセルという3つの地域圏（région）の存在と，その機関が法律の定める事項を法律の定める範囲内で規律することが規定された。このように，一方で文化共同体レベルでは一定事項について排他的に立法と同等の効力を有する立法規範を制定することが認められ，他方で地域圏レベルで

---

(2)　1831年2月7日ベルギー憲法は，1993年に全面改正され，条項の体系が全面的に改定されることとなった。そして，その再編された憲法が1994年2月17日に審署された。本章において，条項の前に「旧」をつけているのは，この再編前の条項を指すためであり，また，条項の前に「新」をつけている場合は，再編前の条項と対比するためである。条項の前に何もついていない場合は，現行憲法の条項である。

78

は法律の定める範囲で一定の事項を規律することが認められ，単一国家であったベルギーの連邦制への移行の第一歩となった[3]。

しかしながら，文化共同体の定めるデクレが法律と同等の効力を持つことから，国の定める法律と文化共同体の定めるデクレとの間及びデクレ相互間で権限が抵触する危険性が認識され，それを予防及び解決するための手続を定める必要があった[4]。そこで，憲法旧 59 条の 2 § 8 は，「法律により，法律及びデクレ間並びにデクレ相互間の抵触を予防し，解決する手続を定める」と規定した。この条文に基づいて，言語グループへの立法議会構成員の分割並びにフランス文化共同体及びオランダ文化共同体文化会議に関する様々な規定を定める 1971 年 7 月 3 日法が制定された。

(b) 1971 年 7 月 3 日法における立法規範間の権限抵触の予防手続

まず，同法 10 条は，立法規範間の権限抵触を予防するためのシステムとして，執行府提出デクレ草案（avant-projets de décrets）すべてがコンセイユ・デタ立法部（section de législation）に諮問されなければならないこと（1 項），議員提出デクレ案（proposition de décret）及び執行府提出又は議員提出デクレ案に対する修正案（amendements à des projets ou propositions de décret）について，(国の) 大臣及び文化会議議長がコンセイユ・デタ立法部に諮問することができること（2 項），また，文化会議構成員の 3 分の 1 が請求するとき，文化会議議長はコンセイユ・デタに諮問しなければならないこと（3 項）を定めた。さらに，同法 11 条は，コンセイユ・デタ立法部の意見により，デクレ案及び修正案が文化会議の権限を逸脱するとき，その規定は国会の同意決議の後でなければ，文化会議により採択されることができないことを定めた。

(c) 1971 年 7 月 3 日法における立法規範間の権限抵触の解決手続

その一方で，同法は，コンセイユ・デタ権限抵触部（section des conflits de compétence）を創設し，この権限抵触部が法律とデクレ間及びデクレ相互間の権限抵触を解決することを定めた（12 条 § 1）。そして，抵触が存在し，又はその可能性があると判断するとき，内閣が提訴することができ（同法 13 条），及び，破毀院を除くすべての裁判所が，先決問題（question préjudicielle）への回答が判決を下すのに必要と判断するとき，権限抵触部に移送しなければならな

---

(3) Marie-Françoise Rigaux et Bernadette Renauld, *La Cour constitutionnelle*, Bruylant, 2008, p. 23.

(4) Rigaux et Renauld, *supra* note(3), p. 23.

い（同法 14 条 1 項及び 2 項）。

　権限抵触部に提訴又は移送されたら，権限抵触部は，多数決で解決判決
（arrêt de règlement）を宣告し，解決判決は，両議院議長及び首相に対するコ
ンセイユ・デタ書記官による通告から 90 日以内に両議院によって無効とされ
なければ執行力を有する（同法 15 条）。

　ただし，例外として，破毀院で先決問題が提起されたときは，破毀院は，当
事者の請求により又は職権で，両議院に決定を求めてその問題を移送する（同
法 20 条 1 項）。

　権限抵触部の解決判決，解決判決の両議院による無効の決定，及び，破毀院
により移送された先決問題に関する両議院の決定は，官報での公示 10 日後，
その効力を生じる（同法 19 条及び 20 条 3 項）。

　国王は，両議院又は文化会議に，場合に応じて，当該規定を廃止するために，
又は，当該規定を解決判決若しくは両議院の決定と調和させるために，法律案
又はデクレ案を提出する（同法 21 条）。

　このような法律とデクレの権限抵触に関する解決手続は，その後に創設され
る当初の仲裁裁判所が担っていた役割と似ており，このコンセイユ・デタ権限
抵触部が仲裁裁判所の起源であるとも言うことができよう。とはいえ，この解
決システムは，次の点で批判に晒された。すなわち，破毀院で先決問題が提起
されたときは，両議院に移送され，両議院が対審ではない審議手続により，終
審として先決問題を裁定したことである。これは，公正かつ独立した裁判を保
障するヨーロッパ人権条約 6 条に違反するものであったのである[5]。

(ロ)　1980 年憲法改正とそれに伴う制度改正

(a)　共同体への名称変更と地域圏に対するデクレ制定権の付与

　1980 年の憲法改正においては，まず，文化共同体の改革が行われる。すな
わち，旧 3 条の 3 が改正され，文化共同体の名称が「共同体（communauté）」
という名称に変更された。すなわち，オランダ語共同体，フランス語共同体，
ドイツ語共同体という 3 つの共同体ができたのである。それに伴い，議会であ
る文化会議も，「共同体議会」へと名称変更された。また，旧 59 条の 2 が改正
され，固有の執行府が置かれ，排他的立法事項がさらに加えられることとなっ
た。なお，旧 3 条の 3 も改正され，ドイツ語共同体も他の共同体と同様の権限

---

(5)　Rigaux et Renauld, *supra* note (3), pp. 23-24.

及び機関を有することとなった。

　次に，地域圏についても改革が行われる。すなわち，旧26条の2において，地域圏議会に法律の効力を有する法規範制定権[6]が付されたのである。

　(b)　権限抵触の予防手続の改正

　さらに，旧59条の2§8の規定は旧107条の3へと移され，旧26条の2が規定されたことに伴い，従来の権限抵触の予防手続に関して以下のように旧107条の3§1が改正された。

　§1　法律，デクレ及び第26条の2で定める法規範間，デクレ相互間並びに第26条の2で定める法規範相互間の抵触を予防するための手続は法律により定める。

　すなわち，旧26条の2によって地域圏に法律と同等の効力を有する法規範の制定が認められたので，旧107条の3§1は，法律，デクレ，地域圏が制定する法規範との権限抵触を予防する手続を法律で定めると規定したのである。

　その具体的な手続は，1980年8月9日制度改革通常法で定められた。すなわち，法律，デクレ及び地域圏が定める法規範の執行府案，議員提出案並びにそれらに対する修正案について両議院議長並びに共同体及び地域圏の議会議長はコンセイユ・デタ立法部に諮問できること（同法17条§1），すべての議長は，議員の3分の1による請求があるとき，コンセイユ・デタ立法部に諮問しなければならないこと（同条§2），両院議長は，言語グループの過半数の請求があるとき，コンセイユ・デタ立法部に諮問しなければならないこと（同条§3），緊急の場合や予算に関する場合を除き，すべての法律案，デクレ案及び地域圏が定める法規範案について，国の大臣並びに共同体及び地域圏の執行府構成員は，自らの職務に関して，コンセイユ・デタに諮問しなければならないこと（同法18条§1），コンセイユ・デタ立法部の理由付意見が，法律案，デクレ案及び地域圏が定める法規範案が国，共同体及び地域圏の権限から逸脱すると判断するとき，これらの案は協議委員会に移送されること，などの手続が定められたのである。協議委員会は，コンセンサス方式で審議し，40日以内に理由付意見を述べ，権限抵触があると判断するとき，執行府に，草案を訂正す

---

　(6)　地域圏議会が定める法規範には，デクレ及びオルドナンスがある。ワロン地域圏議会及びフラマン地域圏議会が定めるものはデクレ，ブリュッセル地域圏議会が定めるものはオルドナンスと呼ばれる。なお，後掲注(18)も参照。

第Ⅰ部　各国の憲法裁判制度

ることを求め，又は，自らの修正案を議会に提出することを求める（同条§4）。これらの手続は，様々な改正を受けながらも，現在も存続している（現行憲法141条）[7]。

(c)　権限抵触の解決手続の改正＝仲裁裁判所の創設とそれまでの経過措置

権限抵触の解決手続も，予防手続と同様に旧107条の3に移された。そして，同条§2が，法律，デクレ，地域圏が制定する旧26条の2で定める法規範との権限抵触を解決する手続を定めた。すなわち，同条§2は以下のように定めた。

> §2　①　ベルギー全国を管轄として，仲裁裁判所を設置し，その構成，権限及び運営は法律により定める。
> ②　仲裁裁判所は，§1で定められた抵触を解決する。
> 経過規定
> 　第107条の3は，審署の6か月後に発効する。法律及びデクレ間並びにデクレ相互間の抵触を予防するための仮の手続は法律により定める。

このように，国，共同体及び地域圏間の権限抵触を解決するための機関として，仲裁裁判所の創設が規定されたのである。

しかし，経過規定が付されており，この改正が発効するまでの間は仮の制度で運用されることとなった。この仮の制度も，前述の1980年8月9日法で定められていた。基本的には，従来のコンセイユ・デタ権限抵触部による解決手続が維持されたが，変更点がある。まず，提訴権者が拡大され，共同体及び地域圏の執行府も提訴できるようになったこと（同法26条），次に，破毀院で先決問題が初めて提起されたとき，先決問題についての判決権は破毀院に帰属することとなったこと（同法28条）が挙げられる。

この仮の制度の運用が終わり，ついに立法規範間の権限抵触という限度での立法規範の憲法適合性審査を行う仲裁裁判所が始動することとなる。

2　仲裁裁判所の始動とその変遷，そして，憲法裁判所へ──────

1で見てきたように，仲裁裁判所は，中央集権から地方分権の流れにおいて

───────────

(7)　ただし，詳しい手続は，1980年8月9日法に規定されているのではなく，1973年7月3日コンセイユ・デタに関する再編法律において規定されている。

1980 年憲法改正により創設された。その後も地方分権の流れは続き，1993 年にベルギーはついに連邦制へと移行することになる。しかし，連邦制へと移行した後も，仲裁裁判所の権限等は改正され続け，そして，2007 年には仲裁裁判所は憲法裁判所へとその名称を変えることになる。ここでは，その流れを見ていくことにする。

(イ) 創設当初の権限と提訴権者

仲裁裁判所は，前述の旧 107 条の 3 の経過規定の通り，審署の後 6 か月以内に始動する予定であったが，その準備作業は遅れた。旧 107 条の 3 § 2 に基づく法律は，「仲裁裁判所の組織，権限及び運営に関する 1983 年 6 月 28 日法」として可決され，仲裁裁判所に関して詳細に規律した。そして，1984 年 10 月 1 日に仲裁裁判所は正式に発足することとなった。

まず，創設当時は，旧 107 条の 3 § 2 第 1 項で定める通り，仲裁裁判所は，法律，デクレ及び地域圏が定める法規範間，デクレ相互間並びに地域圏が定める法規範間の抵触を審査することのみをその権限としていたのであり，それ以外の権限については，1983 年 6 月 28 日法は一切規定していなかった。すなわち，仲裁裁判所の権限は，法律及びデクレの権限分配に関する憲法及び法律上の規定への適合性の審査にのみ限定されていたのであり，仲裁裁判所が他のいかなる憲法適合性統制を行うことも規定されていなかったのである[8]。さらに言えば，仲裁裁判所の照会規範（norme de référence）は，権限を配分する憲法及び法律上の規定に限られていたのである。この権限抵触の審査形式は，1983 年 6 月 28 日法により具体的に定められ，その審査は，無効の訴え（recours en annulation）又は先決問題という形式で行われた。

次に，提訴権者については，第一に，無効の訴えについては，内閣，共同体及び地域圏の執行府（同法 1 条 § 1）と，構成員の 3 分の 2 の請求に基づき立法議会（assemblées législatives，両議院並びに共同体及び地域圏の議会すべてを指す）の議長（同条 § 2）に限られていた。第二に，先決問題については，すべての裁判所が提起することができた（同法 15 条 § 1）。すなわち，破毀院も仲裁裁判所に先決問題を移送することができるようになったため，従来とは一線を画す制度が採用されたのである。

---

(8) Rigaux et Renauld, *supra* note (3), p. 26.

第Ⅰ部　各国の憲法裁判制度

㊁　市民への提訴権の拡大と一部の基本権侵害に関する訴えの容認

　しかし，1988年の憲法改正において，旧107条の3§2は以下のように改正された。

　　§2　②　仲裁裁判所は，判決をもって，以下について裁定する。
　　　一　§1で定める抵触
　　　二　法律，デクレ又は憲法第26条の2が定める法規範による第6条，第6条の2及び第17条の違反
　　　三　法律，デクレ又は憲法第26条の2が定める法規範による，法律の定める憲法条項の違反
　　　③　法律が決定するすべての機関，利益を証明するすべての者，又は，先決問題としてすべての裁判所が，仲裁裁判所に提訴することができる。
　　　④　第1項，第2項第3号及び第3項で定める法律は，第1条最終項で定める多数で可決するものとする。

　この憲法改正に伴い，前述の1983年6月28日法に代わって，仲裁裁判所に関する1989年1月6日特別法が制定された。
　憲法改正によって変更されたのは以下の3点である。
　まず，旧107条の3§2第3項において，国家機関だけでなく，利益を証明するすべての者についても提訴権が認められたことである。すなわち，一般市民も提訴することができるようになったのである[9]。
　次に，同条§2第2項2号により，仲裁裁判所が，法律，デクレ及び地域圏が定める法規範に関して，一部の人権規定適合性の統制を行うことができるようになったことである。具体的には，旧6条の定める平等原理，旧6条の2が定める非差別原理，及び，旧17条が定める教育の自由が，仲裁裁判所の憲法上の照会規範となったのである。
　最後に，旧107条の3第2項3号によって，憲法旧1条最終項で定める特別多数で可決された法律（いわゆる特別法）によりさえすれば，それ以外の憲法条項も照会規範とすることができるようになったことである。しかしながら，1989年1月6日特別法は前述の3つの人権条項以外の憲法条項を照会規範として指定しなかった。その意味では，法制度上は，仲裁裁判所は，不完全な人権保障機関であったのである。とは言え，後述の通り，仲裁裁判所は，自らの

---

(9)　詳しくは，武居・前掲注(1)「ベルギー仲裁院の権限拡大──個人提訴制度はなぜ導入されたか？」77頁以下を参照。

判決により，他の人権条項をも実質的に照会規範とし，その統制権限を拡大することになる。

(ハ) 連邦制の導入と憲法典の再編

このように仲裁裁判所が，権限裁定機関としてだけでなく，不完全ながらも人権保障機関としての役割を有するようになった一方で，ベルギーという国家そのものは，1993 年憲法改正によって，連邦制に移行した。そして 1994 年 2 月 17 日，憲法典が再編成され，旧 107 条の 3 § 1 は 141 条へ，旧 107 条の 3 § 2 は 142 条へ移された。また，仲裁裁判所の人権保障に関しての照会規範である旧 6 条は 10 条へ，旧 6 条の 2 は 11 条へ，旧 17 条は 24 条へ移された。さらに，1993 年憲法改正においては，建国以来の人権規定が初めて補充されることとなった。

(ニ) 仲裁裁判所の判例による照会規範の拡大

すでに述べた通り，仲裁裁判所は，法令上は不完全な人権保障機関であった。というのも，憲法典において一部の人権条項しか照会規範としておらず，また，1989 年 1 月 6 日特別法も他の人権条項を照会規範として指定していなかったからである。

しかしながら，仲裁裁判所は，自らの判決によって，他の人権条項をも照会規範とし，自らの統制権限を拡大した。

まず，仲裁裁判所は，旧 6 条（新 10 条），旧 6 条の 2（新 11 条）及び旧 17 条（新 24 条）を他の人権条項と結びつけて解釈することにより，特別法が照会規範として指定していないにもかかわらず，憲法第 2 編「ベルギー国民及びその権利」の人権条項をすべてその照会規範としたのである(10)。

こうして，仲裁裁判所は，人権保障に関しては，法令上は不完全な機関であったけれども，その内実は真の人権保障機関であったと言うことができよう。

しかしながら，このような仲裁裁判所自身の判例による権限拡大に対しては，学説から批判がなされた。その主な内容としては，この仲裁裁判所の判例による権限拡大が諸権力間の均衡を破る可能性があること，また，そのことからその正当性は危ういものであることが挙げられる(11)。

このような批判がある中で，他の憲法規定についても，特別法によって照会

---

(10)　例えば，C.A., arrêt n° 23/89 du 13 octobre 1989.

(11)　詳しくは，以下を参照。André Alen, « D'une cour d'arbitrage à une cour constitutionnelle », *RBDC*, 1999, pp. 57–59.

第Ⅰ部　各国の憲法裁判制度

規範として明示すること，あるいは，憲法改正によって照会規範として明示することが学説から提起された[12]が，結局，前者の解決方法が採られることになる。

㈑　2003 年 3 月 9 日特別法改正

このように仲裁裁判所が自らの判決によりその権限を拡大することに対して，立法上の解決がなされた。すなわち，2003 年 3 月 9 日に，仲裁裁判所に関する 1989 年 1 月 6 日特別法の改正がなされ，憲法第 2 編の人権条項すべて，租税の平等原理に関する 170 条，租税の適法性原理に関する 172 条及び外国人の保護に関する 191 条が照会規範となったのである（1989 年 1 月 6 日特別法 1 条 2 号）。これによって，法令上においても，真の人権保障機関となったのである。しかし，権限配分規定及び人権規定以外の憲法規定，特に統治機構や立法手続に関する規定については照会規範とはならず，その意味では，ヨーロッパ型の憲法裁判所ではなかった。

㈒　仲裁裁判所から憲法裁判所への名称変更

そして，2007 年 5 月 7 日憲法改正において，「仲裁裁判所」から「憲法裁判所」へと名称変更がなされた。権限配分規定と人権規定以外の憲法規定については，依然として照会規範とはならなかったので，「憲法裁判所」という名称が相応しいかどうかはともかく，「憲法裁判所」という名称を備えるに至ったのである。

ただし，仲裁裁判所に関する 1989 年 1 月 6 日特別法における，仲裁裁判所から憲法裁判所への名称変更は，2010 年 2 月 21 日の特別法改正により行われている。すなわち，この改正により，仲裁裁判所に関する 1989 年 1 月 6 日特別法は，「憲法裁判所に関する 1989 年 1 月 6 日特別法」（以下，特別法と表記）となったのである。

㈓　2014 年憲法改正による権限拡大

さらに，2014 年 1 月 6 日憲法改正によって，憲法裁判所の権限は拡大される。すなわち，142 条に，4 項及び 5 項が追加され，従来の 5 項は 6 項へと移されることになった。4 項は，憲法裁判所に地域圏住民投票（consultation populaire）を統制する権限を付与し，5 項は，法律が代議院議会選挙についての選挙費用に関する無効の訴えを審査する権限を憲法裁判所に付与することが

---

[12]　André Alen, *supra* note (11), pp. 59-63.

できるとしており，これらの具体的な手続は，特別法において定められている（4項に関しては同法30条の3，5項に関しては同法25条の2から25条の7まで）。これによって，現在のベルギー憲法裁判所の制度が整った。

3　憲法裁判所の構成と組織

　ここでは，現在のベルギー憲法裁判所の組織及び構成について見ていくことにする。これらについては，特別法において規定されている。

1　裁　判　官

　憲法裁判所を構成するのは12名の裁判官である。ここではこの裁判官について見ていく。

(イ)　言語的同数性

　憲法裁判所は12名の裁判官から構成されるが，そのうち6名はフランス言語グループに属し，残りの6名がオランダ言語グループに属する（特別法第31条第1項）。

(ロ)　裁判官の任命

　憲法裁判所の裁判官は，代議院及び元老院によって交互に提出される定員の2倍の名簿に基づき国王により終身で任命される。この名簿は，出席議員の表決の3分の2の多数で可決される（特別法32条1項）。したがって，憲法裁判所は，裁判官の任命又は名簿の提出に関与しないが，裁判官候補者の名簿が出席議員の表決の3分の2の多数で可決されることによって，憲法裁判所裁判官の民主的正統性が付与される[13]。

(ハ)　裁判官の資格・要件

　憲法裁判所の裁判官に任命されるためには，まず，候補者は満40歳以上であることが要求され，かつ，以下の要件の1つを満たさなければならない（特別法34条§1）。すなわち，①ベルギーにおいて，少なくとも5年間，a)破毀院の判事，検事総長，主任検事又は次席検事，b)コンセイユ・デタの評議官，調査官長，副調査官長，主任調査官又は主任修習官，c)憲法裁判所調査官，

---

[13]　Anne Rasson-Roland, « Le renouvellement de juges de la Cour d'arbitrage », in Anne Rasson-Roland, David Renders et Marc Verdussen(dir.), *La Cour d'arbitrage, vingt ans après*, Bruylant, 2004, pp. 24-25.

第Ⅰ部　各国の憲法裁判制度

d）ベルギーの大学における法律学の正教授，特任教授，教授又は准教授の職務に就いていたこと（同1号），あるいは，②少なくとも5年間，元老院，代議院，又は共同体若しくは地域圏議会の構成員であったこと（同2号）を満たしていなければならない。

そして，憲法裁判所は，フランス語系裁判官及びオランダ語系裁判官において，特別法34条§1第1号の要件を満たす裁判官と同第2号の要件を満たす裁判官の同数から構成される。したがって，フランス語系裁判官6名のうち，3名が法律家出身であり，残りの3名が議員出身でなければならず，同様に，オランダ語系裁判官のうち，3名が法律家出身であり，残りの3名が議員出身でなければならないのである。

このように，フランス語とオランダ語についての言語的配慮及びそれぞれのグループにおける出身母体についての配慮がなされているが，ドイツ語共同体が存在していることにも配慮がなされている。すなわち，特別法34条§1第1号により任命される裁判官のうち少なくとも1名の裁判官は，ドイツ語の十分な知識を証明しなければならないのである（同条§4）。

さらに，性別についての配慮もなされている。すなわち，特別法第34条§5は，「憲法裁判所は，異なる性別の裁判官で構成する」と規定しており，少なくとも1名は女性裁判官が任命されなければならないのである。この要請は，2003年3月9日の改正により，現在の特別法の中に加えられた[14]のであるが，2015年3月現在のところ，女性裁判官は2名である。

㈢　**長官と憲法裁判所の運営**

フランス語系裁判官及びオランダ語系裁判官の中から，それぞれ，その長官が選出される（特別法33条）。各言語グループの長官は，1年交代で，憲法裁判所を統轄し，その期間は，毎年9月1日から翌年8月31までである（同法54条）。

毎年9月1日に，各長官は，その言語グループの構成員名簿を作成する。まず，長官が34条§1第1号に基づいて任命されたのなら，同2号に基づいて任命された裁判官が記載され，続いて，1号に基づいて任命された裁判官及び2号に基づいて任命された裁判官が，交互に記載される。反対に，長官が34

---

[14]　詳しくは，以下の文献を参照。Sophie Weerts, « La présence obligatoire des femmes parmi les juges de la Cour d'arbitrage », in Anne Rasson-Roland, David Renders et Marc Verdussen (dir.), *La Cour d'arbitrage, vingt ans après*, Bruylant, 2004, pp. 37-62.

条§1第2号に基づいて任命されたのなら，同1号に基づいて任命された裁判官が記載され，続いて，2号に基づいて任命された裁判官及び1号に基づいて任命された裁判官が，交互に記載される。

憲法裁判所は，あらゆる事案において籍を置く2名の長官と5名の裁判官の計7名の裁判官によって審理される（同法55条1項及び59条1項）。この審理を通常審理と言う。この通常審理は，多数決で決定を行う（同法55条4項）。各事案における裁判官の指名は，以下のように行われる（同法59条2項及び3項）。すなわち，事案を統轄する長官が，第一の事案については，自らの名簿から，1番目，2番目，3番目の名前を選び，もう一方の長官の名簿から，1番目，2番目の名前を選び，第二の事案については，自らの名簿から，4番目，5番目，1番目の名前を選び，もう一方の長官の名簿から，3番目，4番目の名前を選び，そして，第三の事案については，自らの名簿から，2番目，3番目，4番目の名前を選び，もう一方の長官から，5番目，1番目の名前を選ぶ。このように各事案における裁判官の指名は，複雑なシステムで行われる[15]。

反対に，憲法裁判所は，一定事項について決定を行うためには，全員審理によらなければならない（同法56条1項）。また，必要と判断するとき，各長官は，事案を全員審理に付することができる。さらに，長官は，通常審理において籍を置く7名の裁判官のうち，2名の裁判官が要求するときは，これを行わなければならない（同条2項）。全員審理においては，憲法裁判所は，少なくとも10名の裁判官が出席し，フランス語系裁判官とオランダ語系裁判官が同数であるときにしか，判断を下すことはできない（同条3項）。全員審理で判断を下すとき，長官は可否同数のときに決定権を有する。長官が欠席し又は事故のあるとき，同一言語グループの最も古参の裁判官，又は，場合によっては最も年長の裁判官がこれを代替する（同条4項）。

㈱　裁判官の兼職禁止及び懲戒

まず，裁判官は，司法職，選挙により授けられる公的委任の行使，すべての政治的又は行政的次元の職務又は公的地位，公証人及び廷吏の地位，弁護士職，軍人の身分及び公認宗教の聖職者の職務を兼職することが禁じられる（特別法44条）[16]。

---

[15]　Louis Favoreu et Wanda Mastor, *Les cours constitutionnelles*, Dalloz, 2011, p. 68.

[16]　後述する調査官及び書記官についても同条によって，行政職員についても48条によって同様の兼職が禁止される。

次に，その職務の威厳を損ない又はその身分上の義務を懈怠した長官及び裁判官は，憲法裁判所によってなされる判決によってその職務を罷免され又は停止されうる（同法49条）。

2 調査官，書記官及び行政職員

憲法裁判所には，裁判官の他に，調査官，書記官及び一般職員が存在している。これらについても特別法で規定されている。

(イ) 調査官

憲法裁判所においては，裁判官を補佐する調査官の制度が設けられている。憲法裁判所は，最大24名の調査官によって補佐され，その半数がフランス語系で，残りの半数がオランダ語系である（特別法35条1項）。それぞれの調査官は，ドイツ語の十分な知識を証明しなければならない（同条2項）。

調査官の任命要件としては，25歳以上であること，及び，法学博士又は法学士であることである（同法36条1項）。調査官となるためには，採用試験に合格しなければならない。合格後，3年間の研修を経て調査官として任命される（同法37条及び38条）。

(ロ) 書記官

書記官は，2倍の候補者を含み，かつ，憲法裁判所の，一方はフランス語系グループに，もう一方はオランダ語系グループによって提出された，2つの名簿に基づいて国王によって任命される（特別法40条）。

書記官の任命要件として，満30歳以上であること，一定の試験に合格していること，少なくとも2年以上の有益な経験を有することである（同法41条）。

フランス語系の候補者はオランダ語の知識を証明し，オランダ語系の候補者もフランス語の知識を証明しなければならない（同法42条）。

(ハ) 行政職員

憲法裁判所は，独自の行政職員を使用することができる。憲法裁判所は，言語的同数性の尊重の下，行政職員の組織的枠組み及び言語的枠組みを定め，国王はその枠組みを承認する（特別法42条）。

第4章　ベルギー憲法裁判所

4　憲法裁判所の権限

　憲法裁判所は，無効の訴えと先決問題について判断を下す権限を付与されている。ここでは，それぞれの制度の前提として被統制規範（normes contrôlées）及び照会規範を明らかにし，次いで無効の訴え及び先決問題訴訟の制度を明らかにする[17]。なお，すでに述べた通り，地域圏住民投票の統制及び代議院議会選挙の選挙費用に関する無効の訴えの審査については，2014年1月の憲法改正によって導入されたばかりで，これに関する文献が少ないので割愛する。

1　被統制規範

　ここでは，憲法適合性審査において憲法裁判所によって統制される法規範，すなわち，被統制規範について見ていく。

(イ)　法律，デクレ及びオルドナンス

　まず，憲法裁判所は，憲法142条2項と特別法1条柱書及び26条§1が明示するように，国の議会が制定する法律，共同体の議会が制定するデクレ及び地域圏の議会が制定する憲法134条で定める法規範の憲法適合性を統制する。この点，憲法裁判所は，ワロン地域圏議会及びフラマン地域圏議会が制定するデクレのみならず，ブリュッセル地域圏議会が制定するオルドナンスについても，その憲法適合性を統制する[18]。以下，法律，デクレ及びオルドナンスを総称して，立法規範という用語を用いることにするが，統制の対象となるのは，立法規範の全て又は一部であり，さらには，立法規範の附属書[19]や附属書の一覧表[20]も被統制規範となる。

---

[17]　なお，憲法裁判所は，無効の訴えに付随する執行停止の請求の審査も行うが，これについては紙幅の関係上記述しない。詳しくは以下を参照。拙稿「ベルギー憲法裁判所の制度の概要」駒澤法学14巻1号（2014年）188-192頁。

[18]　Marc Verdussen, *Justice constitutionnelle*, Larcier, 2012, pp. 110-111. 最近の例として，C.C., arrêt nº 68/2012 du 31 mai 2012. なお，フラマン地域圏は，オランダ語共同体と一体となり，フラマン執行府及び議会を構成しているため，それらはオランダ語共同体のものと共通である。また，ブリュッセル地域圏においては，フランス語共同体委員会，オランダ語共同体委員会及び合同共同体委員会が存在しており，フランス語共同体委員会及び合同共同体委員会の立法議会は立法規範を制定することが認められている。前者が定めるものをデクレ，後者が定めるものをオルドナンスと言うが，前者のデクレは被統制規範である。C.A., arrêt nº 31/95 du 4 avril 1995 ; C.A., arrêt nº 45/95 du 6 juin 1995.

[19]　C.A., arrêt nº 168/2005 du 23 novembre 2005.

第Ⅰ部　各国の憲法裁判制度

　次に，ここで言う立法規範は，実質的なものではなく，形式的なものを指す。
したがって，立法規範という形式を取るすべての法規範が被統制規範となる。
この点，実質的意味の立法規範に含まれない以下の立法規範も被統制規範であ
る。

　第一に，予算は，予算法律，予算デクレ及び予算オルドナンスという立法規
範として可決されるので，これらについても憲法裁判所はその憲法適合性を統
制する。実際に，憲法裁判所は，予算デクレの憲法適合性を統制している[21]。

　第二に，帰化を認める法律は，実質的意味の立法ではないが，法律の形式を
取っているために，憲法裁判所はこの憲法適合性について判断する権限を有し
ていると判決を下している[22]。また，条約を承認する立法規範[23]，国，共同体
及び地域圏の協力合意を同意する立法規範[24]も，被統制規範である。

　第三に，解釈的立法規範も被統制規範である。憲法84条によれば，「法律の
有権解釈は，法律のみをもって行う」。また，憲法133条によれば，「デクレの
有権解釈は，デクレのみをもって行う」。これらに基づいて制定されるのが解
釈的立法規範であり，これは他の立法規範を解釈する立法規範である。この立
法規範は解釈的性質を有しているが，憲法裁判所はこれを統制する[25]。

　最後に，命令としての性質を有する王令は法律を再編することができるが，
再編された法律は，立法規範としての性格は変わらないので，憲法裁判所はそ
の王令によって再編された法律を統制する権限を有する[26]。

　㈹　特別法律及び特別デクレ

　憲法4条3項で定める特別多数決によって可決されることが憲法上規定され
ている法律及びデクレ，いわゆる「特別法律及び特別デクレ」が憲法裁判所に
よる統制対象となるかどうかについては憲法典及び特別法は明示していない。
この点について，判例は以下のように述べた。「憲法142条は，通常法律と特
別法律とを区別していない。したがって，原則として，仲裁裁判所は，2つの
タイプの法律が，一方で憲法権限準則，他方で憲法10条，11条，24条に適合

---

　(20)　C.C., arrêt n° 149/2007 du 5 décembre 2007.

　(21)　C.A., arrêt n° 54/98 du 20 mai 1998.

　(22)　C.A., arrêt n° 75/98 du 24 juin 1998.

　(23)　Verdussen, *supra* note (18), p. 117.

　(24)　Verdussen, *supra* note (18), pp. 117-118.

　(25)　例えば，C.A., arrêt n° 81/95 du 14 décembre 1995.

　(26)　C.C., arrêt n° 17/2008 du 14 février 2008.

しているか否かを評価する権限を有している。憲法142条2項2号は，法律及びデクレ……の憲法10条，11条及び24条への適合性の統制が一般的であることを示している。仲裁裁判所は，これらすべての規範……の憲法10条，11条及び24条への適合性を統制する権限を有している」[27]。このようにして，憲法（仲裁）裁判所は，自らの判決によって，特別法律及び特別デクレをその統制対象としたのである[28]。

㈧　特別権力王令

特別権力王令（arrêtés royaux de pouvoirs spéciaux）とは，一定の期間及び限られた領域について立法を作る権限を国王に付与する授権法律に基づいて，国王によって制定される法規範である。この特別権力王令は，現行の法律を修正し，補完し，さらに廃止することができる。この慣行は，憲法105条を根拠としている。

特別権力王令は，授権法律が決定する日付の前に追認法律の対象とならなければならず，さもなければ，特別権力王令は当然に廃止される。ここで，授権法律，特別権力王令及び追認法律が被統制規範かどうか問題となる。

まず，授権法律は通常法律であるので，当然に，被統制規範である。

次に，特別権力王令そのものについては，特別権力王令が追認法律の対象となったか否かによって，被統制規範となるかどうかが区別される。判例によれば「〔追認が欠如している場合は，特別権力王令は，〕憲法159条に基づいて裁判所の合法性の統制に付される執行権の行為を構成し，それに対しては，越権の訴因によってコンセイユ・デタ行政部において訴えが提起されうる。……〔反対に，〕特別権力王令の立法者による追認は，この王令を司法的統制から免れさせ，コンセイユ・デタによってもはや無効とされうることはないという帰結をもたらす。その追認によって，特別権力王令は，法律と類似するものと見なされなければならず，したがって，その内容は仲裁裁判所の評価の対象となりうる」[29]。したがって，追認法律によって追認された場合には，被統制規範となり，追認されていない場合には，被統制規範とはならないのである。なお，追認された特別権力王令の起算日は，追認法律の公示の日である[30]。法律に

---

[27]　C.A., arrêt n° 8/90 du 7 février 1990.

[28]　その後もこの判例は維持されている。例えば，C.A., arrêt n° 78/97 du 17 décembre 1997.

[29]　C.A., arrêt n° 58/88 du 8 juin 1988.

第Ⅰ部　各国の憲法裁判制度

よって追認されていない特別権力王令は，憲法裁判所の統制から免れるが，例外的に，追認されていない特別権力王令が，立法規範による修正の対象となったときは，被統制規範となる[31]。

　最後に，追認法律については，追認された特別権力王令と同時に統制の対象となる[32]。

㈡　「有効化された」命令

　立法者は，たとえ王令又は共同体及び地域圏の執行府令について特別権力王令の枠組みにおいてと同様に「有効化」又は「追認」が予定されていないときでも，王令又は執行府令の規定を「有効化」又は「追認」することができる。すなわち，立法者は，当該命令に立法的効力を付与することができるのである。これを「有効化された」命令（arrêtés « validés »）と言う[33]。この「有効化された」命令は，その有効化する立法規範と同時に，被統制規範となる[34]。ただし，憲法裁判所は，有効化又は追認された命令が帯びている形式上の瑕疵を違法とすることができない。したがって，この立法的有効化のメカニズムは，「有効化された」命令が後述する照会規範に違反していないときに，その命令が帯びている瑕疵を覆い隠すことができるのである[35]。

㈤　アレテ・ロワ

　アレテ・ロワとは，形式的には命令でありながら，実質的には立法規範としての性質を有する法規範である。アレテ・ロワには，戦争アレテ・ロワ（arretes-lois de guerre）と臨時権力アレテ・ロワ（arretes-lois de pouvoirs extraordinaires）とがある。

　戦争アレテ・ロワは，立法者の権限より生じる事項を規律するために，例外的に，2つの世界大戦の間に，国王によって（Havre アレテ・ロワ），さらには，閣議として召集された大臣によって（Londres アレテ・ロワ），可決された王令である[36]。この戦争アレテ・ロワは被統制規範である[37]。

---

(30)　C.A., arrêt n° 71/88 du 21 décembre 1988.

(31)　Rigaux et Renauld, *supra* note (3), p. 47.

(32)　C.A., arrêt n° 58/88 du 8 juin 1988.

(33)　Rigaux et Renauld, *supra* note (3), pp. 55-56.

(34)　例えば，C.A., arrêt n° 34/93 du 6 mai 1993.

(35)　Rigaux et Renauld, *supra* note (3), pp. 56-57.

(36)　Verdussen, *supra* note (18), p. 108 ; Francis Delpérée, *Le droit constitutionnel de la Belgique*, Bruylant-LGDJ, 2000, pp. 969-970 ; Yves Lejeune, *Droit constitutionnel belge*,

94

第4章　ベルギー憲法裁判所

　臨時権力アレテ・ロワは，必要性及び緊急性のために一定の立法事項を一時的に規律することを国王に授権する特別の法律に基づいて，国王によって可決された王令である[38]。この臨時権力アレテ・ロワも，被統制規範である[39]。

　㈮　**被統制規範とはならない事項**

　被統制規範については以上見てきた通りであるが，憲法裁判所の統制に付されない事項もある。以下においてはこれについて見ていこう。

　㈎　立法規範としての性質を有しない命令

　憲法142条及び特別法は，明示的に法律，デクレ及びオルドナンスを対象としており，王令並びに共同体及び地域圏の執行府令などの命令は，追認された特別権力王令及び有効化された命令の場合，すなわち，立法的規範としての性質を有する命令の場合を除き，憲法裁判所の統制には付されない[40]。もし，立法規範としての性質を有しない命令が付託されたら，憲法裁判所はその訴えを棄却する。

　また，このことから当然に，王令の附属書[41]や省令[42]に関しても，憲法裁判所の統制に付されない。

　㈏　公権力による他の方策

　憲法裁判所は，立法規範としての性質を有していない命令の他にも，執行権を始め他の機関によってなされるあらゆる方策を審査する権限を有していない。したがって，例えば，憲法裁判所は，大臣決定によってなされる懲戒処分[43]の憲法適合性を統制することはできない。

　㈐　憲法諸規定

　憲法裁判所は，憲法諸規定を審査する権限を有しない[44]。

　まず，手続面に関して，憲法裁判所は，憲法改正が憲法改正手続を定める憲

　　　Larcier, 2010, pp. 87-88.

[37]　C.A., arrêt n° 115/99 du 10 novembre 1999 ; C.A., arrêt n° 101/2000 du 11 octobre 2000.

[38]　Verdussen, *supra* note (18), p. 109 ; Delpérée, *supra* note (36), pp. 777-778.

[39]　C.A., arrêt n° 136/2003 du 22 octobre 2003.

[40]　立法規範としての効力を有しない命令が争われた判決は数多く存在するが，例えば，
　　　C.A., arrêt n° 62/96 du 7 novembre 1996.

[41]　C.A., arrêt n° 15/98 du 11 février 1998.

[42]　C.A., arrêt n° 16/98 du 11 février 1998. 省令に関して，詳しくは以下を参照。Lejeune,
　　　supra note (36), pp. 93-94.

[43]　C.A., arrêt n° 5/89 du 15 mars 1989.

[44]　C.A., arrêt n° 68/94 du 22 septembre 1994.

第Ⅰ部　各国の憲法裁判制度

法第 195 条に違反して可決されたどうかを審査することはできない。判例によれば,「仲裁裁判所に関する 1989 年 1 月 6 日法律 1 条も,憲法上又は法律上の他のいかなる規定も,仲裁裁判所に,憲法条項が憲法 131 条〔現 195 条〕の定める要件を尊重して可決されたかどうかを確認し,憲法条項の無効を求める訴えについて裁定する権限を付与していない」[45]。

次に,内容面に関しても,判例は,「憲法制定者によってなされた選択を評価するように求める提訴理由について意見表明すること」を拒否している[46]。したがって,ある憲法規定が他の憲法規定に違反しているとしても,憲法裁判所はそれを統制することはできない。ある規範が同じ効力を有する他の規範に違反することができるということは,一般的に認められている 1 つの原理であるからである[47]。

2　照会規範

ここでは,憲法裁判所がいかなる憲法上又は法律上の規定を尊重の対象としているのか,換言すれば,憲法裁判所がいかなる規範に照らして被統制規範を統制しているのか,いわゆる照会規範[48]について見ていくことにする。

(イ)　権限分配準則

憲法裁判所は,連邦,共同体及び地域圏に配分される権限の抵触を,権限内容の実質的配分規定及び権限行使の手続規定に照らして審査する。

(a)　権限内容の実質的配分規定

共同体及び地域圏は,明示的にかつ排他的に,それらの権限を付与されている。連邦は,残余の権限,すなわち,共同体又は地域圏に付与されていない権限を有している[49]。共同体及び地域圏への権限付与規定は,憲法典の中だけに

---

[45]　C.C., arrêt n° 16/94 du février 1994. 学説には,憲法改正手続に適合して憲法改正がなされたかどうかについても憲法裁判所が統制することに好意的な見解もある。Hugues Dumont, Xavier Delgrange et Sébastien Van Drooghenbroeck, « La procédure de révision de la Constitution : suggestions », in Francis Delpérée (dir.), *La procédure de révision de la Constitution*, Bruylant, 2004, p. 158.

[46]　C.A., arrêt n° 90/94 du 22 décembre 1994.

[47]　Rigaux et Renauld, *supra* note (3), p. 61.

[48]　ベルギーでは,normes de référence（Rigaux et Renauld, *supra* note (3), p. 65 et s.）や,règles de référence du contrôle（Lejeune, *supra* note (36), p. 125 et s.）と表現されるが,これを憲法適合性ブロック（bloc de constitutionnalité）と表現する論者もいる。Verdussen, *supra* note (18), p. 86.

とどまらず，特別法及び通常法の中に見出される。共同体に権限を付与する規定として，憲法127条§1，128条§1，129条§1，130条§1，175条§2及び176条2項，並びに，1980年8月8日制度改革特別法4条及び5条，1983年12月31日ドイツ語共同体についての制度改革法4条などが挙げられる。地域圏に関するものについては，憲法134条1項，177条2項及び178条，並びに，1980年8月8日制度改革特別法6条§1，7条及び7条の2，ブリュッセル制度に関する1989年1月12日特別法4条1項などが挙げられる[50]。

　これらの規定の内容を具体的に明示すれば，まず，共同体は，教育，文化事項（芸術，蔵書，言語の防衛，ラジオ及びテレビ，プレスへの支援など），人間らしい生活の事項（健康管理の運営，衛生教育，個人への社会的援助など），そして，行政サービス及び特に学校教育における言語の使用を規律する権限を有している。次に，地域圏は，比較的雑多な権限を有しているが，地域圏事項は，大きく2つに分けられる。すなわち，自然環境（領土の補修，都市化，道路行政，環境保護など）と，社会経済部門（企業への援助，エネルギー，移送，労働者の位置づけなど）である[51]。

　残余が連邦に帰属することになるが，憲法においてある事項が「法律」により規律されると規定されているとしても，必ずしも連邦がこれを規律することを意味するわけではない。例えば，憲法162条1項は，「州及び市町村の制度は法律で規律する」と定めているが，この規定内容は，制度改革以前から存在していたものであった。この条項について，判例は，最初の制度改革以前の憲法条項に含まれる「法律」という用語を，執行権の権限を排除する憲法制定者の意思のみを表明するものと解釈し，そこから，憲法162条1項は，特別立法者がこの事項を規律する権限を地域圏に付与することを妨げないという結論を引き出したのである[52]。

　憲法裁判所は，「法律又はデクレによる国家，共同体及び地域圏のそれぞれの権限を決定する準則のあらゆる違反について」意見を表明することができる[53]。すなわち，憲法裁判所は，同じ領域について同じ目的を有する，異なる

---

(49)　Verdussen, *supra* note (18), p. 89.

(50)　Verdussen, *supra* note (18), pp. 88-89.

(51)　Verdussen, *supra* note (18), p. 89.

(52)　C.A., arrêt n° 35/2003 du 25 mars 2003.

(53)　C.A., arrêt n° 65/1988 du 15 juin 1988.

立法者から表明される，2つの規範間の現実の紛争の存在を必要とすることなく，その権限を行使する。したがって，憲法裁判所は，「仮想的」と分類し得る紛争を解決するためにもその権限を行使するのである[54]。

(b) 権限行使の手続規定

連邦，共同体及び地域圏は，それらに帰属する権限の行使において自律的であり，したがって，原則として，これらは他の連邦構成体とともに協力することなく，その権限を行使することができる[55]。しかし，特別法30条の2は，一定の場合において，連邦，共同体及び地域圏のそれぞれの権限の行使に先立って，一定の協力手続，すなわち，公聴会，集会，情報伝達，意見，規範的意見，合意，全体合意及び提議を，連邦，共同体及び地域圏に強制しており，これらの協力手続に違反して可決されたすべての規範を憲法裁判所は違憲とすることができることを定めている[56]。この規定は，それぞれの権限行使の際にそれぞれの主体が関与することを求めるものであり，連邦，共同体及び地域圏の権限内容を定めるものではないが，権限分配に関わるものとして，照会規範となるのである。

また，憲法4条3項で定める特別多数決の手続も照会規範となる。というのも，この要件は，権限画定システムの必要な部分をなすからである[57]。

(c) 利害抵触に関する規定

憲法143条§1は，連邦，共同体及び地域圏の利害抵触回避準則を定めているが，2014年1月6日特別法改正により，特別法1条3号及び26条§1第4号は，この憲法規定を照会規範として定めるに至った。したがって，現在においては，憲法143条§1も照会規範である。

㈡ **基本権規定**

2003年3月9日の特別法改正によって，憲法第2編の基本権条項すべてと，租税に関する基本権条項及び外国人の人権条項が照会規範となった。以下，こ

---

[54] Rigaux et Renauld, *supra* note(3), p. 69. 以下も参照。Lejeune, *supra* note(36), p. 124 ; Verdussen, *supra* note(18), p. 88.

[55] 例外として，1980年8月8日制度改革特別法92条の2は，一定の場合において，連邦，共同体及び地域圏の協力合意を必要とする旨を定めている。これを行う立法規範が，協力合意の法律，デクレ及びオルドナンスである。詳しくは，以下を参照。Verdussen, *supra* note(18), pp. 117-118.

[56] 実際の判決として，例えば，C.A., arrêt n° 2/92 du 15 janvier 1992.

[57] C.A., arrêt n° 35/2003 du 25 mars 2003.

れらについて具体的に見ていこう。

(a)　平等及び非差別原理

平等原理（憲法 10 条）及び非差別原理（憲法 11 条）は，前述の通り，1988
年の憲法改正以降からの照会規範であり，現行憲法 142 条においても照会規範
として指定されている。

判例は，平等及び非差別原理に関する最初の判決[58]以来，黙示的に，この原
理が憲法第 24 条とは独立して憲法裁判所で援用されうること，したがって，
教育訴訟の他に適用されることを判示している。したがって，差別的な疑いの
ある扱いのあらゆる差異は，憲法裁判所の統制の対象となりうる。1989 年以
来，憲法判例は著しい発展を遂げ，権利のあらゆる部門に拡大したのである。
例えば，租税，行政，社会，家族，刑事，司法に関する事項，親子関係の権利，
相続，都市化，領土の補修，外国人の権利，社会的刑事的制裁などの領域にお
いてである[59]。

判例によれば，「ベルギー国民の平等及び非差別の憲法準則は，区別の基準
が客観的かつ合理的に正当化されうる限り，扱いの差異が複数のカテゴリーの
人間に応じて確立されることのみ排除する。そのような正当化の存在は，批判
されている方策の目的及び効果と当該原理の性質を考慮して評価されなければ
ならない。採用される方策と目指す目的との均衡の合理的関連性が存在しない
ことが確認されるとき，平等原理に違反する」[60]。この判決について，ヨー
ロッパ人権裁判所による平等原理の判例の影響を受けていると学説では分析さ
れている[61]。

憲法裁判所は，多様な憲法規定又は人権を保障する条約上の権利と結びつい
て読み込まれる憲法 10 条及び 11 条の尊重についての統制を行使している。判
例によれば，「憲法 10 条及び 11 条は一般的射程を有している。これらの条文
はその起源がいかなるものであれ，あらゆる差別を禁止する。平等及び非差別
の憲法準則は，ベルギー国民に認められるあらゆる権利及び自由に適用され，
これには，同意行為によって国内法的秩序に適用され，異なる効力を有する，

---

[58]　C.A., arrêt n° 23/89 du 13 octobre 1989.

[59]　Rigaux et Renauld, *supra* note (3), p. 78.

[60]　C.A., arrêt n° 23/89 du 13 octobre 1989.

[61]　Xavier Delgrange, « Quand la Cour d'arbitrage s'inspire de la Cour de Strasbourg »,
　　　RRD, 1989, pp. 611-622.

第Ⅰ部　各国の憲法裁判制度

ベルギーを拘束する国際条約から生じる権利及び自由も含まれる」[62]。すなわち，この平等原理及び非差別原理によって，他の基本権規定あるいは条約上の基本権も照会規範となるのである。のみならず，一般原理はそれだけでは照会規範となることはできないが，この平等原理及び非差別原理を媒介にすることによって照会規範となりうるのである[63]。

　しかし，前述の通り，2003年特別法改正によって，憲法第2編の他の基本権条項も照会規範となった。したがって，その改正以来，平等及び非差別原理を経由することなく，憲法第2編の他の基本権条項が直接の照会規範となった。とはいえ，この改正以降も，憲法10条及び11条と他の憲法条項又は条約上の条項の尊重とを結び付けた統制がいまだに行われている[64]。この場合，憲法裁判所は，他の基本権条項違反でその立法規範を無効とするのではなく，当該立法規範が，差別的な方法で，あるカテゴリーの市民から当該権利の享受を奪っているという点で平等原理に違反していることを理由に，当該立法規範を違憲とする[65]。

(b)　教育に関する平等及び自由

　憲法24条は，教育に関する基本権を確立するものであり，平等原理及び非差別原理と同様に，1988年憲法改正以来照会規範として位置づけられており，現在も憲法142条において照会規範として指定されている。それもあって，教育に関する基本権は，照会規範の第一ランクに位置付けられる。憲法24条が他の基本権とは異なり，照会規範の第一ランクに位置付けられるのは，24条が，ベルギーの異なる立法者の権限の訴訟と，平等及び非差別の訴訟との関連性を表しているからである。すなわち，教育に関する自由は，教育事項が共同体の権限とされており，共同体がその権限を行使しなければならないという要請と，この権限の行使において立法者（共同体）は自由及び平等の基本原理を尊重するという要請が問題となるからである[66]。

---

[62]　C.A., arrêt nᵒ 23/89 du 13 octobre 1989.

[63]　その例として，裁判の良き運営の諸原理（例えば，C.A., arrêt nᵒ 23/98 du 10 mars 1998），刑法の一般原理（例えば，C.A., arrêt nᵒ 24/97 du 30 avril 1997），法律の非遡及原理（例えば，C.A., arrêt nᵒ 31/95 du 4 avril 1995），法的安定性原理（例えば，C.A., arrêt nᵒ 7/97 du 19 février 1997）が挙げられる。

[64]　例えば，C.A., arrêt nᵒ 32/2004 du 10 mars 2004.

[65]　Rigaux et Renauld, *supra* note(3), p. 82.

[66]　Rigaux et Renauld, *supra* note(3), p. 85.

憲法24条も，他の憲法規定又は国際条約上の権利と結びつき得る。本条§3は，「何人も，自由及び基本権を尊重した教育に対する権利を有する」と規定しているからである[67]。判例も，「その尊重が教育に関する立法において立法者に課せられるこれらの基本権は，憲法第2編の他の規定からだけでなく，国際水準でベルギーを拘束し，かつ，国内法秩序において受容の対象となる，教育に関する国際条約からも生じる」と判断している[68]。

(c) 憲法第2編が規定する他の基本権

すでに見たように，2003年特別法改正前から，憲法第2編が規定する基本権条項は，憲法10条，11条及び24条と結び付くことによって，照会規範となっていた。したがって，他の基本権条項は，これらを媒介として間接的な照会規範であったのである。しかし，2003年特別法改正によって，他の基本権条項は，これらと結びつくことなく，直接の照会規範となった。この点，第2編の諸規定が直接の照会規範となったことで，将来，かつて保障されていた権利及び自由よりも広い内容の判例の創設及び発展が促進される可能性があると指摘されている[69]。

一般に，憲法裁判所は，いかなる基本的自由も無制限には存在しないと評価している。したがって，権利への侵害は，立法者によって追求される目的の重要性と均衡が採られていれば，基本権規定違反とはならない[70]。

(d) 条約上の基本権

憲法第2編で規定されている人権条項が，ベルギー国民及びベルギー在住の外国人に保障された権利及び自由の唯一の源ではない。すなわち，憲法裁判所は，憲法諸規定を解釈する際に，常に同一の文言で表明されているわけではない，しばしば類似の自由を保障している異なる国際法及び国内法上のテキストの並存に配慮しなければならず[71]，これによって条約上の基本権も照会規範となりうるのである。実際，判例は，「ベルギーを拘束する条約の規定が，〔憲法第2編の〕1つ又は複数の憲法規定と類似の射程を有しているときは，この条約の規定によって確立されている保障は，当該憲法規定において現れている保

---

[67] Rigaux et Renauld, *supra* note (3), p. 85.

[68] C.A., arrêt n° 33/92 du 7 mai 1992.

[69] Rigaux et Renauld, *supra* note (3), pp. 86-87.

[70] Rigaux et Renauld, *supra* note (3), p. 87.

[71] Rigaux et Renauld, *supra* note (3), p. 93.

障と切り離せない一体のものを構成している」,「したがって,第2編の規定の違反が主張されるときは……,憲法裁判所は,その審査において,類似の権利及び自由を保障している国際法の諸規定を考慮する」[72]と判示している。

また,判例は,欧州人権裁判所の判決及びEU司法裁判所の判決を明示的に引用することによって,これらの判決に特別の重要性を認めている[73]。

(e) 租税に関する基本権

2003年3月9日特別法改正により,租税の適法性原理に関する憲法170条及び租税の平等性原理に関する憲法172条も照会規範となった。しかし,他の基本権と同様に,この改正以前も,憲法10条及び11条と結びつけることによって,これらの規定を援用することが認められていた。まず,172条については,判例は,「平等及び非差別の憲法準則は,ベルギー国民に認められるすべての権利及び自由に関して適用される。この平等及び非差別の憲法準則は,租税事項にも適用される。この原理は,一方で,憲法172条によって確認されている。実際,この規定は,憲法10条で定式化されている平等の一般原理の特別の規定又は適用を構成する」[74]と判示し,実質的には照会規範として認めていた。同様に,170条についても,判例は,一定のカテゴリーの納税者が選ばれた議員から構成される議会によって決定されなかった租税を支払わなければならないとき,そのカテゴリーの納税者はすべての人に認められる保障を奪われ,差別されると判示しており,実質的に照会規範として認めていた[75]。

しかしながら,2003年3月9日特別法改正により,憲法170条及び172条は,形式的にも照会規範となった。したがって,憲法10条及び11条を経由することなく,憲法裁判所において憲法170条及び172条を直接援用することが認められたのである[76]。

---

[72] このように判示した判決は数多く存在するが,例えば,C.A., arrêt n° 136/2004 du 22 juillet 2004.

[73] 欧州人権裁判所の判例を引用した判決として,例えば,C.A., arrêt n° 142/2001 du 6 novembre 2001. EU司法裁判所の判例を引用した判決として,C.A., arrêt n° 20/2004 du 4 février 2004.

[74] C.A., arrêt n° 20/91 du 4 juillet 1991.

[75] 例えば,C.A., arrêt n° 21/97 du 17 avril 1997.

[76] C.A., arrêt n° 195/2004 du 1er décembre 2004. なお,この点について詳しくは,以下の文献を参照。Elisabeth Willmart, « La Cour d'arbitrage et les droits fondamentaux du contribuable », Anne Rasson-Roland, David Renders et Marc Verdussen(dir.), *La Cour d'arbitrage, vingt ans après*, Bruylant, 2004, pp. 109-118.

第4章　ベルギー憲法裁判所

（f）　外国人の人権

「ベルギーの領土にいる外国人はすべて，法律により設けられた例外を除き，その身体及び財産に与えられた保護を享有する」ことを保障している憲法 191条も，2003 年 3 月 9 日特別法により，照会規範となった。しかし，この法律の発効以前も，外国人は，市民への提訴権拡大の当初から，憲法裁判所に提訴することが認められていた[77]。

とはいえ，191 条が形式的に照会規範となった現在においても，基本権を保障している憲法規定に関する違反を憲法裁判所で外国人が直接援用することは禁止されていない。すなわち，憲法 191 条違反を同時に援用することを義務付けられていないのである[78]。

（ハ）　**非照会規範**

以上見てきたものが照会規範であるが，次に，非照会規範，すなわち，憲法裁判所が立法規範を統制する上で参照できない規範について見ていくことにする。

（a）　上記以外の憲法上及び法律上の規定

すでに述べた通り，照会規範としての権限分配準則は，網羅的にリストアップされていないが，憲法及び様々な法律で定められている。また，照会規範としての人権条項は，憲法 142 条 2 項で指定している憲法 10 条，11 条及び 24条，並びに，憲法裁判所に関する 1989 年 1 月 9 日特別法 1 条及び 26 条で指定している憲法第 2 編のその他の条項，憲法 170 条，172 条及び 191 条である。したがって，これらの憲法規定及び権限分配準則を規律する様々な法律の規定以外の規定は，照会規範とはならない。

（b）　立法手続に関する諸規定

憲法及び法律が定める立法手続規定は照会規範とはならない。すなわち，判例は，一貫して，被統制規範の立法手続適合性を統制する権限を有しない，と判断している。したがって，テキストの可決について議会でなされる手続[79]，議会の構成及び内部運営[80]，コンセイユ・デタ立法部への諮問[81]などは，憲法

---

[77]　例えば，C.A., arrêt nº 25/90 du 5 juillet 1990.

[78]　C.C., arrêt nº 95/2008 du 26 juin 2008.

[79]　C.A., arrêt nº 24/96 du 27 mars 1996. 本判決は，「立法議会が立法規範の可決に関して行う手続についての判断を行うこと」が仲裁裁判所に帰属しないことを判示している。また，以下の判決も参照。C.A., arrêt nº 97/99 du 15 septembre 1999.

103

第Ⅰ部　各国の憲法裁判制度

裁判所の統制から免れる。

特筆すべきは，判例は憲法 10 条及び 11 条を組み合わせてこれらの立法手続を照会規範とすることを拒否していることである[82]。したがって，立法手続に関する規定は，間接的にも照会規範とはならないのである。

(c) 時宜性の問題

憲法裁判所は，立法規範の照会規範への適合性を審査するが，立法規範の時宜性についてまで審査できるのかが問題となる。この点，憲法裁判所は時宜性の判断をしていない。実際，判例は，「法律によって確立されている方策が時宜性を有している又は望ましいものであるかどうかを評価することは，憲法裁判所に帰属しない」と判断している[83]。

3　無効の訴えの審査

特別法 1 条によれば，憲法裁判所は，法律，デクレ又はオルドナンスによる憲法上又は法律上の準則の 1 つの違反を理由として，これらの規範の全体又は一部を無効とすることができる。この制度は，ドイツにおける抽象的規範統制及び憲法訴願の制度に類似している。ここでは，憲法裁判所が行う無効の訴えの審査について見ていこう。

(イ)　提訴権者

無効の訴えを提起できるのは，①内閣又は共同体若しくは地域圏の執行府（特別法 2 条 1 号），②利益を証明する自然人又は法人（同 2 号），③構成員の 3 分の 2 の請求に基づき立法議会の議長（同 3 号）である。

自然人又は法人は利益を証明しなければならないが，提訴者は，まず，いかなる資格で自身が問題の規定を訴えるのかを明確にし，いかなる点でその状況の何らかの側面で影響を受け得るのかを説明しなければならない[84]。次に，提訴者は，具体的に，自身と規範との間に存在する直接及び個人的な関連性を確

---

[80]　C.A., arrêt n° 35/2003 du 25 mars 2003. 本判決は「〔仲裁裁判所は〕当該規定が違法に構成された議会によって可決されたかどうかを審査することも，立法議会の内部運営について意見表明することもできない」と判示している。

[81]　数多くの判決が存在するが，一例として，以下を参照。C.A., arrêt n° 66/88 du 20 juin 1988.

[82]　Rigaux et Renauld, *supra* note (3), p. 98.

[83]　以下を参照。Rigaux et Renauld, *supra* note (3), p. 101.

[84]　C.A., arrêt n° 90/94 du 22 décembre 1994.

立し，証明しなければならない[85]。そして，利益は，確実で，直接的で，一身専属的でなければならない[86]。したがって，極めて仮定的な利益は却下される[87]。つまり，規範が提訴者に適用される危険が現実的でなければならないこと[88]，主張される損害が問題の立法規範から生じなければならないこと[89]が求められる。

また，提訴者は，その個人的状況において侵害されていなければならない[90]。この点，自然人は，職業上の状況又は個人的な状況に由来する利益を援用することができる。職業上の状況としては，立法議会の構成員，市町村の公選者，公務員及び公職の候補者，自由業及び独立開業者，労働者などが，個人的な状況としては，裁判を受ける者，納税者，選挙人及び選挙での候補者，所有者，公共サービスの利用者，株主及び出資者などが挙げられる[91]。

法人は，前提として，自身が法人格を有していること，及び，自身が第三者の前でそのことが予測されることを証明しなければならない。その上で，訴訟を提起する利益を有することを示さなければならない[92]。

(ロ) 提訴可能期間

提訴可能期間は，原則として，立法規範の公布後6ヶ月以内である（特別法3条§1）。ただし，例外として，①条約がその承認を必要とする立法規範に関しては，公布後60日以内に短縮され（同条§2），また，②特定の場合，新たに6ヶ月の期間が認められる（同法4条1項及び2項）。

(ハ) 判 決

無効の訴えにおいては，その訴えの対象となった規範の全部又は一部を無効とする無効判決と，その無効の訴えを退ける棄却判決とがある。

(a) 棄却判決

棄却判決は，この判決により解決される問題に関して裁判所を拘束するのみで（特別法9条§2），棄却判決は絶対的既判力を有していない。棄却判決は，

---

(85) 例えば，C.A., arrêt nº 95/98 du 16 septembre 1998.

(86) 例えば，C.A., arrêt nº 38/94 du 10 mai 1994.

(87) 例えば，C.A., arrêt nº 35/96 du 6 juin 1996.

(88) C.A., arrêt nº 134/99 du 22 décembre 1999.

(89) C.A., arrêt nº 45/96 du 12 juillet 1996.

(90) 例えば，C.A., arrêt nº 38/2001 du 13 mars 2001.

(91) Rigaux et Renauld, *supra* note(3), pp. 117-128.

(92) Rigaux et Renauld, *supra* note(3), pp. 128-132.

105

立法規範が法秩序において存続することを含意している。ただし，無効判決で棄却された提訴理由を含めて，立法規範の有効性を先決訴訟において新たに再検討されることは妨げられない[93]。

(b) 無効判決の既判力

無効判決は，官報での判決の公示の日から絶対的既判力を有する（同条§1）。刑事事項に関してなされた判決及びコンセイユ・デタによって表明された判決とは反対に，この既判力は，公判廷での判決の表明の日からではなく，憲法裁判所の判決の公示の日から妥当する[94]。

(c) 無効判決の遡及効

無効判決は，遡及効を有する。判例は，「憲法裁判所によってなされる無効判決は，ベルギー官報での公示の日から絶対的既判力を有する。一方，無効は，遡及効を有し，このことは，無効とされた規範又は規範のうち無効とされた一部が，決して存在していなかったものと見なされなければならないことを含意している」[95]と判示している。したがって，この遡及効は，すべての公的機関及びすべての私人に強制される[96]。

また，憲法裁判所が無効の訴えを先決問題の審査に結びつけるとき，先決問題の審査は，無効の訴えの審査に従属するが，先決問題の対象となっている規定が無効の場合には，憲法裁判所は，先決問題はその目的を失ったと結論付ける[97]。

4 先決問題の審査

特別法26条によれば，憲法裁判所は，憲法裁判所以外の裁判所において立法規範の憲法適合性が問題となったとき，当該裁判所は先決問題を憲法裁判所に移送し，憲法裁判所が判決によりこの先決問題を裁定する。この制度は，ドイツにおける具体的規範統制の制度に類似している。ここでは，この先決問題の審査について見ていくことにする。

---

[93] Rigaux et Renauld, *supra* note(3), pp. 228-230.

[94] Rigaux et Renauld, *supra* note(3), p. 230.

[95] このように判示した判決の一例として，C.A., arrrêts n° 2, n° 3, n° 6 et n° 11/86 du 25 mars 1986.

[96] Rigaux et Renauld, *supra* note(3), p. 234.

[97] 例えば，C.A., arrêt n° 134/98 du 16 décembre 1998.

第 4 章　ベルギー憲法裁判所

(イ)　提訴権者

　先決問題が裁判所において提起されるとき，裁判所は先決問題について判断を下すよう憲法裁判所に請求しなければならない（特別法 26 条 § 21 項）。ただし，これには例外がある。まず，①事件が無権限又は不受理を理由にしてその裁判所によって審査することができないとき（同条 § 2 第 2 項 1 号），次に，②憲法裁判所が同じ目的を有する問題又は訴えについてすでに判断を下しているとき（同項 2 号）である。裁判所による先決問題を提起しないとする決定は，いかなる訴えの対象ともならない。

　いずれにせよ，提訴権者はすべての裁判所である。先決問題は必ずしもその裁判所での訴訟での当事者によって取り上げられなければならないわけではなく，裁判官によって職権で提起されることもできる[98]。

　ここで，「裁判所」の射程が問題となるが，これに含まれるのは破毀院を頂点とする通常裁判所及び行政裁判所たるコンセイユ・デタだけでなく，その射程は広い。「裁判所」としての特徴，すなわち，組織的独立を確保する構成員の指名方法，審理及び調査権，手続的保障，対審，理由付与の義務，裁判的訴えの存在などを備えていれば，「裁判所」に含まれる[99]。

(ロ)　提訴可能期間

　先決問題の提起には提訴期間の制限はない。すなわち，憲法裁判所は，仲裁裁判所の設置以後の立法規範だけでなく，仲裁裁判所の設置以前の，制度改革以前の，さらには憲法以前の立法規範に関する問題をも付託されうる。

(ハ)　先決問題への返答の意義

　裁判所によって付託された先決問題への返答が当該訴訟事実に有意義であるかどうかは，付託を受理するかどうかとは関係がない。実際，判例は，「仲裁裁判所が，裁判官が訴訟事実に適用されるテキストを正確に決定しなかったと評価するとしても，仲裁裁判所は，この点について提起された問題を訂正することはできない。それ以上に，移送決定によって自身に付託されていない規範を訴訟事実に適用することについて意見を表明することはできない」と判示し，この原理を一貫して適用している[100]。

　しかしながら，判例は，裁判官の前で係属している訴訟に「明らかに」適用

---

[98]　Rigaux et Renauld, *supra* note (3), p. 174.

[99]　C.A., arrêt nᵒ 65/96 du 13 novembre 1996.

[100]　例えば，C.A., arrêts nᵒ 13 et nᵒ 15/86 du 25 mars 1986.

107

第Ⅰ部　各国の憲法裁判制度

されない諸規定に直面したとき，憲法裁判所はその憲法適合性を審査してはならないとしている[101]。さらに，先決問題への返答が，裁判官が解決することを求められている訴訟の解決に有益であるかどうかという点について意見を表明することは，憲法裁判所に帰属しない[102]。

(二)　判　決

先決問題を提起した裁判所及び同一事案において判断を下すことを求められているその他すべての裁判所は，特別法第26条で定められる問題が提起された際の紛争の解決のために，憲法裁判所によってなされた判決に従わなければならない（同法28条）。

憲法裁判所は，先決問題において問題となった立法規範が憲法適合的か否かについて表明するのであって，憲法裁判所が憲法違反とした立法規範は，法秩序において存続する。

ただし，先決問題の審査でなされた憲法裁判所の判決には，「比較的強力な」既判力が認められる。というのも，すでに見た通り，同じ対象に関する問題を付託された裁判所は，先の問題の事案で憲法裁判所によって付与された返答を尊重して，憲法裁判所に再び先決問題を提起することが免除される（同法26条§2第2号）からである[103]。しかし，憲法裁判所の返答を受け取る裁判所及び同一の法について質問する可能性のある裁判所の観点からは，憲法裁判所による判決は，強力な既判力を有しているとしても，その判決に関する効力が通用する行政機関及び個人については同様ではない。したがって，違憲と返答された立法規範は行政及び個人を拘束し続ける。ただし，行政は，明らかに違法な立法規範を適用することを拒否することができるとされている[104]。また，先決問題について憲法裁判所が違憲判決を下した場合，問題となった立法規範について，無効の訴えを提起するための新たな6か月の提訴期間が認められる（同法4条2項）。

さらに，先決問題においては，憲法裁判所は，立法不作為を違憲とする判決を下すことができる[105]。これによって，憲法裁判所は，立法者に対して立法す

---

[101]　例えば，C.A., arrêt n° 54/2007 du 28 mars 2007.

[102]　Rigaux et Renauld, *supra* note(3), p. 201.

[103]　Rigaux et Renauld, *supra* note(3), p. 257.

[104]　Rigaux et Renauld, *supra* note(3), p. 258.

[105]　ベルギーにおいて，この問題についての議論が豊富に蓄積されている。例えば，以下

第 4 章　ベルギー憲法裁判所

る指示を与える[106]。

5　おわりに

　以上，本章は，ベルギー憲法裁判所の現在の制度の概要を見てきた。本章で
は制度全体の概要を描くことを目的としているが，最後に，ベルギー憲法裁判
所の制度に関して興味深い点を指摘しておく。

　それは，立法手続規定が照会規範となっていない点である。我が国において
も，議事手続違反は司法審査の対象となっていないが，しかし，ヨーロッパ型
憲法裁判所おいては，立法手続に対しても憲法裁判所による統制が及ぶのが一
般的である[107]。憲法裁判所の提案者であるハンス・ケルゼンも，「憲法裁判所
が，手続の瑕疵，つまり，手続の違法性によって行為を無効にすることを認め
るのは当然ではないのか」[108]と述べており，憲法裁判所が立法手続を統制する
ことを当然としているように思われる。にもかかわらず，ベルギーにおいては，
立法手続規定は照会規範とはならず，憲法裁判所による統制の対象とはなって
いない。ベルギー憲法裁判所は「限られた憲法裁判所」と言われているが，こ

の文献を参照。Didier Ribes, « Existe-t-il un droit à la norme ? Contrôle de
constitutionnalité et omission législative », *RBDC*, 1999, pp. 237-274 ; Christine
Horevoets et Pascal Boucquey, *Les questions préjudicielles à la Cour d'arbitrage*,
Bruylant, 2001, pp. 262-285 ; Christian Behrendt, *Le juge constitutionnnel, un legislateur-
cadre positif*, Bruylant-LGDJ, 2006, pp. 414-421 ; Rogaux et Renauld, *supra* note(3), pp.
212-220 ; Michel Melchior et Claude Courtoy, « L'omission législative ou la lacune dans la
jurisprudence constitutionnelle », *JT*, 2008, pp. 669-678 ; Bernadette Renauld, « Saisir la
Cour constitutionnelle d'une question préjudicielle », in Paul Martens(dir.), *Saisir la Cour
constitutionnelle et la Cour de justice de l'Union européenne*, Anthemis, 2012, pp. 131-134.

(106)　例えば，C.A., n° 22/2004 du 4 février 2004.

(107)　フランスについては，拙稿「『立法手続と司法審査』の再構成——フランスにおける
　　法律案提出手続に対する裁判的統制を素材として」比較憲法学研究 22 号（2010 年）
　　169 頁を参照。ドイツについては，宮地基「ドイツ連邦憲法裁判所による議事手続に対
　　する違憲審査」明治学院論叢 705 号（2003 年）159 頁，畑尻剛「議事手続に対する司法
　　審査——ドイツ連邦憲法裁判所『移住法』判決を契機として」法学新報 112 号（2006
　　年）495 頁を参照。イタリア，スペインについては，以下の文献を参照。Laurent
　　Domingo, *Les actes internes du Parlement : Étude sur l'autonomie parlementaire(France,
　　Espagne, Italie)*, LGDJ, 2008.

(108)　Hans Kelsen, « La garantie juridictionnelle de la Constitution (La justice constitution-
　　nelle) », *RDP*, 1928, n° 18, p. 242.

第 I 部　各国の憲法裁判制度

の立法手続を統制することによって，ヨーロッパ型憲法裁判所に近づくことができるのではないか。その意味では，さらなる制度改革も必要となると言えよう。

参考文献

武居一正「ベルギーの国家改革と仲裁院の創設」法と政治37巻3号（1986年）37頁以下。

同「ベルギー仲裁院」法と政治38巻1号（1987年）23頁以下。

奥村公輔「ベルギー憲法裁判所の制度の概要」駒澤法学14巻1号（2014年）149頁以下。

第Ⅱ部
各国の憲法裁判の諸相

第5章

憲法院による違憲審査の機能条件について

曽我部真裕

1　はじめに

　2008年7月の憲法改正を受け，事後審査制である合憲性優先問題（QPC）が2010年3月に開始されて一定の期間が経過しての評価としては，基本的には成功であるというものが主流である。例えば，後に紹介する下院の報告書は，QPC手続施行3年を機に施行状況を調査したものであるが，その序文の中で，「法的革命」という語はしばしば乱発されるが，ここ数十年来の改革のうち，QPC手続の導入は真にその名に値するものであるなどとしている[1]。また，QPC導入過程で重要な役割を果たした憲法学者B. マチューも，その著書の邦訳のはしがきにおいてQPCが果たした役割を高く評価している[2]。

　しかし他方で，フランスの学説においては，憲法院の人権保障機能に対してなお懐疑的な視線を向けるものも有力である。特に，最近のフランス憲法学界において有力な潮流となっている「政治法（droit politique）」学派[3]のオンライン雑誌ユス・ポリティクム（Jus Politicum）誌[4]が2012年3月，「公的自由の守

---

(1)　J.-J. Urvoas, *Rapport d'information sur la question prioritaire de constitutionnalité*, Assemblée Nationale, n° 842, 2013, p. 5.

(2)　ベルトラン・マチュー（植野妙実子・兼頭ゆみ子〔訳〕）『フランスの事後的違憲審査制』（日本評論社，2015年）i - iii 頁。

(3)　この学派の紹介として参照，塚本俊之「『政治法百科事典』立ち上げに寄せて」法律時報84巻5号（2012年）142頁以下。また，Jus Politicum 誌掲載論文の翻訳選集として，山元一・只野雅人（編訳）『フランス憲政学の動向』（慶応義塾大学出版会，2013年）。

(4)　http://www.juspoliticum.com/-La-revue-.html ただし，一部の号については冊子体も存在し，本稿で言及するオンライン版の7号は，冊子体では4号に対応するようである（ただし，内容の異同については未確認）。

第Ⅱ部　各国の憲法裁判の諸相

護者としての憲法院？」と題する特集を組んだことが注目される。

　この特集はその時期からして，QPC 手続導入後の憲法院をも視野に入れているが，その特集タイトルからも明らかなように，それ以前からの憲法院の人権保障機能の実効性を問い直すものである。

　すなわち，1971 年 7 月 16 日の結社の自由判決[5]によって，「憲法院の人権保障機関へのメタモルフォーゼ」[6]が遂げられ，さらに，1974 年の憲法改正による付託権者の拡大により，その動きは一層強化された。そのような中，フランス憲法学においては，憲法院の性格論争が持ち上がり，憲法院は政治的機関か裁判機関（これは人権保障機関であることとほぼ同義で用いられた。）かが議論され，後者が多数説になったとされる[7]。

　しかし，ユス・ポリティクム誌の上記特集の導入論文を連名で執筆した O. ボーと P. ワクスマンは，違憲審査制改革に対する賛辞は憲法院の公的自由の番人たる能力に対する信頼が前提となるところ，この信頼は，憲法院の構成や構成員の意思，判例内容・展開によって得られるが，こうした検証はなされておらず，あたかも自明のことのように語られているという[8]。そして，この特集のもととなったシンポジウムの企画者である上記両名は，憲法院がその公的自由の番人としての任務の遂行ぶりに対する相当ないらだちを共有している[9]とまで述べている。

　このような指摘を踏まえ，本章では，まずは従来の事前審査制度の下における憲法院の機能について検証する。検証の枠組みとしては，違憲審査制の機能条件に関するアメリカでの議論を踏まえて取りまとめられた見平典の分析枠組みを参照する。その際，憲法院の評議の模様について新たな資料が公開され，上記の特集号でそれに基づいた研究が公表されていることに留意する。その上

---

(5)　Conseil constitutionnel, décision du 16 juillet 1971, n° 71-44 DC, *Recueil des décisions du Conseil constitutionnel*, p. 29.

(6)　山元一「憲法院の人権保障機関へのメタモルフォーゼ──結社の自由判決」フランス憲法判例研究会（編）『フランスの憲法判例』（信山社，2002 年）141 頁。同判決の意義の分析についても，同論文及びそこで挙げられた参考文献を参照されたい。

(7)　この論争の性格についての議論も含め参照，今田浩之「フランス憲法院の性格論の性格」阪大法学 41 巻 4 号（1992 年）425 頁以下。もっとも，今日ではこの論争は過去のものとも評されている（D. Rousseau, *Droit du contentieux constitutionnel*, 10ᵉ éd., 2013, Montchrestien, p. 79）。

(8)　O. Beaud et P. Wachsmann, « Ouverture », *Jus Politicum*, n° 7, 2012, p. 1.

(9)　Beaud et Wachsmann, *op. cit.*, p. 5.

114

第 5 章　憲法院による違憲審査の機能条件について

で，QPC 導入によってもたらされた進展とその限界を論じ，最後に，2013 年
になって提案された新たな改革案に関する展望を行うとともに，比較憲法裁判
所論における憲法院の素材としての意義について一言することとしたい。

2　事前審査制の下における憲法院

1　分析の枠組み

　前述のように，本章ではまず，先に見たボーとワクスマンの問題提起を受け
て，憲法院の人権保障機関としての実効性について考えてみたい。

　先に言及したボーとワクスマンの論考は，人権保障機能に関して憲法院の消
極性を批判するものであるが，こうした批判が彼らだけのものではないことを
強調している。すなわち，1971 年の結社の自由判決は確かに成果であったが，
その後 10 年を経ずして，D. ロシャクが憲法院の人権保障機能に疑問を呈し[10]，
さらに，J. リヴェロは，「治安と自由」法判決（1981 年 1 月 19・20 日判決[11]）
について，「蚊を捉えてラクダを行かせる（Filtrer le moustique et laisser passer
le chameau)」という格言を用いて，憲法院が軽微な違憲性には厳格である反
面，重大な違憲性を問題にしなかったことを批判していた[12]ことに言及してい
た[13]。

　また，V. シャンペイユ＝デプラによれば，憲法院は結社の自由判決以降，
自らの正統性獲得のため「自由の保護者」としてのイメージ確立に努力し，R.
バダンテール院長時代（1986 年 - 1995 年）に黄金時代を迎えたが，その後，基
本権の侵害を理由とする違憲判決よりも，立法手続の不備や消極的無権限を理
由とした違憲判決が目立つようになり，また，新たな基本権を「創設」するこ
とも少なくなったとされ，彼女はこのことを「技術者」への後退であるとして
その臆病さを批判している[14]。

---

(10)　D. Lochak, « Le Conseil constitutionnel protecteur des libertés? », *Pouvoirs*, n° 13,
1991, p. 41.

(11)　Conseil constitutionnel, décision du 20 janvier 1981, n° 80-127 DC, *Recueil des décisions
du Conseil constitutionnel*, p. 15.

(12)　J. Rivero, Autour de la loi Sécurité et Liberté "Filtrer le moustique et laisser passer le
chameau"?, *Actualité Juridique Droit Administratif*, 1981, p. 275.

(13)　Beaud et Wachsmann, *op. cit.*, p. 2.

115

第Ⅱ部　各国の憲法裁判の諸相

　他方で，憲法院を自由や人権の保護者と見る考え方は一般にはかなり確立しているのも確かであり，憲法院が人権保障機能を十分に果たしているかどうかを，個別の判決あるいは判例傾向の評価を通じて判断することには，結局は論者の立場次第であるという限界がつきまとう。

　そこで，本章では，より構造的な観点からのアプローチとして，見平典の研究を参照しつつ，憲法院が人権保障機関として，違憲審査の機能条件をどの程度充たしているのかをごく簡単に検討したい。見平は，博士論文をもとにした2012年の著書『違憲審査制をめぐるポリティクス』[15]において，アメリカ連邦最高裁判所を素材とし，司法政治学的アプローチからこの問題について検討を行い，違憲審査制の機能条件の分析枠組みを提示している。

　本章では，これを憲法院に即して検討してみたい。ただし，こうした観点からのフランス憲法院に関する実証的な情報が全く不十分であるため，本章での検討は不完全なものにとどまる。この点の補充は他日を期したい。

　さて，見平は，「違憲審査制が機能するためには，裁判所が制度の運用を支える規範的・政治的・実務的資源を充分に保有していることが不可欠の条件であるといえよう。また，制度運用者である裁判官及び補佐スタッフが，いかなる法的・政治的価値観，特にいかなる司法哲学を有しているかという点も，違憲審査制が機能していくうえで重要な要因といえる。」とした上で，特に前者の規範的・政治的・実務的資源の重要性を強調する[16]。

　この3つの資源のうち，規範的資源には，実定法・法理論・役割規範・権威などがあり，具体的には，①積極的な違憲審査の根拠となりうる制定法・先例・法理論がどの程度の厚みを持って存在しているか，②積極的な違憲審査を正当化するような裁判所の役割規範が，国民にどの程度浸透しているか，③裁

---

(14)　V. Champeil-Desplats, « Le Conseil constitutionnel, protecteur des libertés ou cerbère de la production législative? », in V. Champeil-Desplats et N. Ferré(sous la direction de), *Frontières du droit, critique des droits : billets d'humeur en l'honneur de Danièle Lochak*, 2007, LGDJ, p. 251.

(15)　見平典『違憲審査制をめぐるポリティクス』（成文堂，2012年）。また，見平典「憲法学のゆくえ（2-1）基調報告　憲法学と司法政治学の対話　違憲審査制と憲法秩序の形成のあり方をめぐって」法律時報86巻8号（2014年）93頁，見平典・宍戸常寿・曽我部真裕・山本龍彦「憲法学のゆくえ（2-2）座談会　憲法学と司法政治学の対話（前篇）（後篇）」法律時報86巻9号（2014年）102頁，86巻10号（2014年）104頁。

(16)　見平・前掲注(15)『違憲審査制をめぐるポリティクス』175頁。

判官及び裁判手続がどの程度の正当性を有しているか，④裁判所がどの程度の権威を有しているか，といった点が重要であるという[17]。

次に，政治的資源とは，具体的には，判決の政治的・社会的受容を促進するとともに裁判所を各種の敵対的な行動から防衛することを期待しうる有力な政治勢力がどの程度継続的に存在しているか，といった点を意味する[18]。アメリカについて言えば，見平は，一般の見方とは異なり，歴代の政権が，裁判所の積極的な違憲審査を促進するような政策をとっていたことを強調し，こうしたやり方を「司法積極主義の政治的構築」と呼んでいる[19]。

最後に，実務的資源とは，裁判官の保有する時間と情報の量である[20]。アメリカ連邦最高裁の場合，サーシオレイライ制度のもと，裁判所が取り組む事件を厳選することができ，また，アミカス・キュリエ制度やロー・クラーク制度などによって裁判所が様々な立法・司法事実，法理論に関する情報を取得することができる。

2　憲法院による違憲審査の機能条件

㈠　規範的資源

さて，こうした枠組みに照らした場合，フランス憲法院はどのように評価されるだろうか。

規範的資源との関係については，まず，フランス革命期以来の「裁判官統治（gouvernement des juges）」への不信を強調する憲法伝統に言及せざるを得ない。戦後に至っても長らく事前審査という限定的な方法でしか違憲審査を制度化せず，ようやく2008年に至って具体的規範統制手続を導入したにとどまっている背景には，こうした憲法伝統が少なからず作用したものと思われる。

こうした憲法伝統は，かつては違憲審査制そのものを否定する理由として機能してきたが，第五共和制憲法による憲法院の創設，1971年の結社の自由判決，1974年憲法改正による付託権者拡大といった展開と並行して，フランスにおいても「法治国家（État de droit）」論が有力化していくに及び，変化が見られたことは間違いない。しかし，現在でもなお，違憲審査の行使の場面にお

---

⑰　見平・前掲注(15)『違憲審査制をめぐるポリティクス』44-45頁。
⑱　見平・前掲注(15)『違憲審査制をめぐるポリティクス』47頁。
⑲　見平・前掲注(15)『違憲審査制をめぐるポリティクス』53頁以下。
⑳　見平・前掲注(15)『違憲審査制をめぐるポリティクス』48頁。

第Ⅱ部　各国の憲法裁判の諸相

いて司法積極主義への桎梏となっていること[21]は，後述の通り，当の元憲法院裁判官の発言からも伺われるところである。

　実際，1971 年の結社の自由判決以降の憲法院の実際の振る舞いが，具体的な判断において裁判官統治との非難を浴びるような事態は少なかった。

　憲法院の振る舞いはむしろ，与野党の調停者といった表現で評価されることが多かったといえる。特に，1974 年の憲法改正によって事実上，野党に付託権が認められてからは，憲法院は「議会多数派と野党との間に生じる対立を調停するための機関に変身した。政治勢力は二極化しているから野党議員は国会の審議で破れざるをえないが，そこでの失地を憲法院へ訴え出ることで回復する可能性を手に入れる」として，「国会審議の第 2 ラウンドとしての憲法院」と称されるような事態が生じた 。また，L. ファヴォルーは，憲法院はこうした調停作用を通じて，第五共和制下で前例のなかった左右の政権交代が円滑に進むことに貢献したという見方を示していた[22]。

　次に，憲法院及び憲法院裁判官の正統性あるいは権威についてである。憲法院は 1958 年の第五共和制憲法によって創設された機関である上，人権保障機能との関係で言えば，1971 年以来の更に短い歴史しか有しておらず，コンセイユ・デタや破毀院といった 200 年以上の歴史を誇る裁判所に比して権威において劣ることは明らかであった。こうした状況のもと，憲法院は人権の保護者としての自己イメージを強調し，一定の成功を収めてきた。この点で，「憲法院の歴史はその正統性構築の歴史であった。」という指摘[23]はもっともである。

　また，裁判官の正統性については，樋口陽一とファヴォルーとの議論が興味深い。ファヴォルーは，もともと「政治的機関により政治的モチーフにもとづいて」選任されたという憲法院裁判官の政治的な正統性を強調していたが，樋口の質問を受けて，憲法院での法学教授職経験者の役割が大きいことをも指摘した。樋口はそれに同意して，著名な憲法学者である G. ヴデルが「憲法院の

---

(21)　程度は別として，こうした構図自体は，特にフランス固有のものではないといえる。フランスにおける「裁判官統治」概念の歴史的展開を追跡し，今日においては特殊フランス的なものとしてこの観念を捉えるべきではないとするものとして，辻信幸「裁判官統治論に関する歴史的考察」北大法学論集 52 巻 1 号（2001 年）317 頁。

(22)　L. ファヴォルー（樋口陽一・山元一〔訳〕）「憲法訴訟における政策決定問題──フランス」日仏法学会（編）『日本とフランスの裁判観』（有斐閣，1991 年）240 頁（249 頁）。

(23)　Champeil-Desplats, *op. cit.*, p. 252.

118

第5章 憲法院による違憲審査の機能条件について

声価を高めるのに決定的に重要な役割を演じ続けたこと（1980-89）」を想起させている[24]。とはいえ、法学教授出身の憲法院裁判官の割合は僅かであり、樋口の言うようないわば専門知に基づく正統性ということを一般的に語りうるのかどうかについてはさらに検討が必要であると思われる。

他方で、憲法院裁判官の構成は、任命による者が9名いるほか、大統領経験者は当然に裁判官となる（憲法56条2項）。そして、任命の資格要件としては、特段の法律知識や資格は要求されていない。実際の任命状況を見ると、法学の学位や弁護士等の資格を有する者が多数であるが、同時に、こうした学位・資格を取得後、政治家（大臣・国会議員）となった者や、政治任用ポストを務めた官僚が大部分でもあり、その意味での政治性ないし党派性は顕著であるように思われる[25]。評議そのものにおいては党派性は顕著ではないという指摘もある[26]ものの、一般には、こうした憲法院裁判官の構成については批判も強く、特に、大統領経験者が当然の構成員となる点については、後述のように改革が具体的に予定されている。

裁判手続については、事前審査制のもとでのそれは、かなり不備があったと言わざるをえない。かつて盛んだった憲法院の性格論議においても、手続の不備が裁判機関性を否定する重要な論拠となっていたところである。実際、事前審査においては対審構造がとられておらず、口頭弁論も行われず、秘密裏の書面審理により、しかも付託から1か月以内（憲法61条3項〔なお、同条但書により、緊急時には8日間以内〕）という短期間で判断されることとされていた。なお、後述のように、QPC手続においてはこの点は相当改善されている。

最後に、「積極的な違憲審査の根拠となりうる制定法・先例・法理論」に関連しては、不利な事情として、いわゆる憲法ブロックの抱える構造問題[27]や、

⒀ 樋口陽一「人権の保障から裁判的保障へ──『遅れてやって来たフランス』からの比較違憲審査制論への発信」ジュリスト937号（1989年）15頁（18-19頁）。

⒁ Rousseau, *op.cit.*, p. 62, 本書9頁〔井上武史〕。近年でも、大統領選挙で特定候補への支持を表明する構成員（ジスカールデスタン）や、欧州憲法条約レファレンダムのために休職したS. ヴェイユの例がある。

⒂ E. Lemaire, « Dans les coulisses du Conseil constitutionnel : comment le rôle de gardien des droits et libertés constitutionnellment garanties est-il conçu par les membres de l'institution? », *Jus Politicum*, n° 7, 2012, p. 28.

⒄ 簡単には、辻村みよ子『フランス憲法と現代立憲主義の挑戦』（有信堂、2010年）143頁。

119

違憲審査制の歴史の浅さ故の蓄積の乏しさといった点をあげることができる。蓄積ということで言えば，従来の事前審査のみでは，違憲審査の件数も限られていることも不利な事情であろう[28]。

　他方で，こうした点を克服するため，あるいは否応なく，憲法院は他の裁判所の判例に依拠してきたことも見逃せない[29]。すなわち，憲法院はコンセイユ・デタの判例を「絶対的敬譲」[30]といわれる程に重視してきた。また，近年では，ヨーロッパ人権裁判所の判例[31]や，ヨーロッパの他国の憲法裁判所の判例の影響を受けてきた[32]。

(ロ)　**政治的資源**

　本章では政治的資源について詳細に検討する用意はなく，ごく雑駁な見通しを2点述べるに留め，他日を期したい。

　第1点は，アメリカのACLU（アメリカ自由人権協会）やNAACP（全米有色人種地位向上協会）などとは到底比較できる規模ではないにしても，日本と比較すれば，フランスの人権団体の活動はそれなりに活発であり，見平のいう「サポート・ストラクチャー」になりうる存在であると思われる。もちろん，事前審査制のもとにおいては自ら憲法院への付託を行うことはできなかったが，付託された法律について意見書を提出することは事実上認められていた[33]ため，アミカス・キュリエに類似した機能を果たし，これまでも一定の影響を与えていた可能性がありうる。

　第2点は，アメリカと同様，政治指導者による「司法積極主義の政治的構

---

[28]　この点，多くの憲法裁判所は抽象的な独立審査（ドイツでいう抽象的規範統制）だけではなく，抽象的ではあっても付随的な審査（具体的規範統制）や，具体的な審査（憲法異議）という形で多数の事件を扱っており，先例の蓄積という点では憲法院よりもはるかに有利である。

[29]　V. Goesel-Le Bihan, *Contentieux constitutionnel*, 2010, Ellipses, p. 148.

[30]　Lemaire, *op. cit.*, p. 12.

[31]　最近の状況紹介として，建石真公子「人権保障におけるフランス憲法院とヨーロッパ人権裁判所」比較法研究73号（2012年）181頁。

[32]　その一例として，比例原則がある。かつての憲法院は比例原則を基本的には明示的には採用していないとされていた（ファヴォルー・前掲注(22)278頁）が，現在では比例原則を正面から採用している。これはヨーロッパ人権裁判所やドイツ連邦憲法裁判所の影響であるとされる。なお，小島慎司「比例原則——フランスの場合」上智法学論集56巻2・3号（2012年）71頁も参照。

[33]　G. Drago, *Contentieux constitutionnel français*, 3e éd., 2011, PUF, p. 369.

第5章　憲法院による違憲審査の機能条件について

築」がフランスでも見られるかという点である。司法積極主義の政治的構築の類型として見平は，政策定着，政策実現，決定回避の3つを挙げている。このうち，前者は将来の政権委譲後を展望した裁判官人事が中心であり，フランスでも裁判官任命権者が自己に近い立場の者を任命することは当然一般的であるが，終身制のアメリカとは異なり任期が9年と限られているために，政権委譲後の政策定着というほどのものではないだろう。

　ただ，1974年憲法改正による付託権者の拡大については，「司法積極主義の政治的構築」の観点から説明できるかもしれない。すなわち，その際の憲法改正法案はジスカール・デスタン大統領提出に係るものであるが，大統領がこうした提案をした背景として，1972年に社会党，共産党，急進党左派3党による共同政府綱領が採択され，左派による政権獲得の可能性が高まっていたという状況のもと，違憲審査制の強化によって，将来の左派政権を拘束しようという意図があったことが指摘されている[34]。また，政権末期や政権交代が予想される場面で，大統領が自らの側近を憲法院院長として任命する例が見られた[35]。

　司法積極主義の政治的構築の類型のうち，政策実現，決定回避に関しては，フランスでは通常の場合，大統領・首相・議会多数派が同一の政治勢力に属しており，かつ，議会審議は政府の統制下にあり，さらに，従来の制度では違憲審査は法案成立直後に限って行われるのであるから，大統領や首相の意に反する法案が審査対象となるケースは例外的であると思われる。また，アメリカとは異なりフランスは単一国家であるため，大統領の意に反する州法を違憲審査制によって排除する必要にも乏しい[36]。したがって，通常の場合には，「司法積極主義の政治的構築」を積極的に行う誘因に乏しいのではないか。

　これに対して，コアビタシオン期においては大統領が内政に対する影響力を大幅に低下させるため，「司法積極主義の政治的構築」を図る誘因が存在するように思われる。もっとも，コアビタシオン期においても，大統領自ら憲法院に付託を行った例はないとのことである[37]。

---

(34)　樋口陽一『現代民主主義の憲法思想』（創文社，1977年）109頁。

(35)　具体例について参照，井上・前掲注(25)32頁。

(36)　フランスにおいて，近年，地方分権の進展にともなって地方法律（loi du pays）というカテゴリーが創設され，立法秩序の一元性は崩れているが，ニューカレドニア等の海外領土に関するものであって全体的に見た重要性は小さい。むしろフランスの場合，立法秩序の多元性はEUとの関係で語ることができるが，EUの立法の抑制を目的に憲法院の強化を図ることは考えにくいように思われる。

121

第Ⅱ部　各国の憲法裁判の諸相

(ハ)　実務的資源

　最後の実務的資源であるが，憲法院の実務的資源はかなり限られたものであるということができるだろう。QPC 手続が施行される前，2009 年の憲法院の職員は事務職員や運転手等も含めて 52 名であり[38]，ヨーロッパの他の憲法裁判所と比較しても小規模である。

　とりわけ，日本の最高裁調査官やアメリカのロー・クラークのように，事案に関連して専門的な法的調査検討を行う補佐スタッフは，行政裁判所や司法裁判所の裁判官，あるいは上院または下院の法制スタッフ出身の出向者であり，かつ，その人員も 3 名程度であるといわれる。これに加えて博士論文執筆中のインターンが数名いるとされる[39]が，充実しているとは到底言えないだろう。後述のように，QPC 手続の導入によって憲法院の負担は増加したが，事務職員も含めて人員の増加は 1 割程度であったとされる。

　また，憲法上，憲法院が付託を受けてから判決を行うまでの期間が定められているが，その期間は，事前審査手続で 1 か月（憲法 61 条 3 項）であって極めて短期間である。ちなみに，ドイツ連邦憲法裁判所の場合，具体的規範統制の移送決定を受理してから判断がなされるまで 4 - 5 年かかる例もあり，また，韓国憲法裁判所は事件を受理してから 180 日以内に行わなければならないことになっているが，事実上無視されているということである[40]。

　審理に必要な情報収集について，対審構造がとられていないこともあり，法令には証拠収集手続の規定はない。事件ごとに指名されて報告者として調査に当たる裁判官 1 名が，任意の方法で情報を収集することになる[41]。また，前述のとおり，何人も意見書を提出することは事実上認められており，これは実務的資源の観点からは有益だったと思われる。とはいえ，前述のように 1 か月と

---

(37)　理由の分析も含め，Rousseau, *op. cit.*, p. 184. なお，本稿執筆の最終段階で，審議の過程で合憲性について大いに論争となった諜報に関する法律に対して大統領が憲法院に付託した（2015 年 7 月 23 日判決〔Conseil constitntionnel, décision du 23 juillet 2015, n° 2015-713 DC〕）。

(38)　J. Launay, *Rapport sur le projet de loi de finances pour 2010*, Assemblée Nationale, n° 1967, 2009, p. 100. 山元一「フランス憲法院における補佐機構」北大法学論集 66 巻 2 号（2015 年）142 頁。

(39)　Drago, *op. cit.*, p. 193.

(40)　畑尻剛・工藤達朗（編）『ドイツの憲法裁判〔第 2 版〕』（中央大学出版部，2013 年）393 頁注 230。

(41)　Drago, *op. cit.*, p. 362.

いう極めて短期間に，補佐スタッフが乏しい中で抽象的審査のための情報収集を行う必要があるのであり，十分な情報収集が可能かどうかについてはやはり疑問がある。

㈡　**裁判官等の価値観**

　この点についてはまず，憲法院裁判官が，「裁判官統治」との批判を浴びることに非常に敏感であるというE.　ルメールの指摘が重要だろう[42]。すなわち，ルメールは，「憲法院の舞台裏で」と題する論考で，「憲法院構成員は憲法上保障された権利や自由の守護者の役割をどのように理解してきたのか」という副題の通り，歴代の憲法院裁判官の演説や回想[43]，さらには近年になって公開制度が整備されアクセス可能となった憲法院の文書（評議の記録も含む。）[44]などを利用して，憲法院裁判官の考え方を分析している。

　この論考によれば，裁判官統治への警戒はどの憲法裁判所にも見られるが，法律主権と裁判官不信の伝統を持つ国では更に大きい。また，このことは，事前審査という審査の方式にも関連している。すなわち，法案審議における政治的対立があり，世論の注目度も高いうちに違憲審査が行われる[45]。このことが裁判官統治という批判を招くリスクを高めていることが意識されている。また，憲法院裁判官の間には，憲法院は若く，脆弱な機関であるという認識があり，「悪い判決が憲法院の評判を毀損し，長年の努力を無にするのではないかとの強迫観念」が指摘されている。こうした認識は，憲法院創設から50年以上経った段階でもなお根強い[46]。

　こうした状況のもと，憲法院は，議会を始めとする他の機関の怒りを買わないようにしたいという意向から，判決起案における非常な慎重さによって特徴づけられる自己抑制の方針を実践しているとされる[47]。

---

[42]　Drago, *op. cit.*, p. 18.

[43]　特に，2001年から2010年まで憲法院裁判官であったD.　シュナペールの回想録（D. Schnapper, *Une sociologue au Conseil constitutionnel*, 2010, Gallimard）が頻繁に参照されている。

[44]　憲法院の文書に関する2008年7月15日憲法附属法律（組織法律）第2008 – 695号により，憲法院の活動から生じる文書は，25年経過後公開されることとされた。それを受けて，2009年には，憲法院が創設された1958年から1983年までの間の重要評議を収めた B. Mathieu *et al.*, *Les grandes délibérations du Conseil constitutionnel 1958-1983*, 2009, Dalloz が刊行された（2014年には第2版が刊行されている。）。

[45]　Lemaire, *op. cit.*, p. 19.

[46]　Lemaire, *op. cit.*, pp. 21-22.

第Ⅱ部　各国の憲法裁判の諸相

さらにルメールは，バダンテール元院長の「新たに選出された議会多数派と正面衝突しない」こととしていたという発言を引き，現に，1979年から2009年までの間，憲法院の全判決のうち合憲判決の割合は53.49％であったところ，この割合は，選挙後一定の時期についてはほとんど常にそれよりも高いという統計を示し，選挙サイクルと憲法院の判断との関連性を指摘している[48]。もっとも，高いといってもほとんどの場合せいぜい3ポイント程度の違いであり，こうした傾向は必ずしも顕著ではないとも言えそうである。

また，ルメールは，元憲法院裁判官の発言として，憲法院はあまりにも連続して違憲判決を行うことには躊躇するというものや，議会において幅広いコンセンサスを得て成立した法案を違憲とすることには消極的になるというものがあったことを述べている[49]。

さらにルメールは，そもそも，憲法院裁判官の多くは，違憲審査や憲法院の権限の拡大に相当程度批判的であるとして，元憲法院裁判官D. シュナペールの「法文に由来する限界や憲法院の出自の重みのほかに，多くの裁判官が憲法院という独特の機関に対して有している消極的ないし批判的な基本的な立場を考慮することなしには，憲法院が自らの権限を限定するような一連の判決を出していることの意味は完全には理解できないだろう。」[50]という言葉を引用している[51]。

確かに，事前審査制においては，審査対象となるのは時の多数派が支持する法律であるから，多数派に属する任命権者としては，司法積極主義者を裁判官に任命する誘因は小さくなるだろう。

(ホ)　小　括

以上，簡単な検討にとどまったが，規範的資源，政治的資源，実務的資源，さらには裁判官の価値観のいずれにおいても，憲法院が積極的に違憲審査を行うことを支持するような要因は見いだせなかったと結論することが許されよう。

次に，こうした状況が2008年7月の憲法改正によるQPC手続の導入によって変化したのかどうかを検討する。

---

(47)　Lemaire, *op. cit.*, p. 20.

(48)　Lemaire, *op. cit.*, p. 22.

(49)　Lemaire, *op. cit.*, p. 24.

(50)　Schnapper, *op. cit.*, p. 200-201.

(51)　Lemaire, *op. cit.*, p. 37.

第5章　憲法院による違憲審査の機能条件について

3　QPC 手続の運用状況，評価
――憲法院の憲法裁判所化とその限界――

1　下院の報告書から

　冒頭に述べたように，2008 年 7 月 23 日の憲法改正によってドイツの具体的規範統制に類似した QPC 手続が，従来の事前審査制に加えて規定され，具体的な手続きを定める法律の制定を経て，2010 年 3 月から施行されている。

　ここでは，QPC 手続の施行 3 周年を期して作成された下院の報告書[52]によりながら，QPC 手続の運用状況や評価，課題を見る。

　まず，統計的な概観である。制度発足から 3 年間で，破毀院及びコンセイユ・デタからの移送は 314 件，移送の拒否は 1206 件であり，QPC 手続による判決は 255 件であったが，これは 1959 年以降の事前審査手続による判決総数の 39％にあたり[53]，また，この間に従来の事前審査手続による判決は 61 件であることを考えると，QPC 制度により違憲審査の光景は一変したということができる。判断内容については，QPC 判決のうち，全部または一部違憲判決の割合は 27％であり，解釈留保が付されたのが 13％であった[54]。事件の継続している裁判所と破毀院またはコンセイユ・デタとの 2 段階のフィルターを経ている割には違憲判決の割合が低いようにも思われるが，これは前述のように，移送の基準が「違憲の疑い」といったものではなく，問題の重要性が基準とされていることによると思われる。

　報告書では，QPC 手続は全体として成功していると評価されている。すなわち，「訴訟の当事者は国の最高法規を取り戻した。これは法治国家にとっての進歩であり，これまで政治的機関のイニシアティヴによる争訟のみによって特徴づけられてきたフランスの憲法裁判が，ヨーロッパ基準に近づいた。また，これは民主政によっても進歩であって，憲法が市民の手に取り戻されようとしている。」[55]とされ，また，「QPC は憲法院の正統性の強力な源泉であるように思われる。」[56]などとされている。

---

(52)　Urvoas, *op. cit.*

(53)　Urvoas, *op. cit.*, p. 9.

(54)　Urvoas, *op. cit.*, p. 18.

(55)　Urvoas, *op. cit.*, p. 14.

第Ⅱ部　各国の憲法裁判の諸相

他方，弁護士強制や訴訟費用の負担の点など個別的な点ではいくつかの改善提案がなされている[56]が，ここでは省略し，むしろより大きな方向性を示している部分に注目したい。

すなわち，報告書は，「憲法院を真の憲法裁判所に」という項目を設け，さらなる改革にむけて議論を開始すべきであると主張している。そこでは，報告書提出の直前に元大統領を当然の憲法院構成員とする旨の規定を廃止する憲法改正法案が提出されたことを受け，それは第一歩であるが，最小限のものであってさらに先に進むことが必要であるとする[58]。

具体的には，まず，現行の9名という裁判官数では不十分であって12名に増員すべきこととされている。増員分の3名は首相が任命すべきこととされており，大統領と首相で各3名計6名，上下両院議長各3名計6名で，執行府と立法府の均衡が確保されるという。

次に，裁判官の資格要件，任命手続について，2008年7月の憲法改正によって大統領の重要人事について議会の関与が認められ，各議院の法律委員会の5分の3の反対があれば阻止できることとされた（憲法13条5項）が，それでは実効性がないため，各議院の法律委員会の同意を要するとすべきであるとされた。また，現行制度においては法律の素養を有することが資格要件とされていないが，これを必要とすべきであるとされた。さらに，男女が均衡をもって代表されることを要するとされる。

また，審理に関しては，ヨーロッパ諸国の憲法裁判所に学ぶことがあるとして，2つの小法廷を設けること，憲法で対審の原則を明文化すること，個別意見制を導入すること，を提案している。

報告書は，これらの改革によって，憲法院は真の憲法裁判所になるだろうとしている。

2　2013年の改革案

2013年には憲法院に関する憲法改正法案が2本提出された。

まず，前述のように2013年3月，元大統領を当然かつ終身の憲法院裁判官とする憲法56条2項の廃止を含む憲法改正案が，政府提出法案として議会に

---

[56]　Urvoas, *op. cit.*, p. 18.

[57]　Urvoas, *op. cit.*, p. 60 et s.

[58]　Urvoas, *op. cit.*, p. 65 et s.

第 5 章　憲法院による違憲審査の機能条件について

提出された[59]。この法案は，2012 年の大統領選挙で勝利を収めた F. オランド大統領の公約に基づく 4 本の憲法改正法案のうちの 1 つであった。

　元大統領を当然の憲法院裁判官とする憲法 56 条 2 項の規定に対しては，つとに多くの批判があり，上述の下院の報告書でも当然のこととして支持されていたところである。今回の憲法改正案全体に関してはなおコンセンサス調達が遅れているようであるが，この点については遅かれ早かれ，こうした改革は実現されるものと見込まれる。

　他方，より抜本的なものとして注目されるのは，2013 年 5 月，上記の下院報告書を受けた議員提出の憲法改正案が与党である社会党の議員団によって提出されたことである[60]。この法案においてもっともシンボリックなのは，「憲法院」という名称に代えて「憲法裁判所（Cour constitutionnelle）」という名称を用いようとする点である。

　具体案については，上述の下院報告書の提案と基本的には同様である。すなわち，①憲法院裁判官の数を 12 名に増員し，増員分 3 名は首相に任命権を付与すること，②法律の素養の卓越していることを要することとし，男女の均衡の要請も含めて，上下両院の関係委員会の 5 分の 3 の賛成による承認を要すること，③ 2 つの小法廷を設置すること，④個別意見制を導入すること，といった内容である。

　まさに，ドイツやイタリア，スペインの憲法裁判所に肩を並べるような存在にしたいという意思が伺われるが，先に指摘したような機能条件の観点からは，2008 年 7 月の憲法改正及びその後の改革提案によって，どれほどの変化が見込まれるのだろうか。こうした 2013 年法案が実現することはなかったが，同種の提案は各所でなされているところであり，これらの点についても今後実現する可能性は十分にあると思われる。

---

[59]　*Projet de loi constitutionnelle relatif aux incompatibilités applicables à l'exercice de fonctions gouvernementales et à la composition du Conseil constitutionnel*, Assemblée Nationale, n° 814, 2013.

[60]　*Proposition de loi constitutionnelle tendant à réformer le Conseil constitutionnel*, Assemblée Nationale, n° 1044, 2013.

127

第Ⅱ部　各国の憲法裁判の諸相

3　機能条件の観点から

(イ)　QPC 手続導入による改善点

先に提示した枠組みの観点からは，QPC 手続の導入によって変化した点は確かに見られるが，それは手続面が中心であり，抜本的な変化は見受けられない。

まず，アミカス・キュリエに類似した，政府機関や利害関係者が意見書を出す手続が制度化された[61]。

また，憲法院でも口頭弁論が行われることとなった。ただし，単に憲法上の主張を述べ合うにとどまり，事実の証拠調べを行うことは想定されていないようである。もちろん，憲法院は政府に照会するなどして立法事実に関する資料を入手することもあり，実際に立法事実の変化を理由としてかつての合憲判決を変更して違憲判決を行ったこともある[62]。ただ，通常の裁判手続で用いられるような証人尋問，鑑定等々の証拠調べ手続の規定は見当たらない。

(ロ)　課　題

課題については，これまでの記述から明らかなところもあろうかと思われる。ここでは，抽象的審査の困難性ということを指摘しておきたい。

付随的審査においては，当事者双方の主張やさらには外部の意見によって提供された情報をもとに，具体的事実に照らした経験的な判断を行うことにより，立ち入った憲法判断が可能となるとされる。日本では，最高裁がこうした判断ではなく，法令をむしろ一般的抽象的に審査する傾向（「客観的審査」[63]）にあることが指摘され，それが消極主義の要因あるいは結果そのものであると，夙

---

(61)　「インターネットサイトで示された憲法院への移送日から 3 週間以内に，特別の利益を有する者が合憲性の優先問題に関する審理に参加する陳述書を送付した場合，憲法院は，すべての手続上の書類をその者に対して送付し，またその者の陳述書を当事者及び第 1 条に掲げる機関〔大統領，首相，国民議会及び元老院の議長〕に送付する決定を行う。当事者及び第 1 条に掲げる機関は，この陳述書に対応するための期間が与えられる。緊急を要する場合，憲法院長がこの決定を行う。」（合憲性の優先問題のために憲法院で取られる手続に関する内部規則〔憲法院 2010 年 2 月 4 日決定〕6 条 2 項）

(62)　2010 年 7 月 30 日判決（Conseil constitutionnel, décision du 30 juillet 2010, n° 2010-14/22 QPC, *Recueil des décisions du Conseil constitutionnel*, p. 179.）では，警察留置に関する情報を首相に照会し，立法事実の変化を理由に警察留置に関する規定の合憲判決を変更して違憲判断を行った。

(63)　佐藤幸治『日本国憲法論』（成文堂，2011 年）655 頁。

128

第5章　憲法院による違憲審査の機能条件について

に批判されてきたところである。

　アメリカでは文面審査によって一刀両断に違憲判断を行う選択肢もあるが，これはアメリカの伝統でも本来異例の方法であり，ある意味で積極主義の到達点であって，本章で依拠した枠組みの観点からは，相当の資源を要する所業であろう。これに対して，具体的事実に照らした経験的判断による積極主義は，そこまでの資源を要さないものであり，英米の司法伝統に即したものであろう[64]。

　これに対して，QPC手続では，憲法問題は具体的な訴訟において当事者から提起されるわけであるが，QPC手続として憲法院に付託されてしまえば，問題の条文が憲法規範に適合するかしないかを抽象的に審査することになる。しかしながら，当該条文が適用される事例は多様であるわけであるから，このような抽象的審査においてはこうした適用場面のすべてを想定して判断を行うことはできない。もちろん，明らかに違憲の適用事例が想定できる場合であれば，部分違憲ないし解釈留保，さらには全面違憲の判断を行うことができるが，必ずしもそのようなものばかりではないだろう。また，先に，QPC手続における情報収集手段が十分でないことを指摘したが，情報が不十分なままに架空の適用場面を想定して違憲判決を行うことが実際には困難であることは十分予想できるところであって，結局こうした構造は広汎な立法裁量の承認につながる可能性があるであろう。

　これを克服して実質的な審査を行おうとする場合，強力な一般理論を構築し，それに依拠するという方法も考えられる。ドイツ連邦憲法裁判所はこうしたアプローチをとっているのではないかと推測されるが，こうしたアプローチをとる場合には，法学者や連邦憲法裁判所自体の権威が極めて高いドイツ特有の事情も含め，それに応じた資源が必要となり，フランスやその他の国々で同様のアプローチが可能であるのかは予断を許さないところである。また，ドイツの場合には，案件数の上では，具体的規範統制や抽象的規範統制はごく一部であり，圧倒的多数は憲法異議事件であることから，こうした具体的な事件の判断において形成された法理が抽象的審査にも生かされている可能性も考えられる。この点も今後の比較法研究において検討すべき論点だろう。

　なお，イタリアの憲法裁判所は，憲法異議の権限は認められておらず，具体

---

[64]　土井真一「司法審査制の理論的基層」法学教室240号（2000年）55頁（59頁）。

第Ⅱ部　各国の憲法裁判の諸相

的規範統制や連邦制に関する憲法事件の権限を有するのみである点でドイツとは異なる一方で，「裁判官の職業的な背景に関して，「法学教授の占める比率が非常に高く，『教授裁判所』と呼ばれる」という紹介がなされることがある。」という[65]。裁判官の職業的背景は，大学教授（憲法学専攻とは限らない。）が約半数を占めるとされ，こうした大学教授の優位ではドイツとやや類似する。こうした観点からの比較検討も興味深いと思われるが，もちろんここでは立ち入ることができない。

　仮に，十分な実質的審査ができずに，合憲判決がなされた場合，具体的規範統制制度の下では，いちど条文の合憲判断をしてしまえば，それが法的な効力をもって確定するのであり，想定外の適用事例について違憲判断を行うことができなくなる。これに対して日本では，法律の全面的な合憲判決の意味するところについて，これは当該条文のすべての適用事例について合憲となる趣旨ではなく，将来別の適用事例において違憲判断がなされることがあり得るというのが通説であることとは異なる。

4　おわりに

　以上，フランスの違憲審査制度について，その機能条件の観点から簡単な検討を行なってきたが，それを踏まえてさしあたり次の2点を指摘して本章を閉じることにしたい。

　まず，率直な感想として，QPC手続を含めた憲法院による違憲審査は，十分に機能するための条件を充たしているかどうかについては心許ない点があるように思われる。こうした状況に至った原因の一端は，上述のように，憲法院は，議会の権限を枠づけるという文脈において，憲法上の機関間の憲法上の権限配分を保護することを本来の任務としていたという点にあるかもしれない（歴史的な経路依存性）。すなわち，議会と執行府の憲法上の権限争いは日常的に生じるものではなく，また，必ずしも詳細な事実調査を前提とするわけでもないだろう。また，例えばある事項が法律事項か否かというのは抽象的に審査しうるであろう。

　したがって，その本来の任務との関係では，憲法院の有するもろもろの資源

---

[65]　田近肇「イタリア憲法裁判所の制度と運用」岡山大学法学会雑誌62巻4号（2013年）1頁（11頁）。

第 5 章　憲法院による違憲審査の機能条件について

の状況や抽象的審査という方式は，必ずしも不合理というわけではないかもしれず，また，違憲審査機関として不合理だというわけでもないかもしれない。ただ，それが結社の自由判決や提訴権者の拡大，QPC 手続の導入という変化を経て，基本権保障のための裁判所としての性格が強調されるようになった今日においてなお適合的かどうかには，これまで見たように疑問もないわけではなく，当初想定された任務と今日の主たる任務との間の齟齬を解消するための，さらなる改革が必要になる可能性もあり，現に改革法案が提出されているところである。

　なお，憲法院は，QPC 手続においても，実体論ではなく，権限配分の観点から違憲判断を行うことがあり，特色の一つといえなくもない。例えば，法律上，所管の大臣がインターネットのドメイン名を管理・割当てを行う民間法人を指定し，その法人が実際のドメイン名の管理を行うこととされていた。しかし，法律レベルの規定では，その法人が当該業務において遵守すべき基本原則（例えば著作権の保護への配慮など）を充分に規定していないことが，立法者が規律すべき事項を充分に規律していないといういわゆる「消極的無権限（incompétence négative）」であるとして違憲判決を行った[66]。

　さらに，別の判決では，法律の実体的内容についての憲法判断が求められていたにもかかわらず，憲法院自らが職権で，立法府の消極的無権限の問題に組み替えた上で違憲判断を行っている[67]。このような論点の組み換えの理由については明確な説明がないが，ある論者は，前述のような，権限配分の問題を取り扱うのが憲法院の本来の任務であるという点に理由の一端を求めている[68]。もちろん，権限配分の問題として処理されるケースは，絶対数としては一部であるが，付随的違憲審査制の想定するような違憲審査のあり方からすれば，憲法院の有する政治的・実務的資源が乏しい中での一つの工夫であるようにも思われる。

---

[66]　憲法院 2010 年 10 月 6 日判決（Conseil constitutionnel, décision du 6 octobre 2010, n° 2010-45 QPC, *Recueil des décisions du Conseil constitutionnel*, p. 270.）。参照，フランス憲法判例研究会（編）『フランスの憲法判例 II』（信山社，2013 年）368 頁（曽我部執筆）。

[67]　憲法院 2010 年 9 月 22 日判決（Conseil constitutionnel, décision du 22 septembre 2010, n° 2010-33 QPC, *Recueil des décisions du Conseil constitutionnel*, p. 245.）。参照，フランス憲法判例研究会（編）・前掲注(66)356 頁（小島慎司執筆）。

[68]　フランス憲法判例研究会（編）・前掲注(66)358-359 頁（小島慎司執筆）。

131

第Ⅱ部　各国の憲法裁判の諸相

　次に，日本法への示唆ということで言えば，改めて事前審査制の統治機構における機能に注目すべきではないかと思われる。すなわち，フランスの事前審査制は，上下両院で法案が可決されたのち，大統領の審署を得るまでの間に行われるという独特のものである。比較憲法裁判所論の観点からは，こうしたあり方は憲法裁判所のメリットとデメリットを顕著に示すものであると言え，憲法院については，人権保障機関という見地よりも，統治機構論の見地からの検討を深めることに意義があると思われる。

　この点，今関源成は，従前より「憲法院の存在の根拠は第五共和制の政治システムの構造——議会少数派の制度上の弱さ，議会多数派の権力の強大さを抑制する必要——の中にあるのであって，抽象的な法治国家（憲法の支配）イデオロギーの中にあるのではないこと，したがって，憲法院の正統性を法治国家の完成（人権保障の貫徹）ということで説明するには幾分の欺瞞が伴わざるをえないこと」を指摘していた[69]。

　本章では，この分析に賛意を示すとともに，「政治過程の合理化のための憲法裁判所」[70]という視角の重要性を指摘しておきたい。

---

[69]　今関源成「最近の憲法院をめぐる論議」法の科学 16 号（1988 年）172 頁（180 頁）。

[70]　この点についてフランスを素材にしたものとしては，蛯原健介の一連の研究が先駆的である。蛯原健介「法律による憲法の具体化と合憲性審査——フランスにおける憲法院と政治部門の相互作用（1）〜（4・完）」立命館法学 252 号 294 頁，253 号 533 頁，254 号（以上 1997 年）751 頁，255 号（1998 年）1083 頁，同「憲法院判例における合憲解釈と政治部門の対応——憲法院と政治部門の相互作用の視点から（1）（2）」立命館法学 269 号 142 頁，270 号（1998 年）585 頁など参照。また，佐々木雅寿『対話的違憲審査の理論』（三省堂，2013 年）も参照。

第6章

フランス憲法院への事後審査制導入の影響
──通常裁判所の法解釈に対する違憲審査──

井 上 武 史

1　はじめに

1　2008 年 7 月 23 日の憲法改正によって，フランスでは憲法裁判所改革が行われた。憲法院への事後審査制の導入である[1]。同様の改革はこれまでも1990 年と 1993 年の 2 度にわたって試みられたが，何れも議会の反対で実現しなかった[2]。議会中心主義，法律の優位の伝統が残るフランスにおいて，議会で有効に成立した法律まで否定できる強大な権限を憲法院に認めることは，容易ではなかったのである。

しかし，法律の事前審査しか認められない従来の違憲審査制が国民の権利保障の点で不十分であること，また，通常の裁判手続で法律の条約適合性審査が行われるのに憲法適合性審査が認められないのはバランスを失している等の批判から，学説では事後審査の必要性が以前から指摘されてきた。そして，1958年の第五共和制憲法制定の 50 周年にあたる 2008 年，事後審査制導入を図る憲法院改革が「三度目の正直[3]」としてようやく実現することになった[4]。

---

(1)　同制度改革について詳しくは，今関源成「フランス憲法院への事後審査制導入──『優先的憲法問題 question prioritaire de constitutionnalité』」早稲田法学 85 巻 3 号（2010 年）21 頁，池田晴奈「フランス憲法院の事後審査制に関する憲法 61 条の 1 の創設──2008 年憲法改正による市民への提訴権拡大の動向」同志社法学 62 巻 3 号（2010年）207 頁，辻村みよ子『フランス憲法と現代立憲主義の挑戦』（有信堂，2010 年）144頁をそれぞれ参照。

(2)　詳しくは，今関源成「挫折した憲法院改革──フランスにおける法治国家（Etat de droit）論」奥平康弘（編著）高柳信一先生古稀記念論集『現代憲法の諸相』（専修大学出版局，1992 年）365 頁。

(3)　Michel Verpeaux, « Les QPC : la troisième fois est la bonne », *Regards sur l'actualité; Conseil constitutionnel et QPC : une révolution ?*, n° 368, 2011, p.8.

第Ⅱ部　各国の憲法裁判の諸相

　事後審査制導入の直接的な動機は，人権保障の強化である。実際，2008年7月の憲法改正を準備したバラデュール委員会報告書において，事後審査制導入論は「基本権保障の強化」の方策として展開されていた[5]。

　しかし，こうした提案は逆に，従来の事前審査制が国民の権利保障の点で不十分であったことを裏書きしている。そして，その要因は以下に集約されるであろう。それは，すべての法律が憲法院の事前審査を経るわけではないこと，そして，法律がひとたび有効に成立してしまえば，以後その違憲性を争う方法が存在しないことである。このため，適用される法律に違憲の疑いが認められるとしても，訴訟当事者はその憲法適合性を争うことができない。また，通常裁判所は，違憲審査権をもたないために，当該法律をそのまま事件に適用しなければならない[6]。しかし，このような事態は，上記報告書が述べるように，「自らの権利を完全に享受できる資格を市民から奪う[7]」ものである。こうした問題に対処するため，法律の事後審査が必要とされた。

　そこで，2008年憲法改正では，訴訟当事者である私人に提訴権を認めることで，すでに有効に成立した法律にまで憲法院の違憲審査が及ぶようにした。通常の裁判手続において，適用法律が「憲法の保障する権利・自由」を侵害すると認められる場合，訴訟当事者は「違憲の抗弁」を提起できる（憲法61-1条）。これにより，「憲法の保障する権利・自由」に関する限りではあるが，フランス国内で通用するすべての法律が憲法院の違憲審査の対象になる。それゆ

---

(4)　ここで念頭に置いているのはもっぱら通常法律であり，憲法院での事前審査が義務づけられている組織法律と議院規則（憲法61条1項），および国民投票に付される議員提出法律案（憲法11条4項）を除外している。

(5)　Edouard Balladur, *Une Ve République plus démocratique*, La documentation française, 2008, p. 163 et suiv. 同報告書は憲法改正の三本柱として，執行権のより良い統制（第1章），議会の強化（第2章），市民に対する新たな諸権利（第3章）を掲げている。事後審査制導入論は第3章に位置づけられているが，それは，同提案が訴訟当事者に「違憲の抗弁権（exception d'inconstitutionnalité）」という新たな権利を付与するからである（同報告書168頁以下）。

(6)　通常裁判所は条約適合性審査を行うことができるが（破毀院については1975年5月24日判決，コンセイユ・デタについては1989年10月20日のNicolo判決で確立），この点は本章の対象外とする。後に述べるように，本章が着目するのは，事後審査制がもたらす憲法院の人権保障機能の強化という側面ではなく，フランス統治システムにおける憲法院の地位・役割の変化だからである。

(7)　Balladur, *op. cit.*, p. 168.

第6章 フランス憲法院への事後審査制導入の影響

え，事前審査制だけが認められていた従来と比べて，人権の保障と憲法の優位性が確保される。事後審査制の導入によって「フランス法治国家（État de droit）の欠落部分が埋められる[8]」と言われるのは，このためである。

2 しかし，ここには一つの前提があるように思われる。それは，事前審査の場合と同様に，事後審査においても憲法院は議会との関係で人権保障を確保する，という前提である。つまり，事後審査制とは議会での制定時に事前審査に付されなかった法律を事後的に審査する制度である，という理解である。そうすると，事後審査の対象は事前審査と同じく「議会制定法」ということになる。そしてこのような理解によれば，事後審査においても憲法院が統制するのは議会の立法行為ということになり，このことは，1958年の創設で与えられた憲法院本来の任務に適合する。

たしかに，事後審査制を新設する憲法61-1条によると，事後審査の対象となるのは「法律規定（disposition législative）」，つまり「法律（loi）」である[9]。しかし，事前審査と事後審査とでは状況が異なるであろう。事後審査において憲法院が扱うのは，議会での制定後，一定の時間が経過した法律である。このため，具体的事件における裁判官の解釈・適用によって，制定当初とは異なる意味内容が法律に与えられることがある。

そしてこの場合，付託を受けた憲法院は，「議会が制定した法内容」か「裁判所が解釈した法内容」の何れを審査対象とすべきなのか。このとき，前者を審査対象としても事件の解決にとっては無意味であろう。またそれは当事者の利益にもならない。他方，もし後者を審査対象とするのであれば，憲法院は裁判所の解釈行為に統制を及ぼすことになる。しかしこのことは，憲法院の統治機構上の役割を根本的に変化させるのではないか。

そこで本章では，このような問題が顕在化した2つの憲法院判例を詳しく紹介した上で（→2），事後審査制導入がもたらす理論的な問題を検討することにしたい（→3）。

---

(8) Michel Verpeaux, *La Constitution*, Connaissance du droit, Dalloz, 2008, p. 97.

(9) もっとも，憲法61条によると，事前審査の対象は「法律（loi）」であると規定されているが，憲法61-1条にいう「法律規定（disposition législative）」と有意な違いがあるとは考えられていない。憲法院のＨＰによると，disposition législative とは，「立法権を有する機関が採択する法文（texte），すなわち，基本的には議会で可決された法文」であるという。

第Ⅱ部　各国の憲法裁判の諸相

2　2つの憲法院判決

1　先例としての憲法院 2010 年 10 月 6 日判決

(イ)　事実の概要

　この問題のリーディング・ケースとなったのは，憲法院 2010 年 10 月 6 日判決である[10]。本判決では，普通養子縁組の効果を定めた民法 365 条の憲法適合性が争われた。

　同条によると，普通養子縁組によって，子に対する一切の親権（婚姻への同意権を含む）は養親に移転し，実親は一切の親権を失う。ただし，養親が実親の「配偶者」である場合には，養親と実親との共同親権が認められる。

　このような規定の仕方によれば，同条は実親の配偶者でない者が養親となることを禁止しているわけではない。したがって，実親がパートナー（partenaire），内縁（concubinage），パクス（Pacs）の関係にある者との間で，実子の養子縁組を行うことは可能である。その場合，養親となる者が実親と異性であるか，同性であるかも問題にならないであろう。

　ただし，養親が配偶者でない場合，実親は子に対する一切の親権を失ってしまう。ここういう配偶者（conjoint）とは，破毀院判決によって「婚姻関係（liens du mariage）にある者」とされており，パートナー，内縁，パクスの関係にある者は含まれない。それゆえ，養親と実親がいかに長期的で安定的な関係を築いていたとしても，両者の間に婚姻関係がないのであれば，実親が実子に対して保持していた親権は養子縁組によってすべて養親に移転し，実親には親権の保持やその行使が一切認められなくなる。

---

[10]　Conseil constitutionnel, décision du 6 octobre 2010, nᵒ 2010-39 QPC, *Recueil des décisions du Conseil constitutionnel*, p. 264. 憲法院の判決は，下記憲法院サイトを参照。http://www.conseil-constitutionnel.fr/。同判決の評釈として，F. Chénedé, « QPC : le contrôle de l'interprétation jurisprudentielle et l'interprétation de l'adoption au sein d'un couple homosexuel », *Recueil Dalloz*, nᵒ 41, 25 novembre 2010, p. 2744-2749; A. Gouttenoire et C. Radé, « La jurisprudence relative à l'adoption de l'enfant du concubin devant le Conseil constitutionnel », *La Semaine juridique*, édition générale, nᵒ 47, 22 novembre 2010, p. 2158-2161; P. Deumier, « L'interprétation de la loi : quel statut? Quelles interprétations? Quel(s) juge(s)? Quelles limites? », *Revue trimestrielle de droit civil*, 2011, nᵒ 1, p. 90-96; D. Rousseau et J. Bonnet, *L'essentiel de la QPC*, Gualino, 2011, p. 120-125 がある。

第6章　フランス憲法院への事後審査制導入の影響

　しかし，子が成年であればともかく，未成年子に関して養親との間に婚姻関係がないという理由だけで，実子に対する一切の親権を実親から剥奪することは，子の利益に適わないとも考えられる。こうした立場によれば，民法365条はそのまま適用されるべきではない。実際，実親のパートナーあるいは内縁の関係にある者からの養子縁組を認めるか否かについて，下級審では判断が分かれていた。

　そして，この問題について解決を示したのが，破毀院2007年2月20日判決[11]である。事案は，実親である女性がパクス関係にある女性との間で実子の養子縁組を申し立てた，というものである。この問題について破毀院は，民法365条の普通養子縁組は「子に対する親権の移転を認めるものであるが，このことは，子の養育の継続を要求していた実母から固有の権利をはく奪する」として，当該申立てを認容した原審判決を破棄した。ここでは実親の権利が強調されているが，同判決は「たとえ実母が同意していたとしても」当該養子縁組は認められないと判断している。それゆえ，同判決は，民法365条が実質的には子の利益に反すると判断したものと考えられている[12]。

　この2007年破毀院判決によって，未成年子の養子縁組が認められるのは養親が実親の配偶者である場合に限られる，という判例法理が確立された。つまり，非婚姻カップルによる養子縁組は，民法365条が禁止していないにもかかわらず，裁判実務で認められない。もちろん，法律上の婚姻関係が容認されない同性カップルが養子縁組を行うことも認められないことになる。

　本件は，女性Xが共同生活をしている女性Yの実子との間で民法365条に基づく普通養子縁組の申し立てを行ったが認められなかった，という事案である。原審のパリ控訴裁判所は，2007年の破毀院判決で確立した上記判例法理に従い，当該養子縁組を認めなかった（2009年10月1日）。そこで，XとYは，破毀院への上告の際に，民法365条は養親が実親の配偶者である場合にしか共同親権を認めていない点で，子の「普通の家族生活を営む権利」（1946年憲法

---

(11)　Cass. 1er civ., 20 février 2007, *Bulletin civil* I, no 71; *Recueil Dalloz*, 2007, no 11, p. 721, note Christelle Delaporte-Carre; *La semaine juridique*, édition générale, no 17, 25 avril 2007, II 10068, p. 27, note Claire Neirinck.

(12)　Adeline Gouttenoire et Christophe Radé, « La jurisprudence relative à l'adoption de l'énfant du concubin devant le Conseil constitutionnel », *La Semaine juridique*, édition générale, no 47, 22 novembre 2010, p. 2158.

137

前文 10 段，11 段）および平等原則（1789 年人権宣言 6 条）に違反する，と主張
した。

　これを受けて破毀院は，養子縁組の相手が実親の配偶者であるか内縁者であ
るかに応じて親権について子の間に区別を設定する点で，民法 365 条が憲法上
の平等原則に違反するとして，同争点を憲法院に付託した（2010 年 7 月 9
日）[13]。

　なお，民法 365 条は，制定時（1966 年）とその後の改正時（2002 年）の何れ
においても，憲法院の違憲審査（事前審査）に付されていない。

㈣　判決の内容

　民法 365 条の違憲性を主張するにあたり，原告の申立てと破毀院の付託理由
はともに，同条が親権面で子を差別するものであるとの憲法論を展開した。法
律の文言を前提とする限り，このような法律構成にならざるを得ないであろう。
しかし，これが本件で解決されるべき問題ではない。本件の真の争点は，2007
年破毀院判決が養親となる者の資格を実親の配偶者に限定したことによって，
実親と婚姻関係にないパートナーや内縁者を養親とする養子縁組が禁止された
ことである。つまり，「法律」ではなく「裁判所の法解釈」によって，当事者
の憲法上の権利が制約されていることである。

　この問題について，憲法院は以下のように述べて，「民法 365 条は憲法に違
反しない」と判断した。本判決が事後審査手続で生じた新たな問題に対して憲
法院が初めて判断を下した重要なものであること，手続上の問題が実体判断に
も影響を与えていることなども考慮して，以下ではほぼ全文を掲げることにし
たい。

　⒜　事後審査の対象について
　第 1 段（略，条文の引用）
　第 2 段　憲法 61 − 1 条によれば，すべての訴訟当事者には，その請求により，法律規定
　　が憲法の保障する権利・自由を侵害していることに基づく申立理由を審査してもらう権

---

[13]　新制度では，訴訟当事者から合憲性優先問題（QPC）の提起を受けた下級裁判所が
　　直接憲法院に事件を付託するのではない。下級裁判所は，同問題が事後審査手続の受理
　　要件に該当するかどうかを審査し，コンセイユ・デタ又は破毀院に移送する。そして，
　　これらの最上級裁判所が付託要件の審査を行った後，最終的に当該問題が憲法院に付託
　　される。このように，憲法院に事件が付託されるには，下級裁判所と最上級裁判所の 2
　　段階の審査を経る必要がある。

第6章　フランス憲法院への事後審査制導入の影響

利が認められている。1958年11月7日オルドナンス23-2条と23-5条は，合憲性優先問題（QPC）がコンセイユ・デタ又は破毀院に移送されるべき要件と憲法院に付託されるべき要件を規定している。これらの規定はとりわけ，問題とされる法律規定が「当該の訴訟又は手続に適用されるもの」でなければならないと定めている。合憲性優先問題を提起することによって，すべての当事者は，裁判所の確立した解釈が当該規定に付与している実質的効力（portée effective）の合憲性に異議を唱える権利を有している。

第3段　民法365条は，普通養子の対象となる未成年子に関する親権の帰属を定めている。2007年2月20日判決以来，生物学上の父又は母が子育ての継続を要求していた場合，実親の内縁者又はパートナーが養子縁組を行うことによって親権が養親に移転することは子の利益に反し，それゆえ，当該養子縁組宣告の妨げとなるということを，破毀院は一貫して判示している。したがって，民法365条の憲法適合性は，養親が生物学上の親の配偶者であるか内縁者であるかに応じて，同条が親権について子の間に区別を設けているという点ではなく，同条がパートナー又は内縁者による未成年子の養子縁組を原則として禁止する効果を有しているという点が，審査されなければならない。

(b)　民法365条の憲法適合性

第4段　申立人らによると，民法365条は，養子の実親と養親とが婚姻している場合に限りその2人の間で親権の共同が認められると規定することによって，未成年の子が実親のパートナー又は内縁者の養子になる可能性を奪っている。このように，同条は，「既に存在する社会的な親子関係の法的承認」を禁止することで，普通の家族生活を営む権利および法律の前の平等原則を侵害する。

第5段　憲法34条の文言によると，法律は，「人の身分と能力，夫婦財産制度，相続と無償贈与」に関するルールを定める。立法者は自らの権限の範囲において，時宜に適うと評価した新たな規定を採択すること，並びに以前の法文を改正し，場合によっては，それを廃止して新たな規定に置き換えることがいつでもできるのであり，それは，立法者が当該権限を行使するにあたって，憲法上の諸要求に基づく正当な保護が奪われてはならないからである。憲法61条と同様に，憲法61-1条は，議会と同じ性質の一般的な評価・決定権を憲法院に与えるものではない。同条は，法律の規定が憲法の保障する権利・自由に適合するか否かの決定権しか，憲法院に与えていない。

第6段　一方において，1789年人権宣言6条は，「法律は，保護するにせよ処罰するにせよ，すべての者に対して同一でなければならない」と規定している。平等原則は，立法者が異なる状況に対して異なる立法を行うことや，取扱いの違いが立法目的と直接に関連する場合において，公益上の理由から立法者が平等に例外を設けることを認めないものではない。

第7段　他方において，1946年憲法前文10段は，「国は，個人と家族にその発展に必要な諸条件を保障する」と定めており，ここから普通の家族生活を営む権利が導かれる。

第8段　第1に，問題となる規定〔民法365条〕は，破毀院の確立した判例が付与した範囲によれば，普通養子という方法を通じて，未成年の子が父又は母の内縁者又はパートナーとの間で第2の家族関係を形成することを妨げる。しかし，当該規定は，未成年の子の実親が内縁関係で生きることや自ら選択した者との間で民事連帯契約〔PACS〕を締結することの自由を何ら妨げるものではない。そのうえ，同規定は，実親が内縁者又はパートナーを子の教育および生活に関与させることを妨げるものでもない。普通の家

139

第Ⅱ部　各国の憲法裁判の諸相

族生活を営む権利には，子と実親の共同生活者との関係が養親子関係の形成へと直接的に結びつくことまで含まれてはいない。それゆえ，民法365条が普通の家族生活を営む権利を侵害するとの理由は，退けられなければならない。

第9段　第2に，カップルで養子縁組を行う資格を夫婦に限定するという原則を維持することで，立法者は，憲法34条によって与えられた権限を行使するにあたり，未成年の子との養親子関係の形成に関する，婚姻カップルと非婚姻カップルとの状況の違いに応じた異なる取り扱いが，子の利益の観点から正当化されると判断した。本件のように，子が同性の2人によって養育されるという特殊な状況から引き出されるべき帰結について，憲法院には立法者の評価に代えて自らの評価を下す権限がない。それゆえ，1789年宣言6条違反の主張は　退けられなければならない。

(c)　主　文

第1条　民法365条は，憲法に違反しない。

第2条　本判決は，……1958年11月7日オルドナンス23-11条の定めるところにより，フランス共和国の官報に掲載され公示される。

(ハ)　本判決の意義

　本判決では，破毀院が法律に付与した「実質的効力 portée effective」について，訴訟当事者は違憲主張を行えることが認められた（第2段）。言い換えれば，憲法院の違憲審査の対象が「法律」だけでなく，当該法律に対する破毀院（司法裁判所）の「解釈」にまで及ぶことが認められたことになる。

　そして，同じ判断は，約一週間後の憲法院判決に引き継がれた。

2　憲法院 2010 年 10 月 14 日判決[14]

(イ)　事実の概要

　本判決では，コンセイユ・デタの法解釈の憲法適合性が争われ，しかも違憲判断が下されている。

　事案は極めて複雑であるため単純化すると，原告会社（Compagnie agricole de la Crau et des marais de Fos）は国との間で，国から干拓地の寄託を受け，その運営・管理を行う合意を行ったが，その協定書では，原告会社がすべての費用の償還を行うまでの間は毎年その純利益の50%を，それ以後は純利益の25%を国に対して支払うことが定められていた（1940年10月30日協定および12月14日協定）。その後，これらの合意は法律で承認された（1941年4月30日法律[15]）。原告会社は1952年に国に対してすべての負債を返済したが，その後

---

[14]　Conseil constitutionnel, décision du 14 octobre 2010, n° 2010-52 QPC, *Recueil des décisions du Conseil constitutionnel*, p. 283.

140

第6章　フランス憲法院への事後審査制導入の影響

も上記の協定と法律に基づき，国に対して毎年純利益の25％分を支払っていた。

　2006年4月18日，原告は，同法律は命令事項を定めたものであるから，憲法37条2項に基づき，首相に同法律と2つの協定を廃止するデクレを制定するよう求めた。首相が期限内に回答しなかったので，原告会社は，同年7月19日，コンセイユ・デタに対して上記法律の廃止を請求した。

　しかし，コンセイユ・デタは，2009年7月27日判決で，原告の請求を棄却した。その際，コンセイユ・デタは，以下のように述べて，原告会社の国への支払いは契約に基づくものではなく，課税の徴収であるとした。すなわち，「1941年4月30日法律は，その内容を当事者が自由に取り決めることができた双務的義務を承認したものでなく，国に対して，何らの対価もなく，無期限に税金を支払う義務を原告会社に課すものと考えるべきである」，と判示した。

　そこで原告会社は，国への負債を全額返済した1952年以降，原告の国への利益提供義務は存在しないのであるから，1941年法律に基づく国への支払いは25％の超過課税であり，同法律が租税平等の原則に違反すると主張する合憲性優先問題（QPC）を提起した。

　これを受けたコンセイユ・デタは，2010年7月15日，この問題を憲法院に移送する決定を行った。

(ロ)　判決の内容

　憲法院での審議において，首相は本件での金銭の徴収が純粋に契約の性質を有するものであると主張していた。しかし憲法院は，前記コンセイユ・デタ判決が示した解釈に依拠して，本件法律が設定するのは契約に基づく義務ではなく，憲法34条の「あらゆる種類の租税」の一つと考えるべきであるとした。

(a)　憲法院の審査対象について
第1段～第2段（略，法文の引用など）
第3段（略，前記コンセイユ・デタ判決の引用）
第4段　憲法61-1条によれば，すべての訴訟当事者には，その請求により，法律の規定が憲法の保障する権利・自由を侵害していることに基づく申立理由を審査してもらう権利が認められている。1958年11月7日オルドナンス23-2条と23-5条は，合憲性優先問題（QPC）がコンセイユ・デタ又は破毀院に移送されるべき要件と憲法院に付託さ

⒂　同法律1条は，国と農業会社との間で締結された「1940年10月30日協定及び1940年12月14日の附属協定を，承認する」と規定する。

141

第Ⅱ部　各国の憲法裁判の諸相

れるべき要件を規定している。これらの規定はとりわけ，問題とされる法律の規定が
「当該の訴訟又は手続に適用されるもの」でなければならないと定めている。合憲性優
先問題を提起することによって，すべての当事者は，裁判所の確立した解釈が当該規定
に付与している実質的効力（portée effective）の合憲性に異議を唱える権利を有してい
る。

第5段　首相の主張とは異なり，本訴訟で問題となっている法規定は，契約上の義務を規
定しているのではなく，憲法34条の意味でのあらゆる種類の租税の一つである。

(b)　本件規定の合憲性について

第6段　コンセイユ・デタの解釈によれば，問題となる法律規定は会社に課税するもので
あり，この課税は公的負担の平等原則に違反する，と原告会社は主張する。

第7段　1789年人権宣言13条は次のように定めている。すなわち，「公的強制力の維持
のため，および，行政の諸費用のために，共同の分担金が不可欠である。それは，全市
民の間に，その能力に応じて平等に配分されなければならない。」憲法34条によると，
憲法の諸原理を遵守し，かつ，各々の課税の性格を考慮に入れて，担税力を評価すべき
ルールを決定するのは立法者である。とくに，平等原則の尊重を確保するために，立法
者はその目的に応じて客観的かつ合理的な基準に基づいて，判断をしなければならない。
しかし，この判断は公的負担の平等を侵害してはならない。」

第8段　原告会社は，純利益の25%分の超過課税（prélèvement fiscal supplémentaire）
を課されている。他の農業会社との関係を考慮すれば利益への租税に関するこうした取
扱いの差異は，客観的かつ合理的な基準に基づいてはいない。それは，公的負担の平等
を侵害する。この課税を認めている1941年4月30日法律1条は，憲法に違反すると宣
告されなければならない。

第9段　憲法62条2項によると，「憲法61-1条に基づき違憲と宣言された規定は，憲法
院の判決の公布あるいはその判決が定めるその後の日付以降，廃止される。憲法院は，
当該規定が生み出す効力を再審査しうるための条件と制限を決定する。」本違憲宣言は，
本判決の公布のときから効力を有する。本宣言は，時効が到来していない課税に対して，
援用することができる。

(c)　主　文

第1条　農業大臣と原告会社との間で締結された2つの約定を承認する1941年4月30日
法律の第1条は，憲法に違反する。

第2条　本違憲宣告は，第9段が定める条件に基づき，本判決の公布のときから効力を有
する。

第3条　本判決は，1958年11月7日オルドナンス23-11条の定めるところにより，フラ
ンス共和国官報に掲載され，公示される。

(ハ)　本判決の意義

本判決では約一週間前に出された憲法院2010年10月6日判決と同様に，
「すべての当事者は，裁判所の確立した解釈が当該規定に付与している実質的
効力の合憲性に異議を唱える権利を有している」（第4段）と述べ，違憲審査

第6章　フランス憲法院への事後審査制導入の影響

の対象にコンセイユ・デタの法解釈が含まれることを明らかにした。

　ただ，先の10月6日判決とは異なり，本判決で問題となったのは，法律の内容に関する解釈ではない。原告会社の国への支払義務が契約に基づくのか，あるいは課税なのかという性質決定（qualification）の問題であった[16]。

3　2つの判決の意義

　これら2つの判決により，通常裁判所の行為（解釈作用）が憲法院の統制に服することが確立された。このことは，権限関係上，憲法院が破毀院（最高司法裁判所）およびコンセイユ・デタ（最高行政裁判所）に優越することを意味するであろう。このため，これらの判決は，「憲法院に最高裁判所への道を開くもの」（ドミニク・ルソー）[17]と評されている。

　以上の2判決は，事後審査制導入に伴い憲法院が直面する問題を提起するものである。そこで次節では，同判決が提起した問題を取り上げて，検討を加えることにしたい。

3　検　討

1　事後審査の対象

(イ)　「議会が制定した法律」なのか，「裁判官が解釈した法律」なのか

　2008年憲法改正以前の事前審査制において，通常裁判所の法解釈は違憲審査の対象とはなりえなかった。違憲審査権の行使が法律の施行前の段階に限定されていたからである。この場合，憲法院に付託されるのは制定後・適用前の法律であり，それゆえ，憲法院の審査は必然的に議会の統制という意味を持っていた[18]。

　これに対して，事後審査において憲法院が扱うのは，議会での制定後，一定

---

[16]　Bertrahd Mathieu, « La question de l'interprétation de la loi au cœur de la QPC », *La Semaine juridique*, n° 44, 2010, p. 2039.

[17]　Dominique Rousseau, « Le Conseil constitutionnel, Cour suprême? », *Regards sur l'actualité; Conseil constitutionnel et QPC : une rénovation?*, n° 368, 2011, p. 36.

[18]　議会の監視は，1958年憲法制定当初，憲法院に与えられた本来的な任務である。憲法院は，「議会の逸脱行為に対抗するための武器」（ミシェル・ドゥブレ）として，設立されたからである。

143

の時間が経過した法律である。このため，具体的事件における裁判官の解釈・適用によって，法律には制定当初とは異なる意味内容が与えられる可能性がある。そこで問題なのは，このような状況下で法律の憲法適合性審査を求められた場合，憲法院は「議会が制定した法律（loi adoptée par le législateur）」か「裁判官が解釈した法律（loi interprétée par les juges）」の何れを審査対象とすべきかである。

この点について，憲法院 2010 年 10 月 6 日判決の事件で，破毀院は前者の考え方に立脚し，条文から文字通り理解される法内容の合憲性を問題としていた。すなわち，民法 365 条の文言に従い，同条が養子縁組の相手が実親の配偶者であるか内縁者であるかに応じて，親権について子の間に区別を設定している点が平等原則違反であると問題を構成していたのである。

ところが，上記判決において憲法院は，法律の「実質的効力」が，つまり現実に裁判官が解釈・適用している規範が審査対象になると判断した。同判決によると，民法 365 条には，2007 年破毀院判決によって，パートナー又は内縁者による養子縁組を実質的に禁止する効果が与えられており，憲法院は，この点こそが審査されるべき憲法問題であると認定し（第 3 段），実体判断を行っている（第 6〜9 段）。

(ロ) 憲法院の役割の変化

このことは，憲法院の統制がもはや議会の立法行為だけでなく，裁判所の解釈行為についても及びうることを意味する。それゆえ，憲法院への事後審査制の導入は，単に違憲審査権行使の機会を事後的段階まで量的に拡大したにとどまらず，統治機構における憲法院の役割を質的に変化させる意味をもっている。

しかし，憲法改正権者が，このような事態を明確に認識していたとは言い難い。2008 年憲法改正で事後審査制が導入された理由は，事前審査の対象とならなかった法律についても，事後的な審査に服する可能性を認めることによって，国民の権利・自由の保障を確実にすることにあった。この考え方に従えば，憲法 61-1 条が事後審査の対象として指示する「法律規定（disposition législative）」とはあくまで「議会が制定した法律」なのであり，事後審査制導入は単に，審査時期を法律制定後にまで延長したに過ぎないことになる。実際，憲法 61-1 条を適用するために制定された 2009 年 12 月 10 日組織法律では，憲法院の事後審査の対象が「法律規定（disposition législative）」であることが，再度確認されている（1958 年 11 月 7 日オルドナンス 23-1 条）。

もっとも，事後審査制の施行後，上記規定が文字通りの「法文（texte）」を意味するのではなく，法文から読み取れる「規範（norme）」こそが事後審査の対象なのであり，その規範は裁判官が解釈によって与えた意味であると理解される余地はあった。

しかし実際，こうした理解がとられることはなかった。むしろ，事件を憲法院に付託する破毀院は，当事者の権利・自由が裁判所の解釈によって侵害されている場合にも，それが「法律規定」による侵害でないことを理由として，憲法院への移送を拒否していたのである。すなわち，破毀院は，「憲法61-1条によると，憲法院に付託することができるのは，憲法の保障する権利と自由が法律規定によって侵害されているという問題に限られる。提起された問題は，実際には，法律規定の合憲性を争うものではなく，破毀院が当該規定に与えた解釈を争うものである」と述べて，裁判所の法解釈の合憲性が実質的に争われている事件を憲法院に付託しなかった（破毀院全体部2010年5月19日[19]。傍点筆者）。

㈧　審査対象拡大の根拠

それでは，憲法院はいかなる法的根拠に基づいて審査対象を拡大したのか。判決文からもわかるように，上記の判示を行うにあたって憲法院が根拠としたのは，判決でも引用されている1958年オルドナンス23-2条である。

同条は，合憲性優先問題（QPC）の3つの受理要件を定めている。第1は，争われている法律規定が当該の訴訟又は手続に適用されるものであるか，裁判の基礎を構成していること，第2に，当該法律規定が憲法院判決の主文および理由で合憲であると判断されていないこと（ただし，事情変更がある場合はこの限りでない），第3に，争点となる問題が重大な性格をもつこと，である。

この中で本件に関係するのは，争われている法律の規定が「当該訴訟に適用されるものである（applicable au litige）」，という第1要件である。しかし，当該要件から直ちに，裁判所の法解釈に対する違憲審査権が導き出されるわけではない。というのも，この要件は本来，抽象的審査を排除するために，つまり，事件と関係のない法律に対する違憲審査を不受理とするために，設置されたも

⒆　Cour de Cassation, QPC, 19 mai 2010, n°12019, *Recueil Dalloz*, 10 juin 2010, n° 22, p. 1351; Bertrand Mathieu, « Question prioritaire de constitutionnalité : Jurisprudence du 1er mars au 2 juillet 2010 », *La Semaine juridique*, édition générale, n° 28-29, 2010, 801 (p. 1482).

のだからである。

　ところが，憲法院はこの要件を，審査対象となる法律を選別する形式的基準としてだけでなく，審査対象となる法律の内容をも特定する実質的基準としても理解した。そして，この点について，ドゥブレ憲法院長は，上記2判決後の講演で興味深い発言を行っている。事後審査制の導入にあたり，憲法改正権者は事後審査の対象を「法律規定」としたこと（61-1条），他方，2009年12月の組織法律の制定にあたり，議会は争われている法律規定が「訴訟で適用される」ものであること（23-2条，23-5条），という2つの決定が行われた。ここからは，法律規定に基づかない判例が事後審査の対象となることは禁止されるが，他方で，当事者は自らに「適用される」法律規定の合憲性を争うことができる，という2つの要請を読み取ることができる。そして後者について，「法律規定の完全な効力は，当該問題に関してコンセイユ・デタ又は破毀院が展開した判例を考慮に入れたときにのみ，把握することができる[20]」（2010年11月26日）と述べており，裁判所の法解釈が事後審査の対象になりうることを認めている。

　また，学説も前記の受理要件を，「現に適用されている法（droit effective-ment appliqué）[21]」（B. フランソワ），あるいは「裁判での法律（loi juridictionnel-le）[22]」（D. ルソー）を示すものと理解しており，憲法院の判断を容認しているように思われる。そして，その背景には，次に見る「生ける法」理論がある。

2　「生ける法」理論の導入

　憲法院は，違憲審査の対象が「議会が制定した法文」ではなく，「裁判所が適用している規範」であると判断したが，これは，イタリア憲法裁判所が提示した「生ける法」理論（doctrine du droit vivant）の影響を受けている。憲法院2010年10月6日判決の公式解説（commentaire）では，「憲法院判決は同判決

---

[20]　Jean-Louis Debré, « Les premières questions prioritaires devant le Conseil constitutionnel », *La question prioritaire de constitutionnalité : premiers bilans*. Colloque organisé par l'ILF-GERJC, le CJSE et la Communauté du Pays d'Aix, 26 novembre 2010. この講演は，以下の憲法院サイトで公開されている。http://www.conseil-constitutionnel.fr/conseil-constitutionnel/root/bank_mm/discours_interventions/2010/jldebre_Aix-en-Provence.pdf

[21]　Bastien François, « La naissance d'une Cour suprême », *Le monde*, 11 mars 2011.

[22]　Dominique Rousseau, « L'art italien au Conseil constitutionnel : les décisions des 6 et 14 octobre 2010 », *Gazette du palais*, n° 293-294, 2010, p. 13.

第6章　フランス憲法院への事後審査制導入の影響

を起草するにあたり，イタリア憲法裁判所の 1956 年判決から着想を得た」と述べられている[23]。判決本文ではないものの，主権国の憲法機関が自らの権限行使を他国の憲法実例を参考にして行ったと告白するのは，異例のことであろう[24]。

同解説によると，参考にしたイタリア憲法裁判所の判決は次の部分であるという。「次のことが正しいならば，すなわち，規範とは抽象的な次元で規定されたものではなく，それを具体化し効力あるものにすることを任務とする裁判官の日常活動で適用されているものであるとすれば，裁判所の確立した解釈は立法上の原理に法の世界で実質的効力（valeur effective）を与えるものである[25]」。

たしかに，事後審査制導入の際に，憲法制定権者が念頭に置いていたのは，法律に対する事後的ではあるが「抽象的な」違憲審査である。これは，「議会が制定した法文」の審査を前提とするものである。しかし，それでは，訴訟当事者（justiciable）のみに提訴権を拡大した意味はないであろう。先のイタリアの判決の引用を受けて，憲法院の解説は次のように述べている。「訴訟当事者は，自らが当事者となる訴訟で適用されるものと区別された規範，つまり思弁の世界に属する抽象的な規範を争う権利を認められたのではない。QPC を提起する申立人は，解釈又は適用された法律規定，すなわち裁判所の確立した解釈が付与する実質的効力を考慮した法律規定の合憲性審査を求める権利を有するのである」。

3　「生ける法」をめぐる諸問題

(イ)　「生ける法」の認定問題

しかし，「生ける法」理論の導入には，困難な問題も伴う。それは，何が「生ける法」なのか，そして誰がそれを決めるのか，という問題である。

違憲審査を行う場合，憲法院は審査対象となる法律の意味を確定する必要が

---

[23] *Les Cahiers du Conseil constitutionnel*, Cahier n° 30（憲法院ＨＰを参照）．事後審査制に関するすべての判決には解説が添付されており，それらはＨＰで見ることができる。

[24] 日本でも，憲法 81 条は「米国憲法の解釈として樹立せられた違憲審査権を，明文をもって規定した」と判示した最高裁判決（最大判昭和 23 年 7 月 8 日刑集 2 巻 8 号 801 頁）があるが，その異例さはあまり指摘されていない。フランス憲法院とは異なり，この説示が判決本文でなされたにもかかわらず，である。

[25] Corte constituzionale, Sentenza 15 Giugno 1956, 3/1956, § 6.

147

第Ⅱ部　各国の憲法裁判の諸相

ある。しかし，法律解釈権は従来，国の法秩序の統一の任務をゆだねられた最上級裁判所に属すると考えられてきた。そこで，違憲審査を行う憲法院は，通常裁判所の法解釈を前提としなければならないのか，あるいは独自に法解釈を行ってもよいのかという問題が生じる[26]。これは，憲法裁判所と通常裁判所との間での法律解釈権をめぐる論争である。これはどちらの裁判所の法律解釈が違憲審査の対象となるかをめぐる争いでイタリアでは「解釈争議[27]」と呼ばれており，1960年代に憲法裁判所と破毀院との間で激しい権限争いが行われたようである[28]。

　この点について憲法院は上記2判決で，「裁判所の確立した解釈」を審査対象にすると述べており，通常裁判所の法解釈を尊重する姿勢を見せている。つまり，「確立した」法解釈である限り，憲法院はコンセイユ・デタおよび破毀院の法解釈を「真正な（authentique）[29]」解釈として取り扱う。

　そこで問題となるのは，「確立した（constant）」の意味である。ドミニク・ルソー（パリ第1大学教授）は，今後の議論や判例の蓄積にゆだねられるとしながらも，「constant」には，「一定の certain」期間を要するという意味にも，「安定した stabilisé」という意味にも受け取れると述べている[30]。実際，憲法院2010年10月6日判決では，2007年の破毀院判決が示した民法365条解釈を対象として違憲審査を行った。その際憲法院は，2007年判決以来，破毀院が上記解釈を「一貫して（de manière constante）」維持してきたと認定している（第3段）。憲法院はこの点に，同条の規範内容が破毀院判決によって実質的に変更された根拠を見いだしている。また，一定の時の経過という面でも問題はないように思われる。その意味で憲法院が「確立した解釈」であると認定

[26]　憲法院が独自に法律解釈を行うことは可能であり，かつ，憲法院自らがそれを認めている。「解釈留保（réserves d'interprétations）」という手法がそれである。

[27]　Gustavo Zagrebelsky, « La doctrine du droit vivant et la question de constitutionnalité », *Constitutions: Revue de droit constitutionnel appliqué*, nᵒ 1, 2010, p. 13. 同論文では「conflit d'interprétations」と記されている。なお，著者のザグレベルスキは，イタリア憲法裁判所長官経験者である。

[28]　これは，「2つの裁判所間の戦争」と呼ばれているようである（Zagrebelsky, « La doctrine du droit vivant et la question de constitutionalité », *ibid.*）。

[29]　Rousseau, « L'art italien au Conseil constitutionnel : les décisions des 6 et 14 octobre 2010 », *op. cit.*, p. 14.

[30]　Dominique Rousseau, « Le Conseil constitutionnel, Cour suprême? », *Regards sur l'actualité; Conseil constitutionnel et QPC : une rénovation?*, nᵒ 368, 2011, p. 42.

148

第6章　フランス憲法院への事後審査制導入の影響

したことは正当であろう。

　しかし，憲法院 2010 年 10 月 14 日判決は少し事情が異なるように思われる。同判決では，対象となる法律が特定の会社と農業大臣との間の個別的な法律関係を定めるものであるに過ぎず，さらに対象となるコンセイユ・デタ判決が下されたのは上記憲法院判決のわずか 1 年前（2009 年）であった。逆説的に，個別事項だからこそ，一度の判断でかつ短期間でも「確立した」と言いうるのかもしれない。

　しかし，同判決で考慮されるべきは，前提となったコンセイユ・デタの判断が法律の内容ではなく，徴収行為の性質決定（qualification）の問題であったことである。憲法院 2010 年 10 月 6 日判決のように，法律の効力範囲が裁判所によって変更された場合，その後の事件や裁判で当該解釈が維持されているか，あるいは当初の法律とも裁判所の先例とも異なる第 3 の解釈が提示されていないかが重要な意味をもつであろう。このため，一定期間の経過や安定性が要求されるのは仕方がないであろう。これに対して，法的性質に関する評価は，契約上の義務か税法上の義務かという選択の問題である。このような場合，事案による判断の違いが認められる余地がないため，1 回の態度決定でも「確立した」と言えるのであろう。そうすると，「確立した」解釈かどうかは，解釈対象の性格を考慮に入れて判断されるべきことになる。

(ロ)　「生ける法」理論の適用問題

　逆に，「生ける法」理論の適用が，訴訟当事者の権利保障を阻害することもある。憲法院 2010 年 9 月 22 日判決[31]がこのことを示している。都市計画法 L332-6-1 条は，市町村が建築許可を与える際に，その受益者である建築者に対して，当該土地の面積の 10% を限度として土地の無償譲渡を義務づけていた。そこで原告は，同条が土地の収奪（dépossession）を認めるものであるとして，所有権の不可侵を定めた 1789 年人権宣言 17 条に違反すると主張した。

　同条についてはすでに，コンセイユ・デタが欧州人権条約に違反するものではなく，所有権を侵害するものではないとの判断を下していた[32]。そこで原告は，当該都市計画法の合憲性の問題を提起したのであるが，その実質はコンセイユ・デタの法解釈の合憲性を争うものであった。

---

(31)　Conseil constitutionnel, décision du 22 septembre 2010, n° 2010-33 QPC, *Recueil des décisions du Conseil constitutionnel*, p. 245.

(32)　Concseil d'État, 11 février 2004, n° 211510, *Schiocchet, Recueil Lebon*, p. 65.

第Ⅱ部　各国の憲法裁判の諸相

「生ける法」の理論をここでも適用するならば，憲法院は前記コンセイユ・デタの法解釈を審査対象として，その合憲・違憲を判断すべきであろう。

しかし，憲法院はコンセイユ・デタの法解釈を前提としなかった。本件の争点を立法府の消極的無権限[33]（立法不作為）の問題であると組み替えた上で，同条が憲法34条に違反すると判断した。すなわち，都市計画法典には「同項〔L332-6-1条のこと〕が1789年宣言17条を侵害しないように保障するいかなる法律規定も存在しない。それゆえ，立法者は自らの権限の範囲を正しく評価していなかった。したがって，申立人が提起するその他の事由を審査することなく，都市計画法典L332-6-1条は憲法に違反する」，と判断した。

この判決について，ベルトラン・マチゥ（パリ第1大学教授）は，憲法院が申立人の主張に従いコンセイユ・デタ判決が示した「生ける法」を前提としていたならば，問題となった都市計画法典の規定は，所有権行使の制限を伴う単なる「建築権規制（réglementation du droit de construire）」として正当化され，人権宣言17条の所有権侵害の問題は生じなかったであろうと指摘している。つまり，憲法院が「生ける法」理論に従わず，立法者の消極的無権限の問題に組み換えたことによって，当事者の所有権が実質的に保護されたことになる。

そして，この判決から導かれる教訓としてマチゥは，「『生ける法の理論』の採用によって，破毀院と憲法院との間に生じる潜在的紛争は解決されるが，しかし，それは訴訟当事者の権利および自由の尊重を犠牲にして行われてはならない[34]」と述べて，同理論がプラグマティックに適用されるべきであると主張している。

このことは，憲法院が独自の法解釈を行うべきことを意味するが，それによって今度は，通常裁判所の法律解釈権に抵触しないかどうかというより大きな問題が生じる。そうすると，憲法院と通常裁判所との間で，イタリアのような「解釈権闘争」が繰り広げられるであろう。果たして，事後審査制導入にあたって，2008年の憲法改正権者はそこまでの事態を予測していたのだろうか。

---

[33]　立法府の消極的無権限（incompétence négative du législateur）とは，「立法府が憲法34条によって付与された権限を十分に行使せず，規則制定権又は行政機関に委ねること」である（Guillaume Drago, *Contentieux constitutionnel français*, 3e éd., PUF, 2011, p. 389-381）。

[34]　Mathieu, « La question de l'interprétation de la loi au cœur de la QPC », *op. cit.*, p. 2039.

150

第6章　フランス憲法院への事後審査制導入の影響

4　おわりに

　本章では，先例となる2つの判決を取り上げて，事後審査制導入に伴って憲法院が直面した問題について，簡単な紹介と検討を行った。憲法院はその後，2011年2月4日判決[35]と2月11日判決[36]においても，上記2判決と同様に，訴訟当事者が「裁判所の確立した解釈」の合憲性を争えるという判断を繰り返した。いまや，裁判所の法解釈が事後審査の対象となるという判断そのものが，憲法院判例で確立されたと言えよう。

　このようなフランスの動向から得るべきものはあるか。

　フランスの憲法院とは異なり，日本の最高裁判所は，司法裁判所として通常訴訟の上告審であると同時に，違憲審査権を行使する最終審でもある。最高裁は，自らの法解釈の合憲性を自ら判断できる立場にある。それゆえ，日本では，最高裁の法解釈が憲法に違反するとしても，それを審査する別の機関（憲法裁判所）が存在しないために，フランスで生じたような実務的・理論的な問題は起こり得ない。

　ただ，それでもフランスの実例からあえて示唆を引き出すとすれば，司法権と違憲審査権を一つの裁判所に同時に行使させる司法審査制度とは異なり，独立の憲法裁判機関を擁する憲法裁判制度では，司法権の行使についても憲法の統制を及ぼすことができる，ということであろう。

---

[35]　Conseil constitutionnel, décision du 4 février 2011, n° 2010-96 QPC, Journal officiel du 5 février 2011, p. 2354.

[36]　Conseil constitutionnel, décision du 11 février 2011, n° 2010-101 QPC, Journal officiel du 12 février 2011, p. 2758.

151

第7章

イタリアにおける憲法裁判所と国会

田 近　肇

1　はじめに

　憲法規範の実効性を確保するため，あるいは基本的諸権利の擁護のために，法律の合憲性統制の制度を設けることは——具体的な制度のあり方は多様だとしても——，今日，各国の憲法が共通して採用するところとなっている。では，そのような法律の合憲性統制の作用は，憲法が定める政治システムにおいてどのように性格づけられ，その任を担う機関は，他の諸機関との関係でどのように位置づけられるのであろうか。

　この問いは，司法裁判所が違憲審査権を有する制度の下であれ，特別に憲法裁判所を設ける制度の下であれ，問題となりうる。とはいえ，政治システムにおける法律の合憲性統制機関の位置づけを考える際の枠組みは，言うまでもなく，前者の場合と後者の場合とでは異なる。なぜなら，前者の場合，政治部門（立法府及び行政府）と司法裁判所という2つの要素を措定して両者の関係が検討されるのに対し，後者の場合には，政治部門と憲法裁判所のほか，一般裁判所（通常裁判所及び行政裁判所）という第三の要素が付け加わり，憲法裁判所と政治部門との関係及び憲法裁判所と一般裁判所との関係をそれぞれ別途検討することが必要となるからである。

　実際，憲法裁判所型の合憲性統制の制度を有するイタリアでは，政治部門との関係及び一般裁判所との関係の両方について論争が繰り広げられてきた。その背景として，イタリアでは，従来，法律の合憲性の統制は，前提問題型の合憲性の裁判（ドイツでいう具体的規範統制に類似した制度）を中心にして行われてきたという事情がある。憲法裁判所の裁判は，この型の合憲性の裁判において も，一般裁判所から提起された合憲性の問題それ自体を対象としており，具

153

第Ⅱ部　各国の憲法裁判の諸相

体的な事件の解決を目的としているわけではない。しかし，憲法裁判所として
は，具体的事件を抱えた一般裁判所から，その具体的事件の前提問題である合
憲性の問題の解決を求められている以上，その一般裁判所に対し，具体的事件
を解決するうえで従うべき規範を示さなくてはならない[1]。その結果，憲法裁
判所の活動もまた，現実には，具体的事件の解決のための規範を法秩序のうち
に探求する活動という意味での「解釈」[2]に重きをおかざるをえないのである。

　さらに，憲法裁判所に求められる役割が変化してきている。憲法制定の時点
では，憲法裁判所に求められていたのは，ファシズム期の立法に対抗する役割
であった。それゆえ，発足の当初にあっては，憲法裁判所は，単純な違憲判決
（「認容判決〔sentenza di accoglimento〕」と呼ばれる）又は合憲判決（「棄却判決
〔sentenza di rigetto〕」と呼ばれる）によって合憲性の問題を解決すれば足りた。
しかし，今日，常に単純な違憲判決によって問題を解決しうるわけではない
（日本の例になるが，国籍法違憲判決を想起されたい）。その結果，憲法裁判所は，
事件を解決するうえで従うべき規範を一般裁判所に提示する必要に応えるため，
解釈的判決（sentenza interpretativa）や操作的判決（sentenza manipolativa）と
いった多様な判決手法を編み出してきたのである。

　しかし，このように憲法裁判所が「解釈」に強い関心を寄せ，解釈的判決・
操作的判決といった判決手法を用いることでその権限を「拡張」してきたこと
は，政治部門又は一般裁判所との間に緊張・対立関係を生む原因ともなった。
解釈的判決とは要するに法律等の規定に関して論理的に可能な複数の解釈のう
ち特定の解釈を合憲（解釈的棄却判決）又は違憲（解釈的認容判決）と判断する
手法であるが，もし憲法裁判所が法律等の規定について特定の解釈のみを是認
し，その解釈に従うよう一般裁判所に求めるとすれば，それは従来一般裁判所
が有していた法律等の解釈権を侵すものではないかが問題となる。実際にこれ
が憲法裁判所と破毀院との間で争われたのが 1960 年代の解釈権論争である。
ただ，解釈権論争についてはすでにわが国で紹介がなされているので[3]，ここ
ではこれ以上取り上げない。これに対し，「解釈」を通じて法律等の規定の規

---

[1]　Gustavo Zagrebelsky & Valeria Marcenò, *Giustizia costituzionale*, il Mulino, 2012, p. 397.

[2]　Vedi Zagrebelsky & Marcenò, *op. cit.*, p. 338.

[3]　井口文男「合憲性判断の手法とその拘束力」大石眞ほか（編）初宿正典先生還暦記念論文集『各国憲法の差異と接点』（成文堂，2010 年）359 頁（368 頁）。

第 7 章　イタリアにおける憲法裁判所と国会

範に実質的な変動を与える操作的判決をめぐっては，主として政治部門との関係で，そうした手法に訴えることがそもそも許されるのかが問われてきた。

　本章では，この操作的判決という判決手法に着目して，イタリアにおける国会と憲法裁判所との関係を考察する。国会との関係で憲法裁判所が統治機構上どのように位置づけられるかという問いに，ごく常識的かつ直感的に答えるとすれば，「憲法裁判所が行う作用は立法作用でも純粋な裁判作用でもない混成的な性格の作用であり，それゆえ憲法裁判所は立法機関と純粋な裁判機関の中間的な地位を有する」[4]ということになろう。では，憲法裁判所は，「立法機関」と「純粋な裁判機関」との間のどこに位置するのだろうか。

2　憲法裁判所の審査と国会の裁量権

1　国会の政策判断の審査の禁止

　本題に入る前に，憲法裁判所は，国会の政策判断に代わる政策判断を自ら行うことはできないことを確認しておこう。この点につき，1953 年 3 月 11 日法律第 87 号 28 条は，次のように定めている。「法律又は法律の効力を有する行為に対する憲法裁判所の合憲性の統制は，政治的性質を有する評価及び国会の裁量権の行使に対する審査をしてはならない」，と。

　この規定は，憲法裁判所は「国及び州の法律及び法律の効力を有する行為の合憲性に関する争い」（傍点・筆者）を裁判すると定める憲法 134 条の規定を受けて，憲法裁判所の審査の対象は法律等に違憲の瑕疵があるか否かに限られ，法律等の当・不当の判断（giudizio di merito）に及ぶものではないことを明らかにし[5]，憲法裁判権の「限界」を示したものであると説明される[6]。

　1953 年法律第 87 号のこの規定は，もともとは，憲法典に挿入すべく憲法制定議会に提出された提案——ただし，結果的には採用されなかった——に由来

---

(4)　Vedi Elena Malfatti, Saulle Panizza & Roberto Romboli, *Giustizia costituzionale*, 3ª ed., G. Giappichelli, 2011, p. 308.

(5)　Francesco Saverio Marini, *Appunti di giustizia costituzionale*, G.Giappichelli, 2005, p. 38.

(6)　Antonio Ruggeri & Antonino Spadaro, *Lineamenti di giustizia costituzionale*, 5ª ed., G. Giappichelli, 2014, p. 102.

155

第Ⅱ部　各国の憲法裁判の諸相

するもののようである[7]。その提案については，次のような説明がなされていた。「憲法裁判所は，憲法違反を理由として訴えを裁判する。立法行為に対する当・不当の判断はどんなものであれ排除される。……〔しかし，〕憲法の原案が合憲性の裁判について用いている一般的表現は，……裁量にかかわる評価をもたらす審査も憲法裁判所の裁判に含まれるものと解釈することができる。〔そのような審査を憲法裁判所ができるとしたら〕法律家によって構成される裁判機関であるべき憲法裁判所を，我われの意図に反して，超国会（super-Parlamento）すなわち政治機関へと変えてしまうであろう」と。ただし，具体的にどのような審査が「政治的性質を有する評価」や「国会の裁量権の行使に対する審査」に当たるのかは憲法裁判所自身によって特定されることになるから，その意味では，この規定は，憲法裁判所の自制（autocontrollo）を求めたものということができる[8]。

　「政治的性質を有する評価」の禁止というと，統治行為論ないし政治問題の法理がつい連想されるが，イタリアでは，「政治的性質（natura politica）」という語は，政策判断を意味するものと理解されてきたようである。憲法裁判所1957年1月26日判決第28号[9]は，1950年5月23日法律第253号10条が住居として使用される不動産の賃貸借契約と住居以外の目的で使用される不動産の賃貸借契約とで借主の保護に関して異なる取り扱いを定めていることが，憲法3条（平等原則）に違反しないかが争われた事例である。本件で，憲法裁判所は，憲法3条は「立法者が，異なると判断した状況を規律するため，異なる規範を定めること」までも禁止するものではないとしたうえで，「状況の違いが重要であるという評価は，立法者の裁量権に留保されざるをえず，……規律の違いと規律される状況の違いとが対応しているかの究明は，政治的性質を有する評価，又は少なくとも国会の立法裁量の行使に対する審査を伴うことになろう」（傍点・筆者）と述べ，合憲性の問題には理由がないとして斥けている。

　住居用不動産の借主をその他の不動産の借主よりも強く保護することは，どうみても――わが国の統治行為論に倣っていえば――高度の政治性を有する問題でなく，単なる「国会の裁量権の行使」によるものにすぎない。このように，イタリアでは，「政治的性質を有する評価」の禁止と「国会の裁量権の行使に

---

(7)　Zagrebelsky & Marcenò, *op. cit.*, p. 244.

(8)　Zagrebelsky & Marcenò, *op. cit.*, p. 245.

(9)　Sentenza Corte cost., 26 gennaio 1957 n. 28, in *Giur.cost.* 1957, p. 398.

第7章　イタリアにおける憲法裁判所と国会

対する審査」の禁止とは必ずしも区別されていないようにみえる。

　もっとも，憲法裁判所の判例上，高度の政治性を理由に合憲性の問題が斥けられた例もないわけではない。その典型と言われるのが，憲法裁判所1968年7月2日判決第111号[10]である。本件では，スペイン内戦における功績を理由として国家義勇軍の所属員に付与された戦功章の撤回と年金及び功労金の停止を定める1945年8月21日国王代行命令第535号の規定の合憲性が争われた。憲法裁判所は，戦功章の撤回は「ファシズムの義勇軍の所属員がスペイン内戦で行った活動についての純然たる政治的性格の評価」によるものであり，「そのような評価は，当時の法秩序が示す限度内で立法者に与えられた裁量権の行使として立法者が行ったものであるから，当裁判所の審査を免れる」として，合憲性の問題には理由がないと判示している[11]。

　ただ，この判決に対しては，端的にアメリカ法にいう政治問題の法理に類似した発想によるものと理解すべきであるとする有力な学説がある[12]。この論者は，本判決の結論を1953年法律第87号28条によって正当化することはできないと指摘し，むしろ，アメリカ合衆国憲法とイタリア憲法との文言及び構造の違いにかかわらず政治問題の法理に類似した発想をイタリア憲法に取り入れることは可能であり，そのような意義を有するものとして本判決を理解すべきだと主張するのである。この学説に従えば，1953年法律第87号第28条にいう「政治的性質を有する評価」の禁止は，政治問題の法理とは無関係だということになる。

　いずれにせよ，「政治的性質を有する評価」と「国会の裁量権の行使に対する審査」を禁止する1953年法律第87号28条の規定は，政治の「完全な裁判化（giurisdizionalizzazione）」[13]ないし「過剰な憲法化（eccesiva saturazione giuridico-costituzionale）」[14]を避け，国会による裁量的な政策判断の余地を確保する

---

[10]　Sentenza Corte cost. 2 luglio 1968 n. 111, in *Giur.cost.* 1968, p. 1740.

[11]　なお，このような場合に，手続的判決（合憲性の問題の提起は不適法との却下判決）と本案判決（合憲性の問題には理由なしとの棄却判決）とのどちらを下すべきかという問題があり，憲法裁判所の処理の仕方は必ずしも一貫していないという指摘がある。Clelia Piperno, *La Corte costituzionale e il limite di political question*, Giuffrè, 1991, p. 159.

[12]　Leopoldo Elia, La guerra di Spagna come «fatto ideologico»: un caso di «political question»?, in *Giur. cost.* 1968, p. 1749.

[13]　Malfatti et al., *op. cit.*, p. 308.

[14]　Zagrebelsky & Marcenò, *op. cit.*, p. 244.

157

第Ⅱ部　各国の憲法裁判の諸相

ため，憲法裁判所に対し一定の自制を求めているのである。

2　憲法裁判所の審査の拡大

　しかしながら，現実には，憲法裁判所は，国会による裁量的な政策判断を前に，ただ沈黙してきたわけではない。むしろ，憲法裁判所は，その自制のあり方について，「立法裁量の行使がまったく恣意的で不合理であることが明白な場合を除き」，政治的性格を有する問題や立法裁量の行使に属する問題は審査しないという定式化を行い[15]，立法に合理性（ragionevolezza o razionalità）が欠けているときには立法権の踰越（eccesso di potere legislativo）の瑕疵があると認定することによって，国会の裁量的な政策判断にかかわるようにみえる問題にも積極的に介入してきた[16]。

　立法者が裁量権を行使して行った選択が「不合理」か否かという審査は，何よりも，平等原則に対する違反が争われた事案で発展してきた。平等原則が「事情が等しい場合には等しく取り扱い，事情が異なる場合には異なる取扱いをする」ことを要請することには異論がない。ただ，その違反が問題となる場合には常に，異なる取扱いを正当化するほど事情が異なるのかどうかが争われ，そうした評価は——先の憲法裁判所 1957 年判決第 28 号からも明らかなように——立法者に属すると理解されてきた[17]。反面で，立法者によるこの評価を憲法裁判所はおよそ審査することができないとすれば，憲法 3 条の規範は，その実効性を失ってしまうことになろう。それゆえ，平等原則の分野で，合理性の審査を通じて憲法裁判所が立法者の裁量判断にも介入するというやり方が発展してきたのは，自然な成り行きだったのかもしれない。

　さて，この分野における憲法裁判所のそうした介入は，まず，ある法律それ自体における立法者の判断に一貫性があるか否か，目的と手段とが対応しているか否を審査するという形で始められた。憲法裁判所 1958 年 7 月 14 日判決第 53 号[18]がその嚆矢とされるが[19]，法律の矛盾のなさ（non contraddizione）が初

---

[15]　Malfatti *et al.*, *op.*cit., p. 313.

[16]　Ruggeri & Spadaro, *op.*cit., p. 103.

[17]　Vedi anche sentenza Corte cost. 26 gennaio 1957 n. 3, in *Giur.cost.*, 1957 p. 11.

[18]　Sentenza Corte cost. 14 luglio 1958 n. 53, in *Giur.cost.*, 1958, p. 603.

[19]　Vezio Crisafulli, Ancora in tema di egualianza, in *Giur.cost.*, 1959, p. 745; Ruggeri e Spadaro, *op. cit.*, p. 117.

めて明示的に論じられたのは，憲法裁判所 1959 年 7 月 9 日判決第 46 号[20]にお
いてである。本件は，ヴェネト及びフリウリの小作契約（livello）について他
とは異なる取扱いを定める 1958 年 2 月 15 日法律第 74 号の規定が憲法 3 条に
反しないかが争われた事例であり，憲法裁判所は，結果的には本件の合憲性の
問題には理由がないとしてこれを斥けている。しかし，憲法裁判所は，その別
異取扱いを定めた立法者の政策判断をただ是認したわけではない。憲法裁判所
はむしろ，同法の規定がヴェネト及びフリウリの小作契約を部分的には一般的
な永代小作契約（enfiteusi）と等しく取り扱い，部分的にはこれと異なった取
扱いをしていることと，立法者がヴェネト及びフリウリの小作契約に対して
行った性格づけとの間に整合性があるかどうかを審査したうえで，両者の間に
は「矛盾はない」と判断したのである。

　その後，1980 年代に入ると，憲法裁判所は，合理性の審査に当たって比較
の第三項（tertium comparationis）という概念を用いるようになった[21]。つまり，
争われている法律の規範が憲法 3 条に反しないかを単純に検討する（二要素に
よる審査方法）のではなく，類似した状況を規律する他の法律の規範を参照し，
これと争われている規範とを比較することを通じて合理性を審査する手法（三
要素による審査方法）である[22]。

　この手法を最初に用いたとされるのが，憲法裁判所 1980 年 1 月 25 日判決第
10 号[23]である。本件の原裁判は，国の行政機関から州の行政機関へと所属換え
になった公務員が，州機関での配置において以前の職場で有していた地位が考
慮されなかったことを不服として提起した訴訟であり，その中で，公務員の配
置に当たり以前の職場における地位を考慮して異なる取扱いをすることを禁じ
たラツィオ州及びカンパーニャ州の法律の規定が，事情の違いにもかかわらず
等しい取扱いを強いるものとして平等原則に反しないかという合憲性問題が提
起されていた。憲法裁判所は，「平等原則に関する合憲性の評価は，……不合
理な規定を立法者が定めたかどうかを決めるため，……争われている規範を他
の規範と対照することを必要とする」と，三要素から成る構造（struttura
triadica）の下で合理性を審査することを明らかにし，本件の合憲性問題の提

---

(20)　Sentenza Corte cost. 9 luglio 1959 n. 46, in *Giur.cost.*, 1959, p. 743.

(21)　Ruggeri & Spadaro, , *op. cit.*, p. 118.

(22)　Zagrebelsky & Marcenò, *op. cit.*, p. 199; Ruggeri e Spadaro, *ibidem*.

(23)　Sentenza Corte cost. 25 gennaio 1980 n. 10, in *Giur.cost.*, 1980, parte prima, p. 67.

第Ⅱ部　各国の憲法裁判の諸相

起においてはそのような対照，つまり「問題の規律と，国又は州の他の立法上
の規律によって構成される第三項との間の相違」が示されていないとして，本
件の合憲性の問題を斥けている。

　比較の第三項を用いた合理性の審査に関しては，近時の憲法裁判所は，一方
では，合憲性の問題を提起する一般裁判所の裁判官が安易に比較の第三項に訴
えることに抑制的であると言われ，他方では，この審査方法を越えて，実質的
には当・不当の審査に近い合理性の審査を行う傾向もあると言われるが[24]，今
なお，こうした三要素による合理性審査の方法が憲法裁判所によって用いられ
ていることには，疑いはない[25]。

　いずれにせよ，比較の第三項を用いた合理性の審査もまた，法律に一貫
性・整合性があるかどうかを審査するものだということができる。ただし，
それまでの審査方法が，問題となっている法律内部の矛盾を問題とするもの
なのに対し，比較の第三項を用いた審査は，問題とされた法律とこれに類似
した他の法律との間に論理的な矛盾が存在するか否かを問うものであるか
ら[26]，法秩序ないし法システム全体における一貫性を問題とするものという
ことができよう。そして，別異の取扱いを定めるという立法者の選択が「シ
ステムにおいて調和しえない場合，つまり，規律の違いが共通の原理の下で，
種と種との関係，属と種との関係，原則と例外との関係，永続的なものと一
時的なものとの関係……などとして説明できない場合には，一貫性はない」
とされる[27]。

　このように一方では立法者の裁量を承認しつつも，他方では合理性の審査を
通じて実質的には「国会の裁量権の行使」の審査が行われることについて，学
説は，憲法裁判所による合理性の審査は「立法者が依拠する実質的評価基準を
上回る実質的評価基準を利用する」ものではないことを根拠として正当化して
いるようにみえる[28]。つまり，合理性の審査は，国会の裁量的な政策判断に代
わる別の政策判断を憲法裁判所が行うという意味での「国会の裁量権の行使」

---

[24]　Ruggeri & Spadaro, *op. cit.*, pp. 118 e 120.

[25]　Vedi, per es., sentenze Corte cost. 7 maggio 2008 n.160, in *Giur.cost*, 2008, p. 1930 e
　　　Corte cost 21 maggio 2008 n. 191, in *Giur cost*, 2008, p. 2207.

[26]　Zagrebelsky & Marcenò, *ibidem*.

[27]　Zagrebelsky & Marcenò, *ibidem*.

[28]　Zagrebelsky & Marcenò, *ibidem*.

第7章　イタリアにおける憲法裁判所と国会

の審査ではなく，それゆえに，国会の立法裁量を侵すものではないと理解され
ているのである。

　別の言い方をすれば，合理性の審査は，立法者がその裁量権の行使を通じて
形成した法秩序の内部的な視点に立って，その法秩序の論理に「破綻」がない
かどうかという評価を行うものである。立法者は，時として，法秩序の整合性，
首尾一貫性，体系性に関して不注意なことがありうるのであり，そうした場合
に，憲法裁判所が法秩序のうちに存在する論理の破綻を取り除くことは，法秩
序をいわば補完するものとして，立法者の裁量権の行使に「反する」というよ
りは，これに「資する」ことになると理解されているのである[29]。

　以上の合理性の審査それ自体は，操作的判決と直接の関連を有するわけでは
ない。しかし，憲法裁判所の権限と立法権との関係について，憲法裁判所が自
ら政策判断を行うのでなく，法秩序の整合性・一貫性を維持すべくこれを補完
する場合には，積極的に権限を行使することが許されるという発想は，次に検
討する操作的判決の正当化にもみられる。

3　操作的判決と立法権

1　操作的判決

　さて，冒頭で，今日憲法裁判所が下す本案判決は，単純な認容判決と棄却判
決とに限られず，多様な判決手法の一つとして，操作的判決と呼ばれる手法が
あることに触れた。操作的判決は，常に認容判決であり，さらに，一部認容判
決（sentenza di accoglimento parziale），追加的判決（sentenza additiva），代替的
判決（sentenza sostituiva）に分けられる[30]。

　一部認容判決とは，法律等の規定に含まれる規範のうち特定のものを違憲と
宣言するものをいう。この場合，判決の主文で，「……と定めている部分にお
いて（nella parte in cui prevede ...）違憲である」という宣言がなされる。この手
法が用いられた一例として，憲法裁判所 1995 年 10 月 18 日判決第 440 号[31]を

---

[29]　Vedi Zagrebelsky & Marcenò, *ibidem.*

[30]　一部認容判決の位置づけに関して，学説の中にはこれとは異なる整理もみられる。
　　Per es., Malfatti *et al.*, *op. cit.*, p. 135. ここでは，Zagrebelsky & Marcenò, *op. cit.*, pp.
　　390ss; Ruggeri & Spadaro, *op. cit.*, p. 169 の整理に従った。

161

第Ⅱ部　各国の憲法裁判の諸相

挙げることができよう。本件で，憲法裁判所は，「罵詈雑言又は侮辱的な言葉によって，神又は国の宗教〔カトリック教のこと〕において崇拝されている象徴若しくは人を公然と冒瀆する者」を処罰する旨を定めた刑法典724条1項の規定につき，カトリック教のみを保護の対象とすることは憲法3条及び8条1項（すべての宗派の平等な自由）に反するとして，この規定のうち，宗教的感情の刑事上の保護に関し宗派に基づいて取扱いの差異を設けている，「国の宗教において崇拝されている象徴若しくは人」という部分を違憲と判断している。

　追加的判決とは，法律等の規定が憲法上定められるべき規範を含んでいないという点で，その規定を違憲と宣言するものをいう[32]。この場合，憲法裁判所は，ある規定が「……と定めていない部分において（nella parte in cui non prevede …）違憲である」と宣言し，それによって，立法の怠慢又は欠缺（ommissione o lacuna）を統制することができる。その具体例の一つとして，憲法裁判所1979年10月2日判決第117号[33]が挙げられる。本件は，証人の宣誓において裁判官が証人に対し「宣誓の道徳的重要性及び宗教的重要性」を説諭し，「宣誓によって神の前で負う責任」の自覚の下に宣誓させることを定めた民事訴訟法典251条2項の規定が消極的な信教の自由（憲法19条参照）に反しないかどうかが争われた事例である。本件で，憲法裁判所は，証人が宗教の信者である場合に限定せずにこの宣誓方式がとられることを問題視して，この規定は「『信者である場合には』という挿入句を含んでいない部分において」違憲であるという判決を下している（図を参照）。

　最後に，代替的判決とは，法律等の規定が憲法上定めるべき規範を定めずに，それとは異なる規範を定めている点で，その規定を違憲と宣言するものである[34]。この場合，憲法裁判所は，ある規定が「YではなくXと定める部分において（nella parte in cui prevede X anziché Y）」違憲であると宣言する。この型の判決は，その構造としては，規範を定めている部分についての一部認容判決と，定めるべき規範を定めていない部分についての追加的判決との複合的な判決と

---

(31)　Sentenza Corte cost. 18 ottobre 1995 n. 440, in *Giur. cost.*, 1995, p. 3475.

(32)　Zagrebelsky & Marcenò, op.cit., p.392; Ruggeri & Spadaro, *op. cit.*, p. 170; Malfatti *et al.*, *ibidem*.

(33)　Sentenza Corte cost. 2 ottobre 1979 n.117, in *Giur.cost.*, 1979, parte prima, p. 816.

(34)　Zagrebelsky & Marcenò, *op.cit.*, p.393; Ruggeri & Spadaro, *op. cit.*, p. 177; Malfatti *et al.*, *op. cit.*, p. 136; Marini, *op. cit.*, p. 67.

第7章　イタリアにおける憲法裁判所と国会

〈図〉　操作的判決による規範の変動

【追加的判決の例（憲法裁判所 1979 年 10 月 2 日判決第 117 号）】
◎民事訴訟法典（1940 年 10 月 28 日勅令第 1443 号）251 条 2 項の規定は，a 及び b の挿入句を含んでいない点で違憲である。
〔追加がなされる前の規範（立法者が定めた法文）〕

「予審判事は，証人に対し，宣誓の道徳的重要性及び宗教的重要性並びに虚偽の陳述を行い又は隠し事をした場合の刑罰について説諭し，『宣誓によって，人々に対して負う責任と神の前で負う責任とを自覚し，真実を述べ，真実以外に何事も付け加えないことを誓いなさい』という定式を読み上げる。その後，証人は，起立して，『誓います』という語を発して，宣誓を行う。」
〔追加がなされた後の規範〕

「予審判事は，証人に対し，宣誓の道徳的重要性及び[a]信者である場合には宗教的重要性並びに虚偽の陳述を行い又は隠し事をした場合の刑罰について説諭し，『宣誓によって，人々に対して負う責任と[b]信者である場合には神の前で負う責任とを自覚し，真実を述べ，真実以外に何事も付け加えないことを誓いなさい』という定式を読み上げる。その後，証人は，起立して，『誓います』という語を発して，宣誓を行う。」

【代替的判決の例（憲法裁判所 1995 年 5 月 4 日判決第 149 号）】
◎民事訴訟法典 251 条 2 項の規定（1979 年判決第 117 号による「追加」後のもの）は，① a'ではなく a と定めている点，② b'ではなく b と定めている点及び③ c と定めている点で違憲である。
〔代替がなされる前の規範〕

「予審判事は，証人に対し，[a]宣誓の道徳的重要性及び信者である場合には宗教的重要性並びに虚偽の陳述を行い又は隠し事をした場合の刑罰について説諭し，[b]『宣誓によって，人々に対して負う責任と信者である場合には神の前で負う責任とを自覚し，真実を述べ，真実以外に何事も付け加えないことを誓いなさい』という定式を読み上げる。[c]その後，証人は，起立して，『誓います』という語を発して，宣誓を行う。」
〔代替がなされた後の規範〕

「予審判事は，証人に対し，[a']真実を述べる義務並びに虚偽の陳述及び隠し事をした場合の刑罰について警告し，[b']証人に対し，『証言することによって私が負う道徳的責任と法的責任とを自覚し，私の知る限りですべて真実を述べ，何ごとも隠さないことを約束します』と明言するよう促す。」

〔参考〕刑事訴訟法典（1988 年 9 月 22 日共和国大統領令第 447 号）497 条 2 項

「尋問を始める前に，裁判長は，証人に対し，真実を述べる義務について警告する。裁判長はさらに，証人が 14 歳に満たない者である場合を除いて，証人に対し，虚偽の陳述を行い又は隠し事をした場合に関して刑事法律が定める責任について警告し，証人に対し，『証言することによって私が負う道徳的責任と法的責任とを自覚し，私の知る限りですべて真実を述べ，何ごとも隠さないことを約束します』と明言するよう促す。……」

163

第Ⅱ部　各国の憲法裁判の諸相

みることができる。

　この代替的判決の手法が用いられた例として，憲法裁判所 1995 年 5 月 4 日判決第 149 号[35]がある。本件は，民事訴訟において証人が宗教上の理由からいかなる宣誓もできないとして証人宣誓を拒否した事案において，再び民事訴訟法典 251 条 2 項の合憲性が問題とされた事例である。憲法裁判所は，1988 年の新刑事訴訟法典では，宣誓の方式に関し，証人の良心の自由に配慮して「宣誓する（giurare）」の語ではなく「約束する（impegnarsi）」の語が用いられていることを指摘して，民事訴訟法典 251 条 2 項の規定は，①「真実を述べる義務並びに虚偽の陳述及び隠し事をした場合の刑罰について警告し」ではなく，「宣誓の道徳的重要性及び信者である場合には宗教的重要性並びに虚偽の陳述を行い又は隠し事をした場合の刑罰について説諭し」と定めている部分において，②「証人に対し，『証言することによって私が負う道徳的責任と法的責任とを自覚し，私の知る限りですべて真実を述べ，何ごとも隠さないことを約束します』と明言するよう促す」ではなく，「『宣誓によって，人々に対して負う責任と信者である場合には神の前で負う責任とを自覚し，真実を述べ，真実以外に何事も付け加えないことを誓いなさい』という定式を読み上げる」と定めている部分において，及び③「その後，証人は，起立して，『誓います』という語を発して，宣誓を行う」と定めている部分において違憲であると判示した（図を参照）。

　いずれの型であるかを問わず，操作的判決に関しては，憲法裁判所が解釈によって規範を実質的に変動させるものであることに注意する必要がある。図のように操作的判決による規範の変動を文字で表すと，あたかも操作的判決によって法文の「書換え」がなされるかのような誤解を生むおそれがあるが，言うまでもなく，法律等の規定を形式的に改廃する権限は立法者にのみ属する[36]。それゆえ，憲法裁判所の操作的判決によっても法律等の規定が形式的に書き換えられるわけでは決してなく，操作的判決はむしろ，憲法裁判所が規範の実質的な排除又は追加を通じて法律等の規範を実質的に変動させるものだということになる[37]。

---

(35)　Sentenza Corte cost. 4 maggio 1995 n. 149, in *Giur.cost.*, 1995, p. 1241.

(36)　井口・前掲注(3)367 頁参照。

(37)　本稿では「追加的判決」及び「代替的判決」の語を直訳的に訳しているが，本文で述べたような意味では，井口・前掲注(3)374 頁が採用する「読み足し判決」「読み替え判

164

第7章　イタリアにおける憲法裁判所と国会

2　国会の立法権との関係

操作的判決という判決手法，とりわけ追加的判決と代替的判決という手法は，憲法裁判所が法律等の規定に含まれていない規範を新たに「創造」するもののようにみえる。それゆえ，操作的判決に関しては，裁判機関という憲法裁判所の性質とは無関係な立法作用を，国会の立法作用と並行して又はこれに取って代わる形で憲法裁判所が行うものではないかが問題とされる。また，憲法裁判所が「新たに」法秩序に導入すべき規範をその政治的評価に基づいて選択しているとしたら，そのことは，「政治的性質を有する評価及び国会の裁量権の行使に対する審査」の禁止を定めた 1953 年法律第 87 号 28 条にも抵触することになろう。

これらの問題に対し，通説的には，操作的判決は，詩韻の比喩を用いた説明（「題韻を踏んだ判決〔decisioni a rime obbligate〕」の理論）によって正当化がなされている。その代表的な論者によれば，詩作において踏むべき韻をあらかじめ定め，それに従って詩作を進める方法（題韻詩）があるが，立法においてもそれと同じように，踏むべき「韻」が憲法上定まっていて，それに従った立法がなされるべき場合があるとされ（「題韻立法〔legislazione a rime obbligate〕」），憲法裁判所が操作的判決によって行っているのは，題韻立法が問題となっているにもかかわらず韻に乱れがある場合に，正しい韻を踏むように立法を整えているにすぎないのだと説明される[38]。

立法という作用を，規範を自由に創造する作用という意味で捉えるとすれば，そのような作用が立法機関にのみ属し，憲法裁判所には属しないことは言うまでもない。では，操作的判決はどうかというと，この論者によれば，操作的判決による実質的な規範の変動は，そのような意味での立法作用とは異なるとされる。確かに，一見したところ，操作的判決は，憲法裁判所が法秩序に「新たな」規範を導入するもののようにみえる。しかし，その「新たな」規範という

決」という訳語の方が実はそれぞれの概念を正確に捉えているのかもしれない。

[38]　Vezio Crisafulli, La Corte costituzionale ha vent'anni, in Nicola Occhiocupo (a cura di), *La Corte costituzionale tra norma giuridica e realtà sociale*, il Mulino, 1978, p. 69. Vedi anche Vezio Crisafulli, *L'ordinamento costituzionale italiano: le fonti normative, la Corte costituzionale* (*Lezioni di diritto costituzionale*, tomo 2, 5ᵃ ed. interamente riveduta), CEDAM, 1984, pp. 402ss.

のは，現行の法システムに含まれる他の規範や原則，あるいは裁判の基準
（parametro）となる憲法規範から導き出されたものなのであり，それゆえ，憲
法裁判所は，操作的判決によって新たな規範を創造しているわけではなく，す
でに（潜在的には）法システムの内にあった規範を「発見」して「表現」して
いるにすぎない。したがって，操作的判決という手法は，憲法裁判所が国会に
代わって立法作用を行うものでも，憲法裁判所自身の政治的選択を押し付ける
ものでもないと説明されるのである。

　伊の民事訴訟法典 251 条 2 項を例にとれば，憲法裁判所が 1995 年判決第
149 号によってその規範を大きく変動させたことは確かである。しかし，憲法
裁判所が導入した規範は，憲法裁判所自身が無から創造した規範ではなく，す
でに刑事訴訟法典において立法者が選択した規範に由来している。そして，刑
事訴訟法典において立法者が選択した規範こそが憲法上「踏むべき韻」だと考
えられる以上，正しい韻を踏むように憲法裁判所が民事訴訟法典の規範を変動
させたとしても，それは，憲法裁判所がその任意の規範を自由に導入すること
とは区別されるということであろう。

　もちろん，この「題韻を踏んだ判決」という説明に対しては，その有効性に
疑問を投げかける有力な見解もある[39]。確かに韻を踏むか否かについては立法
者に選択の余地がないとしても，どの語によって韻を踏むかには選択の余地が
ありうるのであり，詩韻の比喩によっても問題が完全に解消するわけではない
からである。とはいえ，この有力な見解も，操作的判決という手法それ自体を
否定するわけではない。冒頭で触れたように，前提問題型の合憲性の裁判にお
いては，憲法裁判所は，法律等の規範を違憲と判断する場合，最終的には原裁
判の裁判官に対して具体的事件を解決するうえで従うべき規範を示す必要があ
り，この見解も，憲法裁判所がそのような規範を探究する中で，法秩序を構成
する諸原理が具体的な事案においてどのような意味を有するかを考慮しつつ，
それらの諸原理に照らして正当化される規範を積極的・創造的に導き出すこと
は許容されると説くのである[40]。

　いずれにせよ，我われ日本人の目から見ると，操作的判決という手法は，憲
法裁判所がその判決を通じて法秩序に「新たな」規範を導入するものであって，
憲法裁判所が国会の立法作用と並んで一種の立法作用——国会が有する立法作

---

[39]　Zagrebelsky & Marcenò, *op. cit.*, p. 396.

[40]　Zagrebelsky & Marcenò, *op. cit.*, p. 397.

第7章　イタリアにおける憲法裁判所と国会

用とまったく同じ性質の作用であるかどうかはともかく——を行うものというほかない。しかし，追加的判決や代替的判決という手法が用いられる場合というのは常に，立法の欠缺が立法者によって放置されたままであることが問題となっている場合なのであり，そうした場合，法秩序の補完を図るためには，立法者以外のいずれかの機関がなんらかの方法でその欠缺を埋めるほかない。操作的判決という手法は，立法者の怠慢を前に立法の欠缺を違憲と判断する憲法裁判所の宣言の実効性を確保するために用いられてきたのであり，憲法裁判所が国会の代理（supplenza）を務めているという言い方をするか[41]，法秩序の自己補完（auto-integrazione）という作用を法秩序自身から受託されたという言い方をするかはともかく[42]，イタリアでは，憲法裁判所が操作的判決を通じて立法の欠缺を埋め，法秩序を補完する作用を営むことは，いわば「幸いなる罪（culpa felix）」として許容されると考えられているのである[43]。

3　操作的判決の限界

(イ)　一般的限界

通説が行っているように「題韻を踏んだ判決」という説明によって操作的判決を正当化するとすれば，憲法裁判所がこの判決手法を用いることに対しては，憲法裁判所が新たに導入する規範は憲法から明示的又は黙示的に導き出される韻を踏んだものでなければならないという限界が存在することになる。

繰り返しになるが，憲法裁判所が操作的判決によって法秩序に新たな規範を導入することが許されるのは，その新たな規範は憲法裁判所が自らの政治的評価に基づく選択によって自由に創造したものではなく，すでに法システムに内在していたものだからであった。そうすると，立法の欠缺を埋めるべき規範が憲法上特定されない場合や，合憲的に可能な解決策が複数存在する場合など，憲法裁判所が自らの政治的評価に基づく選択をすることなくして立法の欠缺を埋めることができない場合には，憲法裁判所は操作的判決という手法を用いることができないことになるはずである[44]。

実際，憲法裁判所もまた，おそらくは「題韻を踏んだ判決」という考え方を

---

(41)　Gustavo Zagrebelsky, *La giustizia costituzionale*, 1ªed., il Mulino, 1977, p. 339.

(42)　Ruggeri & Spadaro, *op. cit.*, p. 179.

(43)　Ruggeri & Spadaro, *ibidem.*

(44)　Marini, *op. cit.*, p. 68.

167

第Ⅱ部　各国の憲法裁判の諸相

前提として，操作的判決を用いることができる場合には限界があることを認めてきた。憲法裁判所1986年2月26日判決第39号[45]は，植樹に関する距離制限を定め，違法に植えられた樹木について隣人に除去請求権を認めた民法典892条及び894条が憲法9条2項（景観の保護）及び42条2項（所有権）に反しないかが争われた事例である。本件で合憲性の問題を提起した原裁判の裁判官は，民法典894条の規定が違法な樹木の除去請求権を無条件的に認めていることを問題にして，景観利益などが十分に考慮されるような規範を追加する追加的判決を求めていた。しかし，憲法裁判所は，「本件では，〔合憲性判断の〕基準の地位にある憲法規範又は法秩序の他の原則から直ちに推論しうる一義的に決まった解決策（una soluzione obbligata）を採用して……追加的判決を下すことはできない。反対に，〔追加的判決を下すためには〕当裁判所は，複数の可能な解決策の中からの選択を行わなければならないであろう。……しかし，そのような種類の選択は，立法者以外には属しない」と述べ，追加的判決の手法を用いることを拒否している。

　この関連で興味深いのが，原則追加的判決（sentenza additiva di principio）と呼ばれる判決手法である。この手法は，法律等の規定が憲法上定められるべき規範を有していないという点で違憲であるが，その欠缺を埋めるための規範が憲法上一義的ではなく，合憲的に可能な規範が複数存在しうるために「題韻を踏んだ判決」による補完ができない場合に，直ちに適用可能（autoapplicativo）な規範を示すのではなく，立法者が従うべき憲法上の原則を明示するにとどめるという手法である[46]。原則追加的判決がなされた場合，具体的な規範の定立は立法者に委ねられるが，立法者は，その規範を定立するに当たり，判決で明示された原則に従わなければならず，自由に選択しうるのはその具体的な実施方法に限られる。また，一般裁判所との関係では，立法によって具体的な規範が定立されるまでの間，原則追加的判決で明示された原則に照らして具体的事件の解決のための規準を見いだすことが求められる。

　この手法が用いられた最初の例とされるのが，憲法裁判所1988年4月21日判決第497号[47]である。本件は要するに，1974年3月2日緊急命令第30号の

---

(45)　Sentenza Corte cost. 26 febbraio 1986 n. 39, in *Giur.cost.*, 1986, parte prima, p. 317. Vedi anche sentenza Corte cost. 22 aprile 1986 n. 109, in *Giur.cost.*, 1986, parte prima, p. 612.

(46)　Zagrebelsky & Marcenò, *op. cit.*, p. 403.

規定が失業手当の額を一日当たり 800 リラと定めたままで物価変動に合わせた調整の仕組みを定めていなかったことが憲法 38 条 2 項に反するとして争われた事例であり，憲法裁判所は，その規定は「貨幣価値の調整の仕組みを定めていない部分について」違憲であると判示するにとどめ，その調整のため具体的にどのような規範が導入されるべきかまでは示さなかった。

この原則追加的判決という手法は，踏むべき韻が決まっていてもどの語によって韻を踏むかについて選択の余地がある場合に対処するのに有効な手法ということができよう。この手法をとることによって，憲法裁判所は，一方では国会が将来の立法において従うべき原則を示しつつも，他方では国会が裁量的に政策判断を行う余地を残すことで，自らが政策判断の領域に踏み込むのを避けることができるのである。

(ロ)　憲法 25 条 2 項

ところで，一般的な限界とは別に，操作的判決に対する限界となると理解されている憲法規定が存在する。その一つが，「何人も，その行為がなされる以前に施行された法律によるのでなければ，処罰されない」と，刑罰の不遡及原則を定めた憲法 25 条 2 項の規定であり，憲法裁判所の判例は一貫して，追加的判決の手法を用いて刑罰法規の適用を拡張することを拒否してきた[48]。

ただ，憲法 25 条 2 項による操作的判決の限界は，人身の自由の保障に由来するものであり[49]，国会の立法権ないし裁量判断の尊重が問題となっているわけではないので，本稿の関心からは外れることになる。

(ハ)　憲法 81 条 3 項

むしろ，憲法裁判所の統治機構上の位置づけという観点から興味深いのは，憲法 81 条 3 項の規定である。操作的判決という手法は，時として，社会保障給付を拡大するために用いられる。例えば，憲法裁判所 1994 年 6 月 22 日判決第 264 号[50]は，年金に関して，加入期間のほか，受給開始に先立って支払った最後の 5 年間分の保険料を基に年間支給額を算出する旨を定めた 1982 年 5 月 29 日法律第 297 号 3 条 8 項の合憲性が争われた事例である。本件で憲法裁判

---

(47)　Sentenza Corte cost. 21 aprile 1988 n. 497, in *Giur.cost.*, 1988, parte prima, p. 2209.

(48)　Malfatti *et al, op. cit.*, p. 136; Marini, *op. cit.*, p. 69. Vedi anche, per es., sentenza Corte cost. 4 gennaio 1977 n. 42, in *Giur.cost.*, 1977, parte prima, p. 154.

(49)　Malfatti *et al., ibidem.*

(50)　Sentenza Corte cost. 22 giugno 1994 n. 264, in *Giur.cost.*, 1994, p. 2143.

第Ⅱ部　各国の憲法裁判の諸相

所は，要するに，この基準期間内にそれ以前と比べて低額の保険料しか支払っていなかった場合に，その低い方の保険料を基に支給額が決定されるのは不合理である——それゆえ，憲法 3 条，36 条及び 38 条に反する——と説き，追加的判決の手法を用いて，そのような場合には支給額の計算上低額の保険料を支払った期間を除外し，それ以前に支払った高い方の保険料を基にして支給額を計算する旨の規範を定めていない点で当該規定は違憲であると判示した。

　他方で，憲法 81 条 3 項は，「新たな負担又は負担の増加を伴うすべての法律は，その財源を整える」と定めている。それゆえ，憲法裁判所が例えば追加的判決によって社会保障給付の水準を引き上げ又は受給権者の範囲を拡大する場合，そのような判決は財政上の裏づけを欠いたまま国の負担を増加させるものとして，この規定に違反するのではないかが問題とされる。この問題は，とりわけ，2012 年の憲法改正（2012 年 4 月 20 日憲法的法律第 1 号）[51]で均衡予算原則（81 条 1 項ほか）が導入された今日，深刻な問題であるといえよう。

　この問題に関しては，憲法 81 条 3 項ゆえにそのような給付追加的判決（sentenza additiva di prestazione）は原則として許されないとする見解と，憲法裁判所の判決は「法律」ではないから，憲法裁判所は 81 条 3 項による拘束を受けない（それゆえ，給付追加的判決はこの憲法規定に反しない）とする見解とがありうる[52]。しかし，前者の見解に対しては，国の支出の増加につながるときには憲法裁判所はおよそ認容判決を下すことができないというのでは，その憲法保障の任務を果たすことができなくなるという批判が当然にありうる。他方で，後者の見解による場合，憲法裁判所は立法者に対しては憲法 81 条 3 項の遵守を求めつつも，自らはこの規定に拘束されずに支出を拡大することができるという逆説が生じることになる。それゆえ，仮に 81 条 3 項が直接には憲法裁判所の判決には適用されないとしても，憲法裁判所もまた，財政ないし予算の均衡という憲法上の原則に配慮すべきだと説かれるのである[53]。

　結局，この問題は，法律の合憲性の統制という制度が本来は公権力の恣意に対する防禦を念頭においたもので，社会的権利（費用のかかる権利）の保障を念頭においたものではないことに起因する[54]。仮に社会的権利の保障のための

---

[51]　この憲法改正については，芦田淳「イタリアにおける憲法改正——均衡予算原則導入を中心に」レファレンス 742 号（2012 年）65 頁を参照。

[52]　Zagrebelsky & Marcenò, *op. cit.*, p. 406.

[53]　Malfatti et al., *op. cit.*, p. 137.

170

第7章　イタリアにおける憲法裁判所と国会

支出が憲法上の要請だとしても，憲法裁判所自身は「財源を整える」ことはできず，その要請に応えるために「財源を整える」権限と責任は政府及び国会に属するのである。先の 1994 年判決第 264 号に対する否定的な反応から，今日，社会保障給付の拡大が問題となる場合に，追加的判決ではなく，原則追加的判決の手法が用いられるようになっているのは，そうした理由による[55]。

4　おわりに

　イタリアの憲法裁判所は，その組織及び活動方法に着目する限り，裁判機関という性格を非常に強く有していることは疑う余地がない。憲法裁判所の裁判官は，憲法上，その資格として，「上級通常裁判機関及び上級行政裁判機関の司法官，大学の法律学の正教授並びに 20 年の職歴を有する弁護士」（135 条 2 項）であることが求められており，憲法裁判所は，基本的には職業的な法律専門家の集団だということができる[56]。また，その意思決定は，一般裁判所から合憲性の問題の提起を受けた後，当事者構造の下でなされる口頭弁論を経て，「事実及び法に関する理由」を付した判決によって行われるのである。

　しかし，憲法裁判所が現実に営んでいる作用，とりわけ操作的判決という手法は，それまで法秩序に少なくとも明示的には存在しなかった「新たな」規範を国会ならぬ憲法裁判所が導入するもので，憲法裁判所が立法作用を行うに等しいようにみえる。実際，操作的判決をめぐっては，憲法裁判所がこの判決手法を用いて「新たな」規範を導入することをどのようにして正当化しうるかが論じられてきた。

　この正当化の議論を通じて，イタリアでは，国会の立法権と憲法裁判所の権限との関係は，「題韻を踏んだ判決」という考え方に一応の均衡点が見出されてきたように思われる。それゆえ，イタリアの憲法裁判所は立法機関と純粋な裁判機関との間のどこに位置するかという冒頭の問いに答えるとすれば，次の

---

(54)　Zagrebelsky & Marcenò, *op. cit.*, p. 408.

(55)　Zagrebelsky & Marcenò, *op. cit.*, p. 407.

(56)　なお，大学教授出身又は弁護士出身の政治家が大学教授や弁護士としての資格で憲法裁判所裁判官に選出されることはありうる。しかし，「議員経験者の登用は，90 年代以降ほぼない」と言われる。芦田淳「イタリア憲法裁判所の特質と近年における変化」比較法研究 75 号（2013 年）309 頁（310 頁）。

171

第Ⅱ部　各国の憲法裁判の諸相

ようなことになろう。すなわち，憲法裁判所は，国会の裁量的な政策判断に
取って代わる形で自ら政策判断をすることができず，自由な規範の創造をする
ことはできないという点では，立法機関では決してない。しかし，立法におい
て従うべき原則が憲法上定まっており，その原則を実現するための具体的な規
範を既存の法システムから導き出せる場合には，その判決を通じて適切な規範
を法秩序に導入することができるという点で，イタリアの憲法裁判所は，純粋
な裁判機関から一歩を踏み出しているのである。

　ところで，「韻を踏んだ判決」という考え方は，実は，わが国で最高裁判
所の判例の思考様式を説明するために主張される「ベースライン」の考え方と
非常によく似ている。ベースライン論によれば，例えば国籍法違憲判決[57]は，
「日本国民たる父の非嫡出子に関しては，その父母が婚姻しているか否かにか
かわらず，届出によって日本国籍の取得を認める」というのが憲法上のベース
ライン（標準的な制度形態）であることを前提に，届出による国籍取得の可能
性を準正子に限定するという立法意思にかかわらず，国籍法旧3条1項の意味
内容の可分な一部を違憲・無効とすることによって，そのベースラインに沿っ
た救済を与えたものだと説明される[58]。この説明は，立法において踏むべき韻
が憲法上定まっている場合，憲法裁判所は立法が正しい韻を踏むように適切な
規範を導入することができるとするイタリアの議論と，基本的な発想の点では
大きな違いはないのではないだろうか。

　もちろん，国籍法違憲判決にせよ，わが国の最高裁判所が行っているのは，
法律の規定の一部を違憲・無効とする一部違憲判決なのであり，最高裁判所は，
新たな規範の導入（追加的判決・代替的判決）にまで踏み込んでいるわけではな
いという指摘はあろう。しかし，一部違憲判決も，一部の規範を違憲・無効と
する結果，法律の規定の内容を立法者が意図していなかったものに変えてしま
うことがあるという点では，追加的判決や代替的判決と本質的には変わりはな
く，それゆえ，ベースライン論それ自体からは，追加的判決や代替的判決とい
う手法が理論上当然に排除されるわけではないように思われる。

　いずれにせよ，イタリアの憲法裁判所が政治部門との間で抱える緊張関係，
つまり，単純な違憲判決では具体的な事件を適切に解決できない場合に，裁判
機関としてなしうることの限界を意識しつつも，違憲の規範に代わる規範を探

(57)　最大判平成20年6月4日民集62巻6号1367頁。
(58)　長谷部恭男『憲法の境界』（羽鳥書店，2009年）61頁以下。

172

第7章　イタリアにおける憲法裁判所と国会

求しなくてはならないという課題は，いずれの違憲審査制度でも問題となりう
る。操作的判決という手法と「題韻を踏んだ判決」という正当化は，一見した
ところ特異なものに映るかもしれない。しかし，「題韻を踏んだ判決」という
説明によって操作的判決を正当化する考え方は，そうした共通の課題について，
しかもわが国でなされているのと同じような発想で解決しようとしたものとし
て，実は，わが国の違憲審査制度を考えるうえでも非常に興味深い考え方なの
である。

第8章

イタリア憲法裁判所と地域国家
——憲法裁判所の役割と影響——

芦田　淳

1　はじめに

　イタリアでは，憲法訴訟において前提問題型訴訟のほか，主要問題型訴訟が認められている[1]。憲法裁判所設置以来，総じて前提問題型訴訟が中心であったが，2001年10月18日憲法的法律第3号による憲法第2部第5章改正[2]を経て，2003年以降，国が州法の，また，州が国法の合憲性について提起する後者における違憲判決の件数が増加している[3]。さらに，前提問題型訴訟が減少傾向にあるのに対し，主要問題型訴訟は増加傾向にあり，従来は前者が数的に上回っていたのが2012年に初めて逆転した[4]。

　このような量的な観点からは，近年の主要問題型訴訟の重要性増大がイタリアにおける憲法訴訟の大きな特徴となっている。それでは，質的な観点からはどのように評価できるのか。そこで，本章では，主要問題型訴訟と密接に関わる憲法上の国と州の関係（これを端的に示すのが連邦国家と単一国家の中間にある「地域国家（Stato regionale）」という概念である。）を考える上で理論的にとりわ

---

[1]　それぞれの詳細については，本書第I部第2章及び田近肇「イタリア憲法裁判所の制度と運用」岡山大学法学会雑誌62巻4号（2013年）268頁を参照のこと。

[2]　この改正自体は，統一以来の中央集権的な色彩の強い国家体制を見直し，①コムーネ，県，大都市の自治権の憲法的承認（114条），②州の立法権限の強化（117条），③国と地方の間における行政権限配分の見直し（118条），④州等の財政自治権の強化（119条）等を定めるものであった。

[3]　1993年～2002年の平均が12.1件であるのに対し，2003年～2012年の平均は45.9件である。なお，判決件数自体の平均も，それぞれ33.1件と97.4件になっている。

[4]　2012年は前提問題型訴訟が憲法裁判所の全決定の44.6%，主要問題型訴訟が同じく47.5%であり，2013年も同様に，前提問題型訴訟が44.5%，主要問題型訴訟が45.7%であった。

175

第Ⅱ部　各国の憲法裁判の諸相

け重要と言える2つの判決を主な対象として，憲法裁判所の役割と影響を検討する。具体的には，憲法上の重要な規定が，憲法裁判所の解釈を通してどのように定着及び変容したかを，①行政権限について本来規定された補完性原理を用いた立法権限配分の見直し，②主権論を軸とした国家像の解釈を素材として，検討してみたい。あわせて，そこからいかなる役割がイタリア憲法裁判所に与えられているかについても考察を行う。

2　憲法裁判決と補完性原理

1　憲法上の補完性原理

　いわゆる補完性原理は，2001年改正により，イタリア共和国憲法に導入された。改正後の118条1項が補完性原理の垂直的な側面を定めており[5]，一般的行政権限をコムーネ[6]に付与した後，当該権限に含まれる権能を，とりわけ補完性原理に基づいて上位の団体に移転することが認められた。これにより，国は，改正前に有していた，明白に他の主体に属していない行政権限の行使に関する一般的権限を喪失した。これに対して，国と州の間における立法権限配分を規定した憲法117条[7]には，補完性原理への言及が見られない。ここには，行政権限配分の基礎として補完性原理を採用する一方で[8]，立法権限配分に関

---

(5)　現行の118条1項は，「行政権能は，その統一的行使を保障するために，補完性，差異性及び最適性の原理に基づいて，県，大都市，州及び国に付与される場合を除き，コムーネに属する」と規定する。他方，改正前の条文は，「前条に掲げた事項に関する行政権能は，州に属する。ただし，専ら地方利益に関する事項については，共和国の法律により，県，コムーネ又はその他の地方団体の権限とすることができる」（118条1項），「国は，法律により，その他の行政権能の行使を州に委任することができる」（118条2項）となっていた。なお，現行の118条はその4項で「水平的」補完性も規定している。また，本章における憲法条文の翻訳に当たっては，田近肇「イタリア共和国憲法」初宿正典・辻村みよ子（編）『新解説世界憲法集〔第3版〕』（三省堂，2014年）125頁以下を参照した。

(6)　コムーネは，基礎的自治体で日本の市町村に当たるものである。ただし，日本のような人口規模等に基づく権限の違いはない。

(7)　117条は，立法権限を事項ごとに三分し，外交等17項目の国の専属的立法事項（117条2項），国の立法に留保された基本原則の確定を除き，州に立法権が帰属する州の国際関係等20項目の競合的立法事項（同条3項），前二者を除く州の立法事項（同条4項）に区分している。

176

第 8 章　イタリア憲法裁判所と地域国家

しては補完性原理を採用しないという立法者の一定の意思がうかがえる[9]。

　2001 年改正施行後（特に施行直後）も，議会は，立法権限配分について補完性原理への言及がなかったこともあり，競合的立法事項について，単に基本原則を定めるのに加え，州の立法権限を侵害して細部に関する立法を行い，憲法上州に認められた立法権限を事実上失わせるに至った[10]。他方，憲法裁判所には，国と州の権限配分に関する膨大な訴訟がもたらされた[11]。立法者が補完性原理をあくまで行政権限配分に関わる原理にとどめようとしたのに対して，憲法裁判所は，第 5 章改正による新たな憲法体系において補完性原理が明白に行政領域に関与するものと認めながらも[12]，補完性原理の憲法化は，立法権限の

---

(8)　ただし，すでに 1997 年 3 月 15 日法律第 59 号「州及び地方団体への権能及び任務の授与並びに行政改革及び行政簡素化のための政府への委任」4 条は，州と地方団体の間における行政権限配分における補完性原理の役割について規定しており，具体的には，一般的な行政権能は関係する市民に領域的及び機能的に最も近接した自治体に認められなければならないと規定していた。高橋利安「イタリアにおける地方分権をめぐる動向—— 2001 年憲法的法律第 3 号の分析を中心に」修道法学 27 巻 2 号（2005 年）469 頁（506 頁）。

　　また，2001 年憲法改正に先立つ憲法改正両院委員会の議論では，国又は州が立法権を有する事項についても，規則制定権及び行政権全般をコムーネに付与すると定めていた。しかし，憲法，憲法的法律及び法律により，権能の重複なく，それぞれの責任を特定して，県，州及び国に明示的に与えられている権能は除外されていたため，通常の法律の効力を有する行為が，こうした規定に従わないことを認めていた。これは，コムーネの一般的行政権限規定に，一種の宣言規定の性格を与えるものであった。

(9)　1993 年以降，補完性原理が欧州連合条約，欧州共同体設立条約に明記され，その後，EU レベルで補完性及び比例性原理の適用に関する議定書が採択されたことにかんがみ，もし立法者が補完性原理に国と州の間の立法権限配分において一定の役割を与えようとしたのであれば，EU 又は多くの連邦国家において採用されている手法に倣い，取り入れることができたはずである。また，補完性原理を採用しなかった背景として，2001年改正自体，二院制改革及び地域を代表する性格を強く持った議院の創設を含んでいないことにうかがえるように，連邦主義的な改革であって，従来の強度の中央集権性により特徴付けられる単一国家から，自治的な制度を有する国家へと変貌する途上の改革であったとの指摘がある。Stefano Papa, *La sussidiarieta alla prova: i poteri sostitutivi nel nuovo ordinamento costituzionale*, A. Giuffre, 2008, p. 124.

(10)　Papa, *ibidem*, p. 125.

(11)　拙稿「イタリア憲法裁判所の特質と近年における変化」比較法研究 75 号（2013 年）309 頁（317 頁）。

(12)　補完性原理を，それに基づき，一般的にコムーネに付与される行政権能は，その統一的行使を保障する必要がある場合にのみ，異なる階層の政府に配分することができると理解することである。

177

第Ⅱ部　各国の憲法裁判の諸相

行使にも影響を及ぼさない訳にはいかないと考えた[13]。以下では，補完性の概念，また，補完性原理の実際の影響を明らかにした 2003 年 9 月 25 日判決第 303 号[14]を，その影響の大きさにかんがみ，詳細に検討してみたい。同判決は，マルケ州等 5 州が，戦略的な社会資本及び生産施設並びにその他生産活動の活性化のための措置に関して政府に委任を行う国の法律を，憲法 117 条等違反として提訴したことに基づく。

2　2003 年判決第 303 号

(イ)　提訴の対象

提訴された 2001 年 12 月 21 日法律第 443 号（以下「443 号法」という。）は，1 条 19 項から成り，イタリアの現代化及び発展を実現するために，戦略的で国家的に重要な利益に係る公的及び私的な社会資本並びに生産施設の決定，場所の特定及び実現のための手続を定めるものである。その手続において，当該社会資本等を決定する任務を，州の憲法上の権限の尊重とともに，政府に委ねていた（1 条 1 項）。また，1 条 2 項において，戦略的で国家的に重要な利益に係る社会資本及び生産施設の決定の段階を規律するに当たり，当該社会資本等の迅速な実現を目的とした法的枠組を定義するための立法命令の制定を政府に

---

[13]　2001 年改正以前の憲法裁判決において，補完性原理への明確な言及は見られなかったとされるが，黙示的には，すでに言及されていたとの指摘がある。Cesare Ruperto, La giuridicizzazione esplicita del principio di sussidiarietà in sede comunitaria, in Fabio Roversi Monaco (a cura di) *Sussidiarietà e Pubbliche Amministrazioni*, Maggioli, 1997, p. 456. また，都市計画に関する州の権限に関する事例，領域の経済計画選択におけるコムーネの特権に関する州の権限の限界に関する事例のように，補完性原理に関わるテーマについて，憲法裁判所は対応を迫られてきた。Roberto Bin, Piani territoriali e principio di sussidiarietà, *Le Regioni*, n. 1/2001, p. 114.

[14]　Sentenza Corte cost. 25 settembre 2003 n.303, in *Raccolta ufficiale delle sentenze e ordinanze*（以下，*R.U.*），139(3), p. 545. 同判決の解釈に当たっては，高橋利安「イタリアにおける地方分権と補完性原理」若松隆・山田徹（編）『ヨーロッパ分権改革の新潮流』（中央大学出版部，2008 年）63 頁，Paolo Caretti & Giovanni Tarli Barbieri, *Diritto regionale*, Giappichelli, 2012, p. 85, Antonio D'Atena, Dimensioni e problemi della sussidiarietà, in Gian Candido De Martin (a cura di), *Sussidiarietà e democrazia : esperienze a confronto e prospettive*, CEDAM, 2008, p. 29, Tania Groppi, *Le grandi decisioni della Corte costituzionale italiana*, Editoriale Scientifica, 2010, p. 165, Papa, *op. cit.*, p. 131 を参照した。なお，以下，判決という場合，憲法裁判所による判決である。

第8章 イタリア憲法裁判所と地域国家

委ねている。委任された立法権限の行使について議会により定められた原則及び指針は，実際に手続の多岐にわたる側面に触れており，特に詳細なものといえた。例えば，事業の準備段階及び最終段階の計画の承認に至るための手続を具体的に定めている。また，事業に係る資金供与，委託及び落札の形態を定めるとともに，専ら公的資金による事業の場合には，落札主体が財又はサービスの供給者の選択等に関するEU法規に従う義務があること，ただし，EUにおいて求められる重要性を持たない側面は例外とすることも定めている。さらに，1条3項は，政府が，1999年大統領令第554号による1994年法律第109号の実施規則を補完又は修正することが可能と規定していた。

(ロ) **提訴の理由**

次に，443号法に対する州側の提訴理由を検討する[15]。州側は，同法1条1項に関して，当該任務は国の専属的立法事項に該当せず，憲法117条の侵害であると主張した。一部の州によれば，「国家的利益に係る公共事業」という事項は憲法117条で規定されておらず，さらに，州の立法権限を排除する目的で，国の追求すべき利益に言及することすらできないとされる。また，州側は，大規模事業及び社会資本の決定が，少なくとも部分的に憲法117条3項の競合的立法事項[16]に含まれ得ることは認めながらも，問題の規定が単に基本原則の決定にとどまらず，完全に細部を規定するものとなっており，州の立法上の自律性を侵害しているとして，その違憲性を主張した。さらに，州側は，問題の規定が州を共同決定の過程から除外しており，誠実な協働原理[17]に照らして許されないとも主張した。また，州側の主張によれば，1条1項は，憲法118条及び119条にも違反する。443号法1条2項に対しても，州側はすべて，憲法117条を念頭に，政府に委任する際の原則及び指針を定めている部分が，入札

(15) 州側は，443号法1条1項から12項及び14項が憲法117条，118条及び119条に違反するとしたほか，2002年法律第166号，2002年立法命令第190号及び2002年立法命令第198号の規定も提訴の対象とした。これは，主として，443号法が委任立法であり，2002年立法命令第190号及び第198号がその実施を行うものであったことに拠る。憲法裁判所も，訴えの本質的な類似性と，対象となった規定自体の緊密な結び付きにより，それら複数の訴えに対し1本の判決を下した。ただし，ここでは，主張の主なものに限定して扱う。

(16) 民間の港湾及び空港，大規模な輸送網及び航行網，エネルギーの全国規模での生産，輸送及び配給が挙げられている。

(17) 誠実な協働原理は，憲法裁判所設置初期の判決から見ることができ，近年では，州の権限を保護するため州の適当な参加手段を整えるよう国の法律に義務付けるものである。

179

及び公共事業に関する州の専属的立法権限を侵害していると主張している。443号法1条3項については，国が当該分野における規則制定権を持っていないために，憲法117条6項[18]に違反するとした。

要約すれば，原則として，問題の事項は州の残余の立法権限に含まれるものであって国の規律の対象ではなく，当該事項が競合的立法事項に含まれるとしても，訴えた規定が基本原則を定めるにとどまらず，詳細で具体的な規定を設けており，州の立法上の自律性を侵害しているため，憲法117条の規定に違反するとした。

(ハ)　国事弁護院の主張

これに対して，国事弁護院は，州の主張に詳しく論駁しながら，そのすべてを棄却するよう求めている。まず，同院は，公共事業に関する事項が，国が基本原則を策定する競合的立法事項[19]に属しているため，州の残余の立法権限に含まれないとした。

次に，国事弁護院は，公共事業に関する事項に統一的な規制を考慮に入れざるを得ない側面があると主張した。同院によれば，例えば，入札の規制枠組は，企業の自由競争の保護を想定しており，それは国の専属的立法事項に該当する。たとえ州の権限に属する公共事業に関するものであれ，企業の落札及び資格の仕組みに係るすべての規律は，等しく競争の保護にも結び付けられねばならない。この文脈において，国事弁護院によれば，第5章改正の正しい解釈は，連邦国家を含むすべての国でそうであるように，国の利益の無視できない重要性を保護する解釈を考慮せねばならず，地方が権限を有する事項においても，中央権力の介入を正当とすることになる。まさにこの状況により，（地域における重要性を持ちながらも，国家的に重要な利益に係る事業を構成する）訴えられた規定に基づいて実現されるべき事業の性格を考慮して，国の立法措置が正当化される。

憲法118条1項違反の訴えに関しては，同院は，行政権能の統一的行使の保障が必要となった場合，当該権能配分を行うのは国の法律でしかあり得ないと指摘した。憲法裁判所の審査に際して，中央権力に対する権能配分の前提を正

⒅　憲法117条6項は，「国は，州に委任した事項を除き，専属的立法事項について規則制定権を有する。その他の事項についてはすべて，州が規則制定権を有する」と規定する。

⒆　注14で列挙した事項に加え，災害救助が挙げられている。

しく定めた法律は、「国の領域内での社会経済的な均衡の回復の目的」「戦略的安全性の保障及び国のエネルギー供給のコスト抑制という目的」「社会資本及び環境保護に係る地方公共サービスの管理に関する国の戦略のEUの戦略に対する調整」について評価される。

また、国事弁護院は、国の利益による制限の憲法上の根拠について、改正後の憲法第5章に明確な規定がないことを踏まえ、国家の単一性及び不可分性原理、つまり憲法5条[20]の黙示的内容であるとしている。

(二) **憲法裁判所の判断**

以上の双方の主張を踏まえ、提訴された規定の違憲性に係る決定の理由において、憲法裁判所は、主に憲法第5章に照らして、立法権限及び行政権限の配分について論じている。その要点は、次のとおりである。

憲法裁判所によれば、憲法117条2項に規定する国の専属的権限事項又は同条3項に規定する競合的権限事項の基本原則の決定に国の立法活動を限定することは、州の立法権限の保障というより、制度的多元性に満ちた憲法体制において、一定の条件下で通常の権限配分の例外を正当化する統一の要求を極度に過小評価することを意味するであろう[21]。イタリアの憲法制度においても、絡み合った様々な権限及び権能が共存する領域で、州に広範な権限を認めることによって様々な生活の文脈の中に存在する統一の要求を無にしてしまうおそれがある部分を、より柔軟にする装置が存在しており、当該要求は、法原理のレベルで、共和国の単一性及び不可分性の宣言の中に根拠がある。柔軟性の要素は、疑いなく、憲法118条1項の中にあり、同項は、行政権能が一般的にコムーネに属するものの、その統一的行使を保障するために補完性、差異性及び最適性の原理に基づいて異なる階層の政府に属し得ると規定し、明示的には行政権能に言及しているが、統一の要求に関して、立法権限配分をより緩やかにする動的な仕組みをもたらしている。統一的行使の要求が州の領域も超えたとき、行政権能は国により行使され得ると結論しなければならず、補完性原理に

---

(20) 憲法5条は、次のとおりである。「1にして不可分の共和国は、地方自治を承認し、これを促進する。共和国は、国家に属する事務において広範な行政上の分権を行う。共和国は、立法の原理及び方法を自治と分権の要請に適合させる。」

(21) 判決は、ドイツの競合的立法、アメリカの連邦優越条項（憲法6条2項）にも言及している。なお、競合的立法は、全国家的利益のための法的又は経済的統一の維持等の目的で連邦法律による規律が必要なとき、連邦は立法権を有すると規定する。

より受け入れられた権能も法律により組織されかつ規制されることを課す適法性原理は，論理的に，国に補完的に配分された行政権能を各州が組織及び規制できることを否定し，国の法律のみが組織等を行うことができると主張することになるので，これは立法権能の行使に影響を及ぼさない訳にいかない。

いったん，118条1項により，国の専属的立法権限又は競合的立法権限に属する事項について，法律が国に行政権能を与えることができると定め，適正な行使を行うために法律が行政権能を組織し規制することもできると認めたならば，補完性及び最適性の両原理は第6章の定める通常の立法権限配分と並存しており，州の権能の国による引受に係る公的利益の評価が比例的であり，合憲性審査の基準からみて不合理でなく，かつ，関係する州と結んだ合意の対象である場合に限り，例外を正当化することができる。行政権能とともに立法権能も引き寄せる統一的行使の必要性は，誠実性原理に基づいて行われなければならない水平的な調整（つまり合意）がしかるべく強調される手続を定めた規律が存在するときのみ，合憲性を得るのであり，このことは，補完性原理と最適性原理に全く手続的な価値を与えている。

以上に照らした結論として，憲法裁判所は，立法権限の決定及び規制に関しても，憲法117条に規定する権限配分の例外を補完性原理の適正な解釈がもたらし得るとして，同原理に非常な重要性を認めた。国が一定の行政権能を担うことになったならば，その統一的行使のため国の法律による規制が関わってくる。法律により規制される行政権能の国への付与は，その中央集権的行使の願望のみによっては正当化されず，統一の要求をその実質から評価し，憲法上の権限が保護されるよう，関係主体の関与を適正なものとする手続が常に必要である。そして，訴えの基礎にある動機の最小限の部分の合理性を認めながら，州側の請求のほぼすべてを却下した。違憲の訴えが認められたのは，443号法1条3項の，政府に1999年大統領令第554号による公共事業に関する枠組法の実施規則の補完及び修正を認めた部分等にとどまった[22]。

---

[22] 憲法裁判所によれば，厳格に構造化された権限分割において，国の二次的な法源が州の立法権限行使を規制すること又は既存の州法に影響を与えることが禁じられており，（それぞれの権限範囲を定めた）改正後の117条6項により，さらに強化されている。補完性及び最適性の原理は，二次的な法源を優先して州法を国の規則に従属させ，法源の体系を崩すことはできないので，国の規則に州法を修正する力を与えることはできない。

第 8 章　イタリア憲法裁判所と地域国家

3　小　括

　憲法裁判所は，ドイツ基本法 72 条の競合的立法にも通じるモデルにより，憲法による既定の立法権限配分に対して，統一の要求を考慮した柔軟性をもたらす要素として，（元来は行政権限の大部分をコムーネに潜在的に配分するという，改正後の憲法 118 条で明示された）補完性原理を利用した。そこでは，憲法の体系的な解釈に立ち，例外性及び国と州の協調性を強調しながら，明文上の国と州の立法権限配分をめぐる関係を実質的に再構築しており，統一の要求の下，州の立法権限の国への一定の移転が正当化されるに至った。

3　憲法裁判決と主権論

1　2002 年判決第 106 号による解釈

　次に，共和国憲法の基本原理の一つである人民主権原理（1 条 2 項[23]）と，2001 年に改正された憲法 114 条[24]との関係を憲法裁判所がどのように解釈してきたかを検討する。改正後の 114 条 1 項は共和国を構成する主体としてコムーネから国を列挙しており，国と州をはじめとした領域団体の基本的な法的地位は同格と見られるようになった[25]。また，同改正で設けられた 114 条 2 項は，

---

[23]　憲法 1 条 2 項は，次のとおりである。「主権は人民に帰属し，人民は憲法の定める形式及び制限において，これを行使する。」

[24]　憲法 114 条は，次のとおりである。
　「① 共和国は，コムーネ，県，大都市，州及び国によって構成される。② コムーネ，県，大都市及び州は，憲法が定める原則に基づく固有の憲章，権限及び権能を有する自治団体である。③ ローマは，共和国の首都である。国の法律が，その制度について定める。」
　なお，2001 年改正前の 114 条は，「共和国は，州，県及びコムーネに区分される」となっていた。

[25]　例えば，高橋利安「イタリアにおける地方制度改革をめぐる動向——二〇〇一年憲法的法律第三号の分析を中心に」愛敬浩二・水島朝穂・諸根貞夫（編）『現代立憲主義の認識と実践』（日本評論社，2005 年）192 頁（203 頁）。2003 年 5 月に公表された憲法裁判所の報告書においても，「新たな 114 条が，国を様々な階層の自治体と並ぶ共和国の一構成要素としている」旨の言及があり，一般的な理解であったことがうかがえる。Corte costituzionale, *Ruolo delle Corti costituzionali nelle odierne democrazie*, in *www.cortecostituzionale.it*, p. 12.

第Ⅱ部　各国の憲法裁判の諸相

州等が憲法の定める原則に基づく固有の憲章等を持つ自治団体であると規定した。

まず，憲法1条2項及び114条（特に1項）の解釈，人民主権と国の主権の関係に関する判決で，2001年改正から間もないものとして，2002年4月10日判決第106号[26]（以下「106号判決」という。）を確認しておきたい。政府の訴えに基づき，106号判決で争われたのは，すべての文書に憲法で定められた「州議会（Consiglio regionale）」という名称に「リグーリア議会（Parlamento della Liguria）」という名称を併記することを定めた2000年12月15日リグーリア州議会決定第62号「リグーリア議会の設置」である[27]。憲法裁判所は，州議会は議会と呼ぶことはできず，議会という名称が「評議機関には憲法的に認められていない名称」であるから，州憲章の中にこうした言い回しを導入することも不可能である旨指摘した。そして，リグーリア州による「価値が無くはないとしても文言上の議論」との主張を，名称の問題は単に用語上及び形式上の性格を有するものではなく，文字通りのもの以上の意味を有するとして，受け入れなかった。憲法裁判所は，下院及び上院により構成される機関にのみ「議会」という名称を留保する憲法55条，及び州に属する立法権を行使する機関を「州議会」という名称で呼ぶ憲法121条に基づき，「リグーリア議会の設置」という名称を違憲と判断している。憲法裁判所は，国民代表の原則に基づいて，「議会のみが，典型的でかつ代替不可能な性格を帯びた権能を持つ全国民の政治代表の場である（憲法67条）」とも指摘した。

しかし，同時に，憲法裁判所は，人民主権との関係で，以下の興味深い見解を示している。まず「議会と人民主権の関係は，疑いなく民主代表制原理の結

---

(26)　Sentenza Corte cost. 10 aprile 2002 n. 106, in *R.U.*, 138(1), p. 659. 同判決の解釈に当たっては，注で挙げたもののほか，Bruno di Giacomo Russo, L'esclusività del nomen iuris parlamento alla luce delle sentenze della Corte costituzionale n. 106 e 306 del 2002, in *www. forumcostituzionale. it*, Nicola Lupo, Dalla Corte costituzionale uno "stop" (definitivo) ai Parlamenti regionali. Nota a Corte cost. n. 106/2002, in *www.amministrazioneincammino.luiss.it* を参照した。なお，同様の判決として，マルケ州議会及びマルケ州議会議員を指すのに "Consiglio regionale" と "Parlamento delle Marche"，"Consigliere regionale" と "Deputato delle Marche" を併記しようとした規定を違憲とした2002年6月20日判決第306号がある。Sentenza Corte cost. 20 giugno 2002 n. 306, in *R. U.*, 138(3), p. 475.

(27)　以下，106号判決を扱う箇所において，原語を付した場合を除き，「議会」はParlamento，「州議会」はConsiglio regionale を指す。

184

第 8 章　イタリア憲法裁判所と地域国家

果であるが，両者が同一という関係で表されるのではなく，そのため，共和国憲法に基づき，領域自治体が人民主権の存在の核心を形作るのに協力することなしに，人民主権が実質的に議会の中に解消されるという考え方は，その絶対性により共有することができない」と述べる。「憲法 1 条は，主権が人民に『帰属している』ことを明快かつ最終的な表現で定めている点において，主権がそこのみに存し得る憲法組織の場があると考えることを妨げている」という箇所は，人民主権がある憲法機関の主権に転換されず，そのため，当該機関が排他的に主権を代表しているとは考えられないことを示している。加えて，憲法裁判所は，「新たな憲法 114 条の表現において，民主主義原理及び人民主権からの共通の派生物であることを簡潔な表現で明らかにするかのように，共和国の構成要素として領域自治体が国と並列されている」こと，つまり，人民主権が新たな憲法 114 条と密接に結び付いていることを指摘した。しかし，共和国のすべての領域自治体の議会（Consiglio）が人民主権を伝えるものであったとしても，その総和をもって当該主権が汲み尽されるものではない。106 号判決が述べるように，「人民主権が展開される形式及び手法は，代表に解消するのではなく，憲法の全体構造に浸透している。つまり，当該形式等は，多元的な状況と制度の中に溶け込んでおり，間違いなく領域自治の承認及び保障を含んだ非常に広範な形態をとっている」[28]。また，領域自治も，歴史的に「民主主義原理と人民主権の是認に緊密に結び付いた政治権力の分割及び多層化の過程を共有している」。

　以上の 106 号判決の内容をまとめれば，憲法裁判所は，州議会と国民代表たる議会（国会）の差異を確認しつつも，主権を代表するのが後者のみという立場を採っていない。そこでは，人民主権原理の法的意味として，代表制と主権を区別している。多層化された共和国においては，最高権力の単独の担い手はおらず，各階層の代表制機関に限らない憲法構造全体の中で主権が実現されることになると考えられる。

---

[28]　人民主権が国の主権の中に解消すべきではないとする背景として，少なくとも共和国憲法の施行を経た 50 年代以降，多くの学説が，国の主権の絶対的な伝統に対して，人民主権という憲法原理の革新的な重要性を，国の機関及び権限が，実際の主権の形式的表現の場所及び道具に過ぎず，実際の主権の具体的な存在は市民社会の中で顕現化するという考え方を採ったことを挙げる見解がある。Omar Chessa, La resurrezione della sovranità statale nella sentenza n. 365 del 2007, *Le Regioni*, 1/2008, p. 227.

第Ⅱ部　各国の憲法裁判の諸相

2　2007年判決第365号による解釈

㈡　「主権」と「自治」

　しかし，憲法裁判所は，2007年10月24日判決第365号[29]（以下「365号判決」という。）において，114条2項の文言について検討を加えるとともに，同条（特に1項）について106号判決と異なる解釈を示している。当該判決は，2006年5月23日サルデーニャ州法律第7号「サルデーニャ人民の自治及び主権に係る新たな憲章[30]のための会議の設置，権限及び規律」[31]に対する政府の憲法裁判所への提訴に基づくものである。政府は，上記会議が起草することとされた新憲章案において，（サルデーニャ）島の特殊性に関連した状況に関するサルデーニャ市民の権利を促進するために適切な形式を定めるとともに，州のアイデンティティの原則と特徴，自治及び主権の基礎となる根拠，当該特徴により生じる国及び州の義務を定めるとし（2条2項a号），自治及び州の主権の要素を定義するために重要と考えられる内容を含める（2条3項）としたこと，つまり，「自治」という言葉とともに，サルデーニャ人民又はサルデーニャ州の「主権」に言及していることを問題とした。

　主権と自治の区別という困難な問題に直面した憲法裁判所は，提訴された規定で使用されている「主権」の語の多義性を考慮して，その意味を明らかにすることを試みている。そして，「主権」には全く異なる3つの意味があるとした。つまり，a）国際的に他国から独立した1つの国の体系を統合的に表した主権（対外的主権），b）連邦化の過程又はいわゆる連邦国家形成に組み込まれた体系（国／州）の持つ主権，c）1つの国の体系内部において憲法機関の頂点の地位を示すものとしての主権である。ここでは，3つのうち，b）が関係すると考えられた。というのも，憲法裁判所によれば，提訴された州法が「主権」という言葉を使用することにより，当該州が，現行の（地域主義的な）体系と

---

(29)　Sentenza Corte cost. 24 ottobre 2007 n. 365, in *R.U.*, 143(5), p. 389. 同判決の解釈に当たっては，注で挙げたもののほか，Chessa, *op. cit.*, p. 227, Groppi, *op. cit.*, p. 38, Giancarlo Rolla, *La giustizia costituzionale*, Giuffrè, 2014, p. 310 を参照した。

(30)　憲法116条1項に基づき，サルデーニャ州ほか5つの特別州は，その政治的，経済・社会的，文化的な背景を踏まえ，特殊な自治の形式と条件を定める特別憲章を有する。特別憲章は，憲法的法律として制定される。

(31)　同法は，国の議会に提出する憲法的法律案を決定するため，新憲章案を起草するために適当な機関の設置を定めるものであった。

186

第8章　イタリア憲法裁判所と地域国家

は大きく異なり，通常，連邦国家を構成する領域団体がその主権の先在的な状態を反映した形式及び制度を維持している歴史的な過程の産物であるところの，際立って連邦主義的なモデルに適合的な制度によって特徴付けられる体系に属するものになっているからである。

　他方，憲法5条及び114条並びにサルデーニャ州特別憲章（1948年2月26日憲法的法律第3号）1条[32]はいずれも，共和国の体系によって各州自身の選択に委ねられた領分を総合的に定義するために「自治」という言葉を（偶然ではなく）使用している。その背景として，長く激しい対立の末，共和国の体系に初めて州の自治を導入した憲法制定時の議論は，連邦主義的又は連合主義的なモデルに広い意味で結び付く可能性がある概念でさえ徹底的に排除するものであった[33]。この選択は，当時，少なくとも一部の州の領域に存在した社会的及び経済的並びに国際的にも特殊な状況にもかかわらず，特別州の自治にも及んでおり，州内で激しい議論の対象となったサルデーニャ州の特別な自治の形態も，この全体的な枠組に完全に一致したものであり，憲法制定会議における決定の産物であった。

　こうした認識に立ち，憲法裁判所は，一つの法規定の中で，新たな特別憲章起草作業の主要な方針として，自治の概念と主権の概念を使用しようとすることは，歴史的及び論理的な面で根本的に異なる二つの概念（二つの概念は同意語というよりは，全くの反意語と言うことができる）を並置するに等しく，主権の概念は，憲法及び特別州憲章により定められた地域主義の基本的な形態に明らかに属さないと指摘している[34]。

---

(32)　サルデーニャ州特別憲章1条は，次のとおりである。「サルデーニャはその島々とともに，憲法の諸原理に基づき，この憲章に従って，1にして不可分のイタリア共和国の政治的統一の中で法人格を与えられた自治州を構成する。」

(33)　憲法制定会議議員の連邦主義に対する嫌悪は，連邦主義が大多数の議員にとって，多大な犠牲を払って達成された国家統一を破壊するものと考えられたからであった。Raffaele Bifulco, *Le Regioni: la via italiana al federalismo*, il Mulino, 2004, p. 21.

(34)　これに対して，「サルデーニャ人民」という文言は，それ自体で自治の視点から見た批判の対象ではなく，憲法裁判所も，この文言が州レベルでの立法に係る人民発案について現行州憲章28条により用いられていることを考慮している。また，「特別州並びにトレント及びボルツァーノ自治県の知事の直接選挙に関する規定」に係る2001年1月31日憲法的法律1条によりもたらされた修正後のシチリア州特別憲章12条においても，「人民（popolo 又は popolazione）」という語が使用されており，住民を含む各領域団体に属する主体を示すために通常「人民（popolazione）」の表現が使用されていることを

187

第Ⅱ部　各国の憲法裁判の諸相

㈥　従来の判決の継承と見直し

州の主張によれば，当該州法の規定は，自治体としての州自身の主権ではな
く，複数の階層からなる共和国の体系において，サルデーニャ人民の主権の遂
行の表現として捉えられるべきとされた。これに対して，憲法裁判所は，主権
の語の使用を，憲法1条2項に規定する人民主権の概念と結び付けることはで
きず，人民主権は直接民主主義の制度や地方レベルのものを含む代表制と同一
視できないとした。「憲法1条2項により『憲法の定める形式及び制限におい
て』示される人民主権は，多くの『政治の場』において示される意思と混同さ
れてはならない，というのも，人民主権は民主主義の回路の純粋な表現に変換
することができないからである。」

その上，憲法裁判所は，州の弁護により逆に暗示されたとおり，特に漸進的
な欧州統合の過程の結果として，ただし，憲法11条に明瞭に規定されている
範囲[35]にとどまる，国際的なレベルでの国の主権の漸進的な浸食は，さして重
要ではないと述べる。また，国の内部における主権[36]は，その本質的な構造を
元のまま維持しており，憲法が州及び他の領域団体に付与している多岐にわた
る権能の有意な強化によっても傷付けられていない。

2001年改正後の憲法114条に対して，憲法裁判所は，2003年7月8日判決
第274号[37]（以下「274号判決」という。）以降，共和国を構成する国からコムー
ネの間の関係について，同条が，「全く異なる権限を有する各主体間の完全な
平等化をもたらすものでは全くなく，それは国のみが憲法改正権力を付与され，
コムーネ，大都市，（自治県を除く）県が立法権を持っていないということを考
えれば理解できる」との解釈を採っている。365号判決においても，114条を

示していると述べている。

[35]　憲法11条2文は，「イタリアは，他国と等しい条件の下で，各国の間に平和と正義を
確保する制度に必要な主権の制限に同意する」と規定している。

[36]　この国の内部における主権とは，国民全体の利益を満足させるための権限で，人民の
意思を最大限反映した諸機関に根差したものの集合を指す。

[37]　Sentenza Corte cost. 8 luglio 2003 n. 274, in *R.U.*, 139(3), p. 297. 274号判決は，政府の
訴えに基づき，2002年7月8日サルデーニャ州法律第11号「州職員に関する諸規定及
び1998年11月13日州法第31号に対する修正」の4条b号，d号及びe号を違憲とし
た判決である。違憲とされた規定は，州の行政幹部職員の登用方法に関わるもので，憲
法97条1項（行政機関は，行政の能率的運営と公平を確保するように，法律の規定に
従い組織する。）及び3項（公務員の任用は，法律の定める場合を除いて，競争試験に
よる。）に反するとされた。

第8章　イタリア憲法裁判所と地域国家

国，州及びその他の領域団体の基本的な法的地位を同じにするほど，共和国の体系を構成する異なる制度上の主体が完全に同等であるかのように解釈することはできないとしている。関連して，274号判決は，国の内部における主権の変化を強調した106号判決を見直し，「改正によりできた新たな憲法体制において，憲法5条に規定する原理の宣言によってのみならず，すべての立法権限の限界として憲法並びにEUの法規及び国際的義務から生じる拘束の遵守の要求（117条1項）と，法的統一及び経済的統一を保護する必要の承認（120条2項）により示される，統一の要求が繰り返し求められることによっても推定できる特別な地位が，共和国の一般的な体系において国に留保されている」ということを付け加えている。「そして，この要求は，それを十分に満たすよう保障する任務を持つ主体—国—が制度上存在することを必然的に前提としている。」

　㈧　結　論

　以上から，憲法裁判所は，当該州法の「主権」に対する言及は，憲法5条及び114条並びにサルデーニャ州特別憲章1条違反のため違憲と判断した。憲法等は自治体としての州を直接的又は暗示的に前提としているため，州を主権を持つ団体（又はそのような団体になり得るもの）として扱うことは認められない。憲法裁判所の見るところ，憲法により「自治体」と定義される団体が「主権を持つ団体」に至ることができないことは，国の内部における主権がその本質的な構造を維持しており，憲法が州等に付与している多岐にわたる権能の強化によっても傷付けられていないという事実から引き出すことができる。

　憲法裁判所は，「主権」の語が単なる純粋に誇張的な性格を持つもので，法的ではなく政治的な価値しかないと主張する州の弁護側の要求を否定するとともに，2000年10月27日判決第496号[38]を踏まえ，イタリアの憲法体系におい

---

(38)　Sentenza Corte cost. 27 ottobre 2000 n. 496, in *R.U.*, 136(4), p. 581. 496号判決は，政府の訴えに基づき，1998年10月8日のヴェネト州法律「ヴェネト州に自治の特別な形式及び条件を付与する憲法的法律案提出に関する諮問的州民投票」を違憲としたものである。同判決では，憲法に内在する国民的共同体（comunità nazionale）の基本的な選択は，政治的代表に留保されており，当該選択の決定について人民は，憲法138条の規定する形式でなければ，参加することはできないとの判断が示された。憲法138条2項は，議会手続から全く自由にその後の人民の介入が行われることを防ぐために，発案権の行使に厳格な時間の制限を設けており，138条3項は，「各議院の第2回目の表決において，法律がその議員の3分の2の多数で可決されたときは，国民投票は行われない」と規定して，議会の判断によっては人民の介入の可能性を閉ざしている。

て，「法規制定に係る最高権力の行使において政治・議会代表の十分かつ実質的な自由を保障するためにより上位の法源を保護する強い要求が存在し，それは，たとえ法律的には非拘束的なものであっても，憲法体系に定められていない決定及び形式的手続によって条件付けられることはできない」として，政府の主張を認めた。特に，不適切な条件設定を現実のものとすること（ここでは，サルデーニャ人民及びサルデーニャ州に係る「主権」の語を持ち出すこと）により，法規制定に係る最高権力の行使における政治・議会代表の十分かつ実質的な自由を侵害しようとするものは，「イタリアの憲法制度の規定する地域主義とは全く異なる国と州の関係の概念」をもたらすであろうとした。

言い換えれば，憲法裁判所は，「イタリアの憲法体系において現在保障されている州の自治の程度と根本的に両立できない連邦型の憲章体系に典型的な機関」を新たなサルデーニャ州特別憲章の内容として認めることができるという他ならぬ事実が，「関係する憲法的法律を制定する際に議会の自由な判断に不適切な圧力」をもたらし得るために違憲であると判断した。

3　小　括

憲法裁判所は，自治と主権の概念を並置することが歴史的かつ論理的に矛盾していること，人民の主権が（州が主権を持つとは定めていない）共和国憲法による形式及び限界の下で行使されなければならず，いかなる政治的意思の表明とも混同すべきではないことを確認した。この人民主権と代表制（民主主義）を区別する憲法裁判所の主権観に変更はないが，共和国の構成主体に関する憲法114条の解釈，つまり，改正当初の国と州等の領域団体の対等性を強調する解釈とは異なり，国に統一性の保障者としての特別の地位を認めるようになっている。

4　おわりに

以上見てきたとおり，イタリア憲法裁判所は，とりわけ主要問題型訴訟において，共和国の構成主体である国と州の関係を見直すとともに，両者の間で州の権限を拡大する立法権限配分を規定した2001年憲法改正の実現に際して，憲法本文の慎重かつ積極的な解釈により，大きな影響を及ぼしてきた[39]。その解釈は，立法者の意思を越えて事実上の憲法改正とも言える要素を含んでおり，

第8章　イタリア憲法裁判所と地域国家

内容からして注目すべきものと言える。ただし，こうした憲法裁判所の判断は，分権を推進する一方で共和国の単一性及び不可分性を掲げた地域国家原理の実現に当たり，変容する社会の要請を踏まえての調整という側面もあり，あくまで憲法上の基本原理[40]に従って複数の規定間の調整の役割を果たしているとも考えられる。言い換えれば，地域国家原理の実施（運用）のため，中央政府と州との間の権限をめぐる紛争について解決する権限を持った不可欠なアクターとして憲法裁判所が本来的に存在しており，社会状況の変化や大規模な憲法改正（地方分権）に伴って，その役割を顕在化させている。

　この役割は，国と州の利害調整，つまり，統一性と多元性双方の要求の調整を行い，国家全体の利益を保障する役割を果たすものである。とはいえ，以上見てきた判決からも分かるとおり，最終的には統一性が優位しており，そこに連邦国家とは異なる地域国家の特性もうかがえよう。そして，以上の判断は，国の役割を実質的に拡張する結果をもたらしており，特に2009年の経済・財政危機以降，他の憲法裁判決の多くも法体系の統一性の保障者である国の役割を重視することで，2001年憲法改正にいわば逆行する再集権化を進めている。

　このように憲法裁判決によって導き出された現状は，2014年8月に上院で第1回目の審議を終えた政府の憲法改正案にも色濃く反映されており，典型的には，共和国の法的統一又は経済的統一及び全国的な利益を保護する必要がある場合に，政府の提案に基づいて，専属的立法に留保されていない事項について国の法律の介入を認めるといった条項が盛り込まれている。（ちなみに，競合

⑶⑼　本章で扱った判決以外にも，国と州の関係をめぐり，憲法の運用上，憲法裁判所は重要な役割を果たしている。いくつか事例を挙げれば，2002年以降，憲法117条2項に規定する国が専属的権限を持つ事項の多くが，憲法裁判所により，単なる事項としてではなく，州のすべての権限事項に影響を与えることのできる「横断的（立法）事項」として解釈されてきた。中でも，基本的人権の保障に最も密接に結び付いた国の事項（環境の保護，競争の保護，全国的に保障されるべき市民的権利及び社会的権利に関する給付の最低限の水準等）について，この解釈が採られている。そして，憲法裁判所は，こうした国の権限に対応する統一性の要求を繰り返し明言してきた。

　また，国と州それぞれに配分された専属的権限事項に対応する規範の間に衝突が生じた場合，一方が他方より確実に優位すると認められないときは，「誠実な協働原理」が憲法裁判所により用いられている。逆に，当該規範の本質的中核が複数ある事項の内の一つに属することが明白なときには，憲法裁判所は「優位性の基準」を用いて，国の権限に有利な結論を導いてきた。

⑷⑽　地域国家原理を最も端的に示した5条は，憲法の基本原理の章に含まれている。

第Ⅱ部　各国の憲法裁判の諸相

的立法事項の廃止など，国と州の立法権限分割の曖昧さの解消も常に憲法改正をめ
ぐる議論の俎上に上ってきたところであり，それが仮に実現すれば，憲法において
明示的に分割された立法権限の遵守を保障する存在に向けて憲法裁判所の役割も変
化するかもしれない[41]。）

　以上，さらに要約すれば，憲法裁判所は，憲法原理を現状に適応した形で実
現させるとともに，所要の改正の方向性も指し示してきた。ただし，このよう
に憲法裁判所の解釈に大きく依存することは，一定の制約要件があるとはいえ，
裁判官の政治的判断が（場合により立法者への敬譲も含め）過度に表れるという
弊害も孕み得ることにも留意が必要であろう。

　　　　　　　　　※なお，本稿の意見にわたる部分は，筆者の私見である。

[41]　実際には区別が難しいが，理念的に考えれば，国（連邦）と州の間の協約により確定
　　された憲法上の権限配分の保障者として連邦国家における憲法裁判所の役割にいわば近
　　付くということである。

第9章

ベルギーにおけるコンセイユ・デタ立法部による事前統制と憲法裁判所による事後統制

奥 村 公 輔

---
1 はじめに

　我が国において，憲法適合性統制における内閣法制局と最高裁判所の関係が注目を集めている[1]。内閣法制局の起源は明治初期の参事院にあり，その参事院は第三共和制期のフランスのコンセイユ・デタに範を採ったものと言われているが，現在，第五共和制におけるフランスのコンセイユ・デタと憲法院の憲法適合性統制における関係も我が国において紹介され始めている[2]。フランスのコンセイユ・デタは，わが国だけではなく，ヨーロッパの他の国々にも影響を及ぼし，フランスのコンセイユ・デタと類似の権限を有するコンセイユ・デタがヨーロッパの多くの国々で創設されている。その代表例がベルギーのコンセイユ・デタである。

　ベルギーのコンセイユ・デタ立法部は，後述する通り，法律，デクレ及びオルドナンス（以下，立法規範と表記）の案に関して，国，共同体及び地域圏の執行府並びに立法議会によって，諮問を受け，また，王令，共同体及び地域圏の執行府令並びに省令（以下，命令規範と表記）の案に関しても，国，共同体及び地域圏の執行府によって諮問を受ける。すなわち，ベルギーのコンセイユ・デタは，国，共同体及び地域圏の執行府並びに立法議会の諮問機関であり，その諮問的任務を通じて，その成立前に，立法規範案及び命令規範案の憲法適

---

(1)　例えば，大石眞「わが国における合憲性統制の二重構造——合憲性統制機能の立法過程論的考察」戸松秀典・野坂泰司（編）『憲法訴訟の現状分析』（有斐閣，2012年）445頁。

(2)　井上武史「憲法院とコンセイユ・デタ——フランスの2つの憲法解釈機関」法律時報86巻8号（2014年）31頁。

193

第Ⅱ部　各国の憲法裁判の諸相

合性を統制している。一方で，1980 年憲法改正によって創設された仲裁裁判所の後身機関である憲法裁判所は，立法規範の成立後に，無効の訴え及び先決問題において，立法規範の憲法適合性統制を行っている[3]。コンセイユ・デタによる事前統制は予防的統制（contrôle preventif），憲法裁判所による事後統制は治療的統制（contrôle curatif）とも呼ばれるが，両者の統制がどのような関係にあるのかを明らかにするのが本章の目的である。

　そのために，まず 2 でコンセイユ・デタ立法部とはいかなる機関かを概観し[4]，その上で，3 でコンセイユ・デタ立法部による事前統制と憲法裁判所による事後統制との関係を検討する。

2　コンセイユ・デタ立法部の概要

　ここでは，ベルギーのコンセイユ・デタの歴史，コンセイユ・デタ立法部の構成と組織，そしてその権限について見ていく。

1　コンセイユ・デタの歴史

　ベルギーのコンセイユ・デタは，第二次世界大戦前にその創設について議論され[5]，大戦後に実際に創設された。すなわち，コンセイユ・デタは，コンセイユ・デタの創設に関する 1946 年 12 月 23 日法律によって，創設された。コンセイユ・デタは，創設当初から，諮問機関としての立法部と行政裁判所として行政部（現在は行政訴訟部に改称）を有しており，立法部は，1948 年 9 月 21 日に最初の意見を付与し，行政部は，1948 年 11 月 8 日に最初の 3 つの判決を下した[6]。

---

(3)　詳しくは，第Ⅰ部第 4 章参照。なお，拙稿「ベルギー憲法裁判所の制度の概要」駒澤法学 14 巻 1 号（2014 年）149 頁も参照。

(4)　なお，ベルギーのコンセイユ・デタ立法部に関する法令をすでに下記の文献で訳出したので，本章と共にそちらも参照されたい。拙訳「ベルギーのコンセイユ・デタ立法部関係法令集」駒澤法学 14 巻 3 号（2015 年）23 頁。

(5)　詳しくは以下を参照。Pascale Vandernacht et Xavier Delgrange, « Ébauche d'une comparaison des contrôles préventif de la section de législation du conseil d'État et curatif de la Cour d'arbitrage », in Bernard Blero(dir.), *Le Conseil d'État de Belgique : Cinquante ans après sa création (1946-1996)*, Bruylant, 1999, pp. 102-106 ; Jacques Salmon, Jacques Jaumotte et Éric Thibaut, *Le Conseil d'État de Belgique*, Volume 1, Bruylant, 2012, pp. 19-27.

第9章　ベルギーにおけるコンセイユ・デタ立法部による事前統制と憲法裁判所による事後統制

　その後，1946年12月23日法律に様々な修正が加えられた。また，他の法律の中にもコンセイユ・デタに関する規定が設けられた。これを受けて，1973年1月12日王令は，1946年12月23日法律と他の法律とを再編した。これによって，コンセイユ・デタに関する1971年1月2日再編法律（以下，再編法律と表記）が誕生したのである。この再編法律は，様々な改正を受けながら，現在も存在している。

　このように，コンセイユ・デタは，法律上の存在であった。しかし，1993年6月18日に公布された憲法改正によって，憲法第3編「諸権力について」の中に，新たに「コンセイユ・デタ及び行政裁判所について」という章が設けられ，旧107条の5は以下のように定めた。

　旧第107条の5　ベルギー全国を管轄として，コンセイユ・デタを設置し，その構成，権限及び運営は法律により定める。ただし，法律により，法律の定める原則に従い手続を規律する権限を国王に付与することができる。
　②　コンセイユ・デタは，行政裁判所として判決をもって裁定し，また，法律の定める場合において意見を付与する。

　この規定によって，コンセイユ・デタの諮問的権限と裁判的権限は憲法によって確認されたのであり，コンセイユ・デタは憲法上の機関となったのである。そして，1994年2月17日の憲法再編によって，旧107条の5第1項及び2項は，現160条1項及び2項に移されることとなった。

　現在，「コンセイユ・デタ及び行政裁判所について」という章は第7章にあるが，これは非常に大きな意義を有している。すなわち，コンセイユ・デタについては，第1章「連邦議会について」，第3章「国王及び連邦政府について」，第6章「司法権について」などとは別に定められているのであり，したがって，コンセイユ・デタは，立法権，執行権及び司法権から独立した存在として認められたのである[7]。

　このように，現在，現憲法160条2項を根拠として，コンセイユ・デタは，行政裁判所としての性格と，諮問機関としての性格を有しているのである[8]。

---

(6)　Salmon, Jaumotte et Thibaut, *supra* note(5), p. 28.
(7)　Salmon, Jaumotte et Thibaut, *supra* note(5), 2012, pp. 72-73.
(8)　なお，2012年7月19日憲法改正によって，160条に，行政訴訟部の総会に関する規定が3項として追加された。

第Ⅱ部　各国の憲法裁判の諸相

2　コンセイユ・デタ立法部の構成と組織

(ｲ)　コンセイユ・デタの構成と組織

コンセイユ・デタを構成するのは，まず，44 名のコンセイユ・デタ評議官である。その中には 1 名の第一長官（premier président），1 名の長官（président），14 名の（立法部及び行政訴訟部の）部会長（président de chambre）が含まれている。コンセイユ・デタ評議官は，コンセイユ・デタ総会が候補資格者[9]の受理可能性を審査し，候補者のそれぞれの地位と業績を比較した後にコンセイユ・デタ総会（assemblée générale）によって提示された，3 つの名前の名簿に基づいて国王によって任命される（再編法律 70 条 § 1 第 1 項）。また，任期はなく，終身での任命となる（同条 § 4）。

次に，1 名の主席聴聞官，1 名の主席聴聞官補佐，14 名の第一部長聴聞官及び 64 名の第一聴聞官，聴聞官又は聴聞官補佐である。これらは聴聞官団（Auditorat）と呼ばれる。

さらに，2 名の第一部長調査官及び 2 名の第一調査官，調査官又は調査官補佐から構成される調整部局（Bureau de coordination），1 名の主席書記官及び 1 名の情報処理技術者たる書記官を含む 25 名の書記官から構成される書記局である。

また，場合に応じて，コンセイユ・デタ総会が開催される。

(ﾛ)　コンセイユ・デタ立法部の構成

コンセイユ・デタ立法部を構成するのは，12 名のコンセイユ・デタ評議官と，最大 10 名の補佐官（assensseur）である。

(a)　コンセイユ・デタ評議官

12 名のコンセイユ・デタ評議官の内訳については，第一長官及び長官によって指名される 4 名の部会長と，8 名の通常のコンセイユ・デタ評議官である。コンセイユ・デタ評議官は，そのうちの 4 名がフランス語の知識を，4 名がオランダ語の知識を，4 名がフランス語とオランダ語の知識を証明することによって選ばれる（再編法律 79 条 1 項）[10]。

---

[9]　候補資格者の要件は，再編法律 70 条 § 2 柱書及び 1 号ないし 6 号において規定されている。詳しくは，拙訳・前掲注(4)37-38 頁を参照。

[10]　ただし，バイリンガルのコンセイユ・デタ評議官の数が 4 名を超えることは妨げられない。

第9章　ベルギーにおけるコンセイユ・デタ立法部による事前統制と憲法裁判所による事後統制

(b)　補　佐　官

　次に，補佐官とは，立法部の審議に協力して，同時に別の任務を行使する者である。例えば，大学教授や弁護士がこの職に就いている。補佐官制度は，立法部にしかない。補佐官は，更新可能な5年の任期で，候補資格の受理可能性の審査と候補者のそれぞれの地位とメリットの比較の後に，コンセイユ・デタ総会によって提示される3名の名前の名簿に基づいて国王によって任命される。補佐官の提示手続は，コンセイユ・デタ評議官の提示について予定されている手続と類似している（再編法律80条）。補佐官は立法部の構成員であり，審議における投票権を有している（同法79条1項及びコンセイユ・デタ内部規則34条及び37条）。したがって，補佐官は，コンセイユ・デタ評議官と同じ資格で，立法部の意見の起草に参加する[11]。

(c)　聴　聞　官

　また，聴聞官は，立法部の構成員ではないが，重要な役割を果たしている。24名の聴聞官が優先的に立法部に割り当てられ，主席聴聞官の指示に従って立法部の活動に参加する。聴聞官は，最初に意見の要求の審査を行い，大臣又は立法議会議長の委任者又は代表者とコンタクトを取り，資料係による資料ノートの構成を監視し，報告書を作成する。そして，聴聞官は，投票権はないが，立法部の審議に参加する[12]。

(ハ)　コンセイユ・デタ立法部の組織

(a)　4つの部会

　コンセイユ・デタ立法部には4つの部会（chambre）がある。すなわち，2つのフランス語部会（第二部会及び第四部会）と2つのオランダ語部会（第一部会及び第三部会）である。いずれの部会も，3名のコンセイユ・デタ評議官と，原則として，投票権を有する2名の補佐官で構成される（再編法律79条2項及び81条1項）。

　部会は，部会長によって，また，その欠席の場合には，最も古参のコンセイユ・デタ評議官によって主宰される。

---

[11]　詳しくは，以下の文献を参照。Robert Andersen, « L'assesseur au Conseil d'État », in Gilberte Closset-Marchal, Jean-Luc Ledoux, Christian Panier, Jean-François Van Drooghenbroeck et Marc Verdussen(dir.), *Mélanges Jacques van Compernolle*, Bruylant, 2004, pp. 1-9.

[12]　Salmon, Jaumotte et Thibaut, *supra* note(5), 2012, pp. 142-143.

197

第Ⅱ部　各国の憲法裁判の諸相

フランス語の部会は，フランス語の知識を証明する2名のコンセイユ・デタ評議官と，フランス語とオランダ語の知識を証明する1名のコンセイユ・デタ評議官によって構成される。一方，オランダ語の部会は，オランダ語の知識を証明する2名のコンセイユ・デタ評議官と，フランス語とオランダ語の知識を証明する1名のコンセイユ・デタ評議官によって構成される（同法81条3項）。

補佐官については，自身の所属する部会の知識を証明しなければならない（同法81条3項）が，補佐官の部会への出席は義務ではない。部会長は，事案の必要性に応じて，1名の補佐官のみが議席を占める又は部会が補佐官なく議席を形成することを決定することができる（同法81条1項2文）。

コンセイユ・デタの第一長官と長官は，必要に応じて，立法部の1つの部会において議席を有し，場合によっては部会を主宰する（同法81条最終項）。

第一長官は，意見の要求を受け，4つの部会間における配分を行う（同法83条1項1文）。各部会は，それぞれの言語で審議する。ドイツ語で起草された意見の要求については，関連する事項に応じて，フランス語部会又はオランダ語部会が引き受ける[13]。

(b)　立法部総会

立法部は，連邦大臣又は立法議会の議長が要求するときは，立法部総会（assemblée générale）を開く（再編法律85条1項）。また，第一長官及び長官は，「要求の重要性又は複雑性が伴うとき」総会に事案を付託することができる（コンセイユ・デタ内部規則70条）。

立法部総会は，立法部を構成するすべてのコンセイユ・デタ評議官と投票権を有するすべての補佐官によって構成される（再編法律85条2項）。立法部総会は，第一長官によって主宰され，又は，第一長官が欠席の場合は，長官によって主宰される。第一長官及び長官は，立法部を構成していないが，投票権を有する（同法85条3項）。第一長官及び長官が欠席の場合，最も古参の部会長によって主宰され，場合によっては，出席するコンセイユ・デタ評議官によって主宰される（同法85条4項）。

一方で，立法部の総会に付託されるすべての事案は，それぞれの言語的役割に応じて，少なくとも2名の聴聞官によって審査され，その聴聞官がそれぞれ報告書を提出し，投票権なく，総会に参加する[14]。

---

[13]　Salmon, Jaumotte et Thibaut, *supra* note (5), p. 144.

[14]　Salmon, Jaumotte et Thibaut, *supra* note (5), p. 149.

（c）　合同部会

意見の要求が国家，共同体又は地域圏のそれぞれの権限に関する問題を提起するとき，第一長官又は長官は，2つの部会，すなわち，フランス語部会とオランダ語部会から構成される合同部会（chambre réunie）に付託する（再編法律85条の2第1項1文）。また，第一長官又は長官は，主席聴聞官が，その要求が国家，共同体又は地域圏のそれぞれの権限に関する問題を提起すると考えるとき，合同部会に意見の要求の付託を命じなければならない（同法85条の2第2項）。

3　コンセイユ・デタ立法部の権限

コンセイユ・デタ立法部の権限は，主に，①立法規範案及び命令規範案に理由付意見を付与する権限（再編法律2条ないし4条），②執行府の長の求めに応じての立法規範及び命令規範の執行府草案を起草する権限（同法6条），そして，③執行府の長の求めに応じての立法規範の再編，法典化及び簡易化の草案を作成し，それに理由付意見を付与する権限（同法6条の2）である。とりわけ中心的な権限が，立法規範案及び命令規範案への理由付意見の付与の権限である。ここではこれについて見ていく。

⑴　立法規範案への理由付意見の付与

立法規範案は，義務的又は任意的に，立法部の意見に付される。義務的か任意的かは，その立法規範「案」の種類によって決まる。以下，これについて詳しく見ていく。

（a）　立法規範の執行府草案への理由付意見の付与

大臣並びに共同体及び地域圏の執行府の構成員，フランス共同体委員会執行府の構成員[15]，及び，合同共同体委員会合同執行府の構成員[16]（以下，これらをすべて含めて単に執行府構成員と表記）は，立法規範のすべての執行府草案（avant-projet）のテキストを立法部の意見に付さなければならない（再編法律3条§1）。したがって，条約の承認及び協力合意への同意に関する立法規範の執行府草案も，同様に立法部の意見に義務的に付される[17]。

特別に理由のある緊急性（urgence spécialement motivée）のある場合には，

---

[15]　ブリュッセル制度に関する1989年1月12日特別法60条2項。

[16]　同条4項。

[17]　Salmon, Jaumotte et Thibaut, *supra* note（5）, p. 160.

第Ⅱ部　各国の憲法裁判の諸相

立法規範の執行府草案は，立法部に付託されるが，立法部の審査は，その執行府草案が，国家，共同体及び地域圏の権限から生じる事項を対象としているかどうか（同法3条§2第1項），及び，法律の政府草案のときには，当該テキストが憲法74条，77条又は78条[18]で定める事項を対象としているかどうか（再編法律3条§2第2項）についてのみに限られる。

　このように立法規範の執行府草案は，原則として，立法部に付託されるが，再編法律が定める例外もある。すなわち，予算，会計，公債，国有化及び軍の召集に関する執行府草案は，立法部の意見に付されてはならない（同法3条§1第1項）。これらの立法行為は，形式的にしか立法規範にすぎないのであって，実質的には行政行為にすぎないからである[19]。

　(b)　立法規範の執行府提出案への理由付意見の付与

　元老院議長，代議院議長，共同体又は地域圏の議会の議長，フランス共同体委員会議会の議長[20]，合同共同体委員会合同議会の議長[21]（以下，これらをすべて含めて単に立法議会議長と表記）は，自身が主宰する議会に提出された立法規範のすべての執行府提出案（projet）[22]のテキストについて，立法部の意見を要求することができる（再編法律2条§1第1項）。執行府草案についてすでに立法部の意見が付されているので，この諮問手続が用いられる場合は限られるが，例えば，立法議会議長は，執行府草案が立法部の意見に付されたが，立法議会への提出の前に，立法部の意見に付することなく，執行府草案に新たな規定を挿入したときや，執行府草案に著しい修正を行ったときに，執行府提出案を立法部の意見に付する[23]。

　一方，代議院議長及び元老院議長は，立法部への諮問の要求が憲法82条の定める両院協議会（commission parlementaire de concertation）[24]の少なくとも

---

(18)　憲法74条は代議院の排他的権限を，77条は両議院の共同の権限を，78条は74条及び77条で対象にされたのとは別の事項についての権限を，それぞれ定めている。

(19)　Salmon, Jaumotte et Thibaut, *supra* note(5), p. 166.

(20)　ブリュッセル制度に関する1989年1月12日特別法60条2項。

(21)　同条4項。

(22)　執行府草案（avant-projet）は，立法議会へ提出された後に，執行府提出案（projet）へと名称が変わる。Salmon, Jaumotte et Thibaut, *supra* note(5), p. 158.

(23)　Salmon, Jaumotte et Thibaut, *supra* note(5), pp. 168-169.

(24)　憲法82条は，代議院及び元老院の同数の委員から成る両院協議会が，両院間に生じる権限抵触を解決することを定めている。

12 名の構成員によってなされたとき，及び，両院協議会が付託された権限抵触に関するものであるとき，連邦政府提出法律案について意見を要求しなければならない（再編法律2条§4及び憲法82条で定める両院協議会を組織し，コンセイユ・デタに関する再編法律を修正する1995年4月6日法律（以下，修正法律と表記）16条1項）。この場合，立法部の意見は，当該テキストが憲法74条，77条又は78条で定める事項を対象としているかどうかの点についてしか対象としない[25]。

(c) 立法規範の議員提出案への理由付意見の付与

立法議会議長は，自身が主宰する立法議会に提出された立法規範のすべての議員提出案（proposition）のテキストについて，立法部の意見を要求することができる（再編法律2条§1第1項）。また，執行府構成員は，それぞれの事項に関して，立法規範のすべての議員提出案のテキストについて，立法部の意見を要求することができる（同法4条）。意見の要求が法律の議員提出案に関するものであるとき，立法部は，職権で，当該テキストが憲法74条，77条又は78条で定める事項を対象としているかどうかを審査する（再編法律第2条§1第2項）。

一方，以下の場合は，立法部の意見に付されなければならない。すなわち，①立法議会議長は，当該立法議会の少なくとも3分の1が，議院規則で定める方式に従って要求を行ったときは，立法規範の議員提出案について意見を要求しなければならない（同法2条§2）。②立法議会議長は，当該立法議会の言語グループの構成員の過半数が議院規則で定める方式に従って要求を行ったときは，立法規範の議員提出案について意見を要求しなければならない（同法2条§3）。③代議院議長又は元老院議長は，立法部への諮問の要求が両院協議会の少なくとも12名の構成員によってなされたとき，及び，両院協議会が付託された権限抵触に関するものであるとき，議員提出法律案について意見を要求しなければならない（同法2条§4及び修正法律16条1項）。①及び②のとき，立法部は，議員提出法律案に関するものである場合，職権で，当該テキストが憲法74条，77条又は78条で定める事項を対象としているかどうかを審査する（再編法律2条§1第2項）。③のとき，立法部の意見はこの点についてのみを対象とする[26]。

---

[25] Salmon, Jaumotte et Thibaut, *supra* note(5), p. 169.

[26] Salmon, Jaumotte et Thibaut, *supra* note(5), p. 172.

第Ⅱ部　各国の憲法裁判の諸相

⑷　立法規範の修正案への理由付意見の付与

　立法議会議長は，自身が主宰する議会に提出された立法規範の執行府提出案又は議員提出案に対するすべての修正案（amendement）のテキストについて，立法部の意見を要求することができる（再編法律2条§1第1項）。また，執行府構成員は，それぞれの事項に関して，立法規範の政府提出案又は議員提出案に対するすべての修正案のテキストについて，意見を要求することができる（同法4条）。したがって，執行府は，執行府提出の修正案についても，立法議会への提出の前に，立法部へ諮問する必要はない。意見の要求が法律の政府提出案又は議員提出案に対する修正案に関するものであるとき，立法部は，職権で，当該テキストが憲法74条，77条又は78条で定める事項を対象としているかどうかを審査する（再編法律2条§1第2項）。

　一方，以下の場合は，立法部の意見に付されなければならない。すなわち，①立法議会議長は，自身が主宰する議会の少なくとも3分の1が，議院規則で定める方式に従って要求を行ったときは，立法規範の政府提出又は議員提出案に対する修正案について意見を要求しなければならない（同法2条§2）。②立法議会議長は，当該議会の言語グループの構成員の過半数が議院規則で定める方式に従って要求を行ったときは，立法規範の政府提出又は議員提出案に対する修正案について意見を要求しなければならない（同法2条§3）。③代議院議長又は元老院議長は，立法部への諮問の要求が両院協議会の少なくとも12名の構成員によってなされたとき，及び，両院協議会が付託された権限抵触に関するものであるとき，政府提出又は議員提出法律案に対する，第一表決の際に採択された修正案について意見を要求しなければならない（同法2条§4及び修正法律16条1項）。①及び②のとき，立法部は，政府提出又は議員提出法律案に対する修正案に関するものである場合，職権で，当該テキストが憲法74条，77条又は78条で定める事項を対象としているかどうかを審査する（再編法律2条§1第2項）。③のとき，立法部の意見はこの点についてのみを対象とする[27]。

⑸　協議委員会への付託

　コンセイユ・デタ立法部が，立法規範の執行府草案，議員提出案又は修正案が国家，共同体又は地域圏の権限を踰越するという意見を付与するとき，意見

---

[27]　Salmon, Jaumotte et Thibaut, *supra* note(5), p. 174.

要求者は，この執行府草案，議員提出案又は修正案を，1980年8月9日制度改革通常法31条で定められる協議委員会（Comité de concertation）[28]に付託する（再編法律3条§3及び4条2項）。協議委員会は，40日の間に[29]，かつ，コンセンサス方式に従って，権限の踰越があるかどうかの問題について理由付意見を付与する。権限の踰越があると判断するときは，協議委員会は，連邦政府，共同体執行府，地域圏執行府，フランス共同体委員会執行府，又は合同共同体委員会合同執行府に，この権限の踰越を解消するために，草案のテキストを訂正するように要求する（同法3条§4及び4条2項）。このように，協議委員会は，立法規範の権限の踰越が問題となる場合には，立法部と共に，事前にその憲法適合性を統制するのである[30]。つまり，後述する憲法適合性に関する事前統制は，この事項に関しては，立法部のみによって行使されるのではない。ただし，この協議委員会への付託手続を用いないことに関して，いかなる制裁も存在しない[31]。

（f）憲法改正宣言及び憲法改正案の例外

これまで見てきたように，立法規範案については義務的又は任意的に立法部に諮問されるが，憲法改正宣言（déclaration de révision de la Constitution）及び憲法改正議会に付される議員提出又は政府提出の憲法改正案（textes soumis aux chambres constituantes par voie d'initiative parlementaire ou gouvernementale）[32]については，立法部への諮問に付されない[33]。立法部自身も，再

---

[28] 協議委員会は，連邦政府及び連邦構成主体執行府の代表から構成される政治的機関である。Robert Andersen, Pierre Nihoul et Sébastian Depre, « La Cour d'arbitrage et le Conseil d'État », in Françis Delpérée, Anne Rasson-Roland et Marc Verdussen (dir.), *Regards croisés sur la Cour d'Arbitrage*, Bruylant, 1995, p. 146.

[29] この40日の間，議会手続は停止される。

[30] この事前統制に関する立法部と協議委員会間の役割分担について，詳しくは，以下を参照。Andersen, Nihoul et Depre, *supra* note(28), pp. 148-149.

[31] Salmon, Jaumotte et Thibaut, *supra* note(5), p. 175.

[32] ベルギーにおける憲法改正手続は，憲法195条において定められている。すなわち，①連邦立法権が，ある憲法規定を示して改正の余地があると宣言する，②この宣言後，両議院が解散される，③新たな両議院の召集が行われる，④この両議院が，国王との合意により，改正に付された点について判断を下す，⑤この場合，両議院は，各院の構成員の3分の2が出席するときに審議し，投票の3分の2の賛成があるときに可決することができる。

[33] Salmon, Jaumotte et Thibaut, *supra* note(5), p. 157. 以下も参照。Yves Lejeune, *Droit constitutionnel belge-Fondements et institutions*, Larcier, 2010, p. 156.

第Ⅱ部　各国の憲法裁判の諸相

編法律2条の「政府提出法律案及び議員提出法律案」の中には議員提出の憲法改正案は含まれないという意見を下している[34]。すなわち，議員提出の憲法改正案は，任意的にすら立法部に諮問されえないのである。

(ロ)　**命令規範案への理由付意見の付与**

次に，命令規範案は，原則として，執行府構成員[35]によって立法部の意見に付されなければならない。ただし，特別に理由のある緊急性の場合には，命令規範案は立法部の意見には一切付されない[36]。立法規範の政府草案について，特別に理由のある緊急性の場合には，一定事項については意見が付与されるのとは対照的である。

(ハ)　**立法部意見の性質**

(a)　非拘束性

立法部意見は，原則として[37]，いかなる拘束力も有しない。すなわち，立法部意見は，それを要求した機関を拘束せず[38]，行政訴訟部に対しても[39]，また，行政裁判所，司法裁判所及び憲法裁判所に対しても，拘束力を有しない[40]。したがって，要求者は，立法部の意見に従うことなく決定することができる。ただし，要求者が立法部意見に従わないことによって，立法議会での審議のときに野党が立法部意見を引き合いに出したり，又は，後述する通り，裁判的訴え，

---

(34)　C.E., S.L., ch. réun., 14 mai 1979, *Doc. Parl.*, Sénat, 1979, n° 261/2, annexe I, pp. 279 et s.

(35)　ただし，フランス共同体委員会執行府構成員については，憲法138条を適用して移管される事項に関する命令案であるときのみに限られる。一方，ブリュッセル都市圏の権限に関するブリュッセル首都地域圏執行府の命令案，及び，フランス共同体委員会及びオランダ共同体委員会の権限に関する，合同共同体委員会合同執行府の命令案については，立法部の意見に付されない。Salmon, Jaumotte et Thibaut, *supra* note (5), pp. 176-177.

(36)　Salmon, Jaumotte et Thibaut, *supra* note (5), pp. 176-183.

(37)　前述の協議委員会への付託手続に入る場合は拘束力を有する。

(38)　C.E., n° 42.020 du 19 février 1993, LABORATOIRES DE BIOLOGIE ET RADIO-IM-MUNOLOGIE CLINIQUE c/EB. 本判決は，「大臣は，自身が要求した意見において，立法部によってもたらされた帰結を考慮しないことができる。大臣が意見を無視するとしても，大臣はもはやコンセイユ・デタに諮問する必要はない」と判示している。また，以下の判決も参照。C.E., n° 52.781 du avril 1995, UNION NATIONALES DES MUTUALITÉS NEUTRES *et al.* c/EB.

(39)　行政訴訟部が立法部の意見を採用しなかった例として，以下の判決を参照。C.E., n° 16.547 du 9 juillet 1974, COMMUNE DE SCHOTEN c/EB.

(40)　Salmon, Jaumotte et Thibaut, *supra* note (5), p. 286.

204

第9章　ベルギーにおけるコンセイユ・デタ立法部による事前統制と憲法裁判所による事後統制

特に，憲法裁判所での訴えのときに，提訴権者が立法部の意見を提訴理由として援用したりすることがある。

　(b)　公開性の原則と秘密性の例外

　立法部意見は，法律，デクレ及びオルドナンスがその公表を義務付けていない場合には秘密的性質を有する[41]。しかし，実際には，以下のように再編法律等によってほとんどの場合に公表の義務が定められているので，公開性が原則と言ってよい。

　まず，再編法律3条§1第1項は，立法規範の執行府草案及びその立法部の意見は，立法議会の事務局に提出するときに，立法規範の執行府提出案の理由書に附属されなければならないことを定めている。したがって，立法規範の執行府草案に関する立法部意見は，議会文書において公開されるのが準則である。同様に，立法規範の政府提出案，議員提出案及び修正案について，立法議会議長に付与される意見も議会文書において公開される[42]。

　命令規範案に関する立法部意見については，ベルギー官報で，国王，共同体又は地域圏の執行府，フランス共同体委員会執行府，合同共同体委員会合同執行府への報告書に附属して，当該命令と共に公表される（同法3条§1第1項4文）。また，再編法律3条の2第2項，及び，法律，デクレ又はオルドナンスによって定義されている一定の場合においても[43]，その公開性は保障される。反対に，これら以外の場合には（例えば，命令案が報告書の対象とならなかったとき），立法部の意見は秘密性を有する。ただし，その命令に対してなされる無効の訴えおいて，行政機関は，訴訟の相手方として，完全な行政文書を提出しなければならず，したがって，行政機関は立法部の意見及び立法部に付託されたテキスト案をその文書に加えなければならない[44]。一方，市民も，憲法32条[45]を適用して可決された多様な立法の枠組みにおいて，立法部意見の公開を要求し，それを獲得することができる[46]。

---

(41)　Salmon, Jaumotte et Thibaut, *supra* note(5), p. 299.

(42)　Salmon, Jaumotte et Thibaut, *supra* note(5), p. 299.

(43)　詳しくは，以下を参照。Salmon, Jaumotte et Thibaut, *supra* note(5), p. 301.

(44)　Salmon, Jaumotte et Thibaut, *supra* note(5), p. 300.

(45)　憲法32条1文は「何人も，あらゆる公文書の閲覧を求め，これらを複写する権利を有するが，法律，デクレ又は憲法第134条で定める法規範が定める場合及び要件がある場合はこの限りではない」と定めている。

(46)　C.E., A.G., n° 72.863 du 31 mars 1998, JORDAN c/CF.

第Ⅱ部　各国の憲法裁判の諸相

　また，立法部の意見は，『コンセイユ・デタ年次報告書』においてその一部
が公開されている。

㈡　審査の観点及び期限

　まず，立法部は，以下の観点で立法規範案及び命令規範案を審査し，理由付
意見を付与する。①テキストの作成的質（構造，内的一貫性，専門用語など），
②テキストの起草者意図への適合性，③テキストの形式的適法性及び法的調整，
④フランス語テキストとオランダ語テキストとの一致，⑤テキストの起草者権
限を定める準則への適合性，テキストの連邦と連邦構成主体との権限を分配す
る準則への適合性，テキストの連邦議会のそれぞれの権限を定める準則への適
合性，テキストの起草手続を定める準則への適合性，⑥テキストの上位準則へ
の適合性，すなわち，テキストの憲法，国際条約，ベルギーで効力を有する
ヨーロッパ法，特別法及び，場合によっては，通常法及び王令又は執行府令へ
の適合性，である[47]。特に重要なのが⑥である。

　反対に，テキストの時宜性（opportunité）については審査の対象とはならな
い[48]。

　次に，審査の期限であるが，場合に応じて，①期限の定めのない意見の要求，
②60日の期限での意見の要求，③30日の期限での意見の要求，④平日5日の
期限での意見の要求（再編法律84条§1第1項）が立法部に付託される[49]。

㈥　義務的諮問に関する手続的瑕疵

　立法規範の執行府草案及び命令規範案については，前述の通り，立法部への
諮問が義務付けられる。しかし，この義務的諮問が欠如している場合又は適切
な諮問が行われていない場合に，その手続的瑕疵が問題となる。立法規範の執
行府草案の場合には，憲法裁判所によってはその統制が確保されないが[50]，命
令規範案の場合には，行政訴訟部，行政裁判所及び司法裁判所によってその統

---

[47]　Lejeune, *supra* note (33), 2010, p. 158.

[48]　Etienne Cerexhe, « Renforcer le contrôle de constitutionnalité », *JT*, 2005, p. 242.

[49]　詳しくは，以下を参照。Salmon, Jaumotte et Thibaut, *supra* note (5), pp. 219 et s.

[50]　C.A., arrêt n° 66/88 du 20 juin 1988 ; C.A., arrêt n° 45/92 du juin 1992 ; C.A., arrêt n°
73/95 du 9 novembre 1995 ; C.A., arrêt n° 20/97 du 15 avril 1997 ; C.A., arrêt n° 58/97 du
14 octobre 1997 ; C.A., arrêt n° 22/98 du 10 mars 1998 ; C.A., arrêt n° 107/98 du 21
octobre 1998 ; C.A., arrêt n° 134/98 16 décembre 1998 ; C.A., arrêt n° 97/99 du 15
septembre 1999 ; C.A., arrêt n° 103/2000 du 11 octobre 2000 ; C.A., arrêt n° 18/2004 du 29
janvier 2004.

制が確保される。すなわち，義務的諮問の欠如は公序理由（moyen d'ordre public）を構成し[51]，訴訟のすべての段階において，提訴者によって[52]，又は，上記の裁判所によって職権で[53]取り上げられる。

また，立法部意見には拘束力がないので，執行府は，立法部意見に従う必要が無いが，執行府が，立法部意見の後に，新たな規定を追加したり，著しい修正を行ったりしたときは，執行府は，その追加規定や著しい修正について，立法部に新たに諮問しなければならない[54]。にもかかわらず，新たな諮問が行われないときは，立法規範の政府草案の場合には，前述の通り，立法議会議長がその新たな規定や著しい修正について立法部に諮問することができ，一方，命令案の場合には，最初の義務的諮問の欠如の場合と同様に，行政訴訟部，行政裁判所又は司法裁判所によってその欠如が統制される。

3　憲法適合性統制における
コンセイユ・デタ立法部と憲法裁判所の役割

以上のように，コンセイユ・デタ立法部について概観してきたが，ここでは，立法規範の憲法適合性統制におけるコンセイユ・デタ立法部と憲法裁判所の役割について見ていく。まず，立法規範の憲法適合性統制における立法部の事前統制と憲法裁判所の事後統制の相違点を明らかにし，次に，立法部意見と憲法

---

[51]　C.E., nº 83.569 du 23 novembre 1999, DELBROUCK c/OFFICE RÉGIONAL DE LA FORMATION PROFESSIONNELLE ET DE L'EMPLOI ; C.E., nº 88.715 du 7 juillet 2000, A.S.B.L. FÉDÉRATION DES ENTREPRENEURS GÉNERAUX DE LA CONSTRUCTION c/EB ; C.E., nº 131.567 du 18 mai 2004, MORAD c/UNIBERSITÉ DE LIÈGE et CF.

[52]　例えば，以下の判決を参照。C.E., nº 14.262 du septembre 1970, RENAULT c/SECRÉTARIAT PERMANENT DE RECRUTEMENT et EB ; C.E., nº 162.606 du 21 septembre 2006, COMMUNE DE JURBISE c/EB et GOUVERNEUR DE LA PROVINCE DU HAINAUT ; C.E., nº 170.234 du 19 avril 2007, S.A. COPEVA c/RW.

[53]　行政訴訟部によって職権で取り上げられた例として，以下の判決を参照。C.E., nº 23.479 du 14 septembre 1983, DEBACKER c/EB ; C.E., nº 35.209 du 19 juin 1990, ÉTAT BELGE c/RW ; C.E., nº 39.413 du 18 mai 1992, TAMINIAU c/CF ; C.E., nº 48.525 du 11 juillet 1994, OFFICE DES PHARMACIES COOPÉRATIVES DE BELGIQUE-OPHACO c/EB.

[54]　C.E., nº 96.807 du 21 juin 2001, A.S.B.L. LIGUE DES DROITS DE L'HOMME et A.S.B.L. MOUVEMENT CONTRE LE RACISME, L'ANTISÉMITISME ET LA XÉNOPHOBIE c/EB.

207

裁判所判決における相互間の影響を明らかにし，最後に，立法部による事前統制の性質と憲法裁判所による事後統制の性質についての検討を行う。

1 立法部による事前統制と憲法裁判所による事後統制の相違点───

まず，立法規範についての立法部と憲法裁判所によるそれぞれの憲法適合性統制においていかなる相違があるのかを見ていく。もちろん細かく見れば様々な相違があるが，ここでは，付託（権）者の相違，統制される対象の相違，照会規範の相違について取り上げる。

(イ) 付託（権）者の相違

まず，立法部に意見の付与を要求しなければならない又は要求することができるのは，すでに見た通り，執行府及び立法議会議長である。これに対して，憲法裁判所に対して訴訟を提起できるのは，無効の訴えにおいては，執行府，立法議会議長及び利益を証明する個人又は法人であり[55]，先決問題においては，裁判所である[56]。したがって，立法部に付託することができるのは，政治部門の機関であるのに対して，憲法裁判所には，政治部門の機関だけではなく，裁判所，さらには，一般市民も付託できるのである。また，憲法裁判所に提訴するためには，現実の紛争が必要である。

(ロ) 統制される対象の相違

立法部において統制される対象は，立法規範案である。これに対して，憲法裁判所において統制される対象は，立法規範そのものである。立法部は，立法規範案が立法議会においてどのような行く末を辿るのか，また，立法議会で可決された後にそのテキストがどのように適用されるのかを知ることはできない。一方，憲法裁判所は，統制の対象となる立法規範が立法議会でどのような変遷をしてきたのか，また，実際にどのように適用されているのかを知ることができる[57]。

また，立法部は，付託された立法規範案すべてをその統制対象とするが，憲法裁判所は，訴訟において援用されている立法規範の条項に限定しなければならない。すなわち，憲法裁判所は，当事者が援用していない立法規範の条項を統制することはできないのである[58]。

---

[55] 詳しくは，拙稿・前掲注(2)186-187頁。

[56] 詳しくは，拙稿・前掲注(2)192-193頁。

[57] Vandernacht et Delgrange, *supra* note(5), p. 116.

第9章　ベルギーにおけるコンセイユ・デタ立法部による事前統制と憲法裁判所による事後統制

㈥　照会規範の相違

　立法部における統制の照会規範（norme de référence）は，すでに見たように，憲法すべての条項はもちろんのこと，国際法やヨーロッパ法などの上位規範や，特別法や場合によっては通常法である。これに対して，憲法裁判所における統制の照会規範は，法令上は，憲法裁判所に関する1989年1月6日特別法[59]が定める通り，憲法第2編の人権条項，租税に関する権利を定める憲法170条及び172条並びに外国人の人権を保障する191条と，権限分配準則を定める憲法，特別法及び通常法である。ただし，条約上の人権規定や憲法の諸原理も，憲法の諸規定を通して，照会規範となり得る[60]。

　したがって，立法部における照会規範と憲法裁判所における照会規範とでは，前者の方がその範囲は広い。特に，2003年3月9日の仲裁裁判所に関する1989年1月6日特別法改正までは，憲法裁判所の前身機関である仲裁裁判所の照会規範は，法令上，人権条項に関しては，憲法10条（平等原理），憲法11条（非差別原理）及び憲法24条（教育の自由）に限定されていた。ただし，仲裁裁判所の判例においては，これらの条項を通じて，他の人権規定も間接的に照会規範とはなっていた[61]。とは言え，2003年の特別法改正前においても後においても，権限分配準則以外の統治規定については，憲法裁判所における照会規範とはなっていない。したがって，立法部は，憲法裁判所とは異なり，国際法やヨーロッパ法だけでなく，憲法の統治機構規定に関しても照会規範として，立法規範案を統制することができるのである。

2　立法部意見と憲法裁判所判決の相互間の影響

　次に，立法部意見と憲法裁判所判決が相互にどのように影響を及ぼしているかを見ていく。

㈠　憲法裁判所判決の立法部意見への影響

　一般に，立法者は，立法部によって警告される違憲性によりテキストが憲法裁判所によって無効とされる危険があると評価するときに，立法部の意見に従って，その違憲性をテキストから排除するよう再検討する，と言われている。

---

[58]　Vandernacht et Delgrange, *supra* note(5), p. 113.

[59]　本特別法の変遷について，詳しくは，拙稿・前掲注(2)159-162頁。

[60]　憲法裁判所における照会規範について，詳しくは，拙稿・前掲注(2)174-183頁。

[61]　詳しくは，拙稿・前掲注(2)160-161頁，177-179頁。

第Ⅱ部　各国の憲法裁判の諸相

したがって，立法部は，自身の意見を立法者に強制するために，憲法裁判所による違憲判決の可能性という脅威をその意見において付け加えるのである[62]。だとすれば，立法部は，立法規範案の憲法適合性について憲法裁判所がどのように考えるのか，憲法裁判所の考え方を考慮しなくてはならない。すなわち，立法部は，憲法と一体となっている憲法裁判所の判例を体系的にかつ即時的に統合するように努力するのであり，また，自身の考え方に反する憲法裁判所の判決に，抵抗なく従うのである[63]。そして，立法部は，その意見の中で，憲法裁判所の判決を参照する。

　一例として，以下の事例がある[64]。立法部は，文化，社会事項，教育及び予算に関する多様な方策に関する 1992 年 12 月 21 日フランス語共同体デクレとなったその執行府草案を審査するとき，大学運営の資金の一時停止を設定する執行府案 15 条及び 16 条（実際のデクレ 13 条）に対して，違憲性を表明しなかった。しかしながら，仲裁裁判所は，そのような一時停止は，大学運営が進展するのを妨げ，大学を差別することになるとして，この条項を無効とした[65]。この判決の表明の数日後，立法部は，グラン・ゼコールに関して同様の措置を採る条項を含む政府提出法律案（Lebrun 法案）について諮問されたが，立法部は，仲裁裁判所が前記の判決を下したことを考慮して，当該条項は，差別を含んでおりそれを削除するために本質的に修正されなければならないという意見を下した[66]。

　このようにして，立法部は，憲法（仲裁）裁判所の判決を自身の意見に統合して，意見の中で判決に依拠する。こうすることで自身の意見の権威を高めるのである[67]。

㈢　立法部意見の憲法裁判所判決への影響

　憲法裁判所は，当事者によって援用された理由及び事実に基づいて判決を下すが，憲法裁判所も，その判決において，立法部の意見を参照することがある。その一例として，以下の事例が挙げられる[68]。予算規範を審査する権限が仲

---

[62]　Vandernacht et Delgrange, *supra* note (5), p. 127.

[63]　Vandernacht et Delgrange, *supra* note (5), p. 127.

[64]　以下を参照。Vandernacht et Delgrange, *supra* note (5), pp. 127-128.

[65]　C.A., arrêt nº 38/94 du 10 mai 1994.

[66]　C.E., S.L., nº 23.330 du 13 juin 1994, *Doc. C.C.F.*, 1993-1994, nº 171/1, p. 53.

[67]　Vandernacht et Delgrange, *supra* note (5), p. 126.

[68]　以下を参照。Vandernacht et Delgrange, *supra* note (5), p. 131.

第9章　ベルギーにおけるコンセイユ・デタ立法部による事前統制と憲法裁判所による事後統制

裁裁判所に認められるかどうかが問題となった仲裁裁判所での事案について，仲裁裁判所は自身のその権限を認めるために次のように判示した。「仲裁裁判所の組織，権限及び運営に関する1983年6月28日法律の準備審議から，政府草案の最初のテキストにおいて現れていた，国家，共同体及び地域圏の『規範的』権限への制限は，コンセイユ・デタ立法部の意見の後に削除されたことは明らかである。『したがって，憲法107条の3（引用者注：現142条）の執行を完全に保障するためには，立法者は，純粋に形式的な性格を有する法律及びデクレに対する形式的な訴えを審査することを仲裁裁判所に授権することが必要である。このために，政府草案1条§1の最後において……「権限」という言葉の前の，「規範的」という言葉を削除する必要がある（*Doc. parl.*, Sénat, 1981–1982, n° 246/1, p. 38)』。その意見において，立法部は，明示的に，仲裁裁判所が，『補助金の授与についての予算額を定める予算を定めるデクレ』に関して，権限を有していることに言及している（*ibid.*, p. 38)」[69]。すなわち，憲法（仲裁）裁判所は，立法部意見を参照することによって，自身の判決を根拠付けたのである。

　このようにして，憲法裁判所も，その判決において，立法部意見を参照することがある。しかし，憲法裁判所が立法部意見を参照することは稀なようである[70]。

(ハ)　立法部意見による違憲の警告と憲法裁判所による違憲判決

　以上のように，憲法裁判所判決が立法部意見を参照することはあまりないとしても，立法部意見は憲法裁判所判決に依拠するので，立法部意見が立法者に違憲性を警告したのにもかかわらず，立法者がこれに従わずに立法規範を成立させたときには，必然的に憲法裁判所はこの立法規範を違憲とする傾向にある。立法部意見には拘束力がないので，立法者は立法部意見に従わなくてもよいのは確かであるが，立法者が，憲法の尊重よりも政治的状況を優先させた場合に，このような状況が生まれてしまうのである[71]。

---

[69]　C.A., arrêt n° 54/96 du 3 octobre 1996.

[70]　Vandernacht et Delgrange, *supra* note(5), p. 126.

[71]　以下を参照。Cerexhe, *supra* note(48), p. 242.

211

第Ⅱ部　各国の憲法裁判の諸相

3　立法部による事前統制の性質と憲法裁判所による事前統制の性質－

最後に，立法部が意見を付与する中で行う憲法適合性の事前統制と，憲法裁判所が判決を下す中で行う憲法適合性の事後統制のそれぞれの性質について検討したい。

㈵　立法部意見と憲法裁判所判決のそれぞれの効果の観点から

立法部は立法規範が成立する前にその案についての憲法適合性を審査し，その意見は何ら拘束力を有していないので，立法部は，その意見がどのような効果をもたらすかを考慮する必要がなく，また，それを考慮しないという態度になりうる。反対に，憲法裁判所は，具体的紛争の中で立法規範の憲法適合性を審査するので，その判決の法的効果，さらには政治的効果をも考慮しなくてはならない。その意味では，立法部は，憲法裁判所よりも，立法規範の憲法適合性を厳格かつ法的に正確に審査することになる[72]。

このように立法規範の憲法適合性が厳格かつ法的に正確に審査されて付与された立法部意見は，議会審議のときに，政治的に用いられる。例えば，執行府草案について立法部意見が付されたが，執行府が立法部意見に従わずに草案を提出したとき，野党は，立法部意見に依拠して，執行府提出案を批判し，さらに，立法部意見に依拠した修正案を提出するのである[73]。

他方，立法部意見は，憲法裁判所での訴訟のときに，法的に用いられる。立法部意見が違憲性を警告したにもかかわらずその意見に従わずに立法者が立法規範を可決したとき，提訴者は，立法部意見から立法規範の違憲の理由を引き出すのである[74]。

㈻　立法部意見と憲法裁判所判決における理由の違いの観点から

立法部意見と憲法裁判所判決にはそれぞれ理由が付いているが[75]，その意味合いは全く異なる。

第一に[76]，憲法裁判所は，「裁判所」であるので，「法」を述べることになる。

---

[72]　Vandernacht et Delgrange, *supra* note(5), p. 133.

[73]　Vandernacht et Delgrange, *supra* note(5), p. 140.

[74]　Vandernacht et Delgrange, *supra* note(5), p. 140.

[75]　憲法裁判所判決の理由については，以下の文献も参照。Pierre Nihoul, « La motivation des arrêts de la Cour constitutionnel belge », *AIJC 2012*, Economica, 2013, pp. 27-32.

[76]　以下を参照。Vandernacht et Delgrange, *supra* note(5), p. 141.

第9章　ベルギーにおけるコンセイユ・デタ立法部による事前統制と憲法裁判所による事後統制

しかし，憲法裁判所判決の権威は，その理由の質には全く依拠しない。すなわち，憲法裁判所判決は，その理由がいかなるものであれ——たとえ説得的でないとしても——，「裁判所」の判決であるがゆえに，その権威を保持するのである。反対に，立法部意見は，執行府又は立法議会を従わせるためには，その理由は説得的なものでなければならない。したがって，立法部意見に権威を付与するためには，立法部はより議論をしなければならないことになる。

　第二に[77]，憲法裁判所は，その判決に理由を示さなければならないが，憲法裁判所は，事実や提訴理由に拘束されながら，当事者同士の対審手続を経て，それを行わなければならない。そして，立法規範が合憲であっても違憲であっても，その理由を根拠付けなければならない。他方，立法部は，憲法裁判所に対するような拘束などなしに，その意見に理由を示す。その場合，憲法適合性に疑義が生じたときにのみそれを指摘するのであって，立法規範が憲法適合的であるということを積極的に意見表明することはほとんどない。むしろ，立法部が憲法適合性について沈黙しているとき，それは憲法適合性の証明の価値があると考えられているのである。

㈋　立法部意見の予防的性質と憲法裁判所判決の治療的性質

　立法者が立法部意見に従うとき，そのことは，憲法裁判所による憲法訴訟を予防する。実際，立法者が立法部意見に従うことによって，憲法裁判所によって違憲とされうる立法規範の執行府提出案及び議員提出案の規定は削除されうるのである。立法規範の規定が憲法裁判所によって違憲とされることを予防することによって，立法部は，法的安定性に貢献し，立法者が憲法違反の政策を採ることを回避させることができる。反対に，立法者が立法部意見に従わないとき，市民や野党（実際にはその要求を受けての立法議会議長）などの憲法裁判所への提訴者は，提訴理由を立法部意見の中から取り出すことができる[78]。

　いずれの場合であっても，憲法裁判所は，立法規範の憲法適合性を問題として付託されたら，立法規範の憲法適合性を統制する。その統制は　場合に応じて，①立法部意見の強化，②立法部意見の補完，③立法部意見の緩和，となりうる。すなわち，①憲法裁判所が，立法部意見において警告された違憲性を理由として立法規範を違憲とする場合においては，憲法裁判所は立法部意見を強化することになる。そして，②立法部意見が違憲性を警告したにもかかわらず，

---

(77)　以下を参照。Vandernacht et Delgrange, *supra* note (5), pp. 141-143.

(78)　Vandernacht et Delgrange, *supra* note (5), pp. 144-145.

213

第Ⅱ部　各国の憲法裁判の諸相

立法者がそれに従わずに立法規範を可決したときに，憲法裁判所がその立法規範を違憲とする場合においては，憲法裁判所は立法部意見を補完することになる。さらに，③憲法裁判所が，立法部意見によって警告された違憲性を採用する理由に基づいた訴えを棄却するとき，憲法裁判所は立法部意見を緩和することになる[79]。このようにして，立法部の予防的統制は，憲法裁判所によって引き継がれ[80]，憲法裁判所は，立法部の予防的統制を強化，補完及び緩和するのである。その意味で，憲法裁判所の統制は，治療的統制なのである。

4　おわりに

　本章では，ベルギーのコンセイユ・デタ立法部とはいかなる機関かを概観した上で，ベルギーの憲法適合性統制における立法部の事前統制と憲法裁判所の事後統制の関係について検討してきたが，最後に，日本法への示唆を検討したい。

　第一に，ベルギーのコンセイユ・デタ立法部は，我が国の内閣法制局や，フランスのコンセイユ・デタとは異なり，一般的法的問題に関して政府によって諮問される権限を有しない[81]。すなわち，ベルギーにおいては，政府が一般的法的問題に関して疑義を生じさせた場合，政府はコンセイユ・デタ立法部に諮問することはできない。したがって，ベルギーのコンセイユ・デタ立法部は，立法規範案及び命令案という具体的な法令案に関して意見を付与する機関であって，法令案となっていない一般的法的問題に関して意見を付与する機関ではない。そうであるがゆえに，コンセイユ・デタ立法部なのである。

　反対に，我が国においては，内閣は内閣法制局に，具体的な法令の審査とは離れて，法的問題について諮問を行い，内閣法制局はその法的問題に関して内閣に意見を述べることができる。特に，具体的な法令案とは離れた憲法解釈が

---

(79)　Vandernacht et Delgrange, *supra* note (5), p. 145.

(80)　同様に，命令規範に関する立法部の予防的統制が，コンセイユ・デタ行政訴訟部，行政裁判所及び司法裁判所によって引き継がれると分析する文献として，以下を参照。Robert Andersen et Marnix Van Damme, « La section de législation du Conseil d'État », in X., *Conseil d'État, Liber Memorialis 1948-1998*, Mys & Breesch, 1999, pp. 85-110 et s.

(81)　我が国における内閣の内閣法制局への法的問題に関する諮問手続は，内閣法制局設置法3条3号において，フランスにおける政府のコンセイユ・デタ行政部への法的問題に関する諮問手続は，行政裁判法典 L112-2 条において規定されている。

214

内閣法制局によって様々な局面において行われている。しかし，具体的な法令案に対して意見を述べることと一般的法的問題に対して意見を述べることが同一機関によって行われることは，必ずしも妥当な選択であるとは言えないのではなかろうか。一般的法的問題について意見を述べる諮問機関を別に設置することも一案ではなかろうか。

　第二に，すでに見た通り，ベルギーにおいては，コンセイユ・デタ立法部の意見には法的に拘束力がなく，執行府（及び立法議会議長）がその意見に従うかどうかは自由である。それゆえに，コンセイユ・デタ立法部によって立法規範案の憲法適合性統制がなされているにもかかわらず，立法者が立法部意見に従わないときには，憲法裁判所は，コンセイユ・デタ立法部の憲法適合性統制を補完するのである。

　これに対し，我が国においては，内閣法制局の審査を経た法律案を内閣がそのまま採用するという慣行が生じており，内閣が内閣法制局の審査結果に従わずに法律案を議会に提出するということはまずない。すなわち，内閣法制局の意見に事実上の拘束力があると言える。したがって，内閣法制局による憲法適合性統制はほとんどの場合に効果的であり，それが最高裁判所によって補完されるという事態はあまり生じえない。実際，日本において，内閣法制局によって審査され内閣提出によって成立した法律が最高裁によって違憲とされた例は2件[82]しかない。すなわち，我が国における憲法適合性統制においては，内閣法制局による事前統制が強く働いているのであり，最高裁判所による事後統制はあまり機能していないと言える[83]。憲法適合性統制機能が分散することの是非はあるであろうが，その機能が事前統制にのみ集中するのは必ずしも望ましいことであるとは言えない。これを解消するためには，内閣自身が内閣法制局の意見の適否を判断し，その意見を採用するかどうかを決定していく必要があるのではないか。

---

[82]　在外日本人選挙権制限規定違憲判決（最大判平成 17 年 9 月 14 日民集 59 巻 7 号 2087 頁）と国籍法違憲判決（最大判平成 20 年 6 月 4 日民集 62 巻 6 号 1367 頁）。

[83]　ただし，近時の最高裁の憲法適合性機能の活発化を評価する見解もある。特に，大沢秀介「司法積極主義と司法職主義」戸松秀典・野坂泰司（編）『憲法訴訟の現状分析』（有斐閣，2012 年）424-425 頁。

第Ⅲ部

〔資料〕
憲法裁判関係法令

1　フランス

2　イタリア

3　スペイン

4　ベルギー

◆ 1　フランス

1. フランス共和国憲法 (1958 年 10 月 4 日) (抄) (最終改正，2008 年 7 月 23 日)

第 7 章　憲法院

第 56 条〔憲法院の構成〕　① 憲法院は，任期 9 年で再任の許されない 9 人の裁判官で構成する。憲法院は，3 年ごとに 3 分の 1 の裁判官が交替する。大統領が 3 名を，国民議会議長が 3 名を，元老院議長が 3 名をそれぞれ任命する。この任命には，第 13 条最終項の規定する手続が適用される。両院の議長が行う任命には，当該議院の権限ある常任委員会の意見のみが付される。

② 前項が定める 9 名の裁判官に加えて，元大統領は，当然に終身の憲法院裁判官となる。

③ 憲法院長は，大統領が任命する。憲法院長は，可否同数の場合に決裁権を有する。

第 57 条〔兼職禁止〕　憲法院裁判官の職務は，大臣又は国会議員の職務と兼ねることができない。その他の兼職禁止は，組織法律で定める。

第 58 条〔大統領選挙の監視〕　憲法院は，大統領選挙の適法性を監視する。憲法院は，異議申し立てを審査し，投票結果を宣告する。

第 59 条〔国政選挙の審査〕　憲法院は，異議が唱えられた場合，国民議会議員選挙及び元老院議員選挙の適法性について決定する。

第 60 条〔国民投票の監視〕　憲法院は，第 11 条及び第 89 条並びに第 15 章の定める国民投票の実施の適法性を監視する。憲法院は，国民投票の結果を宣告する。

第 61 条〔事前的違憲審査〕　① 組織法律は公布の前に，第 11 条の規定する議員提出法案は国民投票の実施の前に，両院の議院規則は施行の前に，憲法院に付託されなければならず，憲法院はそれらの合憲性を裁定する。

② 同じ目的で，法律は公布の前に，大統領，首相，国民議会議長，元老院議長，60 名以上の国民議会議員又は 60 名以上の元老院議員によって，憲法院に付託することができる。

③ 前二項の定める場合，憲法院は，1 か月以内に決定を下さなければならない。ただし，緊急を要する場合，政府の要求により，この期間は 8 日に短縮される。

④ これらの場合，憲法院への付託によって，公布の期限は停止される。

第 61-1 条〔事後的違憲審査〕　① 裁判所での審理において，法律規定が憲法の保

219

第Ⅲ部 〔資料〕憲法裁判関係法令

障する権利及び自由を侵害すると主張された場合，憲法院は，一定の期間内に決
定されたコンセイユ・デタ又は破毀院からの移送に基づいて，この問題の付託を
受けることができる。

② 本条の施行の諸条件は，組織法律で定める。

第62条〔憲法院の決定の効力〕 ① 第61条に基づいて憲法違反と宣告された法
律規定は，公布することも施行することもできない。

② 第61-1条に基づいて憲法違反と宣告された法律規定は，憲法院の決定の公示
日又は当該決定が指定する日付から，廃止される。憲法院は，当該規定が生み出
す効力を再検討できるための条件と期限を定めることができる。

③ 憲法院の決定は，いかなる上訴も許されない。憲法院の決定は，公権力並びに
すべての行政機関及び司法機関を拘束する。

第63条〔組織法律への委任〕 憲法院の組織及び運営の規則，憲法院における手続
及び特に係争を憲法院に付託するための期間は，組織法律で定める。

2. 憲法院に関する組織法律についての1958年11月7日オルド ナンス第1067号（最終改正，2013年12月6日）

第1編　憲法院の組織

第1条〔憲法院裁判官の任命〕 ① 当然の裁判官を除いて，憲法院裁判官は，大
統領，国民議会議長，元老院議長の決定により任命される。

② 憲法院長は，大統領の決定により任命される。憲法院長は，任命された裁判官
か当然の裁判官であるかにかかわらず，憲法院裁判官の中から選出される。

③ 上記の決定は，官報に掲載される。

第2条〔発足当初の構成〕 発足当初の憲法院は，3年任期で指名される裁判官3
名，6年任期で指名される裁判官3名，9年任期で指名される裁判官3名で構成
する。大統領，国民議会議長，元老院議長は，上記各区分につき1名ずつ裁判官
を指名する。

第3条〔宣誓〕 ① 任命された憲法院裁判官は，就任前に大統領の面前で宣誓を
行う。

② 上記裁判官は，適切かつ誠実に職務を行うこと，憲法を尊重して公正に職務を
執行すること，評議と投票の秘密を保持すること，憲法院の権限に属する問題に
ついていかなる公的な立場も表明せず，いかなる意見も述べないことを誓約する。

③ 宣誓の証書が作成される。

第4条〔兼職の禁止〕 ① 憲法院裁判官の職と，政府又は経済社会環境評議会の
構成員の職，及び権利擁護官との職とを兼ねることはできない。憲法院裁判官の

220

職は，あらゆる公選職を兼ねることができない。

② 政府又は経済社会環境評議会の構成員，権利擁護官又は公選職の地位にある者が憲法院裁判官に任命された場合，任命の公示後8日以内に異なる意思表示をしない限り，憲法院の職を選択したものとみなす。

③ 憲法院裁判官が政府の職若しくは権利擁護官の職に任命された場合，又は経済社会環境評議会の構成員に指名されたか若しくは公選職を得た場合，当該裁判官は交代する。

④ 憲法院裁判官は，任期中，あらゆる公的な任務，及び独立の又は給与を伴う他のあらゆる活動に従事してはならない。

⑤ ただし，憲法院裁判官は，科学，文学，芸術の仕事に従事することができる。

⑥ 憲法院裁判官は，弁護士の活動を行ってはならない。

第5条〔公職就任の禁止〕　憲法院裁判官は，任期中，いかなる公職にも任命されることができず，また，たとえ公務員である場合でも，抜擢による昇進を受けることができない。

第6条〔俸給〕　憲法院長及び憲法院裁判官はそれぞれ，特別職国家公務員の上位2つの分類に相当する俸給を受け取る。

第7条〔憲法院裁判官の義務〕　憲法院裁判官の職務の独立と尊厳を保障するために課される憲法院裁判官の義務は，憲法院の提案に基づき，閣議を経たデクレ〔憲法院裁判官の義務についての1959年11月13日デクレ第1292号【資料3】〕で定める。これらの義務にはとくに，憲法院裁判官が，その任期中憲法院の決定の対象になった又は対象となりうる問題に関して公的な立場を表明すること，若しくは同問題に関して意見を求めることの禁止が含まれなければならない。

第8条〔憲法院裁判官の交代〕　憲法院裁判官は，任期が満了する8日前から，交代することができる。

第9条〔辞職〕　憲法院裁判官は，憲法院に宛てた書面によって，辞職することができる。その者に代わる裁判官の任命は，辞職後遅くとも1か月以内に行う。辞職は，後任裁判官の任命の時に効力を有する。

第10条〔欠格事由〕①　憲法院は，憲法院裁判官の資格と相容れない活動を行った裁判官若しくは憲法院裁判官の資格と相容れない職務又は公選職を引き受けた裁判官，若しくは公民権を享有しない裁判官の辞職を，例外的に職権で確定する。

② この場合，1週間以内に裁判官の交代を行う。

第11条〔身体の故障による交代〕　第10条の規定は，身体の恒常的な故障のために確定的に任務を行使できない憲法院裁判官に適用する。

第12条〔後任裁判官の任期〕　任期満了前に辞職した裁判官に代わって指名された憲法院裁判官の任期は，前任裁判官の任期の到来で終了する。交代後の任期が3年に満たない場合，後任裁判官は，当該任期の満了後，憲法院裁判官として任命

第Ⅲ部 〔資料〕憲法裁判関係法令

されることができる。

第2編　憲法院の運営

第1章　総則

第13条〔招集〕　憲法院は，憲法院長の招集に基づいて，院長に障害事由がある場合は憲法院裁判官の最年長者の招集に基づいて，開会する。

第14条〔定足数〕　憲法院の決定及び意見は，調書で正式に確認された不可抗力の場合を除き，少なくとも7人の裁判官によって下される。

第15条〔事務総局の組織〕　事務総局の組織は，憲法院の提案に基づいて，閣議を経たデクレ〔憲法院事務総局の組織に関する1959年11月13日デクレ第1293号【資料4】〕で定める。

第16条〔経費計上の方法〕　憲法院の運営に必要な費用は，一般会計予算に計上される。憲法院長は，支出について責任を負う。

第2章　憲法適合性の宣言

第17条〔組織法律・議院規則の移送〕　①　国会が採択した組織法律は，首相によって憲法院に移送される。移送状には，例外的な場合として，緊急性があることを示すことができる。

②　何れかの院で採択された規則及びその修正は，各院議長によって憲法院に移送される。

第18条〔議員による移送〕　①　国会議員が法律を憲法院に移送するとき，憲法院は，60人以上の国民議会議員又は元老院議員の署名を掲載した1つ又は2つ以上の移送状によって付託される。

②　憲法第54条又は第61条（2項）に従って付託された場合，憲法院は，大統領，首相，国民議会議長及び元老院議長に直ちに通知する。両院議長は，この通知をそれぞれの議員に報告する。

第19条〔合憲判断〕　合憲判断は，憲法院裁判官の報告に基づいて，憲法第61条第3項が定める期間内に行われる。

第20条〔理由付記〕　憲法院の宣言には，理由が付される。この宣言は，官報で公示される。

第21条〔公布中断の終了〕　法律規定が憲法に違反しないことを確定する憲法院宣言の公示によって，公布期限の中断は終了する。

第22条〔違憲規定を含む法律の効果〕　付託された法律に違憲の規定が含まれ，かつ，その規定が法律全体と不可分であると憲法院が宣言した場合，当該法律は公布されることができない。

第23条〔違憲規定を含む議院規則の効果〕　①　付託された法律に違憲の規定が含まれると宣言したが，その規定が法律全体と不可分であることを憲法院が確定しなかった場合，大統領は，その規定を除いて当該法律を公布するか，議院に新た

な審議を要求することができる。

② 憲法院が移送された議院規則に違憲の規定が含まれていると宣言する場合，その規定は，当該規則を可決した議院によって適用されることができない。

第2章の2 合憲性優先問題について

第1節 コンセイユ・デタ又は破毀院に属する裁判所で適用される諸規定

第23-1条〔違憲の抗弁の提起〕 ① 法律の規定が憲法の保障する権利及び自由を侵害することを理由とする申立ては，受理できない場合を除き，理由が付された個別の文書で提起される。この申立ては，控訴理由書において初めて提起することもできる。この申立ては，職権で行うことができない。

② 破毀院に属する裁判所での審理において，検察官が当事者でない場合，検察官が意見を述べられるようにするために，申立ての提起後直ちに，当該事件は検察官に通知される。

③ 違憲の申立てが刑事事件の予審で提起される場合，当該申立ては，第二審の予審裁判所に付託される。

④ 違憲の申立ては，重罪院で提起することができない。第一審の重罪院が下した判決に控訴する場合，違憲の申立ては，控訴趣意書を添付した書面にて提起することができる。この書面は，直ちに破毀院に送達される。

第23-2条〔コンセイユ・デタ又は破毀院への移送〕 ① 裁判所は，コンセイユ・デタ又は破毀院に合憲性の優先問題を移送するかを，理由を付した決定によって，遅滞なく決定する。この移送は，下記の条件をみたす場合に行われる。

  一 争われている法律が，当該の紛争又は手続に適用されるものであること，若しくは訴訟の根拠となっていること

  二 争われている法律が，事情変更の場合を除き，憲法院の判決の理由及び主文において，これまで合憲であると宣言されていないこと

  三 問題が重大な性格を欠くものでないこと

② 裁判所は，法律の規定が憲法の保障する権利及び自由にも，フランスが締結する国際的な取決めにも違反するという申立ての付託を受けたとき，いかなる場合であっても，当該憲法問題をコンセイユ・デタ又は破毀院に移送するかどうかを，優先的に決定しなければならない。

③ 上記の憲法問題を移送する決定は，その言い渡しから8日以内に，当事者の趣意書又は申立書とともに，コンセイユ・デタ又は破毀院に送達される。この決定に対しては，いかなる上訴も認められない。問題の移送を拒否する決定には，紛争の全部又は一部を解決する判決に対する上訴の際にしか，異議を申し立てることはできない。

第23-3条〔判決の延期〕 ① 憲法問題が移送された場合，裁判所は，コンセイユ・デタ又は破毀院の決定を受けるまで，若しくは憲法院に付託された場合には

憲法院の決定を受けるまで，判決を延期する。予審裁判の進行は中断されず，裁判所は仮の措置又は必要な保全措置をとることができる。

②　ただし，訴訟を理由として人の自由が奪われているとき又は訴訟が自由の剥奪を終結させる目的で行われているとき，判決は延期されない。

③　裁判所はまた，法律又は命令が一定の期限内に若しくは緊急に裁定することを認めている場合には，合憲性の優先問題に関する決定を待つことなく，判決を下すことができる。

④　さらに，判決の延期が，当事者の権利にとって取り返しのつかない結果又は明らかに重大な結果をもたらすとき，憲法問題の移送を決定した裁判所は，即時に解決すべき諸問題について裁定を下さなければならない。

⑤　事実審裁判所がコンセイユ・デタ又は破毀院の決定をまたずに，若しくは憲法院に付託された場合には憲法院の決定をまたずに判決を下したが，破毀申立てがなされた場合，合憲性の優先問題の決定がなされるまでは，破毀申立てについてのあらゆる決定は延期される。ただし，訴訟を理由として当事者の自由が奪われている場合及び法律によって破毀院が一定の期間内に裁定を行うべきことが認められている場合は，この限りではない。

第2節　コンセイユ・デタ又は破毀院で適用される諸規定

第23-4条〔憲法院への付託手続〕　第23-2条又は第23-1条第4項が規定する移送を受けてから3か月以内に，コンセイユ・デタ又は破毀院は，合憲性の優先問題を憲法院に移送するかを決定する。この移送は，第23-2条第1号及び第2号が定める条件をみたし，かつ，問題が新規なものであるか又は重大な性格を有している場合に行う。

第23-5条〔付託の要件，判決の延期〕　①　法律の規定が憲法の保障する権利及び自由を侵害することを理由とする申立ては，破毀申立てにおいて初めてなされるものを含めて，コンセイユ・デタ又は破毀院での審理の際に，提起することができる。この申立ては，受理できない場合を除き，理由の付された個別の趣意書で提起される。この申立ては，職権で行うことができない。

②　コンセイユ・デタ又は破毀院は，法律の規定が憲法の保障する権利及び自由にも，フランスが締結する国際的な取決めにも違反するという申立ての付託を受けたとき，いかなる場合であっても，当該憲法問題を憲法院に移送するかどうかを，優先的に決定しなければならない。

③　コンセイユ・デタ又は破毀院は，申立ての提起から3か月以内に，決定を行わなければならない。第23-2条第1号及び第2号がみたされ，かつ，問題が新規であるか又は重大な性格を有している場合に，合憲性の優先問題は憲法院に付託される。

④　憲法院に付託された場合，コンセイユ・デタ又は破毀院は，憲法院が決定を下

◆ 1 フランス

すまでの間，判決を延期する。ただし，訴訟を理由として当事者の自由が奪われ
ている場合及び法律によって破毀院が一定の期間内に裁定を行うべきことが認め
られている場合は，この限りではない。コンセイユ・デタ又は破毀院が緊急で裁
定を下さなければならない場合は，判決を延期することはできない。

第 23-6 条（削除）

第 23-7 条〔付託の通知〕① コンセイユ・デタ又は破毀院が行った憲法院に付託
する理由を付した決定は，当事者の趣意書又は申立書とともに，憲法院に送達さ
れる。憲法院は，コンセイユ・デタ又は破毀院が合憲性の優先問題を憲法院に付
託しない決定を行ったときは，理由の付された決定の複写を受けとる。コンセイ
ユ・デタ又は破毀院が第 23-4 条及び第 23-5 条が定める期間内に決定を行わな
かった場合，当該憲法問題は憲法院に移送される。

② 移送に関して行うコンセイユ・デタ又は破毀院の決定は，言い渡しから 8 日以
内に，合憲性の優先問題を移送した裁判所に送達され，当事者に通知される。

第 3 節 憲法院で適用される諸規定

第 23-8 条〔大統領などへの通知〕① 本章の諸規定を適用して付託を受けた憲法
院は，直ちに，大統領，首相，国民議会及び元老院の議長に通知する。通知を受
けた者は，憲法院に付託された合憲性の優先問題についての所見を，憲法院に送
ることができる。

② ニュー・カレドニアの地方法律が合憲性の優先問題の対象となるときは，憲法
院は同様に，ニュー・カレドニア政府代表，国会議長及び地方議会の議長に通知
する。

第 23-9 条〔憲法問題の事件との切断〕 憲法院が合憲性の優先問題の付託を受けた
とき，それが提起された訴訟手続が何らかの理由で消滅した場合であっても，当
該問題の審理に影響を及ぼさない。

第 23-10 条〔判決の期間，審理の公開〕 憲法院は，付託から 3 か月以内に，判決
を下す。当事者は，対審の審理において意見を述べることができる。憲法院の内
部規則〔合憲性の優先問題のために憲法院で取られる手続に関する内部規則（憲
法院 2010 年 2 月 4 日決定）〔資料 5〕〕が定める例外的な場合を除き，審理は公
開される。

第 23-11 条〔判決の通知・伝達・公開〕① 憲法院の判決には，理由が付される。
判決は，当事者に通知され，かつ，それはコンセイユ・デタと破毀院に，並びに
必要がある場合には合憲性の優先問題が提起された裁判所に，伝達される。

② 憲法院は同じく，判決を大統領，首相，国民議会及び元老院の議長，並びに必
要がある場合には，第 23-8 条最終項が規定する諸機関に伝達する。

③ 憲法院の判決は，官報に掲載され，また，必要がある場合には，ニュー・カレ
ドニアの官報に掲載される。

225

第Ⅲ部　〔資料〕憲法裁判関係法令

第 23-12 条〔裁判補助職員に対する国の補助金〕　憲法院が合憲性の優先問題の付託を受けたとき，司法扶助の名で憲法院に協力する裁判補助職員の報酬に対する国の補助金は，命令が定める方式に従って増額される。

第 3 章　法律形式の法文の審査について

第 24 条〔付託〕　憲法第 37 条（第 2 項）が掲げる場合，憲法院は首相によって付託される。

第 25 条〔期限〕　憲法院は，1 か月以内に決定を行う。政府が緊急性を宣言した場合，この期限は 8 日に短縮される。

第 26 条〔宣言〕　憲法院は，理由を付した宣言によって，付託された規定が法律の性質を有するか命令の性質を有するのかを確定する。

第 3 章の 2　政府提出法律案を提起する条件の審査について

第 26-1 条〔付託の通知〕　①　憲法第 39 条第 4 項に従って付託を受けたとき，憲法院は，首相及び両院議長に直ちに通知する。

②　憲法院の決定には理由が付され，両院議長及び首相に通知される。当該決定は，官報に掲載される。

第 4 章　不受理事由の審査

第 27 条〔付託の効果〕　①　憲法第 41 条第 2 項の場合，議員提出法律案又は政府が受け入れられない修正案の審議は，直ちに中断する。

②　憲法院に付託した機関は，その旨を同じく憲法第 41 条に従って付託権限を有する機関に直ちに通知する。

第 28 条〔宣言〕　憲法院は，理由を付した宣言によって，8 日以内に決定を行う。

第 29 条〔宣言の通知〕　この宣言は，関係する院の議長及び首相に通知される。

第 5 章　大統領選挙に関する憲法院の権限の行使について

第 30 条〔組織法律〕　大統領選挙に関する憲法院の権限は，この選挙に関する組織法律が決定する。

第 31 条〔大統領の執務不能の決定〕　憲法第 7 条における大統領の執務不能を確定するために政府から付託を受けたとき，憲法院は，構成員の単純多数で決定する。

第 6 章　国民議会議員及び元老院議員の選挙に関する訴訟について〔第 32 条～第 45 条，略〕

第 6 章の 2　憲法第 11 条第 3 項の適用により提起された議員提出法律案の審査について〔第 45-1 条～第 45-6 条，略〕

第 7 章　国民投票の監視及び結果の宣言について〔第 46 条～第 51 条，略〕

第 8 章　例外状況における憲法院の諮問について

第 52 条〔招集〕　憲法第 16 条第 1 項の場合に大統領から諮問を受けたとき，憲法院は，直ちに招集される。

第 53 条〔意見表明の方法〕　憲法院は，前条に掲げた法文が要求する諸条件の充足

◆ 1　フランス

に関して意見を表明する。この意見には理由が付され，かつ，公開される。

第54条〔憲法院への諮問〕① 大統領は，自らが取る諸措置を憲法院に通知する。
② 憲法院は，大統領に対して直ちに意見を述べる。

　第3編　その他の規定及び経過規定〔第55条～第61条，略〕

3. 憲法院裁判官の義務についての1959年11月13日デクレ第1292号

第1条〔一般的な義務〕 憲法院裁判官は，職務の独立と尊厳を侵害しうるすべてのことを差し控える一般的な義務を有する。

第2条〔特別の義務〕 憲法院裁判官が任期中に下記を行うことは，特に禁止される。

一 憲法院の決定の対象になった問題又は対象になりうる問題について，公的な立場を表明すること又は意見を求めること。

二 政党又は政治団体において責任を負い又は指導的役割を負いうるあらゆる地位に就くこと，及びより一般的な方法によって，政党又は政治団体において第1条の規定に抵触する活動を行うこと。

三 公的又は私的な活動に関わり，公表が予定されているあらゆる文書において，憲法院裁判官の資格を記載すること。

第3条〔院長への報告〕 憲法院裁判官は，憲法院外での活動で生じた変更を，院長に報告しなければならない。

第4条〔立候補による休職〕 公選職への就任を要求する憲法院裁判官はすべて，選挙活動期間中の休職を申請しなければならない。この休職は，当然に認められる。

第5条〔義務違反の判断〕 憲法院は，必要がある場合，裁判官の1人が本デクレ第1条及び第2条に掲げる一般的及び特別の義務に違反したかを判断する。

第6条〔義務違反の決定〕 第5条の場合，憲法院は，当然の裁判官を含むすべての裁判官による秘密投票での多数決で決定する。

第7条〔職権による辞職の決定〕 本デクレを適用するために，憲法院は，必要がある場合，1958年11月7日オルドナンス〔資料2〕第10条が定める手続に依拠することができる。

第8条〔辞職決定の通知〕 1958年11月7日オルドナンス〔資料2〕第10条及び第11条を適用して職権で裁判官の辞職を決定した場合，憲法院は，その決定を直ちに大統領及び当該裁判官の後任を補充する権限を有する機関に通知する。

第9条〔官報への掲載〕 このデクレは，フランス共和国官報に掲載される。

第Ⅲ部 〔資料〕憲法裁判関係法令

4. 憲法院事務総局の組織に関する 1959 年 11 月 13 日デクレ第 1293 号

第1条〔事務総長の任命〕 憲法院事務総長は，憲法院長の提案に基づき，大統領のデクレによって任命される。

第2条〔事務総長の任務〕 ① 憲法院長の権限の下で，事務総長は憲法院の運営諸部局を指揮する。

② 事務総長は運営に関するあらゆる書類及び決定に署名するために，憲法院長から委任を受けることができる。

第3条〔事務総長の権限〕 事務総長は，憲法院の任務の準備及び編成に必要な措置を講じる。

第4条〔会計担当者〕 ① 憲法院の運営費用は，憲法院長名で支出されるか，第2条第2項を適用して事務総長名で支出される。

② 会計担当者は，憲法院長が任命し憲法院長に責任を負い，金銭の支払いの責任を負う。

第5条〔職員の採用〕 憲法院の運営のための通常予算の範囲内で，憲法院長は，直接に又は出向という方法で，運営に必要な職員を採用することができる。

第6条〔郵送料の免除〕 ① 憲法院長及び事務総長の公的な通信は，1958 年 12 月27 日デクレが定める条件で，郵送料の免除を受ける。

② 憲法院長及び事務総長は，国民議会議員及び元老院議員の選挙訴訟に関する手続において発送が必要とされている配達証明付き書留郵便を，あらゆる者に対して無料で送付することができる。

第7条〔官報への掲載〕 本デクレは，フランス共和国官報に掲載される。

5. 合憲性の優先問題のために憲法院で取られる手続に関する内部規則（憲法院 2010 年 2 月 4 日決定）

第1条〔付託決定の登録と通知〕 ① 合憲性の優先問題を憲法院に付託するコンセイユ・デタ又は破毀院の決定は，憲法院事務総局に登録される。事務総局は，この決定を審理中の当事者に又は必要がある場合にはその代理人に通知する。

② この通知は，大統領，首相，国民議会及び元老院の議長にも行われ，必要がある場合には，ニュー・カレドニア政府長官，両院合同評議会議長及び地方議会の議長にも行われる。

③ この通知は，当事者及び上記の諸機関が陳述書を提示できる期日，並びに必要な場合において当該陳述書を擁護する資料を作成できる期日を定める。これらの陳述書と資料は，第3条が定める条件に従い，憲法院事務総局に届けるものとす

◆1 フランス

る。所定の期日は遅らせることができず，この期日を過ぎて届けられた陳述書と資料は，訴訟の一件書類に添付されることができない。

④ 陳述書のコピー及び場合によりその擁護のために作成された資料は，当事者及び上記の諸機関に送達され，これらの者は，所定期間内に同じ条件で，陳述書を提出することができる。この第2の陳述は，第1の陳述に応答する目的しかもってはならない。第2の陳述のコピーも，当事者及び上記の諸機関に送達される。

第2条〔事務総局への登録〕 すべての手続行為の履行及びすべての文書と資料の受領は，憲法院事務総局の登録簿に記載される。

第3条〔送達方法〕① 事前手続における手続上の行為及び書類並びに召喚及び出頭の通知は，電子的方法で送達される。送達受領の通知も，電子的方法で行う。この目的のため，すべての訴訟当事者は憲法院事務総局に電子アドレスを伝えるものとし，このアドレスに行われれば，当事者への送達は有効に行われたものとする。

② 手続の対審性を確保する必要のため，憲法院事務総局は他のあらゆる通信手段を取ることができる。

③ 当事者が第三者に自らを代理させる責任を負わせているとき，上記の送達はこの代理人に行う。

第4条〔裁判官の回避・忌避〕① 審理に加わることを控えるべきであると判断する憲法院裁判官はすべて，その旨を院長に通知する。

② 当事者又は訴訟のために特別の権限を与えられた代理人は，忌避を基礎づける固有の証拠を伴い，特別の理由を付した書面によって，憲法院裁判官の忌避を請求することができる。この請求は，第1陳述書の受領期日前に憲法院事務総局に登録された場合に限り，受理される。

③ この請求は，対象となっている憲法院裁判官に通知される。対象となっている憲法院裁判官が忌避に同意する場合，当該裁判官は公表される。対象となっている裁判官が同意しない場合，忌避の請求は，対象となっている憲法院裁判官の関与を経ずに審査される。

④ 憲法院裁判官が憲法問題の対象となっている法律規定の制定に関与した事実のみをもって，忌避の理由とすることはできない。

第5条〔院長の権限〕① 院長は，事件を審理日程に登録し，弁論の期日を設定する。院長はこれを当事者及び第1条で掲げる諸機関に通知する。

② 院長は，憲法院裁判官の中から1名の報告者を指名する。

第6条〔第三者の訴訟参加〕① 審理の必要のため憲法院が弁論の開催を決定するとき，当事者及び第1条に掲げる諸機関は，弁論への参加の招集を受ける。憲法院はその後，これらの者に対して陳述を行うための期間を与える。

② 第1条第3項の期日及び憲法院のインターネットサイトで示された期日の前に，

229

特別の利益を有すると主張する者が合憲性の優先問題に関して第三者の陳述書を送付したとき，憲法院は，すべての手続上の書類をその者に対して送付し，またその者の陳述書を当事者及び第1条に掲げる諸機関に送付する決定を行う。当事者及び第1条に掲げる諸機関は，この陳述書に応答するための期間が与えられる。緊急を要する場合，憲法院長が陳述書の送付を命令する。

③　上記期日の到来による期限の超過は，コンセイユ・デタ若しくは破毀院に属する裁判機関において，又はコンセイユ・デタ若しくは破毀院において，同じ理由で問題が移送されなかったために，すでに憲法院に提訴されている法律規定を対象とする合憲性の優先問題を提起した当事者に対抗することができない。

④　第三者の陳述書が新たな不服申立て事由を含んでいる場合，この送付は第7条における通知に代えるものとする。

⑤　憲法院が第三者の陳述書を認めなかった場合，憲法院はその旨を関係者に通知する。

第7条〔職権不服申立ての通知〕　当事者及び第1条に掲げる諸機関が与えられた期間に陳述を行うことができるために，職権で取り上げることのできる不服申立ては，それらの者に通知される。

第8条〔院長の訴訟指揮権〕　①　院長は，法廷の秩序を維持する。院長は審理の進行を注視し，審議を指揮する。

②　審理は，視聴覚メディアによって中継され，憲法院内の一般公開された部屋に直接放映される。

③　院長は，当事者の請求により又は職権で，公序のため又は未成年者の利益若しくは個人の私生活の保護が要求されるとき，審理の公開を制限することができる。院長は，これらの事由に基づく例外的な場合にしか，非公開での審理を命じることができない。

第9条〔審理の保存〕　①　審理の開始時から，前条が示す放映のために必要な機材を除き，法廷及び一般公開された部屋において，発言又は画像を記録，保存，転送できるあらゆる機器の使用は禁止される。

②　ただし，院長は，出頭した当事者の意見を聴取した後，憲法院のインターネットサイト上に審理を放送することを命じることができる。

③　さらに院長は，審理の放送の保存が憲法院の歴史的な記録資料の作成に有用である場合，その放送の保存を命じることができる。

第10条〔審理での注意事項〕　①　審理の際，合憲性の優先問題及び手続の段取りに関する注意が読み上げられる。

②　当事者の代理人がコンセイユ・デタ及び破毀院の弁護士又は弁護士であるとき若しくは場合によっては第1条に掲げる諸機関が指名した弁護士及び機関であるとき，当該代理人は，口頭での適時の陳述を行うために引き続き出頭の要請を受

◆1 フランス

ける。

第11条〔評議〕 ① 審理に出席した憲法院裁判官だけが，評議に参加することができる。

② 1958年11月7日オルドナンス〔資料2〕第58条の適用を別として，この評議は公開されない。

第12条〔判決文への記載事項〕 ① 憲法院の決定には，当事者及びその代理人の氏名，適用条文と行われた陳述，当該決定が依拠した理由，主文を記載する。憲法院の決定には，当該決定が行われた評議に参加した裁判官の名前を記載する。

② 憲法院の決定には院長，事務総長，報告者が署名し，1958年11月7日オルドナンス〔資料2〕第23-11条に従って，伝達され，通知され，公示される。

第13条〔憲法院決定の過誤〕 憲法院の決定に重大な過誤が確認されたとき，憲法院は，当事者及び第1条に掲げる諸機関に説明を行った後，職権でその決定を訂正することができる。当事者及び第1条に掲げる諸機関は，決定が官報に掲載されてから20日以内に，憲法院の決定に重大な過誤があることを理由として，決定の訂正を請求することができる。

第14条〔官報への掲載〕 本決定は，フランス共和国官報に掲載される。

(井上武史 訳)

231

第Ⅲ部 〔資料〕憲法裁判関係法令

◆2 イタリア

1. イタリア共和国憲法（1947 年 12 月 27 日）（抄）（最終改正，2012 年 4 月 20 日憲法的法律第 1 号）

第 2 部　共和国の組織
　第 5 章　州，県，市町村

第 123 条〔州憲章〕　①　〔省略〕

②　州憲章は，州議会が，その議員の絶対多数で，少なくとも 2 か月の期間をおいて連続して 2 回議決することで可決した法律により採択し，改正する。この法律には，政府監察官の承認の添付を要しない。共和国政府は，州憲章に関する合憲性の問題を，その公示から 30 日以内に憲法裁判所に対して提起することができる。〔第 3 項以下，省略〕

第 127 条〔州法律に関する合憲性審査〕　①　共和国政府は，州の法律が州の権限を越えると認めるときは，その公布から 60 日以内に憲法裁判所に対して合憲性の問題を提起することができる。

②　州は，国又は他の州の法律又は法律の効力を有する行為が自らの権限の領域を侵していると認めるときは，その法律又は法律の効力を有する行為の公布から 60 日以内に合憲性の問題を憲法裁判所に対して提起することができる。

　第 6 章　憲法保障
　　第 1 節　憲法裁判所

第 134 条〔憲法裁判所の権限〕憲法裁判所は，次の事項を裁判する。
　　　国及び州の法律及び法律の効力を有する行為の合憲性に関する争い
　　　国の諸権力の間の権限争議並びに国と州との間及び各州の間の権限争議
　　　憲法の定めにより共和国大統領に対して提起された弾劾

第 135 条〔憲法裁判所の構成〕　①　憲法裁判所は 15 人の裁判官で構成する。その 3 分の 1 は共和国大統領が，3 分の 1 は国会が合同会議で，残りの 3 分の 1 は最高通常裁判機関及び最高行政裁判機関が任命する。

②　憲法裁判所の裁判官は，退職した者も含めて上級通常裁判機関及び上級行政裁判機関の司法官，大学の法律学の正教授並びに 20 年の職歴を有する弁護士の中から選出する。

③　憲法裁判所の裁判官は，それぞれについて宣誓の日から 9 年の任期で任命される。再任は，これを認めない。

◆2 イタリア

④　憲法裁判所の裁判官は，任期の終了により職務を解かれ，職権の遂行を停止する。

⑤　憲法裁判所は，法律で定める規範に従ってその構成員の中から長官を選出する。長官は，その任期を3年とし，再選が許される。ただし，裁判官としての任期は変わらないものとする。

⑥　憲法裁判所の裁判官の職は，国会議員及び州議会議員の職，弁護士としての職業の遂行並びに法律で定めるあらゆる職務と兼ねることができない。

⑦　共和国大統領に対する弾劾の裁判においては，憲法裁判所の正規の裁判官に加えて，国会が9年ごとに作成する，元老院議員の被選挙資格を有する市民の名簿から抽選で選出され，正規の裁判所の裁判官の任命について定めるのと同じ方法で選任される16人の構成員が参加する。

第136条〔違憲判決の効力〕　①　憲法裁判所が法律又は法律の効力を有する行為の規範が違憲であると宣言したときは，その規範は，判決の公布の日の翌日から効力を失う。

②　憲法裁判所の判決は，これを公布し並びに両議院及び関係する州議会に通知し，両議院及び関係する州議会は，必要と認めるときは憲法に適合するよう措置をとる。

第137条〔憲法的法律・法律への委任，判決の終局性〕　①　合憲性に関する裁判提起の条件，形式及び期間並びに憲法裁判所の裁判官の独立の保障は，憲法的法律で定める。

②　憲法裁判所の組織及び運営に必要なその他の規範は，通常法律で定める。

③　憲法裁判所の判決に対しては，上訴を認めない。

2.　憲法裁判所の合憲性の裁判及び独立性の保障に関する諸規範
(1948年2月9日憲法的法律第1号)（最終改正，1967年11月22日憲法的法律第2号）

第1条〔国の法律等の前提問題型審査〕　共和国の法律又は法律の効力を有する行為に関して裁判の進行中に職権により指摘され又は当事者の一方により提起された合憲性の問題であって，裁判官によって明白に理由がないと判断されなかったものは，憲法裁判所の裁判のため憲法裁判所に移送する。

第2条〔国の法律等の主要問題型審査，州の法律の前提問題型・主要問題型審査〕

①　州は，共和国の法律又は法律の効力を有する行為が憲法により自らに付与された権限の領域を侵害していると認めるときは，州参事会の議決により，その法律又は法律の効力を有する行為の公布から30日以内に合憲性の訴えを憲法裁判所に提起することができる。

233

② 州の法律は，前条及び憲法第 127 条に定める場合と形式によるほか，その法律
によって自らの権限を侵害されたと認める他の州も，違憲性を理由に異議を唱え
ることができる。この訴えは，州参事会の議決に基づき，当該法律の公布から
60 日以内に申し立てる。

第 3 条〔裁判官の身分保障〕　①　〔削除〕

②　憲法裁判所の裁判官は，突然の身体の故障若しくは民事上の無能力又はその職
権の遂行における重大な懈怠を理由とする憲法裁判所の裁判によらなければ，そ
の職を免ぜられ又は停止されない。

③　憲法裁判所の裁判官は，在任中，憲法第 68 条第 2 項において両議院の議員に
付与されている免責特権を享受する。同条同項に定める許諾は，憲法裁判所が与
える。

第 4 条〔施行〕　この憲法的法律は，共和国官報への公布の日の翌日から施行する。

3. 憲法裁判所に関する憲法の補充規範（1953 年 3 月 11 日憲法的法律第 1 号）（抄）（最終改正，1989 年 1 月 16 日憲法的法律第 1 号）

第 1 条〔職権の行使〕　憲法裁判所は，憲法典，1948 年 2 月 9 日憲法的法律第 1 号
及びそれらの憲法的規範を最初に施行するために制定される通常法律で定める形
式，制限及び条件の下で，その職権を行使する。

第 2 条〔廃止的国民投票の適法性の裁判〕〔省略〕

第 3 条〔削除〕

第 4 条〔削除〕

第 5 条〔裁判官の免責〕　憲法裁判所の裁判官は，その職権の遂行中に表明した意
見及び行った表決について責任を問われず，訴追されない。

第 6 条〔裁判官の報酬〕　憲法裁判所の裁判官は，通常裁判所の最上位の裁判官の
報酬を下回らない報酬であって，法律で定める月額の報酬を受ける。

第 7 条〔裁判官の免職・停職〕　憲法裁判所の裁判官は，会議に出席した構成員の
3 分の 2 の多数による憲法裁判所の議決によってのみ，1948 年 2 月 9 日憲法的法
律第 1 号第 3 条に基づいてその職を免じ又は停止することができる。

第 8 条〔裁判官の失職〕　6 か月にわたってその職務を遂行しない憲法裁判所裁判
官は，その職を失う。

第 9 条〔裁判手続の短縮〕　憲法裁判所の長官は，必要と認めるときは，理由を付
した処分により，裁判手続の期間を 2 分の 1 まで短縮することができる。

第 10 条〔削除〕

第 11 条〔参審裁判官の身分保障〕〔省略〕

第 12 条〔大統領の弾劾〕〔省略〕

◆ 2 イタリア

第13条〔追行委員の選出〕〔省略〕
第14条 〔削除〕
第15条〔弾劾裁判〕〔省略〕
経過規定 〔省略〕

4. 憲法第135条の改正及び憲法裁判所に関する諸規定（1967年 11月22日憲法的法律第2号）（抄）

第1条〔憲法第135条の改正〕〔省略〕

第2条〔裁判官及び参審裁判官の資格審査〕 憲法裁判所は，その構成員の絶対多数で議決することにより，その固有の裁判官及び憲法第135条第7項に従い国会が選任する市民の就任資格要件の存否を確認する権限を有する。

第3条〔国会任命の裁判官〕 国会が任命する憲法裁判所の裁判官は，国会が両議院の合同会議で，秘密投票により，議員の3分の2の多数で選任する。第4回目以降の投票においては，構成員の5分の3の多数で足りるものとする。

第4条〔最高裁判機関任命の裁判官〕 ① 最高通常裁判機関及び最高行政裁判機関が任命権を有する憲法裁判所裁判官の選任は，法律が定める規範に従って行い，その選任においては，最も多くの票を獲得した者であって合議体構成員の絶対多数に達した者を当選者と宣言する。

② 第1回目の投票において前項に定める多数に達した者がないときは，選任すべき裁判官の2倍の候補者を得票の上位の者から定め，この候補者の間での決選投票を翌日に行う。この場合，相対多数を獲得した者を当選者と宣言する。

③ 得票数が等しいときは，年長の者を当選者と宣言し又は年長の者が決選投票の候補者となる。

第5条〔裁判官の空席の補充〕 ① 憲法裁判所長官は，任期の終了以外の理由によって裁判官の職務の停止が生じたときは，後任に関して権限を有する機関にこれを直ちに通知する。

② いかなる理由によるものであれ，裁判官の空席が生じたときは，空席が生じた日から1か月以内に後任を選任する。

第6条〔本法施行以前に任命された裁判官の地位〕〔省略〕

第7条〔廃止規定〕〔省略〕

235

第Ⅲ部 〔資料〕憲法裁判関係法令

5. 憲法裁判所の構成及び運営に関する諸規範（1953 年 3 月 11 日 法律第 87 号）（抄）（最終改正，2003 年 6 月 5 日法律第 131 号）

第 1 編　憲法裁判所の構成

第 1 条〔裁判官の員数〕　憲法裁判所は，15 人の裁判官で構成し，最高通常裁判機関及び最高行政裁判機関が 5 人，国会が合同会議で 5 人，共和国大統領が 5 人を任命する。

第 2 条〔最高裁判機関による任命〕　①　最高通常裁判機関及び最高行政裁判機関が任命権を有する憲法裁判所裁判官は，次のように選任する。

a)　破毀院第一部長が主宰し，破毀院付検事長，破毀院部長，破毀院付上席検事，破毀院評定官及び破毀院付検事より成る合議体から 3 人。

b)　国務院長が主宰し，国務院部長及び国務院評定官より成る合議体から 1 人。

c)　会計院長が主宰し，会計院部長，会計院評定官，会計院付検事長及び会計院付検事より成る合議体から 1 人。

②　各合議体の構成員は，当該合議体が選任すべき裁判官の数と等しい数の候補者に投票することができる。この数を超える氏名は，記載されなかったものとみなす。

③　選任された者の氏名は，各合議体の長から憲法裁判所長官，国会の両議院の議長及び共和国大統領に直ちに通知する。

第 3 条〔国会による任命〕　①　〔削除〕

②　〔削除〕

③　投票の度に，前二項にそれぞれ定める多数に到達した者を，順次，当選者と宣言する。

④　国会が選任した裁判官の氏名は，代議院議長から共和国大統領及び憲法裁判所長官に直ちに通知する。

第 4 条〔大統領による任命〕　①　共和国大統領が任命権を有する憲法裁判所裁判官は，大統領令で任命する。

②　この大統領令には，内閣総理大臣が副署する。

第 5 条〔裁判官の就任宣誓〕　憲法裁判所の裁判官は，その職務を帯びるのに先立って，国会の両議院の議長の列席の下，共和国大統領の面前で，憲法及び法律を遵守することを宣誓する。

第 6 条〔憲法裁判所長官〕　①　憲法裁判所は，その構成員の過半数の賛成で長官を選任する。過半数に達した者がない場合は，再投票を行う。再投票によっても過半数に達した者がない場合は，得票の上位の候補者の間で決選投票を行い，過半数に達した者を当選者と宣言する。

②　得票数が等しいときは，先任の者を当選者と宣言し，これがないときは，年長

◆2 イタリア

の者を当選者と宣言する。

③　この任命は，選任された長官自身が共和国大統領，国会の両議院の議長及び内閣総理大臣に直ちに通知する。

④　〔削除〕

⑤　長官は，就任後直ちに，事故のある場合に必要な期間中自らを代理する裁判官を1名指定する。

第7条〔兼職禁止〕　①　憲法裁判所の裁判官は，公的又は私的な他の職又は仕事に就き又はこれを維持することができず，専門的，商業的若しくは工業的な活動を営み又は営利的な目的を有する会社の取締役若しくは監査役の職務を行うことができない。

②　上級通常裁判機関及び上級行政裁判機関の現職の司法官又は大学教授である憲法裁判所裁判官は，憲法裁判所に所属する間，その職権の遂行を続けることができない。

③　前項に掲げる者は，憲法裁判所裁判官の職にとどまる期間中，退職年齢に達するまで，非正規の地位におかれるものとする。

④　大学の正教授は，憲法裁判所裁判官の職務を終了すると同時に，以前に勤務していた大学に定員外の正規教員として復帰する。ただし，大学の正教授は，大学の正規教員に復帰したときは，3か月以内に，これを同じ大学の他の学部又は他の大学の定員外教員として異動させることができる。いずれの場合においても，当該学部は，利害関係者の同意の下で，1933年8月31日勅令第1592号による高等教育に関する統一法典第93条第3項及び第4項に従い当該正教授が他の科目の教育を担当するよう求めることができる。この場合，公教育大臣は，公教育最高評議会第1部の意見を求めなければならない。

⑤　憲法裁判所の裁判官は，競争試験の試験委員となり，大学の職務を引き受け及び地方選挙又は国政選挙の候補者となることができない。

第8条〔政治的活動の禁止〕　憲法裁判所の裁判官は，政治的結社又は政党にかかわる活動をしてはならない。

第9条〔訴追・逮捕の許諾〕　権限ある機関による憲法裁判所裁判官を訴追し又は逮捕するための請求は，恩赦司法大臣を通じて憲法裁判所に送付する。

第10条〔参審裁判官の失格〕〔省略〕

第11条〔憲法裁判所による処分〕　憲法裁判所が正規の裁判官及び参審裁判官に対して行うすべての処分は，評議においてその構成員の過半数の賛成により議決する。この処分には理由を付さなければならず，第19条に定める方法で公示する。

第12条〔憲法裁判所裁判官の報酬〕　①　憲法裁判所の裁判官はすべて，最上級の職権を付与された通常裁判所裁判官が得る報酬表の最高水準にその2分の1を加えた水準に相当する報酬を等しく受ける。長官に対してはさらに，報酬の5分の

237

第Ⅲ部　〔資料〕憲法裁判関係法令

1 と等しい管理職手当を付与する。

② この待遇は，各裁判官が憲法裁判所裁判官に任命される前に国家公務員又は他の公共団体の職員たる資格において現職中又は休職中に受けていた待遇に代わり，それを包含するものとする。

③ 憲法第 135 条第 7 項に基づいて選任された裁判官に対しては，通常の裁判官の月額報酬の 30 分の 1 に等しい日当を支給する。

第 13 条〔証人尋問等〕　憲法裁判所は，証人尋問を行うことができ，他の法律による禁止にかかわらず，文書又は記録の提出を求めることができる。

第 14 条〔自律権〕　① 憲法裁判所は，その構成員の過半数の賛成で承認した規則により，その職権の遂行に関する規律を定めることができる。この規則は，共和国官報で公布する。

② 憲法裁判所は，国会の法律で計上された資金の限度内で，支出，役務及び部署の管理を行い並びに適当な組織分担表で各部署に配置する職員の数，資格及び給与及びその権限，権利及び義務を定める。

③ 憲法裁判所は，その職員の不服申立てについて裁判する排他的な権限を有する。

④ 憲法裁判所は，その制度の範囲内で，国の行政機関に関する現行諸規範を考慮して，長官官房及び裁判官事務局の構成を決定するものとする。長官官房及び裁判官事務局には，国の行政機関に属する人員を配置することができる。

第 2 編　憲法裁判所の運営

第 1 章　一般訴訟規範

第 15 条〔口頭弁論の公開〕　憲法裁判所の口頭弁論は，公開とする。ただし，口頭弁論が公開されることにより国家の安全又は公の秩序若しくは道徳が害されるおそれのある場合又は公衆が静穏を乱すおそれのある言動を行う場合は，長官は，口頭弁論を非公開で行うことを命ずることができる。

第 16 条〔裁判〕　① 憲法裁判所の構成員は，正当な理由で参加できない場合を除き，口頭弁論に参加する義務を負う。

② 憲法裁判所は，少なくとも 11 人の裁判官の参加により職権を行う。

③ 裁判は，審理が行われたすべての口頭弁論に出席した裁判官の評議で議決し，投票者の絶対多数により行う。投票が同数の場合は，第 49 条第 2 項で定める場合を除き，長官が投票するところによる。

第 17 条〔調書〕　① 書記官は，憲法裁判所の期日に臨席し，長官の指揮の下に調書を作成する。

② 調書は，口頭弁論を主宰する者及び書記官が署名する。この調書は，当事者の明示の請求がある場合を除き，朗読されない。

第 18 条〔判決及び決定〕　① 憲法裁判所は，判決によって終局的に裁判する。その権限に属するその他の処分はすべて，決定によって行う。

② 長官による処分は，命令によって行う。

③ 判決は，イタリア国民の名において宣告され，事実及び法に関する理由を示すほか，主文，裁判期日並びに裁判官及び書記官の署名を含まなければならない。

④ 決定は，簡潔な理由を付す。

第19条〔裁判の寄託〕 憲法裁判所の裁判は，憲法裁判所書記局に寄託し，何人もこれを閲覧し，その写しを入手することができる。

第20条〔手続への参加〕 ① 憲法裁判所の手続においては，当事者の代理及び弁護は，破毀院における弁護資格を有する弁護士にのみ依頼することができる。

② 国及び州の機関は，裁判に参加する権利を有する。

③ 政府は，内閣総理大臣又は指定された大臣が自ら参加する場合であっても，国事弁護士又はその代理者により代理され，弁護される。

第21条〔訴訟費用の免除〕 憲法裁判所における手続行為は，あらゆる種類の手数料を免除する。

第22条〔準用〕 ① 憲法裁判所における手続においては，第43条以下に定める弾劾裁判の場合を除き，国務院裁判部における訴訟規則の規範も，適用しうる限りで準用する。

② 憲法裁判所は，その規則により補充的規範を定めることができる。

第2章　合憲性の問題

第23条〔前提問題型審査〕 ① 裁判機関における裁判の進行中において，当事者の一方又は検察官は，以下の事項を記載して特に申し立てることによって，合憲性の問題を提起することができる。

a) 国又は州の法律又は法律の効力を有する行為のどの規定に違憲の瑕疵があるか。

b) 憲法又は憲法的法律のどの規定に対する違反が認められるか。

② 裁判機関は，合憲性の問題に決着を付けることなしに当該事件を解決することができないとき又は提起された問題が明白に理由なしとは認められないときは，その問題を提起した申立ての事実及び理由を記載して，一件書類を直ちに憲法裁判所に移送し進行中の裁判を停止する決定を下す。

③ 合憲性の問題は，事件が係属している裁判機関が第1項第a号及び第b号並びに前項に定める事項を記載した決定によって職権で提起することができる。

④ 裁判機関は，憲法裁判所への一件書類の移送決定が公開審理において朗読されなかったときは，当該事件の当事者，及び検察官の参加が必要的であるときは検察官並びに国の法律又は法律の効力を有する行為と州のそれとのいずれが問題になっているかに応じて内閣総理大臣又は州知事に対し，その決定を書記局の責任で送達するよう命ずる。その決定は，書記官により，国会の両議院の議長又は関係する州議会議長にも通知する。

239

第Ⅲ部 〔資料〕憲法裁判関係法令

第24条〔却下の決定〕 ① 明白に関連性又は理由がないことを理由に違憲の主張を斥ける決定には，十分な理由を付さなければならない。

② 違憲の主張は，当該訴訟のその後のいかなる審級の冒頭においても再提起することができる。

第25条〔準備書面の提出〕 ① 憲法裁判所の長官は，裁判機関が合憲性の裁判を促す決定が憲法裁判所に到達したときは直ちに，これを官報に公示し，必要な場合には関係する州の公報に公示する。

② 当事者は，第23条に従い決定が送達されてから20日以内に，書記局に寄託された一件書類を調査し，自らの準備書面を提出することができる。

③ 内閣総理大臣及び州知事は，前項に定めるのと同一の期間内に，裁判に参加し，自らの準備書面を提出することができる。

第26条〔予審・口頭弁論・判決〕 ① 前条に定める期間が経過したときは，憲法裁判所長官は，予審及び報告のために1名の裁判官を指名し，これに続く20日以内に口頭弁論のために憲法裁判所を招集する。

② いかなる当事者も構成されないとき又は申立てに明白に理由がないときは，憲法裁判所は，評議によって裁判をすることができる。

③ 判決は，裁判から20日以内にこれを書記局に寄託しなければならない。

第27条〔違憲の宣言〕 憲法裁判所は，法律又は法律の効力を有する行為の合憲性の問題に関する申立て又は訴えを認容するときは，異議が申し立てられている限度内で，いずれの規定が違憲であるかを宣言する。憲法裁判所はさらに，言い渡した裁判の帰結としていずれの他の規定が違憲とされるかを宣言する。

第28条〔裁量事項の審査の禁止〕 法律又は法律の効力を有する行為に対する憲法裁判所の合憲性の統制は，政治的性質を有する評価及び国会の裁量権の行使に対する審査をしてはならない。

第29条〔判決・決定の送付〕 法律若しくは法律の効力を有する行為の違憲性の問題に関して憲法裁判所が言い渡す判決又は違憲の主張を明白に理由なしと宣言する決定は，書記局への寄託から2日以内に，憲法裁判所書記官の責任で，一件書類とともに裁判を促した裁判機関にこれを送付する。

第30条〔違憲判決の効力〕 ① 国又は州の法律又は法律の効力を有する行為を違憲と宣言する判決は，書記局への寄託から2日以内に，職権で恩赦司法大臣又は州知事に送付し，直ちに遅くとも10日を超えない期間内に，違憲と宣言された行為の公布について定められた形式で裁判の主文を公布する。

② 判決はさらに，寄託の日から2日以内に両議院及び関係する州議会に通知し，これらの機関は，必要と認めるときはその権限に属する措置をとる。

③ 違憲と宣言された規範は，裁判の公布の翌日から適用することができない。

④ 違憲と宣言された規範を適用して有罪の確定判決が言い渡されていたときは，

◆2　イタリア

その執行を中止し，すべての刑事上の効力は消滅する。

第31条〔州憲章・州法律の主要問題型審査〕　1. 州憲章の合憲性の問題は，憲法第123条第2項に従って，公示から30日以内に提起することができる。

2. シチリア州特別憲章が定める特殊な法律統制形態はそのままに，政府は，州の法律が州の権限を越えると認めるときは，憲法第127条第1項に従って，公布から60日以内に憲法裁判所に対して州の法律の合憲性の問題を提起することができる。

3. この合憲性の問題は，事前の閣議決定に基づき，国・市及び地方自治体間協議会の提案にも基づいて，内閣総理大臣が憲法裁判所への直接の訴えによって提起し，この訴えは，本条に定める期間内に州知事に送達する。

4. この訴えは，送達から10日以内にこれを憲法裁判所の書記局に寄託しなければならない。

第32条〔国の法律等の主要問題型審査〕　①　憲法及び憲法的法律によって州に付与された権限の領域が国の法律又は法律の行為を有する行為によって侵害されたと認める州は，その法律又は行為の合憲性の問題を提起することができる。

②　この合憲性の問題は，州議会の事前の議決に基づき，地方自治評議会の提案にも基づいて，州知事が憲法裁判所への直接の訴えによって提起し，この訴えは，異議が申し立てられている法律又は行為の公布から60日以内に内閣総理大臣に送達する。

③　前条第4項は，これを適用する。

第33条〔州法律等に対する他の州の訴え〕　①　ある州の法律又は法律の行為を有する行為によって自らの権限の領域を侵害されたと認める他の州は，憲法第127条第2項に従って，その合憲性の問題を提起することができる。

②　この問題は，州議会の事前の議決に基づき，州知事が憲法裁判所への直接の訴えによって提起し，この訴えは，その法律の公布から60日以内に，その法律に異議が申し立てられている州の知事及び内閣総理大臣に送達する。

③　この訴えは，最後の送達から10日以内にこれを憲法裁判所の書記局に寄託しなければならない。

第34条〔準用〕　①　第31条，第32条及び第33条に従って合憲性の問題を提起する訴えは，第23条第1項に定める事項を記載しなければならない。

②　第23条，第25条及び第26条に含まれる規定は，適用しうる限りで準用する。

第35条〔主要問題型審査の手続〕　1. 第31条，第32条及び第33条に従って合憲性の問題が提起されたときは，憲法裁判所は，訴えの寄託から90日以内にその訴えの口頭弁論の日を定める。憲法裁判所は，異議が申し立てられている行為又はその一部の執行が公の利益若しくは共和国の法秩序に対し回復できない損害を与える危険又は市民の権利に対し重大で回復できない損害を与える危険をもたら

241

第Ⅲ部　〔資料〕憲法裁判関係法令

すと認めるときは，第 25 条に定める期間が経過した後，職権で第 40 条に定める
措置をとることができる。この場合，それに続く 30 日以内に口頭弁論の日を定
め，判決の主文は，口頭弁論から 15 日以内に寄託される。

第 36 条〔トレンティーノ・アルト・アディジェ州の特例〕〔省略〕

第 3 章　権限争議

第 1 節　国の諸権力の間の権限争議

第 37 条〔手続〕①　国の諸権力の間の争議は，自らが帰属する権力の意思を終局
的に宣言する権限を有する機関の間で，かつ，憲法規範が諸権力について定める
権限領域を画定するために生じたときは，憲法裁判所がこれを解決する。

②　裁判管轄の問題に関する現行規範は，従前のままとする。

③　憲法裁判所は，その訴えの適法性に関し，評議における決定によって裁判する。

④　憲法裁判所は，その解決が自らの権限に属する争議事項が存すると認めるとき
は，その訴えを適法と宣言し，関係する機関にこれを送達する。

⑤　第 23 条，第 25 条及び第 26 条の規定は，適用しうる限りで準用する。

⑥　第 20 条第 3 項に定める場合を除き，関係する機関は，自ら出頭しないときは，
上級裁判機関における弁護資格を有する法曹に弁護及び代理をさせることができ
る。

第 38 条〔権限争議の解決〕　憲法裁判所は，問題となっている権限がいずれの権力
に属するかを宣言して，その審査に委ねられている争議を解決し，権限のない者
によって瑕疵のある行為がなされているときは，これを取り消す。

第 2 節　国と州との間及び州と州との間の権限争議

第 39 条〔手続〕①　州がその行為によって憲法が国又は他の州に付与した権限領
域を侵害したときは，国又はそれぞれ関係する州は，権限の規正を求める訴えを
憲法裁判所に提起することができる。国の行為によって憲法上の権限領域を侵害
された州は，同様に訴えを提起することができる。

②　提訴期間は，異議が申し立てられている行為の送達若しくは公布のとき又はそ
の行為を知ったときから 60 日とする。

③　この訴えは，国については内閣総理大臣又はその委託を受けた大臣が提起し，
州については州知事が州議会の議決を受けて提起する。

④　権限の規正を求める訴えは，権限争議が生じた態様を記載し，権限領域を侵害
する行為並びに違反がなされたと認める憲法及び憲法的法律の規定を特定しなけ
ればならない。

第 40 条〔執行停止〕　憲法裁判所は，重大な事由のあるときは，理由を付した決定
により，裁判の継続中，国と州との間及び州と州との間の権限争議を生ぜしめた
行為の執行を停止することができる。

第 41 条〔準用〕　第 23 条，第 25 条，第 26 条及び第 38 条の規定は，適用しうる限

242

◆2 イタリア

りで，前二条に定める権限の規正を求める訴えに準用する。

第42条〔トレンティーノ・アルト・アディジェ州の特例〕〔省略〕

第4章　共和国大統領，内閣総理大臣及び大臣に対する弾劾裁判

第41条から第53条まで　〔廃止〕

経過規定　〔省略〕

6. 憲法裁判所一般規則（1966年1月20日憲法裁判所決定）（最終改正，2009年7月14日憲法裁判所決定）

第1章　憲法裁判所及び裁判官

第1条〔所在地〕　①　憲法裁判所は，ローマのコンスルタ宮殿を所在地とする。

②　その所在地内の警察権は，憲法裁判所に属する。

③　所在地には，憲法裁判所が使用するその他のすべての場所及び空間が含まれる。

第2条〔警察権〕　①　長官は，憲法裁判所の衛視を用いて警察権を行使する。長官は，警察力の行使が必要なときは，権限ある機関と協力する。

②　警察は，長官の指図がなければ憲法裁判所の所在地に立ち入ることができない。

第3条〔侮辱罪〕　憲法裁判所の所在地内で，憲法裁判所に対し又は職務を遂行中の構成員若しくは職務を理由としてその構成員に対し侮辱罪を構成する行為がなされたときは，長官は，その行為者の即時逮捕と権限ある機関への引渡しを命じることができる。

第4条〔両議院議長等の席〕　法廷には，国会の両議院の議長，内閣総理大臣及び州議会議長の専用席を設ける。

第5条〔裁判以外の会議〕　①　裁判以外の憲法裁判所の招集は，緊急の場合を除き，会議の少なくとも5日前までに長官が議事日程を送付して行う。

②　条文の形で作成され，調査及び規則委員会の意見が添付された規則草案は，議事日程に記載されている会議の少なくとも8日前までに裁判官に通知する。

③　長官は，会議を開会及び閉会し，議事を整理する。憲法裁判所が任命する1人の裁判官は，議事録を作成し，保管する。議事録には，採択された議決のみを記録し，各裁判官は，自らの反対を議事録上明らかにすることを求めることができる。

④　憲法裁判所は，意見を求めることが適当と認める者の出頭を求めることができる。

第5条の2〔憲法裁判所の自律権〕　①　憲法機関としての憲法裁判所の自律権に内在する権限及びその構成員の保障に内在する権限は，法律及び規則の規範に従って，合議体としての憲法裁判所又は憲法裁判所の内部機関がこれを行使する。

②　憲法裁判所は，事務，内部部署，財産及び職員の管理に関して，合議体を通じ

243

て次の職権を行う。

一　規則の制定

二　予算及び決算の承認

三　憲法裁判所の財政上及び行政上の管理において追求すべき目的を明示して，一般的方針を定めること。

四　事務総長職及び事務次長職の付与

五　会計に関する専門家委員会の委員の任命

六　規則が憲法裁判所に明示的に付与する，その他すべての重要な行為の議決

③　憲法裁判所のこの議決は，直ちに執行することができ，事務総長に寄託する。

第 6 条〔憲法裁判所の会議〕①　裁判官は，正当な理由がある場合を除き，憲法裁判所の会議に参加する義務を負う。

②　裁判以外の憲法裁判所の会議は，9 人以上の裁判官の参加がなければ成立せず，議決は，出席者の過半数で採択する。規則に係る議決に関しては，過半数は，8 人の裁判官とする。

第 6 条の 2〔長官の権限〕長官は，法律及び憲法裁判所規則が定める権限を行使し，憲法裁判所又は理事部の決定が必要なすべての行為に署名する。

第 7 条〔長官の選出〕①　長官の選出は，最も先任の現職裁判官の主宰の下に秘密投票で行う。

②　長官の裁判官としての任期が終了した場合，憲法裁判所は，その者に代わる裁判官の宣誓の日とそれに続く 10 日間との間に含まれる日に招集されなければならない。交代がまだなされていないときは，憲法裁判所は，1967 年 11 月 22 日憲法的法律第 2 号第 5 条第 2 項に定める期間が経過した後 10 日を超えない日に招集されなければならない。

③　開票者は，最年少の 2 人の裁判官が務める。

④　当選者の宣言がなされたときは，開票者は，投票用紙を廃棄する。

第 8 条〔任期の終了〕①　裁判官の任期の終了は，その裁判官を任命した機関に対して長官が通知する。

②　いずれの場合であっても，裁判官の任期の終了は，共和国大統領及び国会の両議院の議長にも報告する。

第 9 条〔廃止〕

第 10 条〔廃止〕

第 11 条〔資格審査〕①　裁判官の資格要件の充足に関する憲法裁判所の議決は，書記局に寄託する。

②　憲法第 135 条及び 1953 年 3 月 11 日憲法的法律第 1 号第 10 条に従って任命される市民の資格要件の充足の審査及び抽選に関する規範は，憲法裁判所における刑事手続に関する規則に含むものとする。

◆ 2 イタリア

第12条〔資格審査の通知〕 ① 長官は，憲法裁判所が裁判官の資格要件を充足することを確認した後，新しい裁判官の出身機関の長にこれを通知する。

② この通知の後，裁判官は，宣誓をすることが認められる。

第13条〔先任順〕 ① 裁判官の就任は，宣誓の日になされ，在職年数は，宣誓の日から起算する。

② 同じ日に宣誓がなされた裁判官の間では，年長者を先任とみなす。

第14条〔兼職禁止の決定〕 裁判官の兼職禁止に関する問題は，憲法裁判所が専属的に裁判する。

第15条〔逮捕の許諾〕 ① 1948年2月9日憲法的法律第1号第3条第3項が定める許諾の請求が憲法裁判所に届いたときは，長官は，3人の裁判官から成る報告委員会を任命し，請求が届いた日から30日以内の日を憲法裁判所の会議期日に指定する。

② この請求と会議の招集は，当該裁判官に通知し，当該裁判官は，長官の下に寄託された文書を閲覧することができる。

③ 当該裁判官は，文書で覚書を提出することができ，請求するときは，意見を聴取される権利を有する。

④ 憲法裁判所の議決は，秘密投票で行い，書記局に寄託する。

第16条〔免職・停職・失職宣告〕 ① 1948年2月9日憲法的法律第1号第3条並びに1953年3月11日憲法的法律第1号第7条及び第8条に従って裁判官の停職若しくは免職又は失職宣告を行わなければならない場合，長官は，理事部の事前の議決に基づき，憲法裁判所を招集する。

② 前条に定める規範は，これを準用する。

第17条〔辞職〕 ① 裁判官の辞職は，憲法裁判所に表明しなければならない。

② 辞職を認める憲法裁判所の議決は，書記局に寄託する。

第18条〔憲法裁判所侮辱罪の起訴の許諾〕 ① 憲法裁判所を侮辱する罪について刑法典第313条が定める起訴許諾の請求が憲法裁判所に届いたときは，長官は，20日以内に，報告担当者を任命し，憲法裁判所の会議の期日を指定する。

② この請求及び招集は，会議の少なくとも10日前までにすべての裁判官に通知する。

③ 憲法裁判所は，1953年3月11日法律第87号第16条第2項が定める構成で議決する。

④ この議決は，事務総長に寄託し，事務総長は，請求を行った機関に通知する。

第19条〔報酬・手当〕 裁判官の報酬及び手当は，憲法裁判所の予算から支出する。

第20条〔名誉裁判官〕〔省略〕

第21条〔名誉裁判官の職務・特権〕〔省略〕

第Ⅲ部　〔資料〕憲法裁判関係法令

第2章　長官，理事部及び委員会の権限

第22条〔長官の権限〕　長官は，憲法裁判所を代表し，これを招集し，その会議を主宰し，委員会の活動を統轄し，法律及び規則が長官に付与するその他の権限を行使する。

第22条の2〔副長官〕　長官が1953年3月11日法律第87号第6条第5項に従って指名した裁判官は，副長官の肩書を受ける。

第23条〔長官及び副長官の欠缺〕　長官及び副長官が欠けた場合は，最も先任の裁判官が憲法裁判所を主宰し，憲法裁判所は，長官の提案に基づき，この裁判官に副長官の肩書を授与することができる。

第24条〔副長官等の地位〕　副長官並びに公の儀式において長官及び副長官を代理するよう長官が指定した裁判官には，長官の地位に伴うすべての効果が帰属する。

第25条〔理事部〕　①　理事部は，長官又は事故のあるとき若しくは委任があるときは1953年3月11日法律第87号第6条に従って指名された副長官，及び憲法裁判所が抽選で指名した2人の裁判官で組織する。この抽選には，長官及び副長官のほか，前回の抽選で理事部構成員となった者（臨時の理事裁判官を除く。）は，加わることができない。

②　理事部は，いずれかの裁判官に事故のある場合は，憲法裁判所が抽選で指名する臨時の理事裁判官を補充する。

③　抽選で指名される構成員の任期は，3年とする。

④　1人又は複数の構成員が任期を終了したときは，その後任を選出する。

⑤　事務総長は，投票権をもたずに理事部の会議に出席し，その議事録を作成する。

⑥　理事部は，諮問投票によって，問題ごとに，権限ある委員会の委員長又は特命事項を委ねられた裁判官に出席するよう求めることができる。

⑦　理事部の構成員ではない裁判官はすべて，議決権なしに会議に出席することができる。

⑧　議事日程は，すべての憲法裁判所裁判官に通知しなければならない。

⑨　長官は，裁判官が会議の議事録を受領してから5日以内に請求するときは，理事部が議決した措置を憲法裁判所の審議に委ねる。

⑩　審議の請求がなされることなく前項に定める期間が経過したときは，その措置は，執行することができる。緊急の場合には，理事部は，即時の執行を議決することができる。

⑪　理事部の議決及び第9項に従ってなされた憲法裁判所の議決は，事務総長に寄託する。

第26条〔理事部の権限〕　①　理事部は，次の職権を有する。

一　憲法裁判所の承認のために提出されるべき，予算及び決算並びに財政上及び行政上の一般方針を審議し，提案すること。

◆2 イタリア

二 憲法裁判所が決定した方針に従い，財政上及び行政上の管理を指示すること。

三 会計規則が定める場合に，執行中の予算に示された項に関し，予算の項の間で金額を移用すること，及び予見しがたい費用のために予備費から支出すること。

四 憲法裁判所の建物並びに関連する設備及び施設の修繕計画及び保守計画を承認すること。

五 憲法裁判所の役務及び職に就く責任者を任命し，職務を付与すること。

六 憲法裁判所の正規職員の空席の補充を行うことを議決し，公告を承認し及び審査委員会を任命すること。

七 役務及び職員に関する規則が定める職務を付与すること，並びに規則が定める場合に公行政機関の職員の転任，派遣又は定員外配置を請求すること。

八 憲法裁判所に勤務する職員に対し，現行規範が定める憲法裁判所の活動と無関係な職務を帯びるのを許可すること。

九 憲法裁判所規則が明示的に理事部に付与するその他すべての重要な行為を議決すること。

② 理事部は，特定事項について，各裁判官に対し又は裁判官から成る委員会（外部専門家が参加する場合を含む。）に対し，予審的な任務を委ねることができる。理事部はさらに，諮問的な任務を有する技術的な性格の委員会を任命することができる。

第27条〔委員会〕 ① 考査及び規則委員会は，理事部の構成員ではない裁判官の中から抽選で選ばれた3人の裁判官で構成し，最も先任の者がこれを主宰する。

② 図書委員会は，理事部の構成員並びに考査及び規則委員会の委員ではない裁判官の中から抽選で選ばれた3人の裁判官で構成し，最も先任の者がこれを主宰する。

③ これらの2つの委員会の委員の任期は，3年とする。

④ 1人又は複数の委員が任期を終了したときは，抽選でその後任を選出する。

⑤ 考査及び規則委員会並びに図書委員会の委員の抽選は，理事部が組織された後，上記の順で行う。この抽選には，前回の抽選で当該委員会の委員となった裁判官は，加わることができない。

⑥ いかなる裁判官も，本条が規律する機関の構成員を兼ねることはできない。

⑦ 抽選で選出された裁判官が辞退したときは，新たに抽選を行う。

⑧ 事務長は，各事項について権限を有する局長が務める。

第28条〔考査及び規則委員会〕 考査及び規則委員会は，考査局を指揮し，規則の適用を監守し，必要があればその改正を提案し，憲法裁判所又は理事部から求められた手続上又は行政上の規則の草案を作成し，行政上の規則の解釈問題に関して意見を述べ，「憲法裁判所公式判例集」の刊行を監督し，憲法裁判所活動報告

247

第Ⅲ部　〔資料〕憲法裁判関係法令

書を定期的に編集する。

第 29 条〔図書委員会〕　図書委員会は，図書室及び歴史資料の管理を監督し，関連する規則の案を準備する。

第 29 条の 2〔憲法裁判所の行政機関〕　①　憲法裁判所の行政機関は，事務総長，事務次長並びに第 31 条に従って承認された規範による役務及び職で組織し，憲法裁判所，理事部又は長官に留保されていないすべての行政上及び管理上の行為を行う。

②　事務総長は，理事部の事前の許可を受けて，自らに属する特定の行政上の任務を，その任務について責任を負う役務及び職にある者に委任することができる。

第 3 章　最終規定

第 30 条〔規則等の議決と公布〕　合憲性の裁判及び権限争議に関する規範，憲法裁判所における刑事手続に関する規範並びに憲法裁判所の職員の訴えに関する専属的裁判に係る規範は，憲法裁判所が議決し，共和国官報に公布する。

第 31 条〔行政上の規則〕　部局の組織，憲法裁判所の職員の法的地位及び経済的地位に関する規範及び関連する組織上の基準並びにその他すべての行政上の規則は，理事部の提案に基づき，権限ある委員会の意見を聴取して，憲法裁判所が承認する。

第 32 条〔施行〕　この規則は，1958 年 4 月 22 日に憲法裁判所が承認し，1958 年 5 月 3 日の官報第 107 号特別版に公布された規則に代わるものであり，公布後 15 日目から施行する。

7.　憲法裁判所における裁判に関する補充規範（2008 年 10 月 7 日憲法裁判所決定）

第 1 章　裁判の進行中における合憲性の問題

（送達された決定の送付）

第 1 条　1.　事件が係属している単独の裁判官又は合議体の裁判官が合憲性の裁判を促す決定は，一件書類並びに 1953 年 3 月 11 日法律第 87 号第 23 条に定める送達及び通知の証明とともに，憲法裁判所に送付しなければならない。

（決定の公示及び登録）

第 2 条　1.　憲法裁判所長官は，書記局規則に従って書記官が行った認証に基づき，決定及び送達の適法性を確認し，この決定を共和国官報に公示させ，必要な場合には州公報に公示させる。

2.　長官はさらに，前項に定める方法で，1953 年 3 月 11 日法律第 87 号第 23 条に従って両議院の議長への通知がなされたことを確認する。

3.　同法第 23 条に定める決定が憲法裁判所に届いたときは，書記官は，送達の日付

並びに共和国官報への公示の日付及び関係する州の公報への公示の日付を該当欄
に記載して，この決定を一般登録簿に登録する。

（当事者の構成）

第3条 1. 憲法裁判所における裁判の当事者の構成は，決定が官報に公示されて
から20日以内に，住所を記した特別代理委任状及び包括的な準備書面を書記局
に寄託することによって行う。代理委任状は，当事者が署名し，弁護人が自筆で
認証して，主張準備書面の原本の下欄又は余白に付け加えることができる。同一
の期間内に，合憲性の裁判に関する新たな書面を提出することができる。

（裁判への参加）

第4条 1. 内閣総理大臣の裁判への参加は，国事弁護士又はその代理人が署名し
た包括的な主張準備書面を寄託することによって行う。

2. 州知事は，包括的な主張準備書面に加えて，第3条に従って発行された，住所
を記した特別委任状を寄託して参加する。

3. 他の者が参加するときは，前項に定める方法で行わなければならない。ただし，
参加の可否について憲法裁判所が裁判する権限は，損なわれない。

4. 前各項に定める参加文書は，裁判の開始文書が官報に公示されてから20日以内
に寄託しなければならない。

5. 書記官は，当事者を構成する者に参加を通知する。

（送達及び通知）

第5条 1. 書記官が行う送達は，憲法裁判所の職員であって長官の許可を得たも
のが行う。

2. 通知は，書記官が，受領証と引き換えに名宛人に書状を配達し若しくはローマ
に選定された住所に到着返信付き書留郵便を送り，又は，当事者が請求するとき
は，電算化文書の送信に関する規範を遵守しつつ，当事者が示した宛先にファッ
クス又は電子郵便を送付して行う。

（訴訟文書の寄託）

第6条 1. 合憲性の裁判に関する各当事者の文書及び資料は，通常用紙で当事者
の数だけの部数を書記局に寄託しなければならない。

2. 書記官は，当事者の数だけの部数が揃っておらず，明確で判読可能な文字でか
かれていなければ，合憲性の裁判に関する文書及び資料を受理することができな
い。

（予審及び報告担当裁判官の任命）

第7条 1. 第3条に定める期間が経過したときは，長官は，1人又は複数の予審
及び報告担当裁判官を任命し，書記官は直ちに，寄託の日付を注記して事件の関
係書類を予審及び報告担当裁判官に送付する。

2. 報告担当裁判官の提案に基づき長官がとった措置によって報告担当裁判官が入

第Ⅲ部 〔資料〕憲法裁判関係法令

手した記録は，書記局に寄託する。

3．書記局は，第8条第2項に定める期間内に，当事者を構成する者に対し寄託を
通知する。

（憲法裁判所の口頭弁論の招集）

第8条 1．長官は，命令で口頭弁論の期日を指定し，憲法裁判所を招集する。

2．長官のこの命令は，口頭弁論の指定期日の少なくとも30日前までに，当事者を
構成する者に対し書記官がその写しを通知する。

（憲法裁判所の評議の招集）

第9条 1．裁判においていかなる当事者も構成されないときは，長官は，命令で
憲法裁判所の評議を招集することができる。

2．長官は，予審担当裁判官の意見を聴取して，その訴えが，明白に理由がない場
合，明白に不適法な場合，問題の提起が取り下げられた場合又は移送した裁判官
に一件書類が返却された場合に当たりうると認められるときは，同様に憲法裁判
所の評議を招集することができる。

3．書記官は，憲法裁判所の評議のために指定された期日の30日前までに，当事者
を構成する者に対し長官の命令を通知する。各当事者は，第10条に定める覚書
によって，当該事件が口頭弁論で審理されるべき理由を説明することができる。

4．憲法裁判所は，当該事案が評議で裁判することができないと認めるときは，こ
れを口頭弁論で審理する。

（覚書の寄託）

第10条 1．説明のための覚書は，口頭弁論又は評議の20日前までに，当事者の
数だけの部数を憲法裁判所の書記局に寄託することができる。

2．前項に定める期間を過ぎて寄託がなされた場合は，書記官は，第11条に定める
送付の前に当該文書に関する事情を注記する。

（裁判官への一件書類の送付）

第11条 1．書記官は，口頭弁論又は評議の少なくとも10日前までに憲法裁判所
における裁判を開始させた文書及びその他すべての訴訟文書を，すべての裁判官
に送付する。

（証拠）

第12条 1．憲法裁判所は，命令により適当と認める証拠を入手し，その証拠調べ
のために遵守されるべき期間と方法を定める。

（証拠調べ）

第13条 1．証拠調べは，予審担当裁判官が書記官の補助を受けて行い，書記官は，
調書を作成する。

2．書記官は，証拠調べの指定期日の10日前までに，当事者に通告する。

3．証拠調べの費用は，憲法裁判所の予算で負担とする。

250

◆2 イタリア

（予審の終結と憲法裁判所の再招集）

第14条 1. 証拠調べの終了後，関連文書は書記局に寄託する。

2. 書記官は，新たな口頭弁論又は評議の指定期日の少なくとも30日前までに，当
　事者を構成する者に対し，寄託を通知する。

（手続の併合）

第15条 1. 長官は，職権で又は当事者の請求に基づいて，2以上の事件を同一の
　口頭弁論又は同一の評議に付し，連結して審理することができる。

2. 口頭弁論又は評議による審理の後，憲法裁判所は，これらの事件を単一の裁判
　に併合すべきか否かを議決する。

3. 長官は，適当と認めるときは，ある事件を関連する他の事件又は類似の問題解
　決を伴う他の事件と連結して取り扱うため，その事件を別の口頭弁論又は評議に
　割り振ることができる。

（口頭弁論）

第16条 1. 報告担当裁判官は，口頭弁論において，事件の問題点を簡潔に述べる。

2. 報告の後，当事者の弁護人は，自己の主張の理由を簡潔に述べる。

3. 長官は，審理を整理し，論点を示し，審理がなされるべき時間を定めることが
　できる。

4. 1953年3月11日法律第87号第15条，第16条及び第17条に加えて，民事訴
　訟法典第128条第2項及び第129条を適用する。

（決定及び判決の評決）

第17条 1. 決定及び判決は，評議において，明確な形で示された投票によって評
　決する。評決には，事件の審理の終結まですべての口頭弁論に出席した裁判官が
　参加しなければならない。

2. 報告の後，長官は，審理を指揮し，問題点を表決に付す。

3. 報告担当裁判官が最初に投票し，次に他の裁判官が新任の者から投票し，長官
　は最後に投票する。投票が同数の場合，長官の決するところによる。

4. 評決の後，判決及び決定の起案は，報告担当裁判官がこれをできないという理
　由又はその他の理由で長官が他の裁判官に委ねた場合を除き，報告担当裁判官に
　委ねる。

5. 裁判の日付は，第3項に定める承認の日付とする。

6. 決定及び判決は，合議体が評議によってその裁判書を承認し，長官及び起案担
　当裁判官が署名する。

（訴訟の停止・中断・消滅）

第18条 1. 主たる訴訟の停止，中断及び消滅は，憲法裁判所における裁判に対し
　て効力を生じない。

第Ⅲ部　〔資料〕憲法裁判関係法令

第2章　主要問題型審査における合憲性の問題

（合憲性の問題を促す訴え）

第19条　1. 1953年3月11日法律第87号第31条，第32条及び第33条に定める場合には，合憲性の問題を促す訴えは，どの憲法規範に対する違反が認められるかを示し，これに関連する批判点を説明しなければならない。上記の訴えは，同法に定める送達がなされた後，文書及び資料とともに憲法裁判所書記局に寄託しなければならない。裁判において州が当事者を構成するためには，さらに，住所を記した特別代理委任状を寄託することを必要とする。

2. 前項に定める規定は，1972年8月31日共和国大統領令第670号に定めるトレンティーノ・アルト・アディジェ州特別憲章第56条，第97条及び第98条が定める訴え並びに憲法第123条第2項に従って州憲章を可決する州法律に関する合憲性の問題を促す訴え及び特別憲章を有する州の各憲章上の憲章的法律に関する合憲性の問題を促す訴えにも適用する。

3. 被告は，訴えの寄託について定める期間が経過してから30日の上訴消滅期間内に，その結論及び説明を含む覚書を書記局に寄託することで，当事者を構成することができる。

（公示）

第20条　1. 長官は，書記局規則に従って書記官が行った認証に基づき，文書及び送達の適法性を確認し，書記官が日付順に登録簿に訴えを記載した後，この訴えを共和国官報に公示させ，州又は自治県の行為が問題となっているときはそれぞれの公報に公示させる。

（執行停止の請求）

第21条　1. 1953年3月11日法律第87号第35条に従って執行停止の請求がなされた場合，長官は，措置をとる緊急性を認めるときは，報告担当裁判官の意見を聴取して，憲法裁判所の評議を招集する。長官は，この措置によって，当事者の代理人の尋問及び適当と認める調査を許可することができる。書記官は，直ちに，評議の期日が指定されたこと及び尋問があるときは尋問が許可されたことを当事者に通知する。

（手続の分離と併合）

第22条　1. 長官は，一の訴えによって提起された問題であって同質的でないものを分離することができ，類似の問題が他の訴えによって提起されているときは，同一の口頭弁論で審理させ又は同一の評議に付すことができる。長官は，裁判が類似の問題解決に服する事件が存在するときは，同様に扱うことができる。

（訴えの手続規範）

第23条　1. 本章で規律される裁判において，第4条，第5条，第6条，第7条，第8条，第9条第2項，第9条第3項，第9条第4項及び第10条から第17条ま

では，適用する。訴えの取り下げは，当事者を構成するすべての者が同意すると
きは，訴訟を消滅させる。

第3章　権限争議

（国の諸権力の間の権限争議の訴え）

第 24 条　1. 1953 年 3 月 11 日法律第 87 号第 37 条に定める訴えは，紛争の事由を
表し，当該事項を規律する憲法規範を示さなければならない。この訴えは，署名
を付し，憲法裁判所書記局に寄託しなければならず，書記官はこれを日付順に登
録する。

2. 長官は，寄託がなされた後，同法第 37 条第 3 項の目的で評議を招集する。

3. 適法と宣言された訴えは，同法第 37 条第 4 項に従ってなされた送達の証明とと
もに，最後の送達から 30 日以内に憲法裁判所書記局に寄託する。

4. 前項に定める期間が経過してから 20 日以内に，裁判の構成を行う。これ以降の
手続上の行為には，第 3 条，第 4 条，第 5 条，第 6 条，第 7 条，第 8 条，第 9 条
第 2 項，第 9 条第 3 項及び第 9 条第 4 項並びに第 10 条から第 17 条までを適用す
る。

5. 裁判における代理及び弁護に関しては，1953 年 3 月 11 日法律第 87 号第 37 条
第 6 項の規定を準用する。

6. 訴えの取り下げは，当事者を構成するすべての者が同意するときは，訴訟を消
滅させる。

（国と州との間及び州と州との間の権限争議の訴え）

第 25 条　1. 1953 年 3 月 11 日法律第 87 号第 39 条及び第 42 条に定める訴えは，
内閣総理大臣が訴えを提起した場合を除き，内閣総理大臣に送達しなければなら
ない。

2. この訴えはさらに，政府及びその機関以外の機関が問題となっているときは，
行為を行った機関に送達しなければならない。

3. この訴えは，最後の送達から 20 日以内に，必要な場合には特別代理委任状とと
もに，憲法裁判所書記局に寄託する。

4. 前項に定める期間が経過してから 20 日以内に，裁判の構成を行う。これ以降の
手続上の行為には，第 3 条，第 4 条，第 5 条，第 6 条，第 7 条，第 8 条，第 9 条
第 2 項，第 9 条第 3 項及び第 9 条第 4 項並びに第 10 条から第 17 条までを適用す
る。

5. 訴えの取り下げは，当事者を構成するすべての者が同意するときは，訴訟を消
滅させる。

（執行停止決定）

第 26 条　1. 1953 年 3 月 11 日法律第 87 号第 40 条に定める，行為の執行停止は，
いつでも請求することができる。

第Ⅲ部　〔資料〕憲法裁判関係法令

2. 長官は，措置をとる緊急性を認めるときは，報告担当裁判官の意見を聴取して，憲法裁判所の評議を招集する。長官は，この措置によって，当事者の代理人の尋問及び適当と認める調査を許可することができる。書記官は，直ちに，評議の期日が指定されたこと及び尋問があるときは尋問が許可されたことを当事者に通知する。

3. 当事者は，資料及び覚書を提出することができる。

4. この請求は，口頭弁論においても提出することができる。

（公示）

第 27 条　1. 本章に定める訴えは，共和国官報及び州又は自治県の行為が問題となっているときはそれぞれの公報に公示する。

2. 第 24 条に定める訴えは，その適法性について裁判した決定とともに公示する。

第 4 章　最終規定

（訴えの寄託）

第 28 条　1. 第 19 条，第 24 条及び第 25 条に定める訴えの寄託に限り，郵便を利用して行うことができる。

2. この場合，寄託に係る期間の遵守の目的では，郵便を送付した日が効力を有する。

（裁判官の回避及び忌避）

第 29 条　1. この補充規範に定める裁判においては，裁判官の回避事由及び忌避事由は，適用しない。

（裁判費用）

第 30 条　1. 憲法裁判所における裁判においては，費用の負担を言い渡さない。

（判決及び決定の公布）

第 31 条　1. 憲法裁判所のすべての裁判は，共和国官報に全文を公布する。

2. 憲法裁判所の裁判が州又は県の法律を対象としているときは，長官はさらに，これをそれぞれの公報に公布する。

（判決及び決定の脱漏又は重大な誤りの更正）

第 32 条　1. 憲法裁判所は，職権においても，当事者を構成する者の意見を事前に聴取して，評議により，決定の形式で，判決及び決定の脱漏又は重大な誤りを更正する。

2. 更正決定は，更正される判決又は決定の原本に添付する。

3. 法律又は法律の効力を有する行為の違憲性を宣言する判決が問題となるときは，更正決定には，1953 年 3 月 11 日法律第 87 号第 30 条第 1 項及び第 2 項の規範を適用する。

（憲法裁判所公式判例集）

第 33 条　1. 憲法裁判所の判決及び決定は，年次別に番号を付し，憲法裁判所が指

254

◆2　イタリア

名する裁判官の監修の下に，定期的に，省略することなく，「憲法裁判所公式判
　例集」に掲載する。
（この補充規範の施行）
第34条　1．この補充規範は，共和国官報への公布から30日後に施行し，その日
　以降に憲法裁判所書記局に開始文書が寄託される裁判に適用する。

（田近　　肇　　訳）

第Ⅲ部　〔資料〕憲法裁判関係法令

◆3　スペイン

1.　スペイン憲法(1978 年 12 月 6 日)(抄)(最終改正，2011 年 9 月 27 日)

第 9 編　憲法裁判所

第 159 条〔憲法裁判所の構成，同裁判官の地位および身分保障〕　憲法裁判所は，国王の任命する 12 名の裁判官で，これを構成する。このうち，4 名は議員の 5 分の 3 以上の多数の決議により下院が指名し，4 名は同じ多数の決議により上院が指名し，2 名は内閣が指名し，2 名は司法総評議会が指名する。

②　憲法裁判所の裁判官は，裁判官，検察官，大学教授，公務員および弁護士の中から，任命される。裁判官はすべて，十分な学識を有し，かつ専門職において 15 年以上の経歴を有する法律家でなければならない。

③　憲法裁判所の裁判官の任期は，9 年であり，3 年ごとにその 3 分の 1 を改選する。

④　憲法裁判所の裁判官は，以下の職務を兼職することはできない。すべての代議的職務，政党もしくは労働組合の指導職またはすべての職務，裁判官又は検察官の職務，およびその他すべての専門的若しくは商業的活動。このほか，憲法裁判所の裁判官に対しては，司法部職員の兼職禁止規定を適用する。

⑤　憲法裁判所の裁判官は，独立であり，かつ任期中罷免されない。

第 160 条〔憲法裁判所長官の任命および任期〕　憲法裁判所の長官は，同裁判所大法廷の推薦に基づき，同裁判官の中から国王が任命し，その任期は 3 年とする。

第 161 条〔憲法裁判所の権限〕　憲法裁判所は，スペイン全土において管轄権を有し，以下の事項につき審理する権限を有する。

　a.　法律および法律の効力を有する規範に対する違憲異議。判決により示された，法律の効力を有する法規範の違憲の宣言は，既に下されている判決が既判力を失わない場合でも，その後の判決に対し，影響を及ぼす。

　b.　法律で定める場合の，法律で定める方式に基づく，この憲法第 53 条 2 項の権利および自由の侵害に対する憲法訴願。

　c.　国と自治州の間，または自治州相互間の権限をめぐる争い。

　d.　憲法および組織法で定める，その他の事項。

②　内閣は，自治州の機関が採択した規定および決議につき，憲法裁判所に異議を申立てることができる。異議の申立てにより，当該規定又は決議は停止されるが，憲法裁判所は，5 ヵ月以内にこの停止を追認し，または停止を解除しなければな

256

◆ 3 スペイン

らない。

第162条〔憲法裁判所への提訴資格〕 以下の者は,憲法裁判所に訴訟を提起する資格を有する。

a. 違憲異議については,内閣総理大臣,護民官,50名の下院議員,50名の上院議員,自治州の執行機関,および場合により自治州議会。

b. 憲法訴願については,正当な利益を有するすべての自然人又は法人,ならびに護民官および検察官。

② その他の場合については,すべて組織法により,資格を有する人および機関を定める。

第163条〔違憲事件の憲法裁判所への移送〕 司法機関が,訴訟手続において,当該事件に適用され,かつ判決がその効力のいかんに係る,法律の地位にある規範が憲法に違反すると判断したときは,これを憲法裁判所に移送することができる。移送する場合,方法および効果は,法律で定め,いかなる場合といえども,これを停止しなければならない。

第164条〔憲法裁判所の判決の効力〕 憲法裁判所は,特別の意見があるときは,これを付したうえ,官報でこれを公示する。判決は,公示の翌日より確定力を有し,判決に対しては,いかなる抗告を行うことができない。法律又は法律の効力を有する規範を違憲とする判決は,すべて何人に対しても,完全な拘束力を有する。

第165条〔憲法裁判所の権限行使,裁判手続〕 憲法裁判所の権限の行使,裁判官についての規則,裁判手続および訴権行使の条件は,組織法でこれを定める。

2. 憲法裁判所組織法（1979年10月3日組織法第2号）(最終改正2015年10月16日)

第1編 憲法裁判所について
第1章 憲法裁判所ならびにその組織および権限について

第1条〔憲法裁判所の地位〕 憲法裁判所は,憲法の最高の解釈者として,他の憲法上の機関から独立しており,憲法およびこの組織法にのみ拘束される。

② 憲法裁判所の審級は唯一であり,その管轄権はスペイン全土に及ぶ。

第2条〔憲法裁判所の権限〕 憲法裁判所は,この組織法が定める形式に従い,次の訴えを審理する権限を有する。

a. 法律,法律の効力を有する規範または行為に対する違憲異議および違憲質疑。

b. 憲法第53条2項に関わる諸権利および諸公的自由に対する侵害を原因とする憲法訴願。

c. 国および自治州もしくは自治州間の憲法上の権限争い。

257

第Ⅲ部　〔資料〕憲法裁判関係法令

　　d．国の憲法上の諸機関間の紛争。

　　dの2．県・市町村の自治権を擁護する訴え。

　　e．国際条約の合憲性に関する宣言。

　　eの2．この組織法第79条に定める事前的違憲異議。

　　f．憲法第161条2項が定める異議申立て。

　　g．憲法裁判所判事の選任について，憲法およびこの組織法が要請する諸条件が満たされているか否かの確認。

　　h．憲法および諸組織法が定めるその他の権限。

② 　憲法裁判所は，この組織法の範囲内で，その運用，構成，ならびに人事に関する規則を定めることができる。規則は，大法廷で可決され，長官の許可に基づいて官報に掲載されるものとする。

第3条〔憲法訴訟における先決問題〕　憲法裁判所の権限は，憲法判断にとどまる限りにおいて，憲法訴訟に該当しないものでも，直接に憲法裁判所が取り扱う当該事件に関わる先決問題および付随的問題の審理および決定にも及ぶものとする。

第4条〔憲法裁判所の管轄に対する異議申立て〕　憲法裁判所の管轄に対する異議申立てを認めない。憲法裁判所は，その管轄権の範囲を決定し，その確保のためにいかなる措置を講じるものとする。これらの措置には，管轄権を侵害する行為・決定の無効を宣言する権限も含められる。なお，憲法裁判所は，職権でまたは当事者の申請に基づき，その管轄権の有無を判断することができる。

② 　憲法裁判所の決定は国の他の司法機関により審査されることはない。

③ 　憲法裁判所は，前二項に反する行為・決定の無効を宣言するときは，その理由を明らかにし，事前に検察官および当該行為・決定を行った機関を聴聞しなければならない。

第5条〔憲法裁判所の判事〕　憲法裁判所は，憲法裁判所判事の肩書きを有する12名の判事により構成される。

第6条〔大法廷〕　憲法裁判所は，大法廷，小法廷，もしくは部で職務を遂行する。

② 　大法廷は，憲法裁判所の全判事により構成される。大法廷は長官が主宰し，長官が欠けたときは副長官が，双方が欠けたときは在任期間が最も長い判事が，在任期間が等しい判事が複数いるときは最年長者がそれぞれ主宰する。

第7条〔小法廷〕　憲法裁判所には2つの小法廷が置かれる。各小法廷は大法廷が指名する6名の裁判官で構成される。

② 　憲法裁判所の長官が第1小法廷の議長を務め，長官が欠けたときは在任期間の最も長い裁判官が，在任期間が等しい裁判官が複数存在するときは最年長者が議長となる。

③ 　憲法裁判所の副長官が第2小法廷の議長を務め，副長官が欠けたときは在任期間の最も長い裁判官が，在任期間が等しい裁判官が複数存在するときは最長者が

258

◈ 3　スペイン

議長となる。

第 8 条〔部〕　通常業務を遂行し，訴訟の受理・不受理を決定するために，大法廷または小法廷は複数の部を設置するものとする。部は各小法廷の議長またはその代理者および 2 名の判事で構成される。

② 　憲法裁判所の管轄に属する訴訟の受理・不受理の決定は，大法廷に報告されるものとする。訴訟の受理が決定される場合，大法廷は，この組織法の定めるところに従い，訴訟の審理を小法廷に付託することができる。

③ 　さらに，この組織法の定めるところに従い，部は小法廷が付託した憲法訴願の審理および判決を遂行することができる。

第 9 条〔長官・副長官の選任〕　憲法裁判所は，判事の中から，大法廷の秘密投票に基づいて長官を選任し国王に推薦する。

② 　最初の投票で候補者を決定するためには絶対多数を必要とする。これに達しないときは 2 回目の投票を行い，最多数の票を得た者が選任される。得票が同数の場合は 3 回目の投票が行われ，投票で最終的に決着しない場合は，在任期間が最も長い裁判官が選ばれるものとする。

③ 　選任された長官は任期を 3 年とし，長官の氏名は国王に報告されるものとする。長官の任期が満了したときは 1 回だけ再選が認められる。

④ 　憲法裁判所は，判事の中から大法廷の秘密投票に基づいて，この規定の第 2 項が定める同様の手続に従い，また，同様の任期のために，副長官を選任するものとする。副長官は，空位，欠缺その他，法律上の理由により長官を欠いたとき，長官を代理する。なお，副長官は第 2 小法廷の議長を務める。

第 10 条〔大法廷の権限〕　大法廷は以下の事項を審理する。

　a. 国際条約の合憲性または違憲性の宣言。

　b. 法律および法律の効力を有する規範に対する違憲異議。ただし，解釈の単なる適用を必要とする訴えを審理する権限を，受理手続において小法廷に付与することができる。訴えの審理が小法廷に付与された場合，大法廷は適用されるべき憲法上の解釈を指示しなければならない。

　c. 自らのために留保した違憲質疑。その質疑は，客観的な順番に従い，小法廷に委任されるものとする。

　d. 国と自治州との間の，又は自治州間の憲法上の権限争い。

　d の 2. 自治州憲章案およびその改正案に対する事前的憲法異議。

　e. 憲法第 161 条第 2 項に定める異議申立て。

　f. 県・市町村の自治権を擁護する訴え。

　g. 憲法が設置する国の機関相互の権限争い。

　h. この組織法第 4 条 3 項が定める憲法裁判所の管轄権を擁護するための無効宣言手続。

259

第Ⅲ部　〔資料〕憲法裁判関係法令

i. 憲法裁判所判事の任命が憲法およびこの組織法の定める要件に合致しているかどうかの検証。

j. 各小法廷を構成する判事の任命。

k. 憲法裁判所判事の忌避。

l. この組織法第 23 条が定める事由による憲法裁判所判事の辞任。

m. 憲法裁判所の規則の可決および改正。

n. その他，憲法裁判所に属する事項で，長官または 3 名の判事の提案に基づき，大法廷が自らのために留保した事項。または，他の組織法でもって，明確に憲法裁判所に付与された事項。

② 大法廷は，前項 d 号，e 号および f 号に関わる事項の受理手続について，その内容に関する決定を，客観的順番に基づき，それぞれの小法廷に委任することができ，その旨を当事者に知らせなければならない。

③ 憲法裁判所は，大法廷でその自治権を行使して，憲法上の機関として，その予算計画を作成するものとする。この計画は，国の一般会計予算に独立した項目として組み込まれる。

第 11 条〔小法廷の権限〕　小法廷は，憲法裁判所の管轄権に該当する事項の内，大法廷に属しない事項を審理する。

② なお，部に委託された事項で，その重要性にかんがみ小法廷の決定に適した事項の審理も小法廷が執り行うものとする。

第 12 条〔小法廷の事項分配〕　各小法廷への事項分配は，長官の提案に基づき大法廷で決定された順番に従い行われるものとする。

第 13 条〔小法廷と判例法の変更〕　小法廷は，憲法裁判所の判例から離れる必要があると考慮した場合，その事項は，大法廷により決定されるものとする。

第 14 条〔定足数〕　大法廷は，その時憲法裁判所を構成する 3 分の 2 の判事が出席するとき，議事を行うことができる。小法廷の議事も，その時それぞれの小法廷を構成する判事の 3 分の 2 の定足数を要する。部の場合，2 名の判事の出席を要する。ただし，異議がある場合，3 名の判事の出席が求められる。

第 15 条〔長官の権限〕　憲法裁判所長官は憲法裁判所を代表し，大法廷を招集し，主宰し，小法廷を招集する。長官は，裁判所，小法廷および部が任務を遂行するための措置をとる。長官は，必要に応じて国会，内閣または司法総評議会に憲法裁判所の欠員を報告する。長官は，調査官を任命し，職員の欠員を補充するために募集の要請をし，憲法裁判所の人事管理権を行う。

第 2 章　憲法裁判所の判事について

第 16 条〔判事の任命・任期〕　憲法裁判所の判事は，国会両議院，内閣および司法評議会の推薦に基づき，憲法第 159 条 1 項の定めるところに従い，国王が任命する。上院により推薦された判事は，諸自治州の議会が指名した候補者のうちから，

当該議会規則の定めるところに従い，選定される。

② 下院および上院により推薦された候補者は，関連の委員会の前に，それぞれの規則の定めるところに従い，出頭しなければならない。

③ 憲法裁判所の判事の任期は9年であり，3年ごとにその3分の1が改選される。その際に，第9条の定めるところに従い，長官および副長官が選定される。長官および副長官の任期は，憲法裁判所判事の改選に該当しない場合，後任の判事が着任するまで，その任期が延長されるものとする。

④ 判事の再任は，当該判事は3年以下の任期しか満了しなかった場合を除き，国王に推薦することができない。

⑤ 任期満了によらない判事の欠員が生じた場合，前任の判事に適用されたのと同様の選任手続に基づき，かつ前任の判事の残任期間について，新たな判事が選任されるものとする。判事の3分の1の改選の際に遅延が生じたときは，新たに就任した判事の任期から，遅延に相当する期間が差し引かれるものとする。

第17条〔判事の改選〕 憲法裁判所の長官は，判事の任期が満了する4ヵ月前に，新たな裁判官を推薦する機関の長に対して推薦する手続を要請するものとする。

② 後任の判事が就任するまでの間，前任の判事がその任務を遂行し続けるものとする。

第18条〔判事の資格〕 憲法裁判所の判事は，スペイン国籍を有し，その能力が認められ，法律の専門家として15年以上の経験を有する裁判官，検察官，大学教授，公務員および弁護士の中から任命されなければならない。

第19条〔兼職の禁止〕 憲法裁判所判事としての職務は，1. 護民官，2. 国会議員，3. 国，自治州，県およびその他の地方自治体の政治的・行政的職務，4. 司法権の行使を伴うすべての職務または司法職・検察職に固有の活動，5. すべての審級における裁判所の被雇用者，6. 政党，労働組合，財団，協会，専門的・商業的同業組合における指導的職務およびそれらと類似する業務を行う機関におけるすべての階層の被雇用者，7. その他の専門的商業的活動を行う職務との兼職は禁止される。そのほか，憲法裁判所判事は，司法裁判所の判事と同一の兼職禁止に服する。

② 憲法裁判所判事に推薦された者について兼職禁止規定に該当する事実が存在するときは，その者は就任する前に兼職となる職務を辞任しなければならない。推薦されてから10日以内に辞任しないときは，判事に就任する意思がないと判断される。判事に就任した後，兼職禁止規定に該当する事実が生じたときは，同様の規範が適用される。

第20条〔公務員の就任〕 司法職・検察職および，一般的に公務員は，憲法裁判所の判事および調査官として任命された場合，その公務員は元の職において特別職として扱われるものとする。

第Ⅲ部 〔資料〕憲法裁判関係法令

第21条〔就任時の宣誓〕 長官およびその他の憲法裁判所の判事は，その任務に就任する際，国王の前で次の文言で宣誓する。「いかなる時でも，スペイン国憲法を遵守し，また遵守させ，王室に忠誠を誓い，憲法裁判所の判事としての任務を遂行する」。

第22条〔判事の身分保障〕 憲法裁判所の判事は，その職務に固有の公平および尊厳の原理に従って任務を遂行するものとし，任務の遂行中に表明した意見については訴追されない。また，判事は身分を保障され，この組織法が定める事由に該当する場合を除き罷免されまたは職務を停止されない。

第23条〔判事の辞職〕 判事は，次の事由の一つに該当するときは，その職を辞するものとする。1. 長官が辞表を受理したとき，2. 任期満了となったとき，3. 司法裁判所判事辞任の原因とされる無能力状態に陥ったとき，4. 突発的に兼職禁止違反状態が生じたとき，5. 意欲を持って任務を遂行することを止めたとき，6. その任務に固有の慎重さを損なったとき，7. 詐欺により民事責任を負うと宣言されたとき，または詐欺罪もしくは重罪で有罪判決を受けたとき。

② 1. もしくは2. の事由により，または死亡により憲法裁判所判事が辞任し，または欠員が生じたときは，長官が辞任等を決定する。3. または4. の場合には大法廷が単純多数決で決定し，その他の場合には4分の3の多数決で大法廷が決定する。

第24条〔判事の停職〕 憲法裁判所判事は，起訴されたとき，またはこの組織法の第23条に定める辞職事由が競合し，それを解決するために一定の期間が必要不可欠であると判断されるときは職務を停止する。職務の停止の決定は，大法廷における出席裁判官の4分の3の賛成票を必要とする。

第25条〔判事の退職後の報酬等〕 3年以上の間，職務を遂行した判事は，退任後1年間は退任時に受けていた報酬と同額の報酬を得ることができる。

② 判事は，公務員として定年による年金受給の資格を有する場合，金額を確定するために，退任時に受けていた報酬に基づいて，判事としての職務を遂行した間が計算されるものとする。

第26条〔判事の刑事責任〕 憲法裁判所判事の刑事責任は，最高裁判所の刑事部小法廷に対してのみ訴追することができる。

第2編　違憲性の宣言に関わる諸手続について

第1章　総則

第27条〔違憲審査の対象〕 憲法裁判所は，本編において定められる違憲性の宣言に関わる諸手続を通じて，憲法の最高法規性を保障し，訴訟の対象となった法律，法令その他の行為が憲法に適合するか否かを判断する。

② 違憲性の宣言の対象となる法律等には次のものが含まれる。

a. 自治州憲章及びその他の組織法。

262

◆ 3　スペイン

b.　その他の法律および法律の効力を有する国の規範および行為。委任命令の場合，憲法裁判所の権限は，憲法第82条6項に定めるところを妨げるものではない。

c.　国際条約。

d.　国会両院の規則。

e.　自治州の法律，および法律の効力を有する規範。ただし，立法の委任の場合に関しては，b号に定めるのと同一の条件による。

f.　自治州の議会の規則。

第28条〔違憲審査の枠組み〕　憲法裁判所は，国・自治州の法律もしくは法律の効力を有する規範および行為が憲法に適合するか否かを判断するために，憲法典のほか，憲法の枠内で国および自治州の権限を限定しまたはその行使を調和させるために制定された諸法律を考慮するものとする。

②　また，憲法裁判所は，ある政令，委任立法，もしくは組織法の性格を有しない法律または自治州の法規範が組織法に限定される事項を規制したとして，憲法第81条違反を理由に，その違憲性を宣言することができる。

第29条〔違憲異議・質疑〕　違憲性の宣言は，1.　違憲異議および2.　司法裁判所が提起する違憲質疑を通じて行うことができる。

②　形式上の理由で法律または法律の効力を有する規範および行為に対する違憲異議が却下される場合でも，当該法律または法律の効力を有する規範および行為が他の訴訟において適用される際に違憲質疑として提起されることを妨げない。

第30条〔違憲異議・質疑の受理による効果〕　違憲異議または違憲質疑の提起を受理した場合，法律または法律の効力を有する規範および行為の効力または適用は当然には停止されない。ただし，内閣総理大臣が憲法第161条第2項の定めるところに従い自治州の法律または法律の効力を有する規範および行為に異議を申立てる場合を除く。

第2章　違憲異議について

第31条〔違憲異議〕　違憲異議は，法律または法律の効力を有する規範および行為が公示された後に提起することが出来る。

第32条〔提訴資格〕　違憲異議は，自治州憲章および国の組織法その他の法律ならびに法律の効力を有する国・自治州の規範および行為，国際条約および国会両院の規則に対して行われる場合，提訴資格者は，以下である。

a.　内閣総理大臣。

b.　護民官。

c.　50名の下院議員。

d.　50名の上院議員。

②　違憲異議は，国の法律または法律の効力を有する規範および行為が自治州固有

263

第Ⅲ部　〔資料〕憲法裁判関係法令

の分野に影響を及ぼす場合に，自治州の合議制執行機関および自治州議会の提訴資格が認められる。

第33条〔違憲異議の提訴期間等〕　違憲異議は，法律または法律の効力を有する規範および行為が公示されたときから3ヵ月以内に，憲法裁判所に対する異議申立ての請求により提起される。請求には，違憲異議を提起する人物または組織名を明示し，対象となる法律，規範または行為の全部または一部を特定し，かつ抵触すると判断される憲法の条文を明記しなければならない。

② 前項の規定にもかかわらず，以下の事由が満たされた場合，内閣総理大臣および自治州の執行機関は，9ヵ月以内に，法律または法律の効力を有する規範および行為に対して違憲異議を提起することができる。

　　a. 内閣と各自治州との間の相互協力委員会が招集されること。同委員会は，2つの行政機関のいずれも招集することができる。

　　b. 同委員会において，両者の不一致を解決するための協定が交渉されたこと。同協定において，法文の改正を求め，また，違憲異議の対象となる規範の停止を求めることが出来る。

　　c. 法律または法律の効力を有する規範および行為が公示されたときから3ヵ月以内に，その協定が，憲法裁判所に通告され，その旨を国または自治州の官報に記載されたこと。

③ 前項の定めは，この組織法第32条が規定するその他の機関および者による違憲異議の提訴資格を妨げるものではない。

第34条〔違憲異議の審理・判決等〕　違憲異議が受理されると，憲法裁判所は，その旨を国会両院に通告し，司法省を通じて内閣に通告する。違憲異議の対象が自治州の法律または法律の効力を有する規範および行為の場合には，自治州の立法・執行機関に対し，それらの機関が出廷し適切な主張ができるよう，その旨を通告する。

② 出廷は15日以内に行われることを要し，憲法裁判所は，その期間が経過した後10日以内に判決を下す。ただし，憲法裁判所が適当と判断するときは，理由を付した決議により30日を超えない範囲で延長することができる。

第3章　裁判官および裁判所による違憲質疑について

第35条〔違憲質疑の提訴・効果等〕　司法裁判所は，職権により，または当事者の請求により，事件に適用され，その有効性が判決に影響を与える，法律の効力を有する規範が憲法に反する可能性を有するときは，その質疑をこの組織法の規定に従い，憲法裁判所に提起することができる。

② 司法裁判所は，違憲質疑の提起を訴訟手続が終了してから判決を言い渡すまでの間に行うことができ，合憲性が疑われる法律または法律の効力を有する規範，および違反がなされたと考えられる憲法の条文を具体的に示し，質疑となる規範

◆ 3 スペイン

の効力がどの程度判決に対して影響を与えるかを明らかにしなければならない。司法裁判所は，違憲質疑の提起を行うか否かの最終決定を行う前，10日を超えない期間内に，当事者および検察官から違憲質疑の提起の妥当性について主張させるための意見聴取を行うものとする。最終決定に対しては，いかなる異議申立てもすることができない。ただし，憲法裁判所の判決が確定していない限り，次の審級において改めて違憲質疑を提起することは可能である。

③　違憲質疑の提起は，その受理について憲法裁判所が判断するまで，司法手続を暫定的に停止する効果を有する。違憲質疑が受理されると，憲法裁判所が判決を下すまでは，司法手続は停止される。

第36条〔書類の提出〕　司法裁判所は，違憲質疑とともに裁判の調書および，場合により前条が定める当事者から徴された意見書を憲法裁判所に提出するものとする。

第37条〔違憲質疑の審理・判決等〕　違憲質疑が受理された後，その審理は第2項の規定に従い行われる。ただし，憲法裁判所は，受理手続において，訴訟手続上の条件または論拠を欠くときは，国家検事総長以外の者の意見を聴取することなく，理由を明示した上で，決定により違憲質疑の提起を却下することができる。

②　違憲質疑の提起の受理が官報に公示された後15日間以内に，司法手続の当事者は，憲法裁判所に出廷し，また15日間の期間内に違憲質疑に関する主張をすることができる。

③　違憲質疑の提起について，憲法裁判所は，これを国会両院に通告し，国家検事総長には直接，内閣には司法省を通じて通告する。自治州が制定した法律または法律の効力を有する規範に関係する場合は，当該自治州の立法および行政機関に対し15日を超えない期間内に出廷し違憲質疑に関する主張をさせるために通告する。これが完了した後，15日以内に憲法裁判所は判決を言い渡す。必要と判断するときは，理由を付した決議により30日を超えない範囲で期間を延長することができる。

第4章　違憲性に関する手続に対する判決およびその効果について

第38条〔判決の効力〕　違憲性に関する手続きに対する判決は，既判力を有し，すべての公権力を拘束する。判決は，官報に公示されてから効力を発揮する。

②　違憲異議および地方自治体権限擁護異議において違憲性を否定する判決が下された場合は，その後，憲法の同一の条項に違反するとの理由で再び提訴することは認められない。

③　違憲質疑について判決が下された場合は，憲法裁判所は直ちに違憲質疑を提起した司法裁判所に対し通告する。当該司法裁判所は，憲法裁判所の判決を裁判の当事者に通知する。司法裁判所は憲法裁判所の判決を知ったときから判決に拘束され，当事者は通知を受けた時から判決に拘束される。

265

第Ⅲ部 〔資料〕憲法裁判関係法令

第39条〔違憲判決の内容〕 判決が違憲性を認めるときは，裁判の対象となった規定の無効をも宣言し，かつ，場合により同じ法律または法律の効力を有する規範および行為の規定であって，これに関連しまたはその影響が及ぶ規定の無効を宣言する。

② 憲法裁判所は，違憲性を宣言するに当たり，審理中において援用されたか否かに関係なく，憲法のいかなる規定をもその根拠とすることができる。

第40条〔国際条約の違憲性の宣言〕 法律または法律の効力を有する規範および行為の違憲性を宣言する判決が下された場合，すでに司法裁判所の判例が当該法律，規範および行為についてある解釈を下しているとき，判例は既判力を失わない。ただし，刑事訴訟または行政訴訟において，適用された規範が無効とされた結果，刑罰・懲戒罰が軽減されまたは責任が免除される場合を除き，それらの法律等を適用した過去の確定判決は再審の対象にはならない。

② いずれの場合も憲法裁判所により裁判された法律，規範および行為に対する司法裁判所の判例は，違憲訴訟に対する判決および決定の論理により修正されたと解されるものとする。

第3編　憲法訴願について

第1章　憲法訴願の提訴について

第41条〔憲法訴願の対象〕 憲法第14条から第29条までに定める権利および自由は，この組織法の定めるところに従い，司法裁判所による保護は妨げられることなく，憲法訴願の対象となる。また，同様の保護は，憲法第30条で定められた良心的兵役拒否に対しても与えられる。

② 憲法訴願は，国，自治州および領域的，法人的または制度的な性格を有するその他の公的機関の公権力ならびにそれらの職員の行う処分，法律行為，不作為または単なる暴力行為により生ずる権利および自由の侵害から，すべての市民を保護する。

③ 憲法訴願においては，訴訟提起の原因となった権利または自由の回復・保全以外の要求をすることができない。

第42条〔立法部の侵害による憲法訴願〕 国会もしくはその機関または自治州の立法議会もしくはその機関が行う決定または処分であって法律の効力を有しないものが，憲法訴願の対象となる権利および自由を侵害するときは，決定等が確定してから3ヵ月以内に，国会または自治州の立法議会の規則の定めるところに従い，憲法訴願を提起することができる。

第43条〔執行部の侵害による憲法訴願〕 内閣もしくはその公務員または自治州の行政機関もしくはその公務員の処分，法律行為，単なる暴力行為による権利および自由の侵害については，事前に司法裁判所の審理を尽くした後に憲法訴願を提起することができる。

266

② 憲法訴願を提起できる期間は，司法裁判所における事前の判決が公示されてから20日以内である。

③ 憲法訴願は，その対象となる権利または自由を定める憲法条項に判決が違反することを理由にしたものでなければ，提起することができない。

第44条〔司法部の侵害による憲法訴願〕 憲法訴願の対象となる権利および自由の侵害が，司法裁判所の作為または不作為から直接に生じたときは，以下の要件を満たす場合は憲法裁判所に憲法訴願を提起することができる。

　a. 司法の範囲における具体的事件についての手続上の規範が定める異議申立て手段をすべて尽くしていること。

　b. 権利等の侵害の直接的責任を，司法機関の作為，不作為に帰すことができること。

　c. 憲法上の権利を侵害した事実が訴訟手続において明確にされていること。

② この場合，憲法訴願を提起できる期間は，司法裁判所における判決が公示されてから30日以内である。

第45条 削除

第46条〔憲法訴願の提訴資格〕 憲法訴願の提訴資格は，以下の者に与えられるものとする。

　a. 第42条および第45条の場合，権利等を侵害された者，護民官および検察官。

　b. 第43条および第44条の場合，司法裁判における当事者，護民官および検察官。

② 護民官または検察官により憲法訴願が提起された場合，憲法訴願を審理する小法廷は，権利等が侵害された者に対しその旨を通知し，他の利害関係者の出廷を可能にするために，憲法訴願提起の事実を優先的に官報に掲載することを命ずる。

第47条〔憲法訴願への参加〕 憲法訴願の提起の原因となる決定，行為，事実により利益を得た者または憲法訴願自体に対して正当な権利を有する者は，出廷することができる。

② 検察官は，合法性，市民の権利および法律によって保護される公的利益を擁護するため憲法訴願に参加することができる。

第2章　憲法訴願の受理手続について

第48条〔憲法訴願の審理権限〕 憲法訴願の審理は，小法廷が担当し，場合によっては部が担当する。

第49条〔憲法訴願の訴状等〕 憲法訴願は，根拠となる事実を明確かつ簡潔に陳述した訴状をもって開始される。その場合，違反に当たると判断される憲法条項および侵害された権利・自由の回復・保全を実現するための要求を正確に述べなければならない。訴状には，必ず憲法訴願の憲法上の重要性を明らかにしなければならない。

第Ⅲ部 〔資料〕憲法裁判関係法令

② 訴状には，憲法訴願提起者を証明する文書および，場合により，司法または行政手続において下された判決等の写しを付さなければならない。

③ 関連手続に参加した当事者および検察官のために，訴状にその写しおよび添付書類の写しを付加しなければならない。

④ 前項の要件が満たされなかった場合，司法事務局は10日以内にその旨を利害関係者に通知するものとする。また不備を追完しない場合，憲法訴願が不受理される旨も通知されなければならない。

第50条〔憲法訴願の受理〕 憲法訴願の受理は決定でもって決めなければならない。部は，次の要件が満たされたときのみ，判事の全員一致で，憲法訴願の全部または一部の受理を決定するものとする。

　a. 訴状が第41条から第46条までおよび第49条が定める要件を満たしていること。

　b. 憲法解釈，憲法適用および憲法の一般的有効性，ならびに基本権の内容・範囲の画定の観点からして憲法訴願は憲法上の重要性を有していること。

② 全員一致ではないが，過半数の判事が受理すべきと判断する場合，部は小法廷に受理・不受理の決定を求めるものとする。

③ 部または小法廷による不受理の決定は，満たされなかった要件を明記し，憲法訴願の請求者および検察官に通知される。この決定に対しては，検察官のみが3日以内に異議申立てをすることができる。異議申立ては，決定の対象となり，これに対しての異議申立ては認められない。

④ 訴状は追完可能な不備を有する場合，第49条4項の定めるところを準用するものとする。同項が定める期間内に不備が追完されなかった場合，部は決定により不受理を決めるものとし，これに対して異議申立ては認められない。

第51条〔憲法訴願の相手方〕 憲法訴願が受理されたとき，小法廷は，直ちに憲法訴願の相手方となる立法・行政・司法当局に対し，10日を超えない期間内に原因となった手続およびその証拠に関する書類を送付するよう要求する。

② 要求を受けた立法・行政・司法当局は所定の期間内に書類の送付を完了し，事前の手続の当事者であった者を，10日以内に憲法裁判所に出頭するように召喚する。

第52条〔憲法訴願の審理〕 関係書類が送付され，召喚のための期間が経過した後，小法廷は，憲法訴願の請求者，出頭者，行政機関が利害関係者であるときは国事弁護士，および検察官に関係書類を開示する。審理の期間は20日を超えないものとし，審理において適切な陳述を行うことができる。

② 陳述が行われた後，もしくは陳述の期間が経過した後，当該憲法訴願に憲法裁判所の確立した判例が適用される場合，小法廷は当該憲法訴願を部に委任し，もしくは，審理または評決の期日を指示することができる。

◆ 3 スペイン

③ 小法廷，場合により部は，審理または評決の期日から 10 日間以内に判決を下すものとする。

第 3 章 憲法訴願の判決およびその効果について

第 53 条〔憲法訴願の判決内容〕 小法廷，場合により部は，憲法訴願の判決において保護の容認または否認を決める。

第 54 条〔憲法訴願の判決の範囲〕 小法廷，場合により部は，司法裁判所の判決に対する憲法訴願を審理するとき，憲法訴願請求者の権利または自由の侵害の有無の判断および権利または自由の回復または保全にその機能を限定し，司法裁判所の行為に関するその他の考慮を差し控えなければならない。

第 55 条〔保護容認判決〕 保護を容認する判決には以下の宣告が含まれる。

  a. 保護すべき権利または自由の完全な行使を妨げた決定，行為または処分の無効。

  b. 憲法が保障する権利等の内容に合致した権利または公的自由の承認。

  c. 適切な措置による憲法訴願請求者の権利または自由の回復，場合により保全。

② 小法廷，場合により部は，適用された法律の規定が基本的権利または公的自由を侵害するため，憲法訴願が受理されるべきであると判断したとき，判決を言い渡すための期間を停止し，第 35 条以下に定めるところに従い，違憲質疑を大法廷に提起するものとする。

第 56 条〔憲法訴願の効果〕 憲法訴願の提起は，問題となった行為または判決の効果を停止しない。

② ただし，問題となった行為または判決の執行は，憲法訴願の目的を無に帰する支障をきたす虞れがある場合，小法廷，または部は，職権もしくは請求者の要求に基づき，その効果の全部または一部を停止させることができる。ただし，停止が憲法上保護された利益または第三者の基本的権利もしくは公的自由を大幅に損なうときはこの限りでない。

③ なお，小法廷または部は，憲法訴願の目的を無に帰さないため，その性質上，憲法訴願に適用可能かつ法制度上認められるあらゆる保全措置を命令することができる。

④ 執行停止その他の保全措置は，判決の言い渡し，その他の方法で憲法訴願に対する判断が行われる前においてのみ，いつでも請求することができる。停止が争われる場合，意見を聴取するために，3 日を超えない共通の期間内に当事者および検察官の意見を聴取し，小法廷または部が必要と認めるときは執行に責任を有する当局に通告した上で，その決定を行う。小法廷または部は，停止を否認することにより第三者に対する重大な権利侵害が生じると判断するときは，損害等に対する十分な担保を確保することを条件とすることができる。

⑤ 小法廷または部は，執行停止および保全措置を容認するために，利害関係者に

269

第Ⅲ部 〔資料〕憲法裁判関係法令

生じうる損害等に対する十分な担保を確保することを条件として求めることができる。担保の算定を司法裁判所に委任することができる。

⑥ 緊急の場合，停止および保全措置の容認を憲法訴願の受理の際に，これを決めることができる。決定が通知されてから5日以内に，検察官および出頭したその他の当事者は，決定に対して異議申立てをすることができる。小法廷または部は，この不服に対して決定を行い，それに対して異議申立てをすることができない。

第57条〔停止決定の変更〕 停止の容認または否認は，憲法訴願の係属中に突発的な事由が生じたとき，または，停止に関する争いの決定時に知りえなかった事由があるときは，職権または当事者の請求により変更することができる。

第58条〔停止否認による損害賠償〕 停止の否認により生じた損害に対する賠償の請求については，司法裁判所が解決する権限を有する。

② 損害賠償の請求は，憲法裁判所の判決後1年以内に行わなければならない。

第4編　憲法上の権限争い

第1章　総則

第59条〔権限争いの種類〕 憲法裁判所は，憲法もしくは自治州憲章または国および自治州の固有の所掌事務を明確にするために定められる組織法もしくは通常法律により直接付与される権限をめぐる以下の争いを審理する。

a. 国と一または複数の自治州との間の権限争い。

b. 二つ以上の自治州間の権限争い。

c. 内閣と下院，上院もしくは司法総評議会との間の権限争いまたはこれら憲法上の組織相互の権限争い。

② さらに，憲法裁判所は，地方自治体が，国または自治州に対して地方自治体の権限を擁護するために提起する争いも審理する。

第2章　国と一または複数の自治州との間の権限争い

第60条〔権限争いの権限〕 国と自治州との間，または2つ以上の自治州の間での権限争いは，次条以下に定める形式で，内閣または自治州の行政機関が提起することができる。消極的権限争いは，関係する自然人または法人も提起することができる。

第61条〔権限争いの対象・効果〕 権限争いの原因となるのは，国の機関または自治州の機関による処分，決定，行為であり，それらに関する不作為も含まれる。

② 前条が定める権限争いは，司法裁判所においてその審理が係属中である処分，決定，行為に対して提起されるとき，憲法裁判所の判断が下されるまで，当該司法裁判所における訴訟が停止されるものとする。

③ 憲法裁判所の判断は，すべての公権力を拘束し一般的効力を有する。

第1節　積極的権限争い

第62条〔内閣による提訴〕 内閣は，自治州の処分または決定が憲法，自治州憲章

◆ 3 スペイン

または関連組織法の定める権限の枠組みを遵守していないと判断するときは，2ヵ月以内に，直接に憲法裁判所に対して権限争いを提起し，または，次条に定める事前要求を利用することができる。ただし，内閣が憲法第161条2項を援用することを妨げない。

第63条〔自治州による提訴〕 自治州の上級行政機関は，他の自治州の機関または国の機関の処分，決定，または行為が，憲法，自治州憲章または法律の定める権限の枠組みを遵守しておらず，かつそれが自己の権限の範囲に影響を及ぼすと判断するときは，当該自治州または国に対して処分等を撤回し，または無効とするよう要求することができる。

② この要求は，権限の枠組みを超えたとされる処分，決定，もしくは行為が公示されまたは通知された日から2ヵ月以内にまたは具体的な適用行為を理由として，内閣または他の自治州の上級行政機関に対してなされる。この要求が他の自治州の上級行政機関に対してなされる場合，内閣に対してもこれを通知する。

③ 要求は，権限の枠組みを超えたとされる，決定または処分，ならびに違反がなされた法律または憲法の条文を明記しなければならない。

④ 要求を受けた機関は，要求に根拠があると判断するときは，要求の受理から1ヵ月の期間内に，それに応じることを通告し，根拠がないと判断するときは，同じ期間内に拒否の通告を行う。

⑤ 要求が拒否されたとき，または期間内に回答がないとき，要求を行った機関は，拒否の通告等から1ヵ月以内に憲法裁判所に対して権限争いを提起することができる。

第64条〔権限争いの効果〕 憲法裁判所は，10日以内に内閣または自治州の関連機関に対し，権限争いの開始を通告する。その場合，必要な書類を提出させるために20日間の期限を設けることができる。

② 自治州の決定に対して，内閣により憲法第161条2項の規定が定める手続に従い，権限争いが提起されたとき，憲法裁判所による通告でもって権限争いの原因となった決定，処分または行為の効果が停止されるものとする。

③ その他の場合，権限争いを提起した機関は，憲法裁判所に対して，権限争いの原因となった決定，処分または行為に対して，回復不能又は困難な障害を主張しその停止を求めることがきる。その場合，憲法裁判所は，自由に停止を容認し，または否認することができる。

④ 憲法裁判所は，内閣が権限争いを提起した旨，および場合により権限争いの原因となった決定，処分または行為の効果の停止を容認した旨を利害関係者に通告し，官報に記載しなければならない。

第65条〔権限争いの審理〕 憲法裁判所はその判断のために，当事者に対し情報の提出，または補足説明を求めることができる。主張のための期間が経過した後，

271

第Ⅲ部　〔資料〕憲法裁判関係法令

または場合により前述の補足説明等の期間が満了した後，憲法裁判所は 15 日以内に判決を下すものとする。

② 前条第 2 項の場合，憲法裁判所は権限争いの提起から 5 ヵ月間以内に判断を下さなかったときは，内閣による提起された権限争いの原因となった決定，処分または行為の停止の維持について理由付け決定でもって判断しなければならない。

第 66 条〔判決の内容〕 憲法裁判所の判決は，争われている権限の正当な帰属先を宣言し，場合により争いの原因となった決定，処分または行為の無効を宣言する。

第 67 条〔違憲異議の準用〕 権限争いが法律または法律の効力を有する規範により付与された権限をめぐるものである場合，権限争いは，提起時から，場合により，行使された権限の擁護において法律上の権限付与規範の存在が主張された時点から，違憲異議の手続に従い審理されるものとする。

第 2 節　消極的権限争い

第 68 条〔消極的権限争いの定義〕 自然人または法人が国の行政機関に権限があると主張し，かつ国がその権限を否認して，自治州の権限に属すると判断したような場合，利害関係者は，国の行政機関に対する行政上の手段を尽くした上で，同様の主張を，権限を有すると推定された自治州の行政機関に対して行うことができる。権限の主張が自治州に対して行われた際，自治州が権限を否認し，国または他の自治州の権限に属すると判断されたときも，同様とする。

② 自治州の行政機関は，1 ヵ月以内に権限を容認するか否認するかを決定しなければならない。容認の場合，要求の審理手続が開始される。否認の場合，主張者に対して根拠規定を明示して通告する。

③ 権限が否認され，または 1 ヵ月以内に意思表示がないとき，利害関係者は，否認が通告された日または期限日から 1 ヵ月以内に憲法裁判所に対し権限争いを提起することができる。そのために，否認の通告があった翌月中に，または具体的な判断が下されることなく本条第 2 項が定める期間が経過したとき，消極的権限争いが審理され解決されるよう要求しなければならない。

第 69 条〔消極的権限争いの審理〕 権限争いの提起は書面で行われるものとし，前条が言及する行政上の手段を尽くしたことを裏付ける書類を添付しなければならない。

② 憲法裁判所は，関係行政機関の否認は，憲法，自治州憲章，または国および自治州の権限範囲を定める組織法もしくは法律の諸規定に関する解釈の相違によると判断したとき，権限争いを提起する書類が提出されてから 10 日以内にその旨を表明しなければならない。直ちに請求者，関係行政機関，その他関係者に権限争いの提起およびその他添付書類の写しを通達した上で，権限争いを解決すべく，当事者全員に主張を行う共通の期間を決めるものとする。

第 70 条〔消極的権限争いの判決〕 憲法裁判所の判決は，前条の期間の終了後，ま

272

たは当事者に対し説明等を求めるために裁判所が設定する期間の終了後1ヵ月以内に下されなければならない。判決は，争われる権限が属する行政機関を宣言する。

② 経過した行政上の期間は，判決が公表された後，再び通常の期間のものとして開始されると見なされるものとする。

第71条〔内閣による消極的権限争いの効果〕 内閣は，自治州の上級行政機関に対して，その自治州憲章および権限委任・委譲に関する組織法が付与する権限の遂行を要求した後，当該行政機関が当該権限を有しないことを理由に応じなかったとき，消極的権限争いを提起することができる。

② 権限遂行のために内閣により定められた期間が経過した後，要求を受けた行政機関が何もしないときは，当該行政機関が権限を有しない旨を暗黙的に表明したとみなされる。いずれの場合であっても，権限遂行の期間は1ヵ月以上でなければならない。

第72条〔内閣による消極的権限争いの審理〕 前条が定める要求が明示的または黙示的に拒否されたとみなされる日から1ヵ月以内に，内閣は，自治州に対し権限の行使を義務づけていると考える憲法，憲章または法律の諸規定を特定する書面によって，憲法裁判所に消極的権限争いを提起することができる。

② 憲法裁判所は，当該書面を自治州の上級行政機関に送付し，適切な主張をさせるために1ヵ月の期間を与える。

③ この期間の終了後，または説明要求に回答するために国または自治州に与えられた延長期間の終了後，憲法裁判所は，1ヵ月以内に以下のいずれかの内容に該当する判決を下さなければならない。

　a. 要求は正当であるため，所定の期間内に自治州は要求された権限を行使しなければならない旨の宣言。

　b. 要求は正当ではない旨の宣言。

第3章　憲法上の国の機関相互の権限争いについて

第73条〔国の機関相互の権限の定義〕 この組織法第59条3項が言及する憲法上の機関が，それぞれの全体会議等の決定により，憲法または各種の組織法により自己の管轄に属するとみなす権限を他の国家機関が侵害していると判断するときは，不適切と思われる権限行使を他の機関が決定したことを知った日から1ヵ月以内に，当該機関に対し，その取り消しを要求することができる。

② 要求を受けた機関がその権限を憲法上および法律上行使していると断定するとき，または要求を受けた日から1ヵ月以内にその行為を改めないときは，不当に権限を侵害されたと考える機関は，これに続く1ヵ月以内に，憲法裁判所に対して権限争いを提起することができる。その場合，違反がなされたと考える条項を特定し，自己の主張を記載した書面を提出する。この書面には，必要と判断する

第Ⅲ部 〔資料〕憲法裁判関係法令

前例および本条第1項に定めるところを履行する際になされた通知を証明するものを添付するものとする。

第74条〔国の機関相互の権限の審理〕 憲法裁判所は，文書を受理してから10日以内に当該文書を相手機関に送付し，適切な主張をさせるために1ヵ月の期間を与える。当事者となった双方の機関以外の機関で，権限争いの解決が自己の固有の権限に影響すると考えるものに対しては，どちらかの立場を支持する意見を述べさせるため，出廷のための手続をとることができる。

第75条〔国の機関相互の権限の判決〕 憲法裁判所はその判断のために，当事者に対し情報の提出，または補足説明を求めることができる。憲法裁判所は，前条が定める主張のための期間，または場合により，情報の提出もしくは補足説明のために与えられた期間であって30日間を超えない期間が経過してから1ヵ月以内に判決を下すものとする。

② 判決は争いのもとになった権限がどの機関に帰属するかを決定し，権限を侵害してなされた行為の無効を宣言する。

第4章 地方自治体権限擁護の訴え

第75条の2〔地方自治体権限擁護の訴えの定義〕 地方自治体の権限を侵害する法律の効力を有する国または自治州の規範に対して地方自治体の権限を擁護するための争いを提起することができる。

② 憲法裁判所の判断は一般的効力を有し，すべての公権力を拘束する

第75条の3〔提訴資格〕 この訴えの提起資格は以下のものに与えられる。

  a. 法律の唯一の名宛人である県または市町村。

  b. 法律の効力を有する規範が適用される地域的範囲の7分の1以上，およびその人口の6分の1以上を占める数の市町村。

  c. 法律の効力を有する規範が適用される地域的範囲の半分以上，およびその人口の半分以上を占める数の県。

② 地方自治体権限擁護の訴えを開始するためには，地方自治体の全体会議がその法定構成員数の絶対多数で可決した決定が必要である。

③ 前項の要件が満たされたとき，地方自治体が含まれる地域的範囲が一の自治州に当たるか，それとも複数の自治州に当たるかにより，拘束力を有しない答申書を国務院または関連自治州の諮問機関に必ず求めなければならない。諮問機関を有しない自治州の場合，国務院が答申を行うものとする。

④ 地方自治体の協会は，この訴えの提起手続において所定の要件の充足を促進するため，提訴資格を有する地方自治体を支援することができる。

第75条の4〔国務院等による答申書〕 前条が定める答申書の要求は，自治体の権限を侵害すると推定される法律が公布された日から3ヵ月以内に行われなければならない。

◆3 スペイン

② 国務院または自治州の諮問機関の答申書が受理された日から1ヵ月以内に，提訴資格を有する地方自治体は，前条が定める要件を満たしたことを証明し，依拠する法律上の根拠を明記して，憲法裁判所に対して地方自治体権限擁護の訴えを提起することができる。

第75条の5〔地方自治体の権限擁護の訴えの審理・判決〕 この訴えが提起された後，憲法裁判所は，提訴資格が欠如し，もしくはその他追完不能の不備が存在し，または明らかに根拠が不足である場合，理由付け決定により，その不受理を決めることができる。

② この訴えが受理された日から10日以内に，憲法裁判所は法律を制定した自治州の立法機関および行政機関，ならびにすべての場合に，国の立法機関および行政機関に通告する。出廷および主張は，20日間以内に行わなければならない。

③ 憲法裁判所は，この訴えの提起を，利害関係を有する者に通告し，官報に掲載する。

④ 憲法裁判所はその判断のために，当事者に対し情報の提出，または補足説明を求めることができる。主張のための期間が経過した後，または場合により前述の補足説明等の期間が満了した後，憲法裁判所は15日以内に判決を下すものとする。

⑤ 判決は，憲法上保障された地方自治に対して侵害があったか否かを宣言し，必要であればこの訴えの対象となった権限の帰属を決定し，場合により，地方自治に対する侵害によって生じた事実・法律上の状態について判断する。

⑥ 地方自治に対する侵害を宣言した後，大法廷が憲法質疑を提起することを決定したときは，この訴えの原因となった法律の違憲性を宣言するためには，新たな判決を必要とする。この憲法質疑は，第37条およびその関連条文に従い審理され，第38条以下が定める効力を有するものとする。

第5編 法律の効力を有しない規定および憲法第161条2項が定める自治州の決定に対する訴えについて

第76条〔憲法第161条2項が定める訴えの定義〕 法律の効力を有しない規定，および自治州の機関による決定に対して，内閣は，決定の公布された日またはそれを知った日から2ヵ月以内に，憲法裁判所に訴えを提起することができる。

第77条〔憲法第161条2項が定める訴えの審理〕 本編に定める訴えは，その原因と関係なく，この組織法第62条から第67条までにおいて定められた手続により提起し，審理するものとする。憲法裁判所により通告された訴えの提起は，訴えの対象となった規定または決定の効力を停止する。停止は，憲法裁判所が5ヵ月以内に停止の維持または中止について判断したとき，または判決を下したときまで継続するものとする。

275

第Ⅲ部　〔資料〕憲法裁判関係法令

第6編　国際条約の違憲性の宣言について

第78条〔国際条約の違憲性の宣言〕　内閣または上院，下院の一方は，憲法裁判所に対し，条文が確定しているが国の承認を得ていない国際条約と憲法との間に矛盾が存在するか否かについて判断するよう要求することができる。

② 　憲法裁判所は，この要求を受けたときは1ヵ月以内に問題に対する正当な意見を述べさせるため，要求をした機関および前項に従って請求資格を有するその他の機関に対し，出廷することを命じる。次項に定める場合を除き，この期間が経過してから1ヵ月以内に，憲法裁判所は，憲法第95条に定めるところに基づいて，拘束力を有する宣言を行う。

③ 　憲法裁判所はいつでも，前項が言及する諸機関，その他の自然人もしくは法人またはその他の国もしくは自治州の機関に対して，必要と考える説明を求めることができる。その場合，前述の1ヵ月の期間は最長で30日間まで延長される。

第6編の2　自治州憲章案およびその改正案に対する事前的違憲異議

第79条〔事前的違憲異議〕　自治州憲章案およびその改正案に対して，事前的に違憲異議を提起することができる。

② 　事前的違憲異議は，国会が可決した自治州憲章又はその改正の最終案を対象にするものとする。

③ 　事前的違憲異議を提起することができる者は，憲法およびこの組織法の定めるところに従い自治州憲章に対して違憲異議を提起することができる者とする。

④ 　事前的違憲異議の提起期間は，可決された法文が国会官報に公布されてから3日間以内とする。事前的違憲異議の提起は，その後の制定手続を自動的に停止させる。

⑤ 　自治州憲章案又はその改正案を可決するために自治州の住民投票が予定される場合，憲法裁判所が判決を下すまでは，および，場合により，違憲と宣言された規定が国会により修正され又は削除されるまでは，当該住民投票を実施することができない。

⑥ 　事前的違憲異議は，この組織法第2編第2章に定める形式で審理するものとする。憲法裁判所は，提起から6ヵ月以内に判決を下さなければならず，この期間は延長することができない。この規定を実効的に遵守するために，憲法裁判所は通常期間を短縮し，事前的違憲異議を他の審理手続より優先するものとする。

⑦ 　憲法裁判所の判決が違憲性の不存在を宣言したときは，住民投票の告示および実施も含めて，憲章およびその改正を成立させるためのすべての手続が再開される。

⑧ 　反対に，法文の違憲性を宣言するときは，憲法裁判所は，違憲とされる規定およびその宣言によって影響を受ける関連規定，ならびに違反がなされた憲法の規定を明記しなければならない。この場合，国会が問題となった規定を修正しまた

は削除しない限り，制定手続を再開することができない。

⑨　事前的違憲異議における判決は，自治州憲章の施行後それに対して再び提起されうる違憲異議または違憲質疑における憲法裁判所の判断を拘束するものではない。

第7編　訴訟手続に関する共通事項

第80条〔出頭，忌避，棄権，公開，通知，司法共助，日時等〕　出頭，忌避および棄権，公開および行為の方式，通知および司法共助，日時，期間，審理および表決，失効，放棄および取下げ，用語，並びに法廷警察についてこの組織法のほか司法権に関する組織法および民事訴訟法の規定が補足的に適用される。

②　決定の執行については，この組織法のほか行政事件訴訟法の規定が補足的に適用される。

第81条〔弁護人等〕　原告または補助参加人として憲法訴訟に参加する資格を有する自然人または法人は，原告，補助参加にかかわらずその代理を訴訟代理人に託し，弁護士の指導の下で行動しなければならない。法学士の資格を有する者は，訴訟代理人または弁護士の職務に従事していなくても，自己の利益を弁護することができる。

②　弁護人は憲法裁判所へ出廷するために，スペインに所在する諸弁護士会のいずれかに登録していなければならない。

③　憲法裁判所の判事，または調査官に任命されたことのある者は，弁護士として憲法裁判所に出廷することができない。

第82条〔国・自治州の代理〕　憲法またはこの組織法により憲法訴訟に提訴する資格を認められる下院議員，上院議員，およびその機関の構成員は，そのために指名される者，または任命された受託者を通じて行動する。

②　国または自治州の行政機関は，その弁護士により代理・弁護されるものとする。国の行政機関のために国事弁護士が行動する。

第83条〔聴聞期間等〕　憲法裁判所は，いつでも，職権で，または当事者の申請に基づき，憲法訴訟に参加するすべての当事者を聴聞した上で，関連する対象を有する複数の訴訟であって手続および決定の統一が望ましいものを併合することができる。この聴聞は，10日を超えない期間で行わなければならない。

第84条〔通知等について〕　憲法裁判所は，判定を下す前はいつでも，憲法裁判への参加者に対し，受理または不受理に関する妥当性の決定及び憲法上の主張の容認または否認に関する妥当性の決定に関連して，主張された根拠とは異なる根拠の存在を通告することができる。聴聞は共通であり，10日を超えない期間で行わなければならず，決定を言い渡すための期間の停止を伴う。

第85条〔憲法裁判の提起等について〕　あらゆる憲法裁判は，請求を明記する，理由を付した書面によって提起されなければならない。

第Ⅲ部 〔資料〕憲法裁判関係法令

② 訴訟の提起の書面は，法定期間内に憲法裁判所に提出されなければならない。憲法訴願は，提起期間が終了した日の次の平日の 15 時までに，憲法裁判所の登録所に，または民事訴訟法第 135 条 1 項の定めるところに従い，いずれかの地の民事裁判所の登録所に提出することができる。これを実現するため，憲法裁判所は，技術手段，電子的手段，情報処理手段または通信手段の使用条件を定めるものとする。

③ 大法廷または小法廷は，口頭審理の開始を決めることができる。

第 86 条〔憲法裁判の判定〕 憲法裁判所の裁判における判定は，判決の形式をとる。ただし，提訴の不受理，取り下げ，消滅等の場合における判定は，この組織法が別の形式を定める場合を除き，決定の形式をとる。その他の場合における判定は，その内容の性質に応じて，理由が付されている場合には決定の形式を，付されていない場合には命令の形式をとる。

② 第 6 編が定める判決および宣言は，30 日以内に官報に公示される。また，憲法裁判所が，妥当と判断した場合，同様の形式で決定を公示することができる。

③ 前項の定めるところにもかかわらず，憲法裁判所は，他の媒体を通じてその判決および判定の公表を決めることができる。その際，憲法第 18 条 4 項が保障する権利を保護するための適切な措置を講じなければならない。

第 87 条〔判定の拘束力〕 すべての公権力は，憲法裁判所の判定に拘束される。とりわけ，憲法裁判所は，必要と判断した場合，当局または公務員に対し，その判定を個人的に通知することができる。

② 司法裁判所は，憲法裁判所が要請するときは，緊急かつ優先的な援助を与える。憲法裁判所の判決及び決定は，執行力を有するものとみなされる。

第 88 条〔憲法裁判所への助力義務等〕 憲法裁判所は公権力および全ての行政機関に対し，一件書類ならびに憲法訴訟の原因となった処分または行為に関する情報および文書の送付を要求することができる。裁判手続が既に受理された場合には，憲法裁判所は，当事者の主張を可能にするために一件書類ならびに情報および文書が当事者に開示される期限を設けることができる。

② 憲法裁判所は，所定の書類に関する法定秘密を保護するために必要な措置を講じるものとする。

第 89 条〔証拠調べ・証人等〕 憲法裁判所は，職権で，または当事者の申請に基づき，必要と認めるとき，30 日以内に，証拠調べを命令し，自由に評価することができる。

② 憲法裁判所により喚問された証人は，上級機関による許可がないため出廷することが認められない場合，当該上級機関は，憲法裁判所に不許可の理由を説明しなければならない。その理由を聴聞した上，憲法裁判所は，最終的に決定するものとする。

278

◆ 3　スペイン

第90条〔多数決の原則・個別意見等〕　憲法裁判所の判定は，別に定めのある場合を除き，大法廷，小法廷，部の審理に出席した判事の多数決による。賛否同数の場合は，議長の投票による。

②　長官および判事は，審理においてそれを主張したときは，結論および理由付けについて，投票において個別意見を述べることができる。個々の投票は，判定に記載し，判決，決定および宣言は，個別意見と共に官報に公示される。

第91条〔憲法裁判の停止〕　憲法裁判所は，刑事裁判所に係属している刑事裁判に判決が下されるまで，憲法裁判の停止を決定することができる。

第92条〔判決の執行等〕　憲法裁判所は，その判定の実効的な履行を監視するものとする。憲法裁判所は，判決，決定または事後的処分において，その判定を執行すべき者および必要な執行措置を定め，場合により，執行の付随措置を決定することができる。憲法裁判所は，その管轄権に基づき述べた説示に反する処分があるときは，その説示の執行に際して，検察官および当該処分を下した機関の意見を聴取した上で，当該処分の無効を宣言することができる。

②　憲法裁判所は，その判定の実効性を保障するために，あらゆる行政機関および公権力から援助を求めることができる。援助は緊急かつ優先的に提供されなければならない。

③　当事者は，憲法裁判所の判定の実効的な履行を保障するために必要な措置を提案するため，第1項に定める執行の付随措置を申し立てることができる。

④　憲法裁判所は，その管轄権に基づき下した判決が履行されていないことを知ったときは，職権でまたは当事者の請求により，判定の執行を担当する組織，当局，公務員または私人に対し，憲法裁判所が定める期間内に，これに関して報告するように求めるものとする。報告があったときまたは所定の期間が経過したときは，憲法裁判所は，判定の全部または一部の不履行があると判断する場合，以下の措置をとることができる。

　　a．憲法裁判所の判定を履行しない当局，公務員または私人に3,000ユーロ以上30,000ユーロ以下の罰金を科すこと。命令を完全に履行するまで重ねて罰金を科すことができる。

　　b．憲法裁判所の決定の遵守を保障するまでの間，不履行の責任を負う行政機関の当局または公務員の職務停止を命令すること。

　　c．憲法訴訟においてなされた判定の代替執行を命じること。この場合，憲法裁判所は，自ら定める期間内に，判定の履行を保証するのに必要な措置をとるため，内閣の協力を求めることができる。

　　d．刑事責任を追及するために，私人から証言を得ること。

⑤　争われた規定または処分の停止を決定した判定の執行が問題となっており，かつ憲法上特に重要な状況が認められるときは，憲法裁判所は，職権でまたは内閣

279

第Ⅲ部 〔資料〕憲法裁判関係法令

の請求により，当事者から聴聞をすることなく，判定の適切な執行を保証するために必要な措置をとるものとする。憲法裁判所は，この措置を命ずる決定において，当事者および検察官に対し，3日間の共通期間のうちに意見聴取の機会を与え，その後，この措置の終了，確認又は変更を決定するものとする。

第93条〔判決に対する異議申立て〕 憲法裁判所の判決に対しては，いかなる異議申立てもすることができない。ただし，当事者は，判決の公示から2日以内に説明を求めることができる。

② 憲法裁判所が下す決定および命令に対しては，場合により，再審請求のみを行うことができる。ただし，再審請求は，決定を停止する効力を有しない。再審請求は，3日以内に提起することができ，両当事者から同時に意見聴取をして2日以内に決定を下す。

第94条〔不備の追完〕 憲法裁判所は，職権で，または当事者の申請に基づき，判決を下す前に，裁判中に生じえた不備の追完を行わなければならない。

第95条〔裁判の費用・無謀な提訴等〕 憲法裁判所における裁判手続は無料とする。

② 憲法裁判所は，当事者の主張に根拠がないとき，または思慮を欠く態度もしくは不誠実な態度が認められるときは，費用負担を命ずることができる。

③ 憲法裁判所は，違憲異議または憲法訴願を提起する者に無思慮または権利の濫用が認められるときは，600ユーロ以上3,000ユーロ以下の罰金を科すことができる。

④ これらの制裁および第92条4項a号が定める罰金の上限および下限は，いつでも，通常法律により改正することができる。

　第8編　憲法裁判所事務局職員について

第96条〔憲法裁判所の職員・兼職禁止〕 以下のものは，憲法裁判所に従事する公務員である。

　a. 事務総長。

　b. 調査官。

　c. 法廷書記官。

　d. その他，憲法裁判所に所属する公務員。

② 憲法裁判所の職員は，この組織法およびその執行のために制定される規則，ならびに，補足的に司法権の職員に適用される現行法令の規定において定めるところに服する。

③ 本条で言及する職員は，いかなるその他の職，地位または職務も兼ねてはならず，専門職の遂行，ならびに諮問的活動および顧問的活動を含めて工業活動，商業活動および専門職活動への参加を兼ねてはならない。ただし，教育職または研究職は，憲法裁判所が勤務に支障をきたさないと判断した場合には，これを兼ねることができる。

◆3　スペイン

第97条〔調査官〕　憲法裁判所には，調査官を置く。調査官は，憲法裁判所の定める規則に従い，法学士の称号を有するという条件で，Ａ級に属する公務員の中から，選抜試験の結果により選任され，または，規則が定める要件に基づき，法学士の称号を有するという条件で，弁護士，大学教授，裁判官，検察官もしくはＡ級に属する公務員の中から，憲法裁判所により直接選任されることができる。任命された者は，憲法裁判所で任務を遂行する間，本職において特別任務に就任した者となる。

②　調査官は，その任期が終了した後3年の間は，第81条3項が定める兼職を禁止する。

第98条〔事務総長〕　憲法裁判所に事務総長が置かれる。事務総長は，調査官の中から大法廷により選定され，長官により任命される。事務総長の指揮監督権は，長官，憲法裁判所および小法廷の諸権限を妨げるものではない。

第99条〔事務総長の権限〕　憲法裁判所長官の権威・指示の下，事務総長の権限は以下の通りとする。

a. 憲法裁判所および事務総局の役務の管理および調整。

b. 憲法裁判所の判例の編纂，種別および公示。

c. 職員の補佐を受けて，予算の作成，執行および弁済。

d. その他，憲法裁判所規則により付与された権限。

②　憲法裁判所の固有規範により，憲法裁判所長官の行政的権限を事務総長に委任することができる。同様に，事務総長の固有の権限の委任を決定することも可能である。

③　事務総長の決定に対しては，憲法裁判所長官に不服申立てをすることができる。その決定は行政上の要求を尽くすものとするが，行政訴訟の対象になることができる。

第100条〔法定書記官〕　憲法裁判所に法廷書記官団が置かれる。法廷書記官は，欠員が生じた際，最高裁判所の書記官として任命される資格を有する者の中から，選抜試験により任命される。

第101条〔法定書記官の権限〕　法廷書記官は，大法廷，または小法廷において公証を与える権限を有し，所属する大法廷または小法廷において裁判の事務手続を担当する。

第102条〔憲法裁判所のその他の職員〕　憲法裁判所は，その規則の定める要件に従い，司法権の職員，その他の公務員をその事務局に配属するものとする。憲法裁判所の権限の行使への直接または間接の参加を伴わない補佐的職員を雇用することもできる。雇用手続は，平等，功績，および有能の原則に基づかなければならない。

追加規定

第Ⅲ部　〔資料〕憲法裁判関係法令

第1〜5条：省略
最終規定：省略

（ペドリサ・ルイス　訳）

◆ 4　ベルギー

1.　ベルギー憲法（1831 年 2 月 7 日）（抄）（最終改正，2014 年 1 月 6 日）

第 5 章　憲法裁判所，権限抵触の予防及び解決について
第 1 節　権限抵触の予防について

第 141 条〔抵触の予防〕　法律，デクレ及び第 134 条で定める法規範間，デクレ相互間並びに第 134 条で定める法規範相互間の抵触を予防するための手続は法律により定める。

第 2 節　憲法裁判所について

第 142 条〔憲法裁判所〕　ベルギー全国を管轄として，憲法裁判所を設置し，その構成，権限及び運営は法律により定める。

② 憲法裁判所は，判決をもって，以下について裁定する。

一　第 141 条で定める抵触

二　法律，デクレ又は憲法第 134 条が定める法規範による第 10 条，第 11 条及び第 24 条の違反

三　法律，デクレ又は憲法第 134 条が定める法規範による，法律の定める憲法条項の違反

③ 法律が定めるすべての機関，利益を証明するすべての者，又は，先決問題としてすべての裁判所は，憲法裁判所に提訴することができる。

④ 憲法裁判所は，法律で定める要件及び態様にしたがって，第 39 条の 2 で定める住民投票の実行に先立って，当該住民投票について，判決をもって裁定する。

⑤ 法律は，法律が定める場合においてかつその要件及び態様にしたがって，代議院選挙についてかかる選挙費用の統制に関して，立法議会又はその機関に対する形式的訴えについて，判決をもって裁定する権限を，憲法裁判所に付与することができる。

⑥ 第 1 項，第 2 項第 3 号及び第 3 項ないし第 5 項で定める法律は，第 4 条最終項で定める多数で可決する。

第 3 節　利害抵触の予防及び解決について

第 143 条〔利害抵触の予防及び解決〕

§1　それぞれの権限行使において，連邦，共同体，地域圏及び合同共同体委員会は，利害抵触を避けるために，連邦への忠誠を遵守して行動する。

第Ⅲ部　〔資料〕憲法裁判関係法令

§2　元老院は，法律，デクレ及び第134条で定める法規範によって立法を行う議会間の利害抵触について，第4条最終項で定める多数で可決される法律が定める要件及び態様に従い，意見表明する。

§3　第4条最終項で定める多数で可決される法律は，連邦政府，共同体及び地域圏政府並びに合同共同体委員会合同執行部の間の利害抵触を予防し解決する手続を定める。

§4　§2及び§3で定める手続は，課税根拠，課税料金，免除又は法人税計算に関与するあらゆる他の要素に関する，法律，命令，規則，行為及び決定には適用しない。

経過規定

利害抵触の予防及び解決に関して1980年8月9日制度改革普通法を適用する。同法は，§2及び§3の法律によらなければ，廃止，補完，修正又は代替することができない。

2. 憲法裁判所に関する1989年1月6日特別法（最終改正，2014年4月4日）

第1編　憲法裁判所の権限について
第1章　無効の訴えについて
第1節　無効の訴えについて

第1条〔無効の訴え〕　憲法裁判所は，以下の違反を理由に，法律，デクレ又は憲法第134条が定める法規範の，全部又は一部の無効を求める訴えについて，判決の方法により裁定する。

一　国，共同体及び地域圏のそれぞれの権限を決定するために憲法により，又は，憲法に基づいて定められた法規範

二　憲法第2編「ベルギー国民及びその権利について」の各条項並びに第170条，第172条及び第191条

三　憲法第143条§1

第2条〔提訴権者〕　第1項で定める無効の訴えは以下の者により提訴する。

一　内閣又は共同体若しくは地域圏の執行府

二　利益を証明する自然人又は法人

三　構成員の3分の2の請求に基づき立法議会の議長

第3条〔提訴期間〕

§1　§2及び第4条に定める場合を除いて，法律，デクレ又は憲法第134条が定める法規範の全部又は一部の無効を求める訴えは，法律，デクレ又は憲法第134条が定める法規範の公布後6ヶ月以内に提訴されるのでなければ受理することは

◆ 4 ベルギー

できない。

§2 条約がその承認を要する法律，デクレ又は憲法第134条が定める法規範の全部又は一部の無効を求める訴えは，法律，デクレ又は憲法第134条が定める法規範の公布後60日以内に提訴されるのでなければ受理することはできない。

第3条の2〔提訴期間の例外規定〕 （略）

第4条〔提訴期間の延長〕 以下のとき，内閣，共同体又は地域圏の執行府による法律，デクレ又は憲法第134条が定める法規範の無効を求める訴えの提起のために，新たな6ヶ月の期間が認められる。

一 同一の目的を持ち，かつ，当該法律，デクレ又は憲法第134条が定める法規範を可決した立法者とは別の立法者によって定められた規範に対して訴えがなされたとき。この期間は，第74条で定める記載事項の公布日の翌日から起算する。

二 憲法裁判所が，全部又は一部について，同一の目的を持ち，かつ，当該法律，デクレ又は憲法第134条が定める法規範を可決した立法者とは別の立法者によって定められた規範を無効としたとき。この期間は，ベルギー官報での判決の公示日の翌日から起算する。

② 先決問題について判断を下す憲法裁判所が，法律，デクレ又は憲法第134条が定める法規範が第1条で定める法規範又は憲法の条項の1つに違反すると宣言したとき，内閣，共同体又は地域圏の執行府，構成員の3分の2の請求に基づき立法議会の議長，又は利益を証明するすべての自然人若しくは法人による法律，デクレ又は憲法第134条が定める法規範の無効を求める訴えの提起のために，新たな6ヶ月の期間が認められる。この期間は，ベルギー官報での判決の公示日の翌日から起算する。

第5条〔提訴手続〕 憲法裁判所は，場合に応じて，首相，執行府の指名する執行府構成員，立法議会議長，利益を証明する者，又はその弁護士により署名された訴状により無効の訴えを受ける。

第6条〔訴状〕 訴状には日付を記載する。訴状には，訴えの対象を明示し，事実及び理由の説明を記載する。

将来規定

訴状は，訴えの対象を明示し，事実及び訴因の疎明を含むものとする。

第7条〔訴状の添付資料〕 原告は，訴状に，訴えの対象となる法律，デクレ又は憲法第134条が定める法規範，場合によっては，その附録の謄本1部を添付する。

② 訴えが内閣，共同体執行府若しくは地域圏執行府又は立法議会議長によってなされるときは，原告は，加えて，訴えの提起を決定した審議録に相違ないことを証明された謄本1部を添付する。

③ 法人が訴えを提起したとき又は訴えに関与するとき，その原告は，第一に必要

第Ⅲ部 〔資料〕憲法裁判関係法令

なこととして，訴えを提起若しくは継続し又はこれに関与する決定を証明し，その規約を官報の附録での公示の対象としなければならないときは，その公示の謄本1部を作成する。

第8条〔無効判決〕 訴えに理由のあるとき，憲法裁判所は，訴えの対象となった法律，デクレ又は憲法第134条が定める法規範の全部又は一部を無効とする。

② 憲法裁判所が必要と認めるとき，確定的と見なされ又は憲法裁判所が定める期間について暫定的に維持されなければならない，無効とされる規定の効力を，一般措置により指示する。

第2節 無効判決の効力について

第9条〔既判力〕

§1 憲法裁判所によって下される無効判決は，官報での判決の公示の日から絶対的既判力を有する。

§2 無効の訴えを棄却する憲法裁判所の判決は，この判決により解決される問題に関して裁判所を拘束する。

第10条〔過去の判決の撤回〕 裁判所により下された既判力を有する抑圧的な過去の判決が，憲法裁判所によって無効とされた法律，デクレ又は憲法第134条が定める法規範，又は，その法律，デクレ又は憲法第134条が定める法規範の執行のために制定された命令の規定に根拠づけられている限りにおいて，その判決を下した裁判所はその判決の全部又は一部を撤回することができる。

第11条～第18条 （略）

第3節 執行停止について

第19条〔執行停止〕 原告の請求に基づき，憲法裁判所は，理由を付した決定により，無効の訴えの対象である法律，デクレ又は憲法第134条が定める法規範の全部又は一部を執行停止することができる。

第20条〔執行停止の要件〕 制度改革1980年8月8日特別法第16条の3及びブリュッセル制度に関する1989年1月12日特別法第5条の3の場合を除いて，執行停止は以下の場合にしか決定することはできない。

一 重大な理由が援用され，かつ，訴えの対象となっている法律，デクレ又は憲法第134条が定める法規範の即時執行が回復困難な重大な損害を惹起するおそれのあるとき

二 訴えが憲法裁判所によってすでに無効とされた規範と同一又は類似の規範であり，かつ，同じ立法者によって可決された規範に対して起こされているとき

第21条〔執行停止の請求〕 執行停止の請求は，無効を求める訴状において，又は，第5条に基づき署名され，かつ，訴状に添付され又は審理中に提出される別個の文書により行う。

② 第3条の特例として，執行停止の請求は，法律，デクレ又は憲法第134条が定

286

める法規範の公布後3ヶ月以内において提起されるのでなければ受理することはできない。

第22条〔請求の要件〕 制度改革1980年8月8日特別法第16条の3及びブリュッセル制度に関する1989年1月12日特別法第5条の3の場合を除いて，第20条第1号で定める請求は，訴えられている規範の即時適用が回復困難な重大な損害を惹起するおそれのあることを明示する事実の説明を含むものとする。

② 請求を別個の行為により行うとき，請求には，日付を記し，無効の訴えの対象である規範を明示する。

第23条〔意見聴取〕 第70条ないし第73条の場合は除いて，憲法裁判所は，当事者の意見を聴いた上で，理由を付した判決により遅滞なく請求を裁定する。

第24条〔執行停止判決の公示〕 執行停止を命じる判決は，フランス語，オランダ語及びドイツ語で作成する。書記官の請求により，宣告後5日以内に，判決の全文又は要旨を官報に公示する。

② 判決は，公示の日から効力を生じる。

第25条〔主位請求判決期限〕 憲法裁判所は，執行停止を命じる判決の宣告から3か月以内に主位請求について判決を下す。この期間は延長することができない。

② 主位請求の判決がこの期間内に下されないとき，執行停止は直ちにその効力を失う。

第4節　代議院選挙についての選挙費用の統制に関する統制委員会の決定に対する訴え

第25条の2〔統制委員会の決定に対する無効の訴え〕 憲法裁判所は，実質的な，又は，無効，権限の踰越若しくは濫用の留保の下で，規定されている諸形式，すなわち，代議院選挙についてかかる費用の制限及び統制並びに政党の財政及び公開会計に関する1989年7月4日法律第14/1条で定める統制委員会の決定に対する諸形式の違反についての無効の訴えについて，判決をもって裁定する。

② この訴えの審査の枠組みにおいて，憲法裁判所は，第26条§1及び§1の2において付与されている権限を有する。

第25条の3〔提訴権者〕 第25条の2で定める訴えは，統制委員会の制裁決定の対象となる選ばれた候補者によって提起される。

② この訴えは，統制委員会の決定の通知から30日以内に提起されるのでなければ受理されない。本条で定める訴えを提起するための期間は，統制委員会による制裁決定の通知がこの訴えの存在並びに尊重すべき諸形式及び期間を示しているときにしか進行しない。

第25条の4〔訴状による提訴〕 憲法裁判所は，第25条の3で定める選ばれた候補者又はその弁護士によって署名された訴状によって，無効の訴えを付託される。

② 訴状には日付を記載する。訴状は，訴えの対象を示し，事実及び訴因の疎明を

第Ⅲ部　〔資料〕憲法裁判関係法令

含むものとする。

③　第 70 条ないし第 73 条の適用を妨げることなく，憲法裁判所は，当事者を聴聞したうえで，無効の訴えの提出の 3 か月以内に，理由付判決をもって裁定する。

第 25 条の 5〔統制委員会の決定の謄本 1 部の添付〕　当事者は，その訴状に，代議院選挙についてかかる費用の制限及び統制，並びに，訴え，場合によっては附属書の対象となる政党の財政及び公開会計に関する 1989 年 7 月 4 日法律第 14/1 条で定める統制委員会の決定の謄本 1 部を添付する。

②　書記官は，代議院議長に訴状を通知する。書記官による通知の受領から 10 日以内に，代議院議長は，憲法裁判所に，異議を申し立てられている決定を生じさせた文書を移送する。

③　書記官による通知の受領から 30 日以内に，統制委員会は憲法裁判所に趣意書を送付することができる。予定されている期間内に提出されなかった趣意書は討議の対象から外される。書記官は，当事者に趣意書の謄本 1 部を移送する。当事者は，受領の日から 15 日以内に，反論趣意書を提出することができる。この期間は，長官の理由付オルドナンスによって短縮又は延長することができる。

第 25 条の 6〔統制委員会の決定の無効〕　訴えが理由のあるとき，憲法裁判所は訴えの対象である統制委員会の決定を無効とする。

第 25 条の 7〔適用除外〕　第 74 条，第 76 条，第 78 条，第 80 条，第 85 条ないし第 89 条の 2 及び第 113 条は，統制委員会の決定に対する決定には適用しない。ただし，憲法裁判所が第 26 条に適合してその権限を適用することが求められるとき，内閣は書記官によってそのことを知らされる。この場合，閣議は，15 日以内に，憲法裁判所の下で趣意書を提出することができる。

②　第 90 条は，第 25 条の 5 で定める場合によっては短縮又は延長される 15 日の期間による，第 89 条によって予定される期間の代替と引き換えに，第 25 条の 2 で定める訴えに適用する。

第 2 章　先決問題について

第 26 条〔先決問題〕

§ 1　憲法裁判所は，以下に関する問題について，先決問題として，判決の方法により裁定する。

一　法律，デクレ又は憲法第 134 条が定める法規範による，国，共同体及び地域圏のそれぞれの権限を決定するために憲法により又は憲法に基づいて定められた法規範の違反

二　第 1 号の場合を除いて，異なる立法者に由来するデクレ相互間又は憲法第 134 条が定める法規範間のあらゆる抵触，しかもその抵触がそれぞれの適用領域から生じている場合

三　法律，デクレ又は憲法第 134 条が定める法規範による，憲法第 2 編「ベル

ギー人及びその権利について」の各条項並びに第170条，第172条及び第191
条の違反

　四　法律，デクレ又は憲法第134条で定める法規範による，憲法第143条§1の
　　違反
§1の2　ヨーロッパ連合を設立する条約，人権及び基本的自由を保護する1950
　年11月4日条約又はこの条約の追加議定書を同意する法律，デクレ又は憲法第
　134条の定める法規範は，本条の適用領域から除外する。
§2　このような問題が裁判所において提起されるとき，裁判所はこの問題につい
　て裁定するよう憲法裁判所に請求しなければならない。
②　ただし，以下の場合にはその限りではない。
　一　事件が無権限又は不受理を理由にその裁判所によって審査することができな
　　いとき。ただし，それらの理由が先決問題の請求の対象である規範から引き出
　　されている場合を除く。
　二　憲法裁判所が同じ目的を有する問題又は訴えについてすでに裁定していると
　　き
③　その判決が，場合に応じて，控訴，異議申立て，上告又はコンセイユ・デタで
　の無効の訴えの対象となる裁判所は，法律，デクレ又は憲法第134条が定める法
　規範が§1で定める憲法の準則又は条項に明らかに違反していないとき，又は，
　裁判所が先決問題への返答が判決を下すために必要不可欠ではないときは，先決
　問題を請求する義務はない。
§3　法律，デクレ又は憲法第134条が定める法規範と§1で定める憲法の法規範
　又は条項との適合性に関して重大な疑いが存在する場合を除いて，憲法裁判所に
　おいて未解決の同じ目的を有する請求又は訴えがないとき，裁判所は，請求が緊
　急を要するものであり，その請求に関する宣告が暫定的な性格しか有していない
　場合にも，未決拘留の維持の評価手続の間においても，先決問題を提起すること
　を義務付けられない。
§4　裁判所において，法律，デクレ又は憲法第134条が定める法規範が，憲法第
　2編の規定及びヨーロッパ法又は国際法の規定により，全体的又は部分的に同様
　に保障されている基本権に違反していると主張されるとき，裁判所は，まず，憲
　法第2編との適合性についての先決問題を憲法裁判所に提起しなければならない。
　裁判所で，ヨーロッパ法又は国際法の規定の違反のみが主張されるとき，裁判所
　は，職権で，憲法第2編が全体的又は部分的に同様に保障されている規定を含む
　かどうかを確認しなければならない。この義務は，裁判所が，同時に又は事後に
　EU司法裁判所に先決問題をも提起する可能性を排除しない。
②　第1項の特例として，憲法裁判所に先決問題を提起する義務は，以下の場合に
　は適用されない。

第Ⅲ部　〔資料〕憲法裁判関係法令

一　§2及び§3で定める場合

二　裁判所が憲法第2編の規定に明らかに違反していないと判断するとき

三　裁判所が国際裁判所の判決がヨーロッパ法又は国際法に明らかに違反していると思われると判断するとき

四　裁判所が憲法裁判所の判決が憲法第2編の規定に明らかに違反していると判断するとき

第27条〔先決問題の移送手続〕

§1　憲法裁判所は，裁判所の長又は書記官により署名された移送決定書謄本の送達により先決問題を付託される。

§2　移送決定書は，先決問題の対象となる法律，デクレ又は憲法第134条が定める法規範の規定を明示する。さらに，万一の場合，移送決定書は，憲法又は特別法の適当な条項を明示する。ただし，憲法裁判所は，提起された先決問題を訂正することができる。

第28条〔先決問題に関する判決の効力〕　先決問題を提起した裁判所及び同一事案において判断を下すことを求められているその他すべての裁判所は，第26条で定める問題が提起された際の紛争の解決のために，憲法裁判所によってなされた判決に従わなければならない。

第29条〔先決問題を提起した裁判所に対する訴え〕

§1　憲法裁判所に先決問題を提起する限りにおいて，裁判所の決定はいかなる訴えの対象ともならない。

§2　裁判所が先決問題を提起することを却下する決定は，その却下の理由を明示しなければならない。先決問題を提起することを拒否する限りにおいて，裁判所の決定は別の訴えの対象とはならない。

第30条〔手続等の中断〕　憲法裁判所に先決問題を提起する決定は，この決定の日から憲法裁判所の判決が先決問題を提起した裁判所に通告される日まで，手続並びに手続及び時効の期間を中断する。当事者にはその謄本1部を通知する。

② ただし，裁判所は，職権で，特にEUの法秩序によって付与される権利の保護を保障するために，必要な一時的措置を採ることができる。

第3章　一般規定

第30条の2〔一般規定〕　第1条及び第26条§1を適用して，制度改革の1980年8月8日特別法で定められている協力合意を除いて，当該特別法で，及び，共同体及び地域圏の財政に関する1989年1月16日特別法で，又は，憲法第39条，第127条§1，第128条§2，第130条§1，第135条，第136条，第137条，第140条，第166条，第175条，第176条及び第177条の執行のために制定される他のすべての法律によって予定されている，公聴会，集会，情報伝達，意見，規範的意見，合意，全体合意，提議は，これらの2つの条文の第1号で定める準

則と見なす。

第4章　住民投票の統制について

第30条の3〔住民投票の統制〕　憲法裁判所は，第1条で定める規範並びに憲法第39条の2によって又はこれに基づいて定められる要件及び態様の尊重を確認することによって，地域圏の住民投票に先立って，当該住民投票について，判決をもって裁定する。

② 　要求は，地域圏議会議長によって行われる。この要求は，日付が記入され，住民投票の目的及び住民投票が関係する地域圏の権限を示し，提起される問題の文面，住民投票主導者の名前，又は，複数の主導者がいる場合はその代表者の名前，地域圏議会議長の仮定的分析，及び行政文書を含む。この行政文書は行政文書を構成する目録とともに移送される。

③ 　憲法裁判所は，要求が行われてから60日以内に裁定する。

④ 　住民投票が第1項で定める規範，要件又は態様を尊重しないとき，又は，憲法裁判所が付託されないとき，住民投票は行われない。住民投票は，憲法裁判所が裁定しなかったときには，なおこれを行うことができない。

第5章　私生活の保護について

第30条の4〔私生活の保護〕　長官は，手続のすべての段階で及び判決の表明後に，職権で又は当事者若しくは利害関係人の簡易な要求に基づき，最も時宜を得た機会に，憲法裁判所が特別法に基づき若しくはその固有の主導により取り掛かろうとしている又は取り掛かったすべての公刊において，当事者及び利害関係人を特定することを可能にする記述が削除されることを決定することができる。

第2編　憲法裁判所の組織について

第1章　憲法裁判所の裁判官について

第31条〔裁判官の構成〕　憲法裁判所は，12名の裁判官，すなわち，憲法裁判所のフランス語グループとなる6名のフランス語系裁判官及び憲法裁判所のオランダ語グループとなる6名のオランダ語系裁判官で構成する。

② 　憲法裁判所のフランス語系裁判官又はオランダ語系裁判官の資格は，第34条§1第1号で定める裁判官については卒業証書の言語により，及び，第34条§1第2号で定める裁判官については最後に所属していた議員の言語グループにより決定する。

第32条〔裁判官の任命〕　裁判官は，代議院及び元老院によって交互に提出される定員の2倍の名簿に基づき国王により終身で任命する。この名簿は，出席議員の表決の3分の2の多数で可決する。

② 　官報への欠員の公示後少なくとも15日を経なければ，名簿を提出することはできない。この公示は，早くとも欠員前の3か月以内に行う。

③ 　それぞれの提出は官報への公示の対象となる。任命は公示後早くとも15日後

第Ⅲ部 〔資料〕憲法裁判関係法令

にしか行うことはできない。

第33条〔長官〕 憲法裁判所のフランス語系裁判官及びオランダ語系裁判官は，それぞれの中から，フランス語系長官及びオランダ語系長官を選ぶ。

第34条〔任命要件〕

§1 憲法裁判所の裁判官に任命されるためには，候補者は満40歳以上であり，かつ，以下の要件の1つを満たさなければならない。

　一　ベルギーにおいて，少なくとも5年間以下の職務にあったこと

　　a)　破毀院の判事，検事総長，主任検事又は次席検事

　　b)　コンセイユ・デタの評議官，傍聴官長，副傍聴官長，主任傍聴官又は主任調査官

　　c)　憲法裁判所調査官

　　d)　ベルギーの大学における法律学の正教授，特任教授，教授又は准教授

　二　少なくとも5年間，元老院，代議院，又は共同体若しくは地域圏の議会の構成員であったこと

§2　憲法裁判所は，フランス語系裁判官及びオランダ語系裁判官において，§1第1号の要件を満たす裁判官と§2第2号の要件を満たす裁判官の同数から構成する。

②　§1第1号の要件を満たす裁判官において，少なくとも1名はa)又はb)の要件を，少なくとも1名はc)の要件を，少なくとも1名はd)の要件を満たさなければならない。

§3　§1第1号の要件に基づいて推薦される候補者は，§1第2号の要件に基づいて推薦されることができない。

②　§1第2号の要件に基づいて推薦される候補者は，§1第1号の要件に基づいて推薦されることができない。

§4　§1第1号の要件を満たす裁判官の少なくとも1名の裁判官は，ドイツ語の十分な知識を証明しなければならない。国王は，ドイツ語の知識証明の方法を決定する。

§5　憲法裁判所は，異なる性別の裁判官で構成する。

　将来規定

§5　憲法裁判所は，§1第1号及び§1第2号で定める裁判官に関して，異なる性別の裁判官で構成する。

②　憲法裁判所は，各性別の少なくとも3分の1の裁判官を含む。

　　第2章　調査官について

第35条〔調査官〕 憲法裁判所は，最大24名の調査官によって補佐され，その半分はフランス語系であり，残りの半分はオランダ語系であるが，それは，資格証書の言語に応じて選ばれ，採用常設事務局によって任命された審査員の前で第二

国語の十分な知識を証明したものに限られる。

② フランス語系の調査官及びオランダ語系の調査官は，少なくとも，連邦行政採用事務局の委任を受けた行政官によって構成された審査員の前で，ドイツ語の十分な知識を証明しなければならない。

第36条〔調査官の任命〕 何人も，25歳以上でなければ，かつ，法学博士又は法学士でなければ，調査官に任命されることはできない。

② 任命は，ポストが欠員となり，少なくともベルギー官報で欠員の公示後15日経過しなければ，これを行うことはできない。

第37条〔採用試験〕 候補者は，憲法裁判所が要件を定め，審査員を任命した採用試験のときに，その任命のために，分類される。

② 審査員は，言語的同数の尊重の下で，半分が憲法裁判所の裁判官，残りの半分が裁判所外の人物によって構成する。

③ 採用試験の有効期間は3年である。

④ 採用試験は，その効力に関して，国の行政及び行政法律家事務局の機能を有する公益組織に就職するための採用試験と同一視する。

第38条〔研修〕 調査官は，第37条で定める採用試験の分類に従い，3年の研修を経て，憲法裁判所によって任命する。

② この3年の間に，研修の3年目の間に憲法裁判所によってなされる反対の決定がある場合を除いて，任命は確定的なものとなる。

第39条〔職務の性質〕 憲法裁判所での調査官の職務は，1973年1月12日に再編されたコンセイユ・デタについての諸法律第70条及び第71条，並びに，司法法典第187条以下で定める任命要件に関するものについては，司法的職務と同一視する。

② 憲法裁判所の調査官として勤務した期間は，あらゆる行政的若しくは司法的職務において，又は，調査官が続いて勤務することができるコンセイユ・デタ若しくは憲法裁判所での職務において，勤続年数として計算する。

第3章 書記官について

第40条〔書記官〕

§1 国王は，2倍の候補者を含み，かつ，憲法裁判所の，一方はフランス語系グループに，もう一方はオランダ語系グループによって提出された，2つのリストに基づいて書記官を任命する。

② 第32条第2項及び第3項はこの名簿の提出に適用する。

§2 書記官の言語的役割は，憲法裁判所の対応する言語グループによる推薦によって決定する。

第41条〔書記官の任命要件〕 憲法裁判所の書記官として任命されるためには，候補者は以下の要件を満たさなければならない。

第Ⅲ部　〔資料〕憲法裁判関係法令

一　満 30 歳以上であること

二　以下の試験の 1 つに合格したこと

    a)　憲法裁判所調査官採用試験

    b)　破毀院調査官採用試験

    c)　コンセイユ・デタの傍聴官補又は調査官補の採用試験

    d)　司法法典第 259 条の 2 で定める職業適性試験

    e)　司法法典第 259 条の 4 で定める司法修習の許可試験

    f)　連邦，共同体及び地域圏の行政機関，それらに従属する公益機関，並びに，憲法裁判所の部局についての「法律家」資格基準 1 の採用試験

    g)　両議院並びに共同体及び地域圏の議会についての「法学者」資格官吏採用試験

三　少なくとも 2 年以上の有益な経験を有すること

②　さらに，フランス語系の候補者はオランダ語の知識を証明し，オランダ語系の候補者もフランス語の知識を証明しなければならず，かつ，両者とも，司法事項の言語使用に関する 1935 年 6 月 15 日法律第 43 条の 5 及び第 53 条 § 6，1966 年 7 月 18 日に再編された行政事項の言語使用についての諸法律第 43 条 § 3 第 3 項，並びに，1973 年 1 月 12 日に再編されたコンセイユ・デタについての諸法律第 73 条 § 2 第 5 項で定める試験の 1 つに合格していなければならない。

第 4 章　行政職員について

第 42 条〔行政職員〕　憲法裁判所は，独自の職員を使用する。憲法裁判所は，レベルによる言語的同数の尊重の下で，組織的枠組み及び職員の言語的枠組みを定める。憲法裁判所は，職員の構成員を任命し，罷免する。

②　国王は，第 1 項で定める枠組みを承認する。

③　部局の良き運営のために必要とされ，王令により承認される命令において定められる，憲法裁判所の反対の決定がなければ，職員は国家常勤公務員に適用される法的又は身分的準則に従う。

第 43 条〔職員の規律〕　憲法裁判所は，行政職員の構成員の委託，事故，代理，欠勤，休職及び休暇を規律する。

②　憲法裁判所は，その権力の全部又は一部を，2 名の長官，2 名のフランス語系グループの裁判官及び 2 名のオランダ語系グループの裁判官によって構成され，4 年の期間で憲法裁判所によって指名される人事委員会に委任することができる。この構成員は再選可能である。

第 5 章　兼職禁止

第 44 条〔兼職禁止〕　裁判官，調査官，書記官の職務は，司法職，選挙により授けられる公的委任の行使，すべての政治的又は行政的次元の職務又は公的地位，公証人及び廷吏の地位，弁護士職，軍人の身分及び公認宗教の聖職者の職務と両立

◆ 4　ベルギー

しない。

② 憲法裁判所の理由のある賛成意見に基づいて，国王は，以下の場合に，第1項への例外を設けることができる。

一　高等教育機関の教授，非常勤講師，専任講師又は助手の職務を行使するときに，この職務を週5時間以下かつ週2日以下しか行使しないとき

二　試験の審査員の構成員の職務を行使するとき

三　委員会又は諮問機関に参加するとき，報酬が支払われる任務又は職務の数は，2つ以下で，かつ，その報酬の全額が，憲法裁判所の主たる任務の年間総報酬の10分の1を超えないとき

第45条〔公職との兼職禁止〕　長官，裁判官，調査官及び書記官は，法律が定める場合を除き，いかなる公職についても兼職を要請されることはできない。

第46条〔他の兼職禁止事項〕　長官，裁判官，調査官及び書記官は以下のことをすることができない。

一　口頭でも書面でも利害関係人の弁護を引き受け，彼らに助言を与えること

二　報酬が支払われる仲裁を行うこと

三　個人的に又は第三者を介して，あらゆる職業活動，あらゆる種類の商業行為を行い，代理人となり，会社又は工業若しくは商業施設の指揮，運営又は監督に参加すること

第47条〔血縁上の制限〕　両親及び親戚は，三親等までは，国王の特別許可がなければ，同時に，長官又は裁判官及び調査官になることができない。

第48条〔行政職員への適用〕

§1　第44条第1項並びに第46条第1号及び第2号は，憲法裁判所の行政職員の構成員に適用する。

§2　国家公務員に適用される規定が，国家公務員又はその配偶者に一定程度の補足的活動を行うことを認めているときは，特例が憲法裁判所によって行政職員の構成員に認められる。

第6章　懲戒について

第49条〔長官及び裁判官の罷免・職務の停止〕　その職務の威厳を損ない又はその身分上の義務を懈怠した長官及び裁判官は，憲法裁判所によってなされる判決によってその職務を罷免され又は停止されうる。

第50条〔調査官及び書記官の職務の停止・解任〕

§1　その義務を懈怠する調査官及び書記官は，長官によって訓告又は譴責の処分を受け，憲法裁判所によってその職務を停止又は解任される。職務の停止は，それに内在する影響として，年金及び昇給に関して，報酬の剥奪を含む。

§2　いかなる制裁も，当事者が聴聞され，正式に召喚されなければ，科せられない。

295

第Ⅲ部 〔資料〕憲法裁判関係法令

§3 犯罪若しくは軽罪について起訴されているとき又は懲戒上の責任を問われているとき，調査官及び書記官は，業務のために必要であるとき，審理の期間中かつ最終決定まで，憲法裁判所の命令措置により停職にされうる。

② 命令措置による停職は，1か月単位で宣告する。この停職は，確定判決まで月毎に更新することができる。憲法裁判所は，この措置が期間の全部又は一部の間に，報酬の全部又は一部の仮の没収を含むと決定することができる。

第7章 雑 則

第51条～第53条 （略）

第3編 憲法裁判所の運営について

第54条〔長官による統轄〕 各言語グループの長官が，一年交代で，憲法裁判所を統轄する。

② この期間は，毎年9月1日から始まる。

第55条〔憲法裁判所の構成〕 第56条の場合を除いて，憲法裁判所は，7名の裁判官で構成し，開廷し，審理し，判決を下す。すなわち，3名のフランス語系裁判官，3名のオランダ語系裁判官及び長官，又は，長官がいない場合，最も古い裁判官，若しくは，場合によっては同じ言語グループの最も年長の裁判官で構成する。

② 第1項で定める7名の裁判官の中で，少なくとも2名の裁判官が第34条§1第1号で定める要件を満たし，かつ，少なくとも2名の裁判官が第34条§1第2号で定める要件を満たさなければならない。

③ 自らの所属する言語グループのそれでない言語で処理されなければならない事案が問題であるとき，長官は，その権限を他の長官に，この長官を欠くときは他の言語グループの最も古い裁判官，又は場合によっては最も年長の裁判官に，委任する。

④ すべての決定は，構成員の表決の多数決で行う。

第56条〔全員審理〕 憲法裁判所は，第37条，第38条，第42条，第43条，第44条，第49条，第50条，第100条及び第122条を適用して決定を行うためには，全員審理によらなければならない。

② 必要と判断するとき，各長官は，憲法裁判所の全員審理に事案を付託することができる。長官は，第55条に従い籍を置く7名の裁判官の中に，2名の裁判官が要求するときは，これを行わなければならない。

③ 全員審理においては，憲法裁判所は，少なくとも10名の裁判官が出席し，フランス語系裁判官とオランダ語系裁判官が同数であるときにしか，裁定することはできない。この後者の要件が満たされないとき，最後に任命された裁判官，又は，場合によっては，数の多い方の言語グループの最も若い裁判官は，各決定につき棄権しなければならない。

④　憲法裁判所が全員審理で裁定するとき，長官は可否同数のときに決定権を有する。長官が欠席し又は事故のあるとき，同一言語グループの最も古い裁判官，又は，場合によっては最も年長の裁判官がこれを代替する。

第 57 条〔刑事法典の規定の適用〕　裁判拒否に関する刑事法典第 258 条は，憲法裁判所の裁判官に適用する。

第 58 条〔名簿の作成〕　毎年 9 月 1 日に，各長官は，業務の必要のために，その言語グループの構成員名簿を作成する。まず，長官が第 34 条 § 1 第 1 号に基づいて任命されたときは，第 2 号に基づいて任命された裁判官が記載され，反対に，長官が第 2 号に基づいて任命されたときは，第 1 号に基づいて任命された裁判官が記載される。続いて，第 1 号に基づいて任命された裁判官及び第 2 号に基づいて任命された裁判官が，交互に記載される。

第 59 条〔出席裁判官の指名〕　各言語グループの長官は，すべての事案において籍を置く。

②　各事案のために，職務中の長官が，次の準則に従って出席裁判官を指名する。自らの名簿から，長官は以下のように選ぶ。
　・最初の事案のために，1 番目，2 番目，3 番目の名前を選ぶ。
　・二番目の事案のために，4 番目，5 番目，1 番目の名前を選び，以下は同様である。

③　もう一方の長官の名簿から，以下のように選ぶ。
　・最初の事案のために，1 番目，2 番目の名前を選ぶ。
　・二番目の事案のために，3 番目，4 番目の名前を選ぶ。
　・三番目の事案のために，5 番目，1 番目の名前を選び，以下は同様である。

④　事案の順序は，第 67 条の定めるものによる。

第 60 条〔欠席・事故の場合の交替〕　長官以外の裁判官の欠席又は事故の場合，この裁判官は，同一規定に基づいて任命された，名簿の次の者により，又は，この名簿の最後の裁判官のときは，最初の裁判官により，代替される。

第 60 条の 2〔事案の継続〕　その年齢を理由に退職を認められる長官及び裁判官は，現職の長官がその要求によりその職務を免除する場合を除いて，審理において籍を置いている事案であり，かつ，その退職の許可の日の前に審議がなされ，まだその判決が下されていない事案において，その職務を行使し続ける。

②　職務行使の延長は，6 か月の期間を超えることができない。

③　第 56 条第 1 項を適用して，その年齢を理由に退職を認められる長官及び裁判官は，その後任が宣誓をするときまでは籍を置く。

第 61 条〔書記官による補佐〕　憲法裁判所は，その使用言語が審理の言語である書記官により補佐される。

　第 4 編　言語の使用について

第III部 〔資料〕憲法裁判関係法令

第1章　憲法裁判所の法廷での言語の使用について

第62条〔使用言語〕　事案は，フランス語，オランダ語又はドイツ語で憲法裁判所
に提出する。

②　文書及び宣言において，以下を行う。

一　内閣は，1966年7月18日に再編された行政事項における言語の使用につい
ての諸法律第17条§1で定める準則に従い，フランス語又はオランダ語を使
用する。

二　〔共同体及び地域圏の〕執行府は，その行政言語を使用する。

三　裁判所は，判決を起草しなければならない1つ又は複数の言語を使用する。

四　両議院議長，ブリュッセル首都地域圏議会議長，合同共同体委員会合同議会
議長は，フランス語及びオランダ語を使用する。

五　フランス共同体議会議長，ワロン地域圏議会議長及びフランス共同体委員会
議長はフランス語を使用し，ドイツ語共同体議会議長はドイツ語を使用し，フ
ラマン議会議長はオランダ語を使用する。

六　利益を証明しなければならない者は，行政事項に関する言語の使用について
の立法に従う場合は除き，その選択により言語を使用するが，その立法に従う
例外的な場合においては，その者は，1966年7月18日に再編された行政事項
に関する言語の使用についての諸法律によって決定される言語を使用する。

七　統制委員会の決定に対して訴えを提起した選ばれた候補者は，宣誓をした言
語を使用する。

八　統制委員会は，決定の1つに対しての訴えの場合に提訴者によって使用され
る言語を使用する。

③　第2項で規定された言語で憲法裁判所に提出されなかった内閣，〔共同体及び
地域圏〕執行府，〔国，共同体及び地域圏〕議会の議長及び行政事項に関する言
語の使用についての立法に従う者の文書並びに宣言は無効であることを，憲法裁
判所は職権で確認する。

第63条〔審理での使用言語〕

§1　§2及び§3の規定の留保の下に，事案の審理は憲法裁判所に付託した文書
の言語で行う。

§2　事案がドイツ語又は同時にフランス語及びオランダ語で提出されたとき，憲
法裁判所は審理をフランス語又はオランダ語で行うかを決定する。

§3　§2の規定にかかわらず，請求が，利益を証明し，かつ，法律がその住所が
位置する地域の言語以外の言語の使用を命じても認めてもいない市町村又は市町
村グループに住所を有している者によってなされたときは，事案の審理は，提訴
者の住所が位置する言語地域の言語で行う。

②　添付事案は，最初に提出された事案の言語で取り扱う。

298

§ 4　憲法裁判所が使用する書類は，場合に応じて，フランス語又はオランダ語に翻訳する。

第 64 条〔法廷での陳述〕　法廷での陳述は，フランス語，オランダ語又はドイツ語で行う。陳述は，同時通訳の対象となる。

第 65 条〔判決の宣告・公示〕　憲法裁判所の判決は，フランス語及びオランダ語で起草し，宣告する。判決は，ドイツ語の翻訳を付して，第 114 条で定める方法でベルギー官報に公示する。

②　判決は，各長官によってフランス語及びオランダ語で宣告する。

③　無効を求める訴えについての判決のとき又は事案がドイツ語で提出されたときは，判決は同様にドイツ語で宣告し，公示する。

第 2 章　憲法裁判所の業務における言語の使用について

第 66 条〔通常業務における言語使用〕　憲法裁判所の行政事務及び業務の実行は，活動が全国に及ぶ業務に適用される行政事項に関する言語の使用についての立法の規定により規律する。

第 5 編　憲法裁判所での手続

第 67 条〜第 122 条　（略）

第 6 編　最終規定

第 123 条〔予算等〕

§ 1　憲法裁判所の運営に必要な予算は，毎年度予算で計上する。

§ 2　憲法裁判所に関する王令は，閣議で審議決定する。

第 7 編　経過規定

第 124 条〜第 128 条　（略）

（奥村公輔　訳）

〈編者〉

曽我部真裕（そがべ・まさひろ）
　　京都大学大学院法学研究科教授

田　近　　肇（たぢか・はじめ）
　　岡山大学大学院法務研究科教授

憲法裁判所の比較研究
フランス・イタリア・スペイン・ベルギーの憲法裁判

2016(平成28)年2月29日　第1版第1刷発行

編　者	曽 我 部 真 裕	
	田　近　　肇	
発行者	今　井　　貫	
	渡　辺　左　近	
発行所	信山社出版株式会社	

〒113-0033 東京都文京区本郷6-2-9-102
Tel 03-3818-1019　Fax 03-3818-0344
info@shinzansha.co.jp

Ⓒ編著者, 2016　　印刷・製本／亜細亜印刷・牧製本
ISBN978-4-7972-2754-3 C 3332 分類323.801-a006.

―――――――― 好評既刊 ――――――――

曽我部真裕・赤坂幸一 編
■憲法改革の理念と展開 上巻・下巻
　　　―大石眞先生古稀記念―

フランス憲法判例研究会 編　辻村みよ子 編集代表
■フランスの憲法判例／フランスの憲法判例Ⅱ

ドイツ憲法判例研究会 編
■講座 憲法の規範力
全5巻（第1巻・第2巻・第4巻 既刊、第3巻・第5巻 続刊）

中村民雄・山元　一 編
■ヨーロッパ「憲法」の形成と各国憲法の変化

山元　一 著
■現代フランス憲法理論

小畑　郁 著
■ヨーロッパ地域人権法の憲法秩序化

戸波江二・北村泰三・建石真公子・小畑 郁・江島晶子 編集代表
■ヨーロッパ人権裁判所の判例Ⅱ（近刊）

―――――――― 信山社 ――――――――